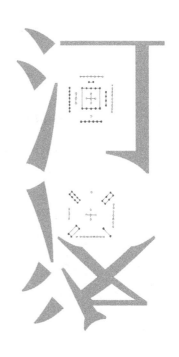

河洛文化研究丛书

河洛文化与闽南文化综论

汤漳平　著

河南人民出版社

图书在版编目（CIP）数据

河洛文化与闽南文化综论／汤漳平著. —郑州：
河南人民出版社，2018.2
（河洛文化研究丛书）
ISBN 978 - 7 - 215 - 11338 - 1

Ⅰ. ①河… Ⅱ. ①汤… Ⅲ. ①文化史—研究—
河南 ②文化史—研究—福建 Ⅳ. ①K296.1 ②K295.7

中国版本图书馆 CIP 数据核字（2018）第 027164 号

河南人民出版社出版发行

（地址：郑州市经五路 66 号 邮政编码：450002 电话：65788063）
新华书店经销 北京虎彩文化传播有限公司印刷
开本 710 毫米×1000 毫米 1/16 印张 20.75
字数 270 千字
2018 年 2 月第 1 版 2018 年 2 月第 1 次印刷

定价：144.00 元

目　　录

代前言
中原文化与闽南文化关系之探讨

从 20 世纪 80 年代以来,闽南文化研究比较集中地开展起来,尤其进入 90 年代之后,逐步向有组织有计划的方向发展,这是十分令人鼓舞的。与此同时,各个方面的成果也越来越丰富多彩并逐步走向深入,这些都是健康的、积极的。但是,在研究过程中,也存在一些不容忽视的问题,如何在总结以往成绩的基础上,有针对性地解决研究中的薄弱环节,将对闽南文化的研究产生良好的推动作用。下面,我们仅就中原文化与闽南文化关系研究中的相关问题谈点我们的看法与建议。

一、中原文化和闽南文化的特殊关系

虽然,华夏文明起源问题在考古界仍有不同看法。然而,有一个事实是不容否认的,那就是从上古三代的夏、商、周起,直到宋代,在长达三千多年的时间里,地处黄河流域的中原地区一直是历代王朝的国都,因而,它自然而然地成为全国的政治、经济、文化的中心。这种历史上客观形成的独特地位,使得中原文化具有特别重要的地位与影响力,中原周边的西秦文化、三晋文化、燕赵中山文化、齐鲁文化、吴越文化等,无不在其强势的影响之中。和上述诸种周边文化相比较,闽南文化(也包括整体闽文化在内)形成时间较迟,大家一般都认为是到唐宋时期才形成的。而且,由于闽南一带距中原较远,因此,闽南文化与中原文化关系如何,仍然是学者们争论较多、分歧较大的问题。主要的观点有两种,一种认为闽南文化是直接从中原文化传承而来,最主要的根据是几次中原移民的直接影响。这种观点认为,闽南文化主要是以中原移民文化为主体,同时受了当地原住民影响而形成。但是,此后由于闽南的相对封闭的地理环境,与中原联系较少,年代久远之后,才和中原文化产生较大的差异。另一种观点认为,闽南文化是以闽南地区原住民为基础形成的一种文化,只是在形成过程中受到中原移民的影响。这两种观点都可以在文献上找到一些根据,然而说服力又都不是很强,彼此说服不了对方。在这种情况下,如何深入下去,是值得认真思考的。我们认为,有必要借鉴其他地域文化研究的经验,开展跨学科综合的文化研究。除了继续加强文献的挖掘与整理的力度外,应特别注意考古发掘的成果,以弥补文献不足的问题。在楚文化研究中,许多问题的解决和逐步深入,是以楚文化考古发掘的大量研究成果作为基础的。因此,闽南文化这方面的研究应当进一步加强。同时,作为一个特殊的方言区,加强语言的研究,特别是方言区间的比较研究,从中寻找出发展变化的规律,将能在很大程度上破解闽南文化中的不少谜团。

二、中原文化与闽南文化的双向交流

任何区域间的文化,总是相互交流的,不可能单向交流。然而,我们所见的有关中原文化和闽南文化关系研究的诸多著作及论文中,主要谈的都是单向的交流,即中原移民南下,影响于闽南地区,从而对闽南文化的形成起到了很大的作用,因此,闽南文化当然是中原文化的直接分支。然而,闽人北上中原,与中原地区产生交流情况方面的研究却少有人谈到。实际上,从汉初开始,闽地与中原地区即已发生直接的往来。《史记·东越列传》载:闽越王无诸及越东海王摇在秦末曾率部参加反秦的战争,"从诸侯灭秦",随后,在楚汉相争的过程中,"无诸、摇率越人佐汉",于是,汉高祖刘邦"复立无诸为闽越王,王闽中故地,都东冶"。这应当是史有记载的闽地原住民首次大规模地北上中原。

汉武帝元鼎六年,闽越王郢之弟东越王馀善反。元封元年冬,汉兵攻打东越,杀馀善。"于是天子曰东越狭多阻,闽越悍,数反复,诏军吏皆将其民徙处江淮间。东越地遂虚。"这是闽人第二次大规模的北迁。

那么,这两次的闽人北上中原,与后代的中原人南下闽地有什么直接或间接的关系?迄今未见有人研究过。这里有一点是值得注意的,那就是闽人大规模北迁的居处地是"江淮间",即长江与淮河流域之间。而后代中原人大规模南下的地点,又恰是"江淮间"。即以陈元光所部人马为例,其籍贯之河南固始、上蔡、颍川等,均属淮河流域。唐末的王审知等率部南下,也是目的十分明确,直下闽南,这其中难道仅仅是一种偶然的巧合吗? 我们认为还是很值得研究的。闽人具有很强的恋家情结,当汉武帝迁徙大批闽越人充实江淮间时,就有一部分原土著居民躲进深山。当移民之风潮过去之后,他们又从深山跑出来,所以汉代很快又在今闽侯设立冶县(又称东冶),属会稽。东冶很快成为沿海重要海港,(见《后汉书·郡国》),因而当时南方的旧交阯七郡,对朝廷的贡献转运,皆从东冶泛海而至。(《后汉书·郑宏传》)闽南地区也是如此,在汉武帝元鼎五年(公元前112年)时,南越王反叛,东越王馀善曾上书自"请以卒八千人从楼船将军击吕嘉等",屯兵于揭阳,所行即历经闽南地区。三国时,东吴已在今南安设立东安县。晋时,在今漳州区域内设立绥安、龙溪、兰水等县。可知当时闽南居民人数已有一定规模。

东晋之后,中原与闽地的交往更趋频繁。如果说,西晋末年"八王之乱"后,中原"衣冠南渡"来到闽地,还不是一种自觉的有目的的行动的话,那么唐代之后,中原移民入闽,却已不是被动的和不自觉的了。史料记载,陈元光的一位后裔曾经返回中原,在故乡光州任职,此后又返回漳州任职,他对于两地文化交流所起的作用是可以想见的。

此外,从唐代开始,随着闽地教育事业的发展,历朝历代不断有士人北上赴试,其中有不少人通过这一途径而进入了国家政权的核心,至宋代达到极盛,闽南学子在朝廷出任十分重要的中枢官职,明清时期,依然从未间断过。如何估计这种双向交流所产生的影响,也是值得我们研究的课题之一。

三、进一步加强方言的研究

闽地方言复杂,是国内其他地区少有的,有学者将其划分为六大方言区,而这六大方言区据说均由中原地区的语言发展变化而来。不同方言的形成是一种正常的现象。明代著名闽籍学者陈第是我国古音学的奠基者,他在当时,曾对今音与古音的差别作过认真的研究,尤其着力于先秦古音的研究,提出语音变化的原因:"时有古今,地有南北,字有更革,音有转移,亦势所必至。"(《毛诗古音序·自序》)从而对《诗经》和《楚辞》中的古音和今音的不同进行规律性的探讨。

陈第的这番话,也可以用来说明众多方言区形成的原因。

前面已经谈到,方言研究是区域文化研究极其重要的一个方面,是一个区域文化形成的重要标志。大家一致认为,所谓"闽南文化"指的是讲闽南方言的人的文化,可知方言研究之重要性。闽南方言研究,可以在和其他区域方言(如吴方言、粤方言、客家话等)的比较中对闽方言的特点、形成期、与中原语音之关系等问题有一个比较清楚的认识。而闽方言区的几种方言的形成、演变的时序和规律,各方言区之间的关系和其间变化的规则等,都是值得认真讨论的问题。笔者虽非从事语言研究的,然而对这一问题一向比较关切,可是,从阅读的众多论著中,发现其中大多为平面的描述,真正在深入研究的基础上寻找其发展变化规律的论著十分少见。我们要在已有研究的基础上,继续深入下去,这对于闽南文化的深入研究将起到有力的促进作用。

四、加强交流和协作,促进闽南文化研究的深入开展

闽南文化与中原文化有着密不可分的关系,尽管我们在闽南文化研究方面已经花了大量的气力,做了许多卓有成效的工作,然而,不可否认,由于时代的久远,史料的不足,在我们的研究中仍存在众多未曾解开的"谜",我们深切地感受到,如果仅靠闽南文化区的学者来进行这项工作,恐怕会有许多问题难以说清,因此,有必要加强与中原地区学者之间以及民众之间的横向交流,充分调动各方人士的积极性,以推动这一研究工作的深入进行。

从 20 世纪 70 年代末期起,中原地区的学者积极参与了闽南文化研究,从移民史、姓氏及闽台祖根问题等多方面地进行研究,一些地方史学者还注意了进行民间、民俗调查与研究,试图寻找出中原文化和闽南文化之间关系的资料。在河南的一些重要报纸、学术期刊上,时常可以看到有关这一方面的研究文章,在福建举办的有关中原文化与闽南文化关系的学术会议上,也时常可以见到中原学者和各方人士的身影。由此可知,只要我们多作宣传,加强联系,就可以把两地学者和民间人士的力量聚拢在一起,使我们的工作能够得到更加顺利地开展。而且有些问题,显然必须依靠中原地区的学者和人士的努力,才能获得更加完整的信息和资料。例如 20 世纪 70 年代初,河南固始郑堂村附近曾发现了郑成功墓,但由于时值"文革"时期,文物工作无人管理,以致墓中出土的大量珍贵文物散失或毁坏,至今成为一个疑案。应当说,郑成功墓的发现对于闽南文化研究来说是一件十分重要的大事,然而这件疑案此后却未能进一步追踪调查,弄明真相。这不能不说是相当令人遗憾的事。(详见欧潭生《台闽豫祖根渊源再探——兼论何处是郑成功之墓》,《信阳师院学报》1984年第2期)我们认为,在闽南文化与中原文化关系问题上,今后仍有大量工作需要得到中原地区学者和各方人士的配合和支持,因而,有必要在加强双方联系方面多做一些工作。

五、关于闽南文化研究的几点建议

我们高兴地看到,经过前一时期的研究积累和工作准备,目前,闽南文化研究已引起普遍的重视。闽南文化作为中华文化的重要组成部分,有着独特的内涵。千百年来,闽南人从中原走来,披荆斩棘,将中原文化在闽南弘扬、发展,形成兼具农耕文化与海洋文明的闽南文化。其后又由此出发,东渡台湾,南下南洋,形成上接中原、吴楚,下续台湾、海外的具有世界意义的闽南文化。台湾同胞祖籍地大多数在闽南,两岸地理相邻,血缘相亲,语言相通,习俗相近。正是闽南文化长期联系、滋养、影响着海峡两岸的同胞,因此,海峡两岸同胞应继承、发展、弘扬闽南文化,使之在祖国统一和中华民族的伟大复兴中绽放得更加绚丽光彩。今日,两岸有识之士,应当共同努力,把闽南文化的研究推向新的高潮,使之取得更加丰硕的成果。在此,我们也就如何更好地开展这项工作提一点建议。

首先,应当尽快形成一个研究中心。闽南文化研究,如果从20世纪上半叶开始算起,已经历了近半个多世纪的历史,然而,至今依然停留在比较分散的几个区域内,没有能够形成具有号召力和组织协调能力的研究中心,这不能不说是一件比较遗憾的事,这种格局,显然不利于研究工作向有组织高层次方向发展。相比客家民系文化研究来,应当说差距是比较大的,闽南文化研究完全可以借鉴客家文化研究的经验,动员各方面的力量,共同关心这项工作。但是,如果没有一个中心,就形不成拳头,研究也就很难深入,更谈不上计划性,国内学会那么多,一位著名的文学家、一本传世的名著,都有全国性的学会进行研究,相比之下,闽南文化研究涉及面如此之广,涵盖的人口如此之多,没有一个中心组织怎么可能把这项工作搞好呢?

其次,我们赞成朱立文先生提出的要有"文化自觉"。(见《试析闽南文化的特性与发展路向》,《闽南文化研究》第 2 辑),闽南文化的研究不仅仅是简单的就文化谈文化,也是事关国家统一的重大现实问题。台湾"海峡两岸和平统一促进会"的郭俊次先生在"首届海峡两岸闽南文化学术研讨会"上的发言,言词如此急切感人,代表的是两岸广大民众的共同愿望和呼声(郭文《中华文化和平统一中国》,见《闽南文化研究》第 2 辑),在世纪之初,在实现和平完成祖国统一大业的过程中,闽南文化研究完全可以发挥其独特的作用与影响力。"文化的自觉",首先是"人的自觉",没有人的思想解放,何来人的自觉,更遑论什么"文化自觉"了。

加强两岸交流,实现统一大业,应当是闽南文化研究"自觉"的思想基础,我们到福建以后,感觉到闽台关系至今仍是敏感问题。其实,在事关民族整体利益,事关国家统一大业的问题上,完全应当大胆放手去干,不应当前顾后盼,裹足不前。

再次,应当充分发动各方面的力量,共同关心这项工作的开展。我们在河南工作时,知道每到全国客家文化开会时,河南都有一批专家学者南下参加会议,河南并非客家人聚集区,为什么有这方面的学者参加呢? 关键还是发起客家民系的学者以及河南搞地方志、民俗史等方面的学者参加。客家文化研究做得到的事,闽南文化研究为什么做不到? 两地应加大沟通和联系的力度,如前所说,陈元光国际学术研讨会时,河南省就有多方面的人去参加。吸引外地的学者参加,首先是关心家乡的闽籍学者,各个省都有一批闽籍学者,他们都很关心家乡的经济建设和文化建设,有的还成立有联谊会一类的组织,如河南就有"闽豫经济文化联谊会",可以通过这些组织做些动员工作,发布信息,吸引有兴趣的学者参加。其次,对与闽文化有历史渊源的地方建立必要的联系,请当地的文化人士关心、参与这项工作,充分调动各方人士的积极性,就一定能把这项工作做好。

　　(本文是笔者 2003 年 9 月参加在泉州举办的第二届闽南文化研讨会时提交的论文,其中所涉及的问题,今日仍有其意义与价值,也与本课题密切相关,故稍作修改,作为本书的代前言。)

绪论
河洛文化在闽南文化中的地位与影响

一、问题的源起

在中华民族为数众多的族群中,还没有哪一个族群像闽南人一样,将自己和"河洛"这个名词联系得这么紧,"河洛郎"——这是闽南人对自己的称呼,"郎"者"人"也! 闽南语中,"人"读为"郎"。闽南话也被称为"河洛话"。

同样,也没有哪一个族群,将自己和"唐"这个朝代如此密切地联系在一起,并积淀成为本族群的群体记忆。当他们飘洋过海,居住于异国异乡时,他们自称"唐人",聚居地则为"唐人街",而将故乡故土称之为"唐山"。

是什么原因让闽南人族群留下这样深刻的历史记忆?

如果从地理位置而言,闽南与河洛,一则为东南边陲,一则为被称为天地之中的中州,是什么原因让这两者之间形成如此密切的联系?

同样,在中华文明史上,夏、商、周、秦、两汉、唐、宋,都是强盛的王朝,闽南人为何特别留意于"唐"? 这种历千年而不改的历史记忆原因何在?

2007 年,国家文化部在经过专家论证后,确定在厦、漳、泉这一"闽南金三角"地区成立闽南文化生态保护区,这也是国家在"十一五"规划期间确定成立的十个文化生态保护区中的首个示范区。在论证会上,许多专家都认为,闽南地区比较完整地保存了古代汉族文化的传统。这也是十分有趣的现象。全国虽然有 56 个民族,但汉族人口占到全国人口的 95% ,为何僻居东南一隅的闽南却比较完整地保存了古代汉族文化的传统?

同样,汉语中有八大方言区:即北方方言,吴方言,湘方言,赣方言,客家方言,粤方言,闽北方言和闽南方言。闽南方言被海内外语言学家一致认为是古汉语的活化石,保存着大量的汉语古音和词汇,法国语言大师马伯乐甚至说,闽南语是世界上特别古老的语言。闽南话被称为"河洛话",那么,闽南方言是如何形成的? 为什么古老的汉语会大量保存在闽南方言中?

上述的种种问题,引发我们去认真地探寻和思考。毫无疑义,河洛文化与闽南文化之间存在着一种天然的而且十分密切的关系。认真探讨这种关系,弄清它们之间的渊源和传承,对于我们今日如何传承与弘扬中华文化的优良传统,无疑具有重要的现实意义和价值。

二、河洛文化与闽南文化的界定

什么是河洛文化? 什么是闽南文化? 这原本看似比较简单的问题,却在这些年的研究中产生出许多歧义来。因此,倘若不加以明确的界定,恐怕又会引发不必要的争执。

(一)关于河洛文化

顾名思义,河洛文化,首先应指发源于中原,以洛阳为中心,以黄河、洛河流域为其发祥地和辐射范围而形成的一种地域文化。河洛文化自古以来被认为是中华文化的核心。谈到中华文化的起源时,人们常常会提到"河图洛书",认为那是中华文明之始。因此,河洛文化不是一般意义上的地域文化。其实,与河洛文化具有同等意义的,后代往往称之为中原文化。我以为,当人们在提到河洛文化时,心目中往往联想到的不仅是黄河与洛河交汇处的地域文化,其概念应当是扩展至今河南、陕西、山西这三省的广大地域范围,这也是古代,尤其是先秦时期所认定的华夏文明的核心区。

为什么这一地区是古代华夏文化的核心区呢? 这应当与古代中华文化的发展历程紧密联系在一起的。从上古时期的尧舜至夏商周三代,虽然其国都有多次迁徙,然而却一直没有离开上述三省的范围。历史记载中,尧都平阳(在今山西临汾),禹都阳城(今河南登封)。至禹的儿子启夺伯益之位,建立夏朝。有夏一代,曾七次迁徙,然而,"自洛汭延于伊汭,居易无固,其有夏之居。"(《逸周书·度邑》);商灭夏,也曾六次迁都。至周,虽原都于镐京,但灭商之后,也以洛阳为天下之中而营建洛邑。这历次迁都的范围,均在上述三个地区,尤以河洛周围为多。也就是说,在长达数千年的时间里,河洛一带一直是中国的国都所在地,这也就意味着它是全国政治、经济、文化的中心。

由于20世纪以来,我国许多地区均先后发现了古代重要的文化遗址,如东北地区的红山文化遗址,山东的城子崖遗址,东南的河姆渡遗址,甘肃的马家窑遗址,西蜀的三星堆遗址和金沙遗址等等,因此,苏秉琦先生提出了中华文明的"满天星斗"说。(苏秉琦《中华文明起源初探》,三联书店1999年版)。于是,在20世纪80—90年代有关中华文明起源的讨论中,一些学者据此反对传说的黄河流域是中华文明的中心与起源地的观点。笔者当时在河南省社会科学院工作,曾与一些学者讨论过这一问题。我认为,所谓中华文明起源的"满天星斗"说,是符合于早期尤其远古时代的实际的,因为不可能除黄河流域之外,广袤的中华大地其他地方便没有人类的活动以及文明的发源地。然而,同样不可否认,自从中华大地上产生了国家,尤其是到了夏、商、周时期,其疆土及影响所及,已达到今中国国土的大多数地区,此时的黄河流域在数千年的时间里,已名副其实成为国家的统治中心,自然也是文化发达的地区,这种状况也是符合于历史事实的。因此,"满天星斗"说,并不能否定黄河流域为中华文明的中心发源地的传统观点。

既然如此,以河洛文化作为中华文明的元文化,是非常自然的,而"河图洛书"的神话传说,则进一步加强了有关黄河流域为中华文化中心之说。为了深入研究中华文化的元文化,2006年2月,由全国政协参与组织的中国河洛文化研究会在北京成立,这也是中国地域文化研究中首个成立的全国性学术团体。中国河洛文化学术研讨会迄今已先后召开了十次会议,其中前八次在河南,第九次在广州,第十次在台北,第十一次在江西赣州举行,第十二次(2014年6月)在闽南的厦门。

但是,也有学者对河洛文化概念提出不同的看法,曾提出,应当将"闽南文化"改称为"河洛文化"。从笔者参加历次的闽南文化学术研讨会过程中,均听到一些学者就此提出建议与意见。他们主要觉得闽南是一个特定的区域的概念,涵盖不了闽南区域之外的广大地区。如潮汕的学者就曾提出,如果到潮汕去开闽南文化会,政府部门领导就会感到很奇怪,因为潮汕并不隶属福建,也不是闽南地区。龙岩的郭启熹先生也曾经这样界定过"河洛文化"的概念:"它以发源于黄河、洛水为文化标志,在唐末及唐末以前从中原南迁于闽南地区形成,具有其独特的文化心态、民俗信仰,并通行着闽南语,它的民系分布在闽西南、潮汕、台湾、温州和海南岛等广大沿海地区,具有这类文化特征的则属于闽南文化,作为人文概念也可以称之为河洛文化。"(《闽西族群发展史》第 136 页)但笔者认为,要改变既成的研究方向和提法,既无可能也不现实,任何事物在定名时,主要在于社会"约定俗成"。且不说"河洛"是古已有之的名词,并有特指的涵义、固定的区域和范围,那么把闽南文化也称为河洛文化就容易造成概念上的混乱了。我当然也理解这些朋友们的良苦用心,他们是希望闽南文化能够走出闽南区域,为更广大闽南族群的人们所共同接受与认可,以便加大这一研究的力度,扩大其影响力。但是,这样的提法也缺乏现实的可操作性,因为不可能存在两个不同涵义的"河洛文化"研究会。不仅闽南的学者,国内其他区域的学者都不会认同。大概也是为了解决这一矛盾吧,福建省炎黄文化研究会会长何少川先生提出了"泛闽南文化"的概念,希望能够解决这一难题。

(二)关于闽南文化

什么是闽南文化? 当本世纪初闽南文化开始受到关注之时,曾经有过一阵比较热烈的讨论。有的认为闽南文化是一种地域文化,有的认为是一种族群文化。这两种说法,各有一定的道理。

就地域的概念而言,因为在闽文化研究中,常常有四分法、五分法、六分法,都是按区域的地理位置划分,其中都有闽南文化的概念。"百度网"上关于闽南文化的概念实际上就是区域概念:它认为:"闽南文化,系指生活在福建地区的人共同创造的(主要是闽南人),并一代代传承、发展与创新的地区性文化,是源远流长博大精深的中华文化的一个支系,其分布范围为我国改革开放以后被誉称的'厦、漳、泉金三角',即现辖的厦门市、漳州市、泉州市各区、市、县(泉州原辖金门县,待统一)。闽南文化自秦始皇统一中国后,在福建设置闽中郡,开启了中原文化与闽南土著文化的交流与融合。汉晋时期,大批中原汉民迁入闽南地区,推动了闽南文化的形成。晋唐时期,闽南地区汉民人口剧增,经济迅速发展,政教管理体制日臻完善,闽南文化得到发展。宋元时期,泉州成为'海上丝绸之路'的启航点和东方大港,阿拉伯人与波斯人到泉州经商,带来了伊斯兰文化,闽南文化得到丰富。明清时期,欧洲商人和传教士来,传入了西方文化,闽南文化进一步得到繁荣。从闽南文化的发展轨迹,可以窥见闽南文化是经过一代代闽南人在社会实践中,不断挖掘、弘扬、创造,并吸收采纳了阿拉伯文化、南洋文化、西方文化等外来文化的特质和合理因素,有机地融入其体系内,孕育、发展起来的,它具有鲜明的地方特色、独特的性格和丰富的内涵,是中华文化的一朵奇葩。"

2007 年 6 月,我国设立了"闽南文化生态保护区",在《规划纲要》中明确保护区的范围是今闽南地区的厦门、漳州和泉州,这也是就区域作出的划分。

但闽南文化更为重要的是族群文化的概念,族群文化或称民系文化。如客家文化,它不是地域文化的概念,而是一种族群文化的概念。有关民系或族群文化的概念有不同的定义和解读,但一般认为,所谓民系或族群,指的是民族内部的不同分支,分支的内部,使用相同或类似的语言、相近的风俗习惯,以及彼此间的文化认同等,它们并不受地域的限制。中国的民系划分一般均以地域命名,只有客家是不以地域命名的。这是因为客家人主要居住在闽西、赣南和粤北的三角地区。当然,也有在民系文化区分时,提出"闽海文化"的概念,但"闽海文化"比"闽南文化"概念范围广,因为它还包括了闽东文化及莆仙文化。

有关闽南文化概念,国家《闽南文化生态保护区规划纲要》中这样表述:"闽南文化是中华文化的重要组成部分,是由不同历史时期南移的中原文化与古闽越文化、外来文化多次交融、层层积淀而发展起来的,并传播到台湾、东南亚及世界各地。"相比之下,这一概念比较模糊,但它却越出了区域文化的概念,反而更符合实际。

当然,如前所述,鉴于闽南是一个特定的区域概念,因此在闽南区域之外的闽南民系的学者很希望另外寻找一个可以涵盖整个闽南民系的概念来替代"闽南文化",但是,"闽南文化"已成为社会约定俗成的闽南族群的文化的概念,另外再寻找更合适的替代词确实是比较困难的。

(三)河洛文化与闽南文化之关系

如上所述,河洛文化与闽南文化具有密切的关系,河洛文化的基因也深深地渗透在闽南文化之中,那么,这种特殊关系是如何形成的? 是什么样的历史背景使河洛文化与闽南文化如此有机地结合起来? 归根结底,是移民文化使得河洛文化与闽南文化的形成一种密切的链条关系。

我们经常讲,历史的发展有其必然性,也有其偶然性。不仅闽南,整个闽地在上古时代是远离中原的南蛮居住地,时称七闽。楚灭越后,越人南迁入闽,七闽融合而成为闽越族。闽越王于汉武帝时叛乱,汉武帝令大军征伐闽越,灭其国。后迁其民置诸江淮间,闽地遂虚。但是也有学者认为仍有相当数量的闽越人留在闽地,因此越文化对包括闽南文化在内的整体闽文化影响很大,是闽文化的底层文化。于是在研究中处处都要提越文化的影响,这是否合乎实际?西晋末年的"八王之乱",部分北方士族入闽,史上有四姓、八姓、十二姓之说,其中一部分人来到晋江及其以南地区,这是中原河洛文化首次较大规模进入闽南。而八百年后的唐初,由于"蛮獠啸乱"而引发了唐王朝的派兵平乱,开启了闽南乃至全闽的大开发的序幕。而当时平乱的主力军,便是来自中原地区的河南光州一带。然而唐代中原移民入闽究竟几次?为什么盛唐时期人口出现超常增长,幅度惊人?这期间是否又有一次大量中原移民的南迁?唐代末年的"三王",即王绪、王潮、王审知入闽,也同样来自河南光州的固始。那么这次南迁规模多大?对闽南影响如何?凡此种种,都是需要认真思考的问题。当然,有唐一代,正由于有中原人士络绎不绝入闽,才使得河洛文化在闽南这块土地上不断积淀,并在与当地原住民文化的多次融合中最终形成了具有鲜明特色的闽南文化。虽然如此,闽南文化的主体是中原河洛文化。

我们特别要指出的是,在闽南文化初步形成后的1000多年间,这一文化形态一直处于动态的发展中。其间,与外来文化的密切接触与交流,使得闽南文化中海洋因素不断地增强,这一点又是闽南文化区别于传统的河洛文化而更具活力之所在。泉州固然在宋元时代已成东方大港,然而,什么时代才算是闽南族群的海洋意识的自觉?它是以什么为标志?

三、闽南文化形成与发展的几个阶段

闽南文化形成于什么时候,它又经历了几个不同的发展阶段,这是研究者时常碰到的问题。

和其他地域或族群文化相比,如客家文化研究等,闽南文化的研究可说是起步较晚的。这其中实际是涉及了两岸关系的这样一个敏感问题,这也和福建因为处于对台前线的位置一样,曾经在很长时间并不考虑进行建设。

大规模的闽南文化的研究实际上到了 21 世纪初才起步,"首届闽南文化学术研讨会"是 2001 年年底方才举行的,至今举办了六届。因此,有关闽南文化研究中的诸多问题仍在探讨过程中。不过,如同其他地域或族群文化的形成一样,闽南文化同样经历了孕育期、发展期、转型期等几个阶段。只不过学者们对各期的时间界限有不同的看法而已。争论的焦点集中于闽南文化的形成期。历来学者们对这个问题的看法大约有四种:

一是认为闽南文化形成于西晋的"八王之乱"后。这种看法认为,西晋"八王之乱"后,中原士族入闽,汉人到达今闽南地区,因而是闽南文化的形成区,而且此时闽南方言亦已形成。百度网上关于闽南文化的介绍中明确提出这一观点。

二是认为闽南文化形成于唐朝中后期。原因是经历了唐初的"蛮獠啸乱"之后,入闽的中原移民开始了对闽南的大规模开发,而局势的稳定和经济的发展使得大批中原移民持续南下,有唐一代形成闽南大发展的态势。正是在承平安定的气氛中,使闽南文化在唐中后期形成,而作为闽南文化载体的闽南方言,也是在这一时期得以最终定型。

三是认为闽南文化形成于唐末五代时期,因为唐末的三王入闽,使得闽南地区更为发展,并最终在五代十国的闽国时期形成了闽南文化,闽南方言也是在这一时期最终形成的。

四是认为闽南文化最终形成于宋代,尤其是南北宋之交,大批北方民众避乱入闽,使闽地政治、经济、文化各个方面都得到发展,从而闽南文化也进入了成熟期。

以上四种看法以第三种为多,但研究方言的学者则多认为闽南方言形成于唐代。笔者一直坚持第二种意见。那么,哪一种说法更有道理,我们将在后面详细加以评说。

闽南文化的发展期,指的是它的对外开拓、播迁,尤其是东渡台湾和南下东南亚,从而使闽南文化形成愈来愈鲜明的蓝色海洋文化的过程。这也是它将以河洛文化为核心的中华文化传播至全世界的最重要的时期。

闽南文化的海洋文化特质,虽然从其远源可以追溯到先秦的百越时期,但当时并无闽南文化,况且当闽越人北迁后,到底还有多少人留下来,他们对于其后的闽南文化的海洋文化特质有多大的影响,都是值得认真思考的问题。我以为,过去的研究中,对闽越文化的影响有过于夸大的倾向,甚至将其称为闽南文化的底层文化,而忽视了更为重要的楚文化。其实,闽越人的海洋文化意识,只是后来闽南文化形成与发展期中多种原始基因中的一个而已。真正体现闽南文化中的海洋文化特色,应是从唐宋时代始,至元代大盛(以泉州港的东方大港地位为标志)。而明清则是其海洋意识的自觉期、播迁期与扩展期。因此,如果要划分一个大致时段的话,是否可作这样的表述:

(一)从先秦至唐,是闽南文化中海洋文化因素的孕育期。

(二)从宋至元为初步形成期。

(三)明代之后为自觉期与拓展期。

闽南文化走向海洋,也同时将以河洛文化为核心的中华文化随着远航的风帆和过番人的脚步走向世界,这个过程至今依然在持续中。

四、闽南文化的内涵

闽南文化在其形成与发展的过程中,创建了丰富多彩的物质文化与精神文化,这其中的主体文化虽然传承自中原的河洛文化,但在历经千年的发生、发展过程中,也有了许多的新变,尤其是海洋文明的形成过程,更是闽南文化自身的发展与创新过程。因此,论及闽南文化的内涵时,自然也离不开对相关内容的阐述与说明。

当然,在闽南文化形成独具特色的海洋文明过程中,所秉承的主体思想并未改变,只是因应于新的社会环境和新的历史条件而具有了不同的面貌和特殊的形态,即如河洛文化至宋代而产生洛学,而洛学传至闽南,由朱熹继承与发展而成闽学,这其间的承传和因革我们可以看得十分清楚。世易时移,变是必然的,以不变应万变,只是一种不切实际的空想。即使像房屋的建造而言,河洛民众之居处,或为窑洞,或为土坯建筑的民房。然而到闽南地区,山上都是由隆出地面的花岗岩构造而成,它不可能被挖出洞穴(除非是天然的石洞),而土垣房、茅草顶,怎么能抵挡得住每年夏秋之间沿海的台风暴雨。因此,要建造更为结实的砖房甚至石头房,这便是变化。物质生活需要变化,精神生活也需要变化,从中原地区来到闽南的民众,他们虽然保留了河洛文化的核心思想、观念和价值取向,但也因地制宜地进行变通,假如他们固守"父母在,不远行"的观念,那又如何长风万里驾舟远航? 而民间信仰,更具特色,今闽台间共同尊崇的妈祖、保生大帝、开漳圣王,不都是闽南人根据实际生活的需求而创造出来的新神吗? 不仅从中原到闽南产生了新的变化,从闽南传至台湾、东南亚各国,也都各有新的变化。我们的责任,是要在厘清闽南文化形成过程中的河洛文化因素的同时,也要实事求是地探讨其后所发生的变化以及这种变化的原因、必然性和产生的影响。也尽可能介绍闽南人在新的历史与社会、地理环境中形成的政治、经济、社会文化、价值观念、民间习俗及信仰以及文学艺术等方面的历史及现实状况,供读者作进一步研究时参考。

第一章　闽南先民的文化归属
及其与中原之关系

第一节　闽南的地理区位与历史沿革

闽南,从地域概念而言,指的是福建的南部,因为福建自古称为"闽"。但是,由于福建位于我国的南方,古代人也有将整个福建均称为闽南的。不过,今日的所谓"闽南",特指厦门、漳州、泉州三市所辖地区。

古代闽南地域的范围要大得多,其北部包括了今莆田、仙游、大田、尤溪;西部包括了今属龙岩的龙岩市、漳平县;南部则包括了今属广东的潮州、汕头、揭阳等市和梅州地区的大部分属地。

古代莆田、仙游等地区长期归泉州管辖,民众所讲的方言即莆仙话,其语音结构(八音)、基本词汇、语法等方面大体与泉州话相同,属闽南方言区的次方言。只是后来划归福州管辖,受福州话影响而形成今日的莆仙话。

今被称为闽西的龙岩市,其所辖的七个县(市、区)中,新罗区(即今龙岩市新罗区)、漳平县自唐中期的大历十二年(777)属漳州管辖,直至清雍正十二年(1734)升龙岩县为直隶州后,才独立建制。由于和漳州市有近千年的隶属关系,这里居住的大多为闽南人并讲闽南话。只是由于今龙岩市多数县为客家县,因此,龙岩话也受到客家方言的影响成为闽南方言的次方言。

至于广东的潮汕地区和梅州地区,先秦时期为七闽故地。宋代欧阳忞在《舆地广记》之卷三十五《广南东路》中载:"潮州,春秋为七闽地,战国为越人所居。梅州,春秋为七闽所居,战国时属越。"可知,如以古代闽地划分区域而论,则今潮汕地区与梅州地区亦为古代的闽南。潮州古代先民为闽越族。自汉之后,历代中原民众南迁,到达潮汕地区。宋以后则主要是福建闽南人代代迁徙,因而有"潮州福建祖"的说法。唐中期之前,潮州曾和福州属同一行政区域,直至唐中期的大历六年(771)划归岭南,才正式成为广东的一部分。由于历史的原因使潮汕和闽南长期成为一个文化圈,潮州人也属闽南民系,潮州方言和闽南方言的语音、词汇、语法结构基本相似,只是语调有所不同。虽然潮汕划归岭南之后,受广府话的影响而显出与闽南的厦、漳、泉音调有所区别,但就其亲缘关系而言,潮汕话比莆仙话和闽南方言更接近。

以上是我们就历史上的区域变化所作的说明,目的在于使读者能够有一个时间和空间上的概念,而且这种历史的因素,对于后来我们所说的闽南文化及闽南族群的形成及其分布关系十分密切。我认为,上述历史上闽南的地理范畴,其实也是形成闽南文化早期的核心区域,研究闽南文化如果只讲厦、漳、泉,其实是很不全面的。

闽南的地理位置优越,北、西北的武夷山、戴云山像巨大的屏障,挡住了北方的寒流,东面的大海带来充沛的水汽,使得闽南地区常年多数时间是湿润的气候,低纬度的亚热带季风天气,充沛的阳光,遍布闽南大地的多条蜿蜒曲折的溪流,使这里成为既适合人居而又适合各种动植物成长的地域。而这种独特的区位,又是闽南文化之所以在历史上形成中华文明中特色鲜明的海洋文化的重要原因。

第二节　闽南先民的文化归属

人类学家的研究成果表明,地理环境和人类的活动有着十分密切的关系。不仅闽南,整个福建的地理环境,尤其地形地貌的变化是由中生代晚期的燕山运动(距今7000万年前)和新生代第三纪的喜马拉雅造山运动(距今3000万年开始迄今)最终形成,而直至距今6000年前左右才基本稳定下来。因此,这在一定程度上影响了闽地早期的人类活动,同时,由于"华南古人类的迁徙扩散是由西而东,最终到达福建的,而福建东濒大海,因而成为古人类在华南大陆扩展的最后一站"①。

虽然如此,远古的史前时代,闽南地区也已经有了古人类活动的遗迹。这以漳州莲花池山发现的旧石器文化遗址为代表,1990年考古试发掘时,证实该处遗址分为上下两个文化层,埋于地下1—8米深处。并发现以砾石英结晶体、硬砂岩为原料的23件石制品,包括石核、石片、砍斫器和刮削器4种类型,其年代约距今4—8万年,而其上层则有以黑褐、黑灰、青白、灰白燧石打制而成的小型石器,其年代约距今0.9—1.3万年。而在其后的考古调查中,漳州市北郊共发现了含有113处地点的旧石器遗址群。

2005年11月,鉴于该地即将建设"电子工贸园",省市文管部门对该遗址进行抢救性发掘,从上、中、下三个砾石带中分别出土了类型丰富的各种旧石器,尤其在下层文化层中出土的石器,存在于距今40万年的网纹红土层中,由此可以推知,闽南地区古人类的活动时间也有较长的历史。② 此后,漳州市所属各县也均发现多处与莲花池山类型相同的旧石器文化遗址,说明古代人类在漳州地区活动广泛。而此类型文化遗址并延伸到粤东地区。

在莲花池山发现旧石器人类活动的文化遗址前后,考古工作者还分别于1987年在东山岛的海底中发现了被称为"东山人"的古代人类肱骨残片,其年代距今约一万年前。1990年又于漳州市北郊甘棠东山发现距今约一万年的男性个体一段胫骨,考古学界将其命名为"甘棠人"。

我们现在难以确知这批古人类与中原地区先民之间的关系。倒是近来中美两国考古学界在联手调查"南岛语族"的族源时,一致认为,今日的"南岛语族"民众从人种、语音、使用的石器都与闽南地区相似,从而认为其祖先可能来自古代闽地,并引发了"南岛语族"人驾着独木舟不远万里到福建寻根的动人故事。

新石器时期,闽南先民主要从事以渔猎为主的生产活动,尤其沿海居民,大量采集与食用海洋出产的各种贝类(如蛤蜊、牡蛎、蚶、蚬等)、鱼类及腹甲类动物,由是而留下数量众多的贝壳、鱼骨等,积久而堆成小丘,这便是遍布闽南及至粤东的"贝丘遗址"。目前闽南地区"贝丘遗址"之著名者,如东山大帽山遗址,

---

① 施伟青、徐泓主编《闽南区域发展史》,福建人民出版社,2007年10月版,第12页。
② 据"化石网"(www.uua.cn)2012年5月21日古人类网首页《莲花山旧石器遗址》,原发表时间为2007年1月13日。

金门富国墩遗址,诏安腊洲山遗址,漳州覆船山遗址、惠安小岞遗址等。其后,随着时代的变化与社会的发展,新石器中晚期的闽南贝丘遗址中,已出土各种类型的新石器,如东山大帽山遗址(距今约5000至4000年)中便出土了长方形石锛、石斧、石铲、石镰、石刀等,这些都反映这一时代居民已开始了原始农耕。

新石器时代晚期至夏商之前,闽南地区和福建的其他地域情况应当大体相同,这里的居民属闽族。《山海经·海内南经》载:"闽在海中。"《周礼·夏官》载:"职方氏掌天下之国,以掌天下之地,辨其邦国、都鄙、四夷、八蛮、七闽、九貉、五戎、六狄之人民;与其财用,九谷六畜之数要,周知其利害。"又《周礼·秋官·司寇》:"象胥掌蛮、夷、闽、貉、戎、狄之国。"以上大概是我们现在能够看到的有关"闽"族的最早的记载,显然,一直至周朝,福建确为"闽"族所居,且此时已与周王朝建立了隶属关系。

在史前的这一段时期,尽管相关情况我们还知之不多,但闽族先人还是给我们留下具有特殊价值的文化遗产,这就是闽西北武夷山地区的船棺葬和闽南地区的岩画群。

所谓"船棺葬",即将死者的棺木制作成船形,然后安放到离地数十米的悬崖峭壁上的洞穴中,至今游武夷之溪流,依然可以见到这些悬棺的踪影。

在闽南地区,则因岩画的发现而引人注目。最早发现岩画的地点是在漳州华安县的仙字潭。仙字潭位于漳州市北34公里的华安县沙建乡汰溪下游的汰口,此处两山夹峙,溪流至此弯曲成潭。溪流北岸,峭壁耸立,状如石墙。沿石壁自东而西,分布着7处大小不等的石刻,长约40多米。其中大者长0.74米,宽0.35米,最小的也有0.13米长,0.1米宽。共刻有50多个符号。这些石刻,古代已被发现。《太平广记》引唐代张读的《宣室志》载:

　　泉州之南有山焉,其山峻起壁立。下有潭,深不可测。周十余亩。……石壁之上有凿成文字一十九言。字势甚古,郡中士庶无能知者。……郡守因名其地为"石铭里",盖因字为铭,且识其异也。后有客于泉者,能传其字,持至东洛。时故吏部侍郎韩愈自尚书郎为河南令,见而识之,其文曰:

"诏赤黑示之鲤鱼天公卑杀牛人壬癸神书急急。①

　　唐人张读的《宣室志》是一部传奇小说集,书中多载仙鬼灵异故事,因此关于问韩愈以及韩愈的释读类小说家言,《漳州府志》曾对此提出怀疑。而且韩愈对金石文字并不熟悉。唐时发现《石鼓文》后,有人曾让韩愈释读,但韩愈看不懂上面的大篆刻文,因而在所写的《石鼓歌》中感慨说:"嗟余好古生苦晚,对此涕泪双滂沱。"大篆还是比较容易释读的,韩愈尚且读不懂。华安仙字潭的刻石,似字非字,千百年来争议不休,韩氏从何释读? 已故福建师大刘蕙荪教授也曾作过释读,他认为写的是"昱(明日)馘夷俘越,吴战越,战番。"

　　1988 年,福建省考古博物馆学会曾组织一次较大规模考察并进行讨论,参与人员大体有三种意见:一认为是古代类似甲骨文或商周青铜铭文,并对相关石刻作出一些释读;二认为是介于文字与岩画之间的过渡形态;三认为是先秦闽地土著民族的记事岩画。如欧潭生在《福建华安仙字潭岩画新考》(载《考古》1994年第 2 期)中认为,仙字潭岩刻不是古文字而是商周时期先秦闽族部落的岩画,岩画分为五组:祭日图、夜拜天神图、祭祀鬼神图、生殖崇拜图、部落酋长图。他曾对上述五图的内容分别进行释读,认为这些岩画,"形象地再现了商周时期福建先秦闽族部落的生活场景,是我国岩画内容中最丰富、最生动的代表作,具有十分重要的历史和艺术价值"②。

　　除华安仙字潭岩画外,近期在文物普查中还发现了云霄仙人峰、东山塔屿等史前岩画。仙人峰岩画群是以太阳神崇拜为中心的一组岩画,其中有放射光芒的太阳,还有月亮及彗星(或流星)的图形以及疑为古人类的祭祀台。同时还发现了一组面积达 40 平方米的大型祭祀岩画,岩面上的线条粗犷流畅,"组合成状如山川流水,飞鸟悬鱼、行云走日、叶脉穗纹和手印足迹的图案。"③普查人员认为:这组岩画的内涵与江苏连云港将军崖岩画、广东珠海镜湾岩画、福建华安仙字潭岩刻和台湾屏东万山岩雕群等十分相似,是以生殖崇拜和自然崇拜为主

---

　　① 据"化石网"(www.uua.cn)2012 年 5 月 21 日古人类网首页《莲花山旧石器遗址》,原发表时间为2007 年 1 月 13 日。
　　② 参见《福建上古史三大争议》,载《闽台文化交流》2006 年第四期,第 30—33 页。
　　③ 福建"东南网"《云霄仙人峰再现史前岩画》,2009.4.17。

题的大型祭祀岩画。

东山塔屿岩画群发现于 2010 年，它位于东山岛前的东门屿上，与主岛相距 1500 米。此次是由福建省博物馆、厦门大学、美国夏威夷毕士普博物馆、东山博物馆组成的中美专家联合考古队在考古调查时共同发现的。2007 年，该考古队曾在此作过考察，并发现一处太阳纹岩画，本次进行的为期 20 天的考察，又发现了 7—8 处同类岩画，多呈半圆形，上面凿刻有一条条放射状的象征太阳光芒的粗线条，线条宽 2—12 厘米，深 1—3 厘米，人工雕刻痕迹明显。岩画前方并有石头雕成的祭台，反映母系氏族时期的太阳神崇拜。初步考证认为，岩画为距今三四千年前的青铜器时代闽地先人的遗址，与澎湖、台湾乃至环太平洋文化圈的各地雕刻风格类似，它为探讨大陆与台湾关系、中国与环太平洋文化圈移民迁徙问题研究提供了依据。

那么，处于青铜时代的闽地，是否也受到北方河洛文化中的青铜文化的影响，这也是学者们一直在探求的问题。虽然司马迁在《史记·越王勾践世家》中载，禹曾治水到达浙江会稽，大会诸侯，并在此亡故，葬于会稽。其后"夏后少康之庶子封于会稽，以奉守禹之祀"等，会稽在浙江南部，与闽较近。但考古界一般认为，这些话是后人编造的，并不可信，夏代河洛文化尚未影响至闽。商代之后，中原华夏文化随其政治势力强盛而进入江南。1973 年，江西清江县吴城之商代遗址中，出土了大量青铜器和陶器，器物的造型及纹饰均与中原地区的河北、河南、湖北等地出土器物相似，显见此时商人势力已达江西。而清江吴城与闽相距甚近，虽然政治上尚未影响于闽，而文化的传入则是可能的。

闽地出土年代较早的青铜器是西周中晚期的，出土于闽南南安大盈村后寨山，这个墓葬中出土了戈、矛、匕首等青铜器，还有作为生产工具的锛及八个铜铃，但无青铜礼器，这说明墓主人生前应为军队中的武官。从青铜器所表现出的比较明显的地域特色看，它应是闽地所生产的，这说明此时的闽南地区已和我国其他地域一样，处于青铜器时代。但由于闽地铜矿资源有限，因此在全省范围内考古发现的先秦青铜器也数量不多，除南安大盈外，漳浦的祖妈林遗址中也出土了两件青铜器，一为青铜斧、一为青铜锛。

在这一时期，闽地居民的主体应当还是闽族，他们和北方虽有一定的联系，但并不密切。因此，我们从现有的古代文献资料中，极难寻找到当时的闽地资料。这一时期仍可称为史前期。

东周时期,南方的社会政治、经济发生了很大的变化。尤其是在春秋后期,楚、吴、越三个南方诸侯国相继崛起,居然都先后挥师北上,逐鹿中原,并成为了春秋时期的霸主,从而从根本上扭转了北强南弱的局面。吴越原就和闽毗邻而居,但由于闽地北部、西北部都是高山溪谷,东临大海,因而形成独特的相对封闭的自然环境,所以在交通不发达的古代,闽和外部交往少,受影响也就较小。相较于东部沿海各省,闽地的开发最晚,应当与此有相当大的关系。虽然,现在的福建气候温和,森林覆盖面积大,十分适宜人类生活活动。然而在古代,过于茂密的森林溪谷,正是瘴疠之气聚集的地方,闽南地区尤其如此。直到唐代,虽然已拉开全面开发的帷幕,而瘴疠之气依然不断作祟。漳州建立之时,原州址设在今云霄县地的漳江之旁,可是后来因为发生了瘟疫而不得不迁至李澳川,一般研究者都认为,这个所谓"瘟疫"应即瘴疠之气所致。在建漳一百多年后的元和十四年(819),韩愈因反对唐宪宗迎佛骨而被贬潮州,他还将潮州的江称为"瘴江",要他的侄儿"好收吾骨瘴江边",可知当时东南边陲的瘴疠之气之严重情况,是举国皆知的。

第三节　越族的南迁与闽越国的建立

从战国后期至秦,是闽地文化的一次变异期。

越族原居住于浙江,本为南方的蛮族。其中的一支后来兴盛起来,建立了越国。至越王勾践时,吴越相争,越初败于吴。此后越王勾践卧薪尝胆,十年生聚,十年教训,积蓄了丰厚的力量,终于一举打败吴国,成为春秋时期最后的一个霸主。

越国的领地,原本只在浙南一带。据《国语·越语上》载:"勾践之地,南至于句无,北至于御儿,东至于鄞,西至于姑蔑,广运百里。"上述四处在今浙江的诸暨、崇德、鄞县、龙游。可知其疆域并不甚大,且尚未及闽地。越灭吴,据有吴之地,于是向北发展,勾践还将国都迁往山东的琅琊。

战国时期,越国虽不属七强之一,但依然有较强的国力。战国中期的公元前334年,越王无疆还曾率领大军攻打齐国,准备再度称霸中原。齐国知道越兵强悍,为避其锋芒,便派人到越军中说服了越王无疆,让他转而攻楚。楚国早有准备,当时的楚国国君是楚威王熊商,他得知越兵来袭的消息后,立即亲率大军迎敌,一战大败越军,杀越王无疆。这次战争,是越国败亡的起点。据《史记·越王勾践世家》载:"越以此散,诸族子争立,或为王,或为君,滨于江南海上,服朝于楚。"(《史记》卷四一)其后出的《越绝书·越绝外传·记地传》中也作相同的记载:"威王灭无疆,无疆子之侯,窃自立为君长。之侯子尊,时君长。尊子亲,失众。楚伐之,走南山。"①可知,自楚威王杀无疆之后,越君又传三代,即之侯—尊—亲。楚国历史上曾三次比较大规模攻打越国:第一次是在战国早期。楚悼王任命吴起在楚实行变法,以求富国强兵,结果西却强秦,南收吴越,占领洞庭。其后因楚悼王去世而楚内乱,吴起被杀而终。第二次即前述的楚威王杀越王无疆。第三次发生于前306年,楚先派悼滑到越国作间谍5年,至306年,悼滑为楚大司马,率楚军灭越。于是而有了越以此灭,其族人"走南山"之说。"南山"在何处?当在闽地。在楚国重兵压境的情况下,越人越过浙闽边界的群山南行以避兵,这是非常正常的。

越人的南下入闽,是闽地发展史上的重要一环。"闽越"一名,也是此时方才有的,说明南下的越人与原住地的闽人已相互融合。从文化史的角度考察,此时入闽的越人,由于已与北方有近二百年的直接接触,因此,必然在一定程度上受到北方河洛文化的影响。受过北方较高文明洗礼的越人来到生产及生活方式较为落后的闽人居住区,必然成为此地的统治者。有事实为证:一是入闽的越人后来都成了闽越的首领,而无原闽族成为首领的记载。二是由"闽"而"闽越",说明越人已成功地控制了闽地。三是秦汉时,闽地出现了强大的闽越国君,且拥有可观的兵力。事实上,越人入闽必然使得闽地的社会和居民结构发生深刻的变化,这是毋庸置疑的,但越人入闽是自北而来,此时受影响最大的是闽北,而闽南此时还处于比较原始的状态。

第四节　秦汉时期的闽越

从楚威王杀越王无疆到悼滑灭越这段时间,应是越人南徙的开始,而此后至

---

① 《越绝书》卷八,上海古籍出版社,1985年版。

秦王朝建立(前 221 年),则是南迁的主要时期。越人最初迁居闽北,其始落脚地为今长乐的越迁山,而闽江口应当也是越人的比较早的聚居地,作为一个"习于水边,便于用舟"(《汉书·严助传》)的族群,很多学者已指出其南迁者中,多数是驾独木舟沿海岸边南下的,闽江口无疑是他们上岸停留的好地点。

越人的南迁,不会是零星的迁徙,应是群体性的行为,无论称其首领为族长,抑或称为"君长"。原曾在北方称霸过的越人来到闽地后,很快聚集起来,成为在当地的首领。今闽北、闽东地区发现的古代城市遗址,我以为应当是在这个时期陆续建造而成的,不必待西汉封为王后再建。

秦始皇统一中国,强悍的秦军以摧枯拉朽的态势横扫六合,闽地自然也不例外,史载,秦"南取百越之地"(《史记·秦始皇本纪》)"闽越王无诸及越东海王者,其先皆越王勾践之后也。……秦已并天下,皆废为君长,以其地为闽中郡。"(《史记·东越列传》),这里说明在秦之前,南迁的越人首领,仍有"王"之称号,只是到秦时被废除,降为"君长"。这是有记载的历史上闽地首次被纳入国家管理范围。但此时闽越人的活动中心在闽北及闽东一带,闽南并未成为关注地区。至于闽中郡是否真的实行了有效管理,史料未记载,且秦统一中国后不过十余年,便陷入秦末农民战争,因此很难说其影响之程度有多深。

在秦末农民战争中,闽越族首领无诸和繇率领越族军队参与了反秦战争,归属鄱阳令吴芮指挥。在战争中,越军英勇善战,立下了战功。因此,到西汉高帝五年(前 201)时,复立无诸为闽越王,王闽中故地,都东冶。"至孝惠三年(前 192)时","举高帝时越功,曰闽君繇功多,其民便附,乃立繇为东海王,都东瓯,世俗号为东瓯王。"

闽越国土地,北至浙南,西至赣东北,南抵粤东,据称其甲卒不下数十万,在诸侯国中称强。西汉王室宗亲诸侯与之交往者如吴王濞、江都王建、淮南王长等,均厚馈礼物,并约定"有急相助"。

其后,闽越国与东瓯、南越多次互相攻打。建元三年(前 138)闽越攻东瓯,武帝遣严助领兵救东瓯,闽越兵退。东瓯惧闽越,请求内附,于是徙其民居于江淮间。

建元六年(前 135),闽越攻打南越,南越向朝廷求援,汉武帝派兵攻打闽越。闽越王郢被其弟馀善杀死,乱平。于是封馀善为东越王。

元鼎五年(前112),南越反,东越王馀善屯兵揭阳,暗通南越,不遵朝廷命令。次年,馀善反,刻"武帝"玺自立为帝,并封其部下驺力为"吞汉将军",出兵攻占白沙(今江西南昌东北)、武林(今江西余干东北)、梅岭(今福建武夷山市东南),杀汉朝三校尉。汉武帝命令分兵四路攻打东越:"横海将军韩说出句章(今浙江慈溪西南),浮海从东方往;楼船将军杨仆出武林;中尉王温舒出梅岭;越侯为戈船、下濑将军,出若邪、白沙。"元封元年(前110),四路军队俱入东越。馀善为其部众所杀,乱平。汉武帝以"东越狭,多阻,数反覆,诏军吏皆将其民徙处江淮间。东越地遂虚。"(《史记·东越列传第五十四》)

从上述闽越国兴废过程中可知,虽然此时闽越国中心在闽北,但闽南也是其用兵的战场,其屯兵之揭阳,正与南越相接,皆与闽南有关。

当然,所谓"东越地遂虚",并非真正虚无一人。闽地山高林密,河流交错纵横,山中所居之闽越人是否全部被迁走,就难以确知了。而且从族谱资料记载,当时也有入闽戍守的军队。南朝之《宋书·州郡志》载:"建安太守,本闽越,秦立为闽中郡。汉武帝世,闽越反,灭之,徙其民于江淮间,虚其地。后有遁逃山谷者颇出,立为冶县,属会稽。"(《宋书》卷三六《州郡二》)据《闽大记》卷二《闽记》载,汉孝昭始元二年(前85),"闽越遗民自立冶县,属会稽南部都尉"。然而《闽大记》成书于明代,其说不见于其他史料,因而真实性如何,难以确定。

那么,究竟有多少闽越人未被迁走,史料无载。有的研究者估计有十万、二十万之说等。但这种估计是不可为据的。因为闽越国时期,全闽究竟有多少人,也不清楚。但从唐之前闽中人口统计看,至西晋有8000多户,此后从东晋到隋唐,历经四百年时间,人口一直未能增加,有时还仅5000余户。至隋大业年间才有12400余户,以每户4—5人计算,也不过6—7万人,因此说遗留下来的闽越人还有十万二十万是不可能的。徐晓望主编的《福建通史·远古至六朝卷》中认为:

> 自汉武帝迁闽越人于江淮安置,闽中的文明水准大举倒退。此后300年里,福建境内人口极为稀少,作为会稽郡的一个县,它的历史极为模糊。""尤其让人遗憾的是,虽然经历了80年的考古搜索,闽越国之后的汉代遗址发现仍少得可怜。要之闽人大部北迁,虽有少部分人仍然留在闽中,但闽

中人口稀少,所以,留下的遗迹也很少。①

　　自汉之后,在今闽北地区确有被称为"山越"的民众,但闽越人和"山越"之间是什么关系,至今也不清楚。"他们是本地的闽越人后裔还是从安徽、浙江迁来的山越人,则有些疑点。现有的史料与考古资料都不足以说明这一时期闽中越人的族属",因为"从考古出土的文物来看,他们的文化传统与闽越的联系不明显。"(同上,第一卷《绪论》第10页)这无疑是一种谨慎的治学态度。

　　虽然如此,这些年在闽文化、闽南文化的研究中多数人依然在重复着相同的观点,即越文化是闽文化、闽南文化的底层文化,其次才顺便提及还有吴、楚文化。尤其在谈到闽南文化的两个重要的特点,即民间信仰的敬鬼神与海洋意识产生时,更是很自然地和越文化联系起来。

　　其一是关于民间信仰的敬鬼神问题。因为越人是信鬼神的,所谓"楚人鬼而越人禨",(《列子·说符》)"禨"便是禨祥,都是讲楚人和越人信巫、信鬼的事。《吕氏春秋·异宝》也说:"荆人畏鬼,而越人信禨。"既然越人原居闽地,那么这种习俗自然是从越族传承而来的。

　　其二是闽南人海洋意识的产生与承传问题。闽人或闽南人都是中原移民的后裔,中原地区并不习水,不近海,那么海洋意识的产生,又容易让人联想到越人,因为越人原就是习惯于水上生活的族群。这样的联想固然有其合理推论的逻辑链,然而却也只能是终止于联想而已。

　　其实文化的传承,最主要是在于人,既然在西汉武帝之后已找不出有原闽越居民继续在闽的确实依据,又如何认定今日之闽文化、闽南文化是传承自越人呢?

　　相反,科学的发展,尤其有关人类基因的 DNA 检测,分子人类学的发展,却告诉我们,今日之闽人中,并无越人的血缘关系。

　　2007 年,李辉教授在《广西民族大学学报》(哲学社科版)上发表了一篇文章,题目是《分子人类学所见历史上闽越族群的消失》。李辉教授为复旦大学生命科学院现代人类学教育部重点实验室教授、博士生导师。有关曹操后裔的 DNA

　　①　徐晓望主编《福建通史·远古至六朝卷》,福建人民出版社,2006 年 3 月第 1 版,第 80 页。

检测便是由他们做出的。该论文指出：

> 分子人类学用 DNA 材料和计算生物学方法解答了很多人类学的问题。对于中国南方和东南亚地区最大的族群,侗傣族群和马来族群,分子人类学研究发现他们有共同的起源——百越族群,所以可以定义为"澳泰族群"。闽越是这个族群历史上重要的一支,曾经是福建的主体民族。作者并强调指出,在这些年来的研究中,"百越族群的遗传结构已经基本厘清"。①

他们通过分子人类学 DNA 材料和计算生物学方法,调查了范围广泛的东亚人群中 Y 染色体 O 型其下三个亚型(01、02、03)的分布情况,厘清了现代的百越人群(现称为"澳泰族群")在国外,主要分布于东南亚的侗泰族群与马来族群;而在国内,则主要集中在上海和浙江地区。文章认为：

> 通过对现代福建和其他闽语人群的分子人类学研究,结果并没有看到闽越的结构,闽语人群基本都是来源于北方的汉族移民。所以可以确定历史上的闽越族在福建地区基本已经消失。

他们在对闽南族群所属的莆田、泉州、漳州诏安、潮州、汕头等地人群作抽样调查后发现：

> 闽语的各个群体基本上都处于第 1 主成分的高端,……这说明这些群体是汉族中较为纯正的群体。特别是闽南的泉州群体,处于最顶端的位置上,几乎与安阳群体重合,所以闽南人从河南东部起源的观点是有较大可信度的。

对于江西、福建一带,文章认为：

---

① 李辉:《分子人类学所见历史上闽越族群的消失》,载《广西民族大学学报》(哲学社科版,第 29 卷)2007 年,第 2 期。

是汉族成分比较纯正的地区,特别是福建,很少受到外界影响。所以,在汉族之前,闽越族是福建的隔离群体,闽越之后,汉族成为福建特殊地形造成的隔离群体,这可能也是汉语各方言中闽语支发展速度最慢的原因之一。①

以上这种研究所得出的结论是比较令人信服的,它廓清了长期以来许多学者仅凭个人印象作出的一些并不准确的估计。

但是,有个问题必须说明,并非所有闽南族群均与越文化无关。广东的闽南族群,如潮汕地区、古雷半岛,原为南越人居住区,历史上不曾发生过如闽越人的大迁徙,因此其底层文化中自然有越文化的因素。海南的黎族和台湾的高山族是原住民,据认为是百越族的后代,有学者认为台湾的底层文化自然是越文化,也是很有道理的。所以凡事应从实际出发才不会出现张冠李戴的现象。

至于闽南文化的两个重要的特点,即民间信仰的敬鬼神与海洋意识是如何形成的问题。主要是中原民众陆续迁移入闽,在闽地开发的过程中,也同时带来中原地区的许多民间信仰。尤其是这几批中原移民,主要来自河南东南部的原东楚地区,历史上曾深受"巫风"影响,因此也将此习俗带入闽南。至于海洋意识问题,则其形成原因和过程就更加复杂了,后面我将在有关的章节中再详加说明。

① 李辉:《分子人类学所见历史上闽越族群的消失》,载《广西民族大学学报》(哲学社科版,第29卷)2007年,第2期。

第二章　中原移民与闽南文化之形成

第一节　唐以前的中原移民入闽及对闽南地区的影响

唐代之前的中原移民入闽始于何时,它对闽南地区又具有何种影响,这是这些年在研究中经常被提出的问题。

自闽越人北徙到唐代初年,大约有长达 700 年的时间。它前后经历了两汉、三国、两晋、南北朝到隋数代。虽然闽地空虚,交通不便,且未曾全面开发,但依然阻挡不住北方移民南迁的脚步。

这 700 年的历史有几大特点:一是政权更迭频繁。去除两汉的前三百年外,后三百年间,北方先是五胡十六国,继而北魏、北齐、北周、东魏、西魏等;南方则是晋及以后南朝的宋、齐、梁、陈,等等,长者五六十年,短者十余年,中间的西晋、最后的隋也都不过 30—50 年时间。

二是多数时间处于分裂状态。除西晋(265—317)和隋(581—618)为短暂的统一外,其余时间均处分裂状态。北方战乱频仍,民生涂炭。相比之下,南方相对稳定。

三是少数民族入主中原,大批民众逃难。由于入主中原的少数民族原系游牧民族,自北方而来,如五胡十六国时期及其后的北魏、北齐、北周等,均是少数民族入主北方。因此这一时期的中原移民主要是由北向南迁移。

虽然这些少数民族政权建立后,都不同程度地依靠原来的汉族士人为之出谋划策,并在此过程中慢慢接受中原河洛文化而被同化,但作为那一时代汉族上层士人中的精英,则鲜有留在北地的。于是,出现了明显的文化南移现象,北朝文化不及南朝文化,是不争的事实。在文化史上,这也是首次大规模的文化南移。不过南迁的重点是江南一带。

作为南方后院的闽地,当此时代,出现了哪些值得关注的变化? 而这种变化,对于闽南地区又有哪些影响?

中原民众何时入闽,这个问题由于史料的缺乏,一时尚难以讲得非常具体。但根据族谱资料记载,其最早入闽的中原人至迟不晚于西汉。据《许氏族谱》载,西汉建元六年(前135),左翊将军许濙奉命屯戍闽越,驻军于泉州西南,后定居于同安。墓葬今存于厦门翔安。① 从这一则信息我们了解到,西汉封闽越王的同时,也在闽地派兵驻守。建元是汉武帝即位后的第一个年号,这个时间比闽越王反叛的元鼎六年(前111)要早20多年。当然,当初汉朝派驻闽越的军队不会太多,只是带有监护性质的。同时闽越也有人到中原地区去任职。在记述闽越王叛乱过程中,就写到有位闽越贵族吴阳,他被汉朝封为越衍侯后久居于汉地。当馀善反叛时,吴阳曾被朝廷派回闽越,规劝馀善不要与汉朝为敌,但馀善不听所劝,肆意妄为,吴阳便举其邑700余人反对馀善。这说明中原与闽越自汉以来一直有沟通与联系。那么,其时中原文化的传入虽未必规模很大,但已在不断进行中了。

闽越人北迁江淮之后,闽地空虚,直至冶县设立,人口不可能很多,当时属会稽郡管理。郡所在地在吴县(今苏州)。到东汉以后,会稽郡治才移至今浙江绍兴,但闽地仍只有冶县一县。

三国时代,吴割据江东,其管辖范围有限,人口也不多,因此开始注意到福建。据载,从建安元年(196)孙策攻打会稽太守王朗,并追击至东冶。此后在孙权当政期间,又先后于建安八年(203)、建安十三年(209)、嘉禾四年(236)三次出兵平乱,最后一次吴兵入闽则在吴主孙亮太平二年(257)。从首次入闽至此,前后时间长达62年。吴兵入闽,目的在于巩固后方并补充兵源,包括吴国曾于黄龙二年(230)派遣将军卫温、诸葛直"将甲士万人,浮海求夷洲及澶州。但得夷洲数千人还。"②这次军事行动的目的也是为增加人口,补充兵源之不足。

三国时期闽地人口应有所增长,吴国于永安三年(260)"割会稽南部以建安、将乐、邵武、建安、吴兴、延平、东安、候官等九县为建安郡"。③

---

① 林殿阁主编《漳州姓氏》,中国文史出版社,2007年9月第1版,第1400页。

② 《三国志·孙权传》卷四七,上海古籍出版社影印武英殿本,第137页。

③ 乐史《太平寰宇记·建州》卷一〇一,中华书局2000年影宋本,第123页。

但史载的吴五次用兵于闽,所发生地点均在福建北部及西北地区,与闽南无涉。而所设之九县,仅有东安一县在闽南(今南安)。可知闽南当时人数应不多,不值得多设县治。

中原民众入闽有记载的史料,当属西晋的"八王之乱"后的所谓衣冠士族入闽的记载。西晋在经历了短暂的统一后,至永平元年(291),司马氏诸王为争夺权力而发生了长达十六年之久的内乱,即俗称的"八王之乱"。这场内乱,司马氏诸王互相残杀。城门失火,殃及池鱼,许多无辜的民众也被卷入这场大厮杀中。内乱的双方出动军队动则数万、数十万之多。也就在西晋皇族内乱过程中,居于北方的匈奴、鲜卑、羯、氐、羌各少数民族首领纷纷建立地方割据政权,"五胡乱华"的序幕已经拉开。至公元316年,匈奴人刘曜带领少数民族割据政权的汉军攻克洛阳,晋愍帝投降,西晋灭亡。次年,琅琊王司马睿在建康建立东晋政权,北方便进入了更加混乱的十六国时期。

北方长达数十年的恶斗,使中原民众经受了难以忍受的痛苦,于是他们纷纷南迁,寻求避难之所。相对而言,江南一带开发较晚,土地广阔而民众稀少,又有东晋政权的存在,因而自然而然成为北方汉人的首迁地。江苏是接纳北方移民最多的地方,为了安置这些北方移民,便设立了许多侨州、郡、县。

闽地自西汉武帝以来至西晋"八王之乱",已有四五百年时间,其间虽有三国吴时的经营,但依然处于相对落后与封闭状态。山高林密,江河阻绝,虽也历经辗转,但入闽者应当数量有限,而且大多停留于闽北和闽东较早开发的地区。如民国《建瓯县志》卷一九载:"晋永嘉末,中原丧乱,士大夫携家避难入闽,建为闽上游,大率流寓者居多。"

历代关于西晋末年移民入闽的记载,如唐林蕴为《林氏族谱》所作序中说:"汉武帝以闽数反,命迁其民于江淮,久空其地。今诸姓入闽,自永嘉始也。"乾隆《福州府志》引宋人路振《九国志》载:

晋永嘉二年(308),中州板荡,衣冠始入闽者八族:林、陈、黄、郑、詹、邱、何、胡是也。以中原多事,畏难怀居,无复北向,故六朝间仕宦名迹,鲜有闻者。

关于此次中原民众入闽,还有四姓、十二姓之说,我们根据族谱资料记载,则发现其实在此期间入闽者不仅上述诸姓,如吴姓,闽清县《龙岗吴氏族谱》载:其入闽始祖为吴德兴,晋永和十年(354)随兄学士吴向协镇闽,遂由江苏入闽,卜居侯官县五都龙坪村。①

王姓:东晋时琅琊望族,宰相王导(273—336)从弟王彬到建安任职,为王姓入闽定居第一人。②

危姓:晋永嘉三年(309),光州固始人危京任建州刺史,领其乡民一同迁居并落籍建安。③

叶姓:据《玉山叶氏族谱》载:叶忠显,固始人,避五胡乱入闽居建州,为玉山叶氏始祖。④

张姓:据《大田元沙张氏族谱》载:"晋建兴二年(314),张氏始祖由河南固始入闽,居大田县广平镇元沙村,遂称大田元沙张氏。"⑤

上述诸姓均不在所谓西晋末年至东晋时的入闽八姓之列。而且像黄姓,其实也不是到"八王之乱"才入闽的。据《锦田黄氏大宗祠族谱》载,东汉建安年间(196—219),就有光州固始人黄道隆弃官避地入闽,初居仙游大小尖山之间,后改迁桐城(泉州)西郊。

"八王之乱"后迁居入闽应当有一批人,这和族谱记载可相互印证,至于数量多少,一向有争议。但不容否认的事实是,本次入闽的中原民众应有一定的规模和数量,确实是此前所难以相比的。因为我们看到以前记载入闽的中原人士只是零星的,不像这次入闽人士是以批次进入的,而且其延续时间长达数十年之久,所以将此次称为中原民众首批入闽是不为过的。

东西晋之间的中原移民入闽,对闽南地区影响如何,则是我们特别要关注的地方。

上面在引述族谱资料中我们已经看到其中一部分入闽中原人来到了闽南。北方移民来到闽南后的落脚点首先选定的是今晋江两岸、南安县域。这是因为

---

①　林殿阁主编《漳州姓氏·吴姓》,中国文史出版社,2007年9月第1版,第1273页。
②　林殿阁主编《漳州姓氏·王姓》,中国文史出版社,2007年9月第1版,第1191页。
③　新编《建阳县志·人口》,群众出版社1994年版。
④　摘自《福建省姓氏源流研究会研究文稿》。
⑤　摘自《福建省姓氏源流研究会研究文稿》。

这里是闽南最早开发的地域。三国时期,吴国于永安三年(260)在这里设立了东安县,是闽南地区最早设置的一个县治,晋太康三年(282)改名晋安县。境内有南安溪东流入海。西晋"八王之乱",部分北方中原移民迁至此,沿江而居,因更名南安溪为晋江。梁天监年间(502—509),析晋安郡南部设置南安郡,郡治设于晋安(今南安市丰州镇),南安郡领闽南三县:晋安、兰水、龙溪三县,实际包括了今闽南的大部分。这个时期,南安郡实际成为闽南地区的政治、经济与文化的中心。族谱资料记载,蔡氏:"西晋时五胡入侵,北方又一次大举南迁,河南陈留一带蔡氏随众流入福建。时蔡大业之子蔡纪恭逃居福建龙溪。"①杨氏:"其先弘农人,永嘉过江,迁于闽越。"(泉州《杨氏族谱》)梁氏:"晋室乱离,梁芳以族随晋渡江,大衍于钱塘、合浦间。孙遐仕安帝,桓玄篡逃闽……因家南安。"②又如王氏:"王彦昌,其先琅琊人,自东晋肃侯彬迁于闽,居龙溪。后析龙溪置漳浦,遂为漳浦人。"③可知此时南移中原民众,不仅到达晋江一带,还来到闽南最南部的龙溪、漳浦。

考古发掘资料也证实了此次南迁的情况。如20世纪60年代在南安丰州狮子山遗址古墓群中便发现了最早为西晋太康五年(284)的古墓。至于东晋之后的墓葬,在此古墓群中纪年墓砖分别有"咸康元年(335)""咸安二年(372)""宁康三年(375)""太元三年(378)""元嘉四年(427)""天监十三年(514)",时间跨度二百余年,从两晋直至南朝梁时代。同样,2002年在漳州之漳浦石榴镇也发现了东晋的墓葬群。墓共五座,其中一座墓中纪年砖有"太元十一年(386)"、"太元十九年(394)"和"太元二十一年(396)"三种。此前漳浦县博物馆还曾于1958年在妈祖林水库工地采集到一块有"升平二年(358)"纪年的墓砖。从石榴镇墓葬中出土了金银首饰、铜铁器及精美的瓷器,显示主人不是一般民众,考古工作者认为这些金银器物等很可能是北方入闽的士族从北方故乡带到闽南地区来的。这种推测应有一定的道理的。

由于南来的中原民众增多,佛教于西晋太康年间传入闽南。南安丰州九日山下有太康年间建造的延福寺,府治南有太康年间建造的白云庙等,(见乾隆

---

① 陈支平《福建六大民系》,福建人民出版社2000年版,第95页。
② 陈支平《福建六大民系·泉州梁氏族谱》,福建人民出版社2000年版,第95页。
③ 陈寿祺《重纂福建通志》卷一七〇《唐人物·列传》,道光年版。

《泉州府志·坊庙寺观》）可见此处居民已有一定数量和规模。

梁末太清二年（548），侯景之乱发生，江南社会受到一次严重摧残，又有一批民众避难入闽，但此次主要应为江浙地区民众，而非直接来自中原的移民。当然，不排除其中有一定数量原北方移民的后裔。陈朝建立后，陈世祖于天嘉六年（565）下诏曰："侯景以来，遭乱移在建安、晋安、义安郡者，并许还本土。其被掠为奴隶者，释为良民。"（《陈书·世祖传》）义安即今粤东的潮汕地区，当时也属闽南。此事竟然惊动朝廷，可见有一定数量。

但是，总体而言，自晋及隋，长达三百余年，闽地人口数量并未改变稀少的状况。西晋太康三年（282），朝廷在闽地增设晋安郡，加上原有的建安郡，则共有二郡。建安郡辖县七：建安、吴兴、东平、将乐、建阳、邵武、延平；晋安郡辖八县：原丰、新罗、宛平、同安、候官、罗江、晋安、温麻。据《晋书·地理志》载，两郡各有4300户，则全闽共有8600户。如以每户5人计算，则有43000人左右。

可是，自此后直到南朝宋时，几次有记载的闽中人口，却不增反减。如《宋书·州郡志》载，当时建安郡"领县七，户三千四百二，口一万七千六百八十六。"而晋安郡："领县五，户二千八百四十三，口一万九千八百三十八。"两郡合计有5885户，37524人。这个数字引起一些学者的怀疑。时过一百多年，又历经"八王之乱"的中原移民南迁，何以人口不增反减？我认为这个数字表明，尽管南北朝时期仍有人口南迁，但数量和规模相当有限。而且当时人口受战乱、天灾及疾病的影响，也是一直处于不断变化之中的。

隋代是闽地的相对发展期，虽然实行州县合并，在闽仅保留了四个县：建安、闽县、南安、龙溪。但人口似有了较大增长，《隋书·地理志》（卷31，第113页）载：当时全闽共有12420户，虽然仍不算多，但比起百年前来，其户数已增长了一倍多。至于人数，至多也就是六七万人。以福建之大而只有区区之数万居民，其荒凉程度是可想而知的。当然，有些学者提出，这些人口统计数字仅指汉族居民，应当不包括居住于山区的山越人。但山越究竟有多少人，没有人说得清楚。我以为，所谓山越应是极少数未随闽越人北迁而留下的人及其后由江西、浙江边界地区迁来的新移民，他们居住于山间，但所居住的环境恶劣，生产力水平相当低下，这样的状况是难以有大的发展的，因此他们的人数也不可能很多。

不过，从隋朝的这次撤并州县，我们看到，全闽所保留的四县中，闽北闽东有两县,而闽南地区也有两县,这也就是说,历经数百年之后,闽南地区与闽东、闽北地区在经济和社会发展方面已渐趋于平衡状态,不像汉晋时期,州县几乎全设在闽西与闽北。隋代大业年间是全国人口数较多的时期。隋炀帝大业三年(609),全国有人口4601万,在中国历代中属中等程度。经历了隋末的战乱,人口锐减,唐高祖武德元年(624),全国人口仅剩下2274万人。虽然经历过贞观之治,但人口仍无大增。高宗永徽元年(650),户部尚书上奏称,全国"今户三百八十万"。高宗感叹道:"自隋末离乱,户口减耗,迩来虽复苏息,犹大少于隋初。"此时与唐初之陈政、陈元光入闽时间已相当接近。从隋末至唐初,闽地也同样历经战乱的困扰。隋末江浙闽一带先后有刘元进、沈法兴、李子通等起兵反隋,闽地是反隋军的后方据点。此次战乱延续多年,直至唐武德四年(621),李子通兵败,闽地始平。处于这样一个动荡的时代,闽地人口纵使不大幅度下降,也断无大升的理由。

至此,我们可以说,唐代之前,尽管中原移民进入闽地人数并不算多,但对于以前极少和中原地区联系的东南边陲之地而言,这一时期应当算是中原文化直接进入闽地的始发期。而对于闽南文化而言,则刚刚是它的孕育期。

第二节　唐代中原移民入闽及闽南文化之形成

一、唐初的中原移民入闽概况

闽地大开发的序幕是由唐代拉开的,而闽南文化的形成,也是和唐代紧密地联系在一起的。其中最重要的事件,当数发生在唐代初年的"蛮獠啸乱"而引发的中原移民入闽。鉴于对这一事件本身至今仍有诸多争议以及此事之深远影响,笔者将用较多的笔墨来细谈陈元光对漳潮地区的开发这一问题。

陈元光(658—711),字廷炬,原籍河东,后居河南光州固始。父陈政为唐玉钤卫翊府左郎将归德将军,奉唐高宗命令进戍绥安(今福建云霄),陈元光随父戍闽,此后即从事泉、潮地区开发。

唐总章二年(669年),泉潮间蛮獠啸乱,唐高宗下诏命玉钤卫翊府左郎将归德将军陈政为岭南行军总管事,"率府兵3600名,将士自副将许天正以下123员,从其号令,前往七闽百粤交界绥安县地方,相视山源,开屯建堡,靖寇患于炎方,莫皇恩于绝域"。这道命令要求"莫辞病,病则朕医;莫辞死,死则朕埋"。"斯誓斯言、爱及苗裔"。(唐高宗《诏陈政镇故绥安县地》)。这可说是一道很严厉的命令。

陈政父子入闽后对闽南的治理、开发,可以分为三个阶段。

第一阶段,稳定局势时期。这个时期以作战为主。陈政率兵进伐时,寡不敌众,退守于九龙山(今漳州北华安县内),上奏朝廷请求加派援兵。朝廷命令陈政之兄陈敏、陈敷,领军校及中原五十八姓来援,但陈敏和陈敷病死于道中,其母魏氏足智多谋,代领其众,继续南下增援。援兵入闽后与陈政会齐,击败蛮獠主力,屯兵于云霄。这是陈政入闽后扎下根的阶段。

第二阶段,设置地方政权与恢复社会经济阶段。垂拱二年(686 年),陈元光上表请于泉潮间增置一州,并委派地方官吏。朝廷同意了他的请求,于是因地为名在漳江旁建漳州,辖漳浦、怀恩二县。并且朝廷令陈元光兼刺史之职,自别驾以下,得自辟置。可见唐王朝对陈政、陈元光父子是很信任的。

建置漳州以后,陈元光"乃率众辟地置屯,招来流亡,营农积粟,通商惠工,奏立行台于四境,时巡逻焉"。从这时起,"北距泉兴,南逾潮惠、西抵汀赣,东接诸岛屿,方数千里,无烽火之惊,号称乐土"①。这里所描绘的也许有夸张之嫌,但建州之后,陈元光及其部下就着手大力恢复经济工作,这是正常的。这一长期混乱的地区得到治理,老百姓自然十分感激陈元光,因而景云二年(711 年),当陈元光作战阵亡时,"百姓哀号,相与制服哭之"。设置地方政权和恢复发展社会经济,是陈元光建漳后的主要活动,用了 25 年时间。

第三阶段:巩固与发展经济时期。陈元光死后,他的部下和子孙继续进行开发闽南的活动。陈元光的子陈珦、孙陈酆、曾孙陈谟,历任漳州刺史。据记载,陈谟至元和十四年(819 年)卒,也就是说从公元 669 年陈政入闽至公元 819 年陈谟卒,在长达 150 年的时间里,陈家五代人及其从中原带来的部下及裔孙,一直致力于闽南地区的开发,直到陈谟的儿子陈泳到外地做官为止。《旧唐书》记载,到天宝年间,漳州已有 5346 户,17949 人。更有意思的是陈泳最后的任职是在河南老家当光州司马。

---

① 见《云霄县志·名宦》。

其实中原几次南迁,对闽南影响最大的应是陈元光的入闽。从入闽的规模和人数来看,晋代一次人数较少,而唐初陈元光入闽人数却是比较多的,入闽者有先后两批,第一批由陈政带去的,有 3600 多人,这有文献可考,第二批由陈政的兄长带去的 58 姓,具体人数却不清楚,但数量必然不会少于第一批,因为这次是聚族而行,兼带家属,数量自然较大。但令人遗憾的是,天一阁本的《嘉靖固始县志》中说:"固始衣冠南渡大较有三,按《闽中记》,永嘉之乱,中原士族林、黄、陈、郑四族先入闽,今闽人皆称固始人,一也……王潮之乱,十八姓之闽,二也……又靖康南渡、衣冠文物荡然一空,三也。"其中竟丝毫没有提及陈元光入闽之事。乾隆五十一年撰修的《固始县志》也没有任何地方提到陈元光入闽。关于《固始县志》的缺载,笔者认为,似与历代中原战乱直接影响有关。因为自唐之后,中原战乱频仍,许多次出现"十室九空"的惨象。今日之固始人,其祖先多是明清两代才从外省移民而入豫的。历代资料的缺失,是很正常的。

陈政、陈元光的入闽,实际上是一次有组织、有准备的大规模迁徙。这些开拓者从中原带去了当时比较先进的文化和生产方式,而漳潮地区气候温和,土地肥沃,非常适宜农作物生长。这两种条件的结合,使这一地区的经济得到迅速发展。当年从中州入闽,并在陈政军中担任军谘祭酒的丁儒,晚年曾写一首《归田二十韵》诗,部分如下:

漳北遥开郡,泉南久罢屯。归寻初旅寓,喜作旧乡邻。好鸟鸣檐竹,村黎爱慕臣。土音今听惯,民俗始知淳。烽火无传警,江山已净尘。天开一岁暖,花发四时春。杂卉三冬绿,嘉禾两度新。……霜雪偏避地,风景独推闽。辞国来兹属,於兹结六亲。追随情语好,问馈岁时频。相访朝与夕,浑忘越与秦。……呼童多种植,长是此方人。①

丁儒是在漳潮地区开发中有贡献的人物,《福建省通志》载有他的事迹。这首诗十分生动地描绘出经过几十年开发后漳潮地区的社会经济和风土人情的变化情况,也反映了从中原来的百姓已与当地人水乳交融般地结合在一起。

---

① 见《云霄县志·名宦》。

陈政、陈元光父子率众开辟闽南,在这一带留下了大量的遗迹。这些遗迹大多在今云霄县境内,因云霄县即古绥安县地,初建漳州的州所在地。

闽南的地名,至今仍保留陈元光入闽时所取的名字。漳江,原名绥安溪,是陈元光父陈政所改名。据旧志载,陈政"尝渡云霄",指江谓父老曰:"此水如上党之清漳。"①因此命名为漳江。漳河上游有两支流,一为清漳河,一为浊漳河,到河北省涉县合漳镇汇合而为漳河。漳江也是如此,上游分南北二溪,南清北浊,汇于西林村,激滟成章,因而称为漳江。② 后来又因江而置州,称漳州。漳州府址虽曾三次迁徙(初建于云霄,次迁于李澳川,再迁于龙溪),而州名至今未改。漳浦也是以江为名,即漳江之旁的意思。因陈元光的活动而命名的地名,在今云霄县还有大、小将军山,东海中有将军屿、将军澳等。

漳江北盘陀岭下留有故城,据传为漳州初建时的城址。云霄及漳州都有传为陈元光驻军的军营遗址;有陈元光所建的巡台,此外云霄有演武亭,陈元光军队牧马的马坑,还有两块巨石:一称为磨剑石,传说陈元光曾在这里磨过剑;一为试剑石,传说是陈元光一剑把巨石劈为两半,这些遗迹带有浓厚的传奇色彩。在云霄还有陈元光所建的燕翼宫旧址和陈元光为祖母魏氏守制三年于墓侧建的墓庐。陈元光祖母魏氏,陈政夫妇,陈元光夫妇,陈元光女儿柔懿夫人,陈元光随征的一些部将的墓地,有的在云霄,有的后迁至今漳州附近。

闽南各地过去建有大量庙宇祭祀陈元光及其将领的,有威惠庙、灵著王庙、灵侯庙、将军庙、功臣庙、沈李二公庙、祁山庙③。还有祭祀陈元光女儿的夫人妈庙(据载其女儿从征,曾立不少战功)等。

闽南的旧风俗,每年正月十五元宵时,各村抬着陈元光的神像游村,想来是作为驱邪的。由此也可见陈元光在闽南影响之深。

唐初的开漳,对于全闽及闽南地区影响巨大,出现以下几个方面的重大变化:

(一)随着安定局面的形成,又有数量众多的中原移民入闽,甚至可说是又一次移民高潮。以往的学者在研究中,往往只关注这几批入闽者的人数,而较少

①　《云霄县志·陈政传》
②　《云霄县志·地理志·山川》
③　见《福建通志·坊庙志》

注意其后续效应。其实唐代的两次移民,就其绝对数而言,都不算多。唐初这一次仅万人,而唐末三王入闽也不过有众数万,但是所造成的滚雪球似的后续效应却十分惊人。开元二十年(732),全闽户数已是唐初的九倍,由 12000 余户增至近 11 万户,而开发较晚的闽南,仅泉州即达五万余户,应当是唐初的十几倍。这说明局势稳定之后,又有大批中原移民入闽。而唐末三王入闽,不过有众数万,当时的全闽户数至多 15 万户,但到宋初已达到 45 万户,这当然也有其后续效应的因素。

(二)由于闽南地区的漳泉两地人口急剧增加,导致闽南的州县建置也迅速增加。建漳之后不久便有武荣州的设立(711 年又改名为泉州)。随之是汀州的设立,至此,闽南与闽西的三个州已全建成。

(三)此后的两百年间,全闽保持相对稳定的局面,有利于社会的正常运转和文化教育的建设。有了相当规模的人群,有了对河洛传统文化的传承与共识,也就为闽南区域文化在唐中后期的形成及宋代的走向成熟奠定了坚实的基础。

二、盛唐及中晚唐时期的闽南发展

从盛唐历经中唐、直到三王入闽前的晚唐时期,闽南有近二百年的相对稳定阶段。虽然在其间北方及中原地区发生"安史之乱",造成社会的动荡不安,但对于福建影响并不很大,避乱的人群虽有,但并不很多,这从前后几次人口和户籍统计资料显示的数字可知。况且当时因交通不便,入闽者总是先落脚于闽北和闽东,这两地开发较早。所以"安史之乱"过后的建中年间(780—783)的户数统计,漳泉两州人口和户数反低于天宝及开元年间。近二百年的相对稳定时期,正好为从各地聚合而来的移民提供了极好的相互了解、相互融合的空间和时间。下面我们对这一时期闽南的状况作一简单的说明。

请注意,以下几组人口变化的数字,我以为是相当有意思的,然后我们再根据这些数字,结合闽南的情况作一些必要的分析。

（表一）唐代各阶段全国人口统计表①

年代	户数	人口数
贞观十三年(639)	3031837	12351681
开元二十年(732)	7861236	45431265
天宝十四年(755)	8914790	52919309
乾元三年(760)	1933174	16990386
建中年间(780－783)	3085076	
元和年间(806－820)	2473963	
会昌五年(844)	4955151	

从上表可以看出,唐代人口自唐初低谷,经百年恢复,至开元天宝年间达到高峰,尤以天宝十四年为最,户数几乎是贞观年间的三倍,人数则达四倍有余。然而经"安史之乱",在唐肃宗的乾元三年跌落低谷。户数与人口数双双下降,户数不及天宝年间的四分之一,而人口也不到三分之一。当然,如学者们指出的,"安史之乱"后,原唐朝一些州郡被异族所占领,唐朝廷实际控制的土地仅及原来一半左右。但此时距"安史之乱"仅仅过五年,便有如此巨大的落差,是与民众的死亡、逃亡分不开的。我们看看唐中期各道路人口分布情况之比较便可一目了然了。

（表二）　唐中期户数分布状况②

道	开元	元和	升降比(开元为100)
关内	710352	283778	39.9
河南	1439461	158710	11
河东	723367	2449160	33.9
河北	1084856	185783	17.1
山南	491917	214719	43.69
江南	1334988	791736	59.3
湖南	300666	177612	59.1

---

① （表一）数字来源为任宏国学位论文《唐代人口迁移问题研究》。
② （表二）数字来源为任宏国学位论文《唐代人口迁移问题研究》。

续表

道	开元	元和	升降比(开元为100)
剑南	739145	159860	21.6
岭南	285456	149139	52.2
陇右道(上)	64060		
陇右道(下)	56376		
淮南	186541		
	7417185	2361253	31.9

从上表中我们清楚地看到,人口和户数下降最多的正是"安史之乱"的重灾区。虽然已过半个世纪,但"安史之乱"的创伤并未得到恢复。作为重灾区的河南道,此时人口仅为开元时期的十分之一,河北道是"安史之乱"的策源地,此时人口也仅及开元间的17%。至于南方诸道,不是战乱的主战场,而且是北方民众南逃的避难所。然而,我们看到,元和时代人口数下降最少的江南道、湖南道、岭南道,人数也仅及"安史之乱"前的59.3%、59.1%、52.2%,连六成人数都不到,可知损失之惨重。

在对当时全国情况有所了解之后,我们再来看一看福建和闽南地区的情况。因为只有通过比较,才能对这一阶段的福建及闽南的状况有更好地理解。

(表三)唐代福建及闽南人口分布情况[①]

年代	福建		闽南		
	户数	人口数	户数		人口数
开元二十年(732)	109311		52444	泉州 50754	
				漳州 1690	
天宝十八年(755)	91186	410587	清源郡(泉)23806		清源郡(泉)160295
			漳浦郡(漳)5846		漳浦郡(漳)17940
建中年间 (780—783)	93535	536581	泉州 24586		泉州 154009
			漳州 2633		漳州 6536
元和年间 (806—820)	74467		泉州 35571		
			漳州 1343		

---

① (表三)数字见徐晓望《闽南史研究》,海风出版社,2004年9月版。

从上表可知,闽地人口从初唐至盛唐有很大的发展。开元二十年是闽地户数最多的年代,全闽达 109311 户,这个数字为唐初的九倍。毫无疑问,在比较安定的和平环境中,自然繁衍当然会使人口有较大的增长,但绝不可能有这么大的增长幅度。因此我认为这是唐代在闽地出现的第二次人口增长高潮,自然也是中原移民第二次大规模入闽。只是本次移民不是有组织的进入,而是经历较长的时间。族谱资料为本次移民提供了依据。因此,严格说来,唐代入闽的移民不是两次,而是三次。

当然,在其后的安史之乱时,闽地居民数又一次出现增长。天宝十八年(755)全闽 41 万多人,而建中年间(780—783)则达到 53 万多人,这个数字,近 30 年增长 12 万人,虽说增长幅度并不算大,但和全国人口急速下降相比,也是相当可观的,说明这一时期,仍有北方移民南下充实这一地区的人口。但是在此之后,直至元和年间,又过了三、四十年,全闽户数反而减少一万多户,据史料记载,是闽地遇到灾荒,这种情况下,是不太会有移民继续前来的。不过这一时期,全国总户数减少了 60 万户,非独福建特别。倒是仅过 20 多年,到了会昌五年(844),全国户数便增长了一倍,福建应当也不例外。

下面我们对这一时期漳、泉二州情况作一简单的说明。

(一)关于漳州

自从漳州创建之后,闽南的局势逐步恢复平静。公元 711 年陈元光因中蓝奉高埋伏战死,其子陈珦代任漳州刺史。不久,他率部消灭了蓝奉高的残部,从而根除了引发社会骚乱的源头。

漳州州治曾几度迁徙。首次迁徙发生在开元四年(716),其时陈珦应乡老余恭讷等之请而将州治迁至李澳川(在今漳浦县城)。而过了七十年,即贞元二年(786),陈珦之子陈酆继任漳州刺史期间,因漳州州治一带发生瘟疫,便将州治迁移至龙溪县。因为此前,漳州于开元二十九年(741)便已得到了原属泉州的龙溪县。大历十二年(777),又得到原属汀州的龙岩县,从便于治理的角度上讲,迁州治于龙溪县是比较合适的。至此,漳州下辖漳浦、龙溪与龙岩三县(原建州时所辖之怀恩县于开元二十九年废)。此后,这种格局维持了近千年之久。

从唐代几组闽地不同时期的统计数字看,漳州虽然唐初开发并建州,但发展过程并非一帆风顺。开元年间福建全省户口数为 109311 户,是我们目前能够看到的唐代福建最高的户数。而此时漳州仅 1690 户,在福建当时的五个州中户数最少。至天宝年间,漳州户数增至 5846 户,人口 17940。列全省第 4 位,略高于汀州的 4680 户,13702 口,其增速如此之快,是与龙溪划归漳州管辖有关。可是,到了元和年间,漳州已又增加了龙岩一县,而《元和郡县图志》中,此时漳州的民户反而减至 1343 户,成了全闽人口最少的一个州,且不足天宝年间的 5846 户的 23%。关于漳州户口不断递减的原因,史学家们有几种不同的解释,一种认为是当时发生了严重的天灾和瘟疫。《新唐书》载,建中三年(782)"福建等道大旱,井泉竭,人喝且疫,死者甚众。"(卷三十五,《五行志》三,第 917 页)不久,"贞元六年(790)夏,淮南、浙西、福建道疫。"(同上,卷三十六,五行三,第 957 页)天灾和瘟疫使闽地的发展遭受重创,尽管此时依然不断有北方移民南来,但补充的人数抵不上天灾和瘟疫造成的损失。建中年间(780—783)全闽有五郡(建安、长乐、清源、漳浦、临汀),总户数 93535 户 536581 口,其人口数为唐代统计资料的最高值。和当时全国经"安史之乱"后的各地人口锐减恰成反比,说明此阶段北方移民数量颇多。然而,仅仅过了二三十年,在唐宪宗元和年间(806—820),福建人口便减至 74467 户,仅为建中年间的 80%。说明当时所发生的灾害之严重。漳州也不能幸免,甚至可说是重灾区。漳州之所以屡迁州治,正是与自然环境的恶劣和疾病的流行有很大关系,史载,正由于发生的瘟疫,导致了州治的二次搬迁。

当然,还有另一种解读,即认为漳州实际户口并非如统计数字那样少,只是因为漳州开发晚,山地特别多,官府无法统计居于深山中的居民数字,因而能统计进来的只是州治周围的数字。笔者认为,这后一种说法固然有其一定的道理,但却难以解释为什么在几十年前统计 5000 余户,而后立即减至 1300 余户的原因。显然,因天灾人祸而导致居民人数减少,就是主因。

(二)关于泉州

和漳州相比起来,泉州的发展速度格外令人吃惊。虽说泉州是闽南地区开发最早的地方,但和福州比起来,还是要晚得多。隋末全闽仅四县,一万余户人家,位处闽南的南安、龙溪两县,合计户数不会超过六千,一个县也就三四千户而已。即使到唐初,这种情况也没有太大变化。然而我们看到仅仅过了几十年,泉州户口大增,开元二十年(732),全闽有户 109311,而泉州一州户数多达 50754,

几乎占到全省户数的一半。也就是说,此时仅泉州一州的户数,已是唐初全闽户数的四倍,泉州原有户口的十五倍。这样超常的增长,绝不可能是人口的正常繁衍所致。更多地应是移民的结果。

北方移民为何选择泉州而不去漳州? 当然与居住环境关系最大。泉州是闽南最早开发的地区,从晋代始便有移民到达,(一部分学者甚至认为在秦朝时,这里是流放罪人的地方,因而已有早期中原移民,是否如此,待考),故有晋江之称。此后,这里一直是闽南人聚居的区域,因此三国时代吴国便于永安三年(260)设置东安县,其地即今南安。隋时,东安改为南安。在南北朝至唐初南安丰州或设州、或设郡,因而成为闽南的中心区,也更适宜北来民众的安居落户,是理所当然的。自晋至唐,基础建设已有数百年之久。而漳州,虽然于686年建州,但主要目的是考虑到平定"蛮獠啸乱"和稳定社会秩序。"以控岭表"的说法,表明其军事上的重要性。所以这一州的建置,从其所建的州址看,是经历了从无到有的艰苦创业的过程,此后百年间州址三迁,反映的正是草创时期的尚未稳定的状态。从自然环境看,这里也是相对险恶的,山高林密,多瘴疬之气,疾病频发,加上原来"蛮獠啸乱"留下的后遗症,使这里长期得不到发展的良好外部环境。所以,南来的中原移民将脚步停留在泉州,是十分正常的,就是随同陈政、陈元光前来的一些将领士兵,也有许多或因职务关系或年老退养,选择泉州作为终老之地,都是可以理解的,如陈政的重要部将何嗣韩,选择在泉州安家,而让其子继续留在漳州,这明显地将泉州作为后方的基地。徐晓望在《闽南史研究》中有两段话论述开漳事件的影响以及漳泉之间的关系,我以为是相当公允的,他在谈到陈氏之开漳"如果从更广阔的视野来看陈元光开漳,它的意义非同凡响。……自隋唐以来,岭南及与闽南区域的大片土地上,朝廷的权威一直受到挑战,唐朝的政令也不能在这块土地上切实贯彻。陈元光在建漳州前后,多次打败岭南反抗朝廷的力量,因而得以建立漳州。……因此,陈元光开漳不论是在福建历史上还是广东的历史上,都有重要的意义。后人称赞陈元光:'总章之前,漳地未辟,建堡设屯,实首陈归德将军,扼闽粤之吭,开千万代衣冠文物,元光继之,始置方州,式廓疆土,泽流海邦。'"[1]

① 　徐晓望《闽南史研究》,海风出版社2004年9月版,第55-56页。

而论及漳泉关系时,徐晓望认为:"唐代漳州的历史表明,陈元光开漳仅是漳州开发史的发端,而不是它的结束。但是,陈元光对漳州的经营,迟缓了畲族向泉州等地进一步渗透的步伐。唐宋时期泉州等地定居农业的发展,是建立在这一前提下的。"①应当讲,这些评价是比较公允的。当然,如上所述,唐初的开漳,能够造成社会的安定,阻挡住"蛮獠"的北上脚步,然而却难以阻止天灾和疾病的流行,因此,尽管到"安史之乱"后,闽地人口仍有几十年的增长,但到元和之后便因灾荒和瘟疫而导致下降的状况,这也是难以避免的。

不过从总体而言,闽南地区在盛唐之后直至晚唐二百年间,社会是比较安定的,没有如同北方因"安史之乱"及藩镇割据所造成的大破坏,这是闽南得以继续发展的有利环境与条件。

三、关于闽南文化形成期之探讨

(一)闽南文化的孕育期

闽南文化的形成期是闽南文化研究中十分重要的理论问题。在八闽文化中,闽南文化是影响最大、分布最广、人口数量最多的一支独特类型的民系文化。闽南文化应早于闽东文化,它的奠基者即为唐初率领中原移民入闽的陈政、陈元光父子。而后历经二百年时间,在唐代中后期已经形成。然而,数十年来在闽南文化研究中,低估了唐代初年对泉潮地区开发所带来的巨大成就,以及对形成闽南文化的重要作用,在一定程度上影响了对形成期的正确认识。下面我将在对闽南开发史作整体分析的基础上,结合文化类型形成要素的分析,对此做出重新评价,提出个人见解,以供进一步讨论。

闽南文化形成期的讨论,离不开对闽南地区开发史的研究,而作为"闽"的一部分,闽南文化的形成与发展与整体的闽地开发也是密不可分的。

虽然我们在追溯闽地发展史时,可以追溯到新、旧石器时代的古人类活动,追溯到春秋战国前的"七闽",乃至之后的"闽越"国的活动,等等。但是,同样毋庸置疑的是,闽地的发展并不是连贯向前的,而是有过长时间的中断过程的。

秦汉时期,闽越国曾在闽立国近百年,但汉武帝时,闽越王馀善屡次反叛朝

---

①   徐晓望《闽南史研究》,海风出版社 2004 年 9 月版,第 59 页。

廷,汉武帝派兵入闽,击败闽越,尽徙其民,置之江淮间,闽地遂虚。虽然不久后,尚有少量遗民聚集于沿海,成立了冶县,隶属于会稽郡,但其人数应当是极少的,且集中于闽北与闽东,

三国东吴时期,吴国曾派兵入闽,并始设建安郡,辖九县。但其中八县均在闽北、闽东,闽南仅有东安一县(在今南安)。西晋统一中国后,在闽设二郡:建安郡与晋安郡,共辖 15 县,闽南地区仅有新罗(据考或在龙岩)、同安两县。当时全闽二郡仅有 8300 户,县均 500 余户,则广阔的闽南地区也不过千户左右,人数不会超过五千。

闽地的开发,大抵是自北而南逐步进行的,闽地在全国的沿海地区是开发最晚的地区,而闽南又是闽地开发最晚的地区,这是基本历史事实。闽地的开发与发展,和全国其他地区相比,是十分缓慢的。从汉武帝迁徙闽人至江淮间起,直到隋统一中国,其间长达近七百年,全国南方大部分开发速度远远快于闽地,这从各地州郡的设置和人口的数量统计可知。而闽地直到此时,却并为四县,总计仅 12420 户,总人数当不过五万人左右。以全闽之地而仅有区区五万民众,其荒凉可知! 在闽地开发史上,唐以前为第一个时期,此时闽南人丁稀少,其居民一部分为闽越人后代,一部分为南迁的中原人,"没有发达的本土文化,当然也不会有区域文化了"①。只能算是闽南文化的孕育期。所谓孕育期者,尚未成形之谓也。

(二)唐代是闽南文化的形成期

有唐一代,是闽南文化的形成期。第三届闽南文化研讨会上,由陈耕、彭一万、杨浩存等先生组成的"闽南文化发展研究"课题组,向会议提交了《闽南文化现状与发展初探》一文,将闽南文化一千多年的发展过程,划分为五个时期:孕育、成熟、灾难、播迁、转型。我以为这样的划分总体上虽没有什么问题,但孕育期之后即是成熟期,似乎过于简单。而文中将形成期推至五代,又晚了一些。形成期的问题,应当认真加以讨论。

毫无疑问,唐代是福建开发史上的最重要的时期,也是闽文化形成的重要时期。徐晓望先生认为,"闽文化形成与中原文化南传有相当的关系,在福建文化

---

① 　徐晓望:《福建通史·隋唐五代》第二卷,福建人民出版社,2006 年 3 月版,第 12、17 页。

中,保留有许多中原文化的传统,而且构成闽文化的主流。从这一角度来说,福建文化是唐宋中原文化南传的结果,而且基本定型是在五代的闽国时期。"①这一看法,如果指的是以福州为中心的闽东文化形成期的话,大抵是不错的。但是,闽文化是一个特别复杂的区域,其闽北、闽东、闽中、闽南均有各自形态特点不同的次文化,闽西南的龙岩地区还有客家文化,不仅其方言有很大差异,其民俗也有很大不同,这一现象是因其形成期的先后而造成的。因此,我们应根据其不同的形成历史分别加以研究。闽南的早期开发虽然晚于闽北与闽东,但唐初的一次有组织的中原移民入闽,却改变了原有的历史发展进程。

　　唐代初期闽南及粤东地区发生的"蛮獠"之乱,导致唐朝廷于总章二年(669),派遣左郎将陈政以岭南行军总管事,率领中原府兵3600人及将领123员入闽平乱。之后,又由其母魏妈及其兄长陈敷、陈敏带领中原58姓援兵及亲属入闽。他们一边平定"蛮獠啸乱",实行教化;一边开屯建堡,发展农工。陈政病故后,其子陈元光代领其众,继续其未竟之事业,并最终平息这场啸乱。垂拱二年(686),陈元光上奏朝廷,获准在泉、潮间增设漳州,以控岭表,并推行民族和睦政策,创办学校,实行教化。为安定边境,陈元光在州郡的四境设立四个行台和36个堡所,时时巡视,使得"东距泉建,西逾潮广,南接岛屿,北抵虔抚"的"方数千里"广阔范围内,几十年间无桴鼓之惊,从而成为一方乐土。

　　尽管陈政、陈元光父子此次入闽的事件在《唐书》中未曾记载,但其事件本身却是个不争的史实。纵览20世纪90年代以来关于开漳史事和陈元光问题的讨论,我想有几点大多数人应当是有共识的:一是闽南(包括粤东的潮汕)开发史,和陈政、陈元光父子带领的数十姓中原民众入闽有着最为密切的关系;二是入闽的原因,与唐朝廷的平定岭南的"蛮獠"之乱有关(虽然有部分学者认为陈政、陈元光所平的为潮州一带的"蛮獠",而不是今漳州境内的"蛮獠");三是漳州的设置确为陈元光奏请唐朝廷,获准于垂拱二年所建。《旧唐书·地理志》载:"漳州,垂拱二年十二月九日置。"一个州的建置,竟然连月、日都写得如此清楚,查阅其他州郡的设置,有的有时间,有的没有时间,而有时间的,也不过写到"年",像漳州的建置连月、日都写上,可为绝无仅有的,显然,这件事在唐人眼中

①　徐晓望:《福建通史·隋唐五代》第二卷,福建人民出版社,2006年3月版,第12、17页。

是比较引人注目的,因而才有这样的记载。

我曾经多次提到,唐初的中原移民入闽,和前后的几次中原移民入闽相比,有其显著的特点:一是由朝廷直接下达命令,有组织有计划的一次向南方的军事移民,而且目的十分明确,在平定"蛮獠啸乱"的同时,要"相视山原,开屯建堡",做长期扎根的准备。这和唐末王绪在危机情况下,驱赶民众南下的状况显然不同。至于西晋末年的"八王之乱",民众零星迁徙南下,其状况更是不可同日而语。二是人数众多。据载,首批由陈政率领入闽的有府兵 3600 人及部将 123人,第二批援兵 58 姓,人数应当更多,两批合计 86 姓(一说 84 姓),总人数应不下万人。历来史书记载中多写到姓氏迁徙,如晋末入闽,有四姓、八姓、十二姓之说,唐末王潮、王审知入闽,有十八姓、三十四姓之说,唯有唐初这次移民,记载的姓氏竟达 86 姓。三是有坚强的领导核心,虽入闽者达 86 姓,但他们始终是统一于陈政、陈元光父子的指挥之下。这和唐末王绪驱赶中原民众入闽时,上下相互猜疑乃至自相残杀的状况更是迥然不同。四是持续时间长。如果不算陈政的母亲魏妈,陈政、陈元光父子之后,陈氏后裔又有三代人连续治漳(元光之子珦,孙酆,曾孙谟相继任漳州刺史),五代人治漳时间长达 150 年,这在历史上是罕见的。自陈元光战死,陈珦率兵为之复仇之后,泉、潮一带,直至唐末的二百年间,基本上是安定的,没有发生大的骚乱的记载。而唐末王审知建立闽国,虽也曾为闽带来三十余年安定的局面,但自王审知死后,闽国便四分五裂,将领相互争权夺利,兵戎相见,使民众又再度陷入苦难之中。两者相比较,情况确有极大的不同。

我以为,正是有唐一代,在承平的气氛中,形成了闽南文化的主要特色。

在对闽文化的整体研究中,学术界已形成了这样的共识:闽文化中的几种形态,是由不同历史时期的北方移民入闽时间的先后而形成的。由于闽地山峦起伏,交通不便,当大批移民聚居于某一地区之后,他们保存了由原居地带来的语言、风俗习惯,从而在这一新的区域中形成了自己的移民文化。有的学者已指出,从中原入闽的各姓,往往是聚姓南下,而后又以村落的形式,聚族而居,形成了闽南的村落家族文化,"也是在这个基础上,闽南文化的一些初始特征开始形成,不仅形成了共同的语言与习俗,而且带有地域文化特征的共同观念形态亦渐次形成。"①史料记载中所说的由魏妈及陈敏、陈敷所带领的 58 姓中原援兵,实际上也就是 58 姓家族的聚族南迁,因为是奉旨南征,他们在迁徙过程中,虽然也遭遇到疾病、瘟疫的困扰,但行程总体应是比较顺利的。

语言学家在论及方言的形成时,曾经提出几种重要的条件:一是大规模的人口迁徙,到新的居住地形成了优势的地位。二是地理位置比较偏僻,如山川阻隔、交通不便;三是政治上的强大影响力。初唐的这批中原移民,正具备了这样的条件,试想,原来人口稀少的闽南地区,一下子来了上万人的移民,对当地所形成的冲击是可以想见的,而且这批人马又带着朝廷给予的使命来安定和开发这一地域,自然在政治上有极大的影响力。

至于闽南方言和闽东方言(福州话)的形成,向来是使我感到困惑的问题,为什么同是一省民众,方言差别如此之大? 我一直寄希望于语言学界能对此作出回答。近日读了福建省社会科学院黄英湖先生的大作《中州移民的入闽和河洛话的传播》②,不觉豁然开朗。文中认为:唐朝初年,"陈政和他母亲从中州带入福建的军队,总数共有 6500 人,还有众多眷属也随军南下。这些移民在闽南定居后,也必然会把家乡的河洛话传到闽南,并和那里的原有的语言交汇融合。史家认为,闽南方言,就是在唐代中叶定型的。③ 记录五代时期泉州禅宗和尚语录的《祖堂集》中,一些用词和句型与现在的闽南话基本相同。……由此可见,唐代闽南方言定型后一直流传至今,并没有太大的改变。"

而关于闽东方言,则与唐朝末年王潮、王审知的入闽有关,文中说:

　　王审知的军队入闽后,成为福建的统治阶级。所以,他们和随后入闽的中州移民,大多定居在省会福州和周边肥沃的闽江下游平原。随着他们的到来,古代河洛话也在福州为中心的闽东地区传播,并和当地原有的语言结合,形成闽东方言。专家认为:"这次移民时间短,批量大,主要定居地是福州一带。现在的闽东方言显然就是那个时候形成的。"④

---

① 苏黎明:《闽南村落家族文化与闽南文化》,海峡文艺出版社,《闽南文化研究》第 128 页。
② 黄英湖:《中州移民的入闽和河洛话的传播》,载《闽台文化交流》2007 年第 4 期,第 11—17 页。
③ 指李如龙在其著《福建方言》中的观点,福建人民出版社,2000 年版,第 26、30 页。
④ 李如龙:《福建方言》,福建人民出版社 2000 年版,第 30 页。

方言的形成与族群文化的形成应当大体是同步的,方言是族群文化的重要标志之一。我 2007 年 8 月间在厦门举行的闽南文化论坛会的发言和《进一步拓宽两岸和谐交流的渠道》一文中,都谈到一个看法:

> 虽然,我们通常将福建文化称之为八闽文化,但这是一个比较大的地域文化概念,八闽文化是特别复杂多样的,它在不同的地域有不同的次方言与次文化。……我认为,一种地域文化的形成,应与大批移民与政治上的权威的形成有直接关系,这与一种方言的形成大致相似。楚人自中原南迁荆楚,而后楚族兴起统一南方,从而在两湖地区形成具有鲜明地方特色的楚文化。而唐初与唐末两次中原移民入闽,应是分别形成闽南文化与闽东文化的基础。因此,虽然以福州为中心的闽东,在福建是开发得较早的地区,然而,闽东文化的形成主要是在唐末至五代时期,而闽南文化,则应早于闽东文化,在唐的中后期已形成。这种影响的最重要原因,即在于唐初陈政、陈元光率领的中原移民入闽所致。①

唐初中原民众随陈政、陈元光入闽,在平定"啸乱"的同时,尤其特别注重对原住地的"蛮獠"实行教化。"教化"说源于上古三代的传统,尤其是周代,周公制礼作乐,用以教化四方之夷狄,以夏变夷,《诗经》《尚书》中反复谈到这一点。陈元光在继承父亲的职务后,尤其重视教化的工作,他在给朝廷所上的奏表中明白指出:"兹镇地极七闽,境连百粤,自来极为难治。现元恶已诛,余凶复起,法随出而奸随生,功愈劳而效愈寡,抚绥未易,子育诚难。……诛之则不可胜诛,徙之则难以尽徙。"他认为"兵革徒威于外,礼让乃格其心",而治理的办法,"其本则在创州县,其要则在兴庠序。盖伦理谨则风俗自尔渐孚,治法彰则民心自知感激。"(《请建州县表》)

在州县获准建立之后,陈元光设置了唐化里,教化民众,至今其名尚存,他还创立了我国有史记载的第一座书院——松州书院,大力推行教化。以正统强势中原文化来教化边陲的民众,辅之以政治上的力量,使之得以顺利推行,原本人

---

① 汤漳平:《进一步拓宽两岸和谐交流的渠道》,《闽台文化交流》2007 年第四期第 7—8 页。

口不多且处于弱势的闽越文化、吴楚文化便退居次要地位,或消失、或融化于中原文化之中,乃是顺理成章之事。2007 年国家建立闽南文化生态保护实验区,肯定其比较完整地保存了古汉文化,唐初由陈政、陈元光所率领的中原移民入闽,其功甚伟,绝不可等闲视之。

(三)唐初中原移民入闽对闽地文化的影响

一些学者论及唐初中原移民入闽这一事件对闽地文化的影响时,往往都认为,以往对这一事件的影响估计过大,其依据,则多举建漳之后漳州人口在一段时间内并未见明显增加为证。我以为,这样的评价是不合事实的。这些年来,在闽南史和闽南文化研究中,为闽南文化奠定了根基的唐初中原移民开发闽南的史实,在一定程度上被搞得模糊不清,他们的功绩和影响不是被夸大了,恰恰相反,是被大大地缩减了。造成这样的状况,关键与研究者的不太科学的研究方法有关,为此,有必要作一番比较深入的探讨。

我曾经开玩笑地说,陈元光到宋代被封为"开漳圣王",既是他的荣幸,也是他的不幸。所谓荣幸,是说他地位的提高,从原来"侯"的封号晋升为"王",确实又上了一个台阶;所谓不幸,是因为"开漳圣王"的称号,把他的作用缩小了,后代人往往只注意他"开漳"的功绩,即在漳建州县、兴文教等方面的工作,而不是从整个闽南乃至粤东这一广阔领域的开发和奠定闽南文化的基础的角度来进行评价。其甚者,如有篇文章提到,在台湾的泉州籍移民和漳州籍移民发生械斗时,漳州籍移民将开漳圣王请出来作为自己的保护神,而泉州籍的移民则将开漳圣王像抢出来加以羞辱的怪事。[①] 不知道陈元光原也曾是泉州人信奉的保护神。

而有关陈政、陈元光籍贯的争论中,论者也往往各执一词,如徐晓望先生在《福建通史》中认为,"所谓陈政是'岭南土著''义安人'诸说都是可以否定的,"他并据宋代的《仙溪志》记载,枫亭有"威惠灵著王庙二,在枫亭之南、北。按漳浦《威惠庙记》云:陈政仕唐副诸卫上将,武后朝戍闽,遂家于温陵之北,曰枫亭,灵著王乃其子也。今枫亭二庙旧传乃其故居。"[②]从而他认为:"根据这条史料,

① 吴云山:《试论台湾的开漳圣王信仰》,载《闽台文化交流》2007 年第 2 期,第 26 页。
② [宋]黄岩孙:宝祐《仙溪志》卷三,福建人民出版社 1987 版,第 65 页。

陈政于武则天时期入闽,居于仙溪县境内,当时仙溪县属于泉州。若这条史料可信,陈氏家族主要活动于福建境内,而不是广东,他平定泉潮间的叛乱,应是从泉州出兵,而不是从广东北上。"①

但是,有的学者根据宋《舆地纪胜》卷91《循州·古迹》所载:"朱翌《威惠庙记》云:'陈元光,河东人,家于漳之溪口。唐仪凤中,广之崖山盗起,潮泉皆应。王以布衣乞兵,遂平潮州。'"认为,陈元光从父驻兵绥安,家于漳江入海口。

还有学者据明嘉靖《广东通志》卷五一五"陈元光"条记载:

> 陈元光,揭阳人。先世家颍川。祖洪,丞义安,因留居焉。父政,以武功著,隶属广州扬威府。光明习韬钤,善用兵,有父风,累官鹰扬卫将军。仪凤中,崖山剧盗陈谦攻陷冈州城邑,遍掠夺岭左,闽粤惊扰。元光随父政戍闽,父死代为将。潮州刺史常怀德甚倚重之。时高士廉有孙定嗣为申国公,左迁循州司马。永隆二年,盗起攻南海边鄙,定受命专征,惟事招抚。乃令元光击潮州盗,提兵深入,伐山开道,潜袭寇垒,俘馘万计,岭表悉平。还军于漳,奏请创制漳州,……诏从之,就命元光镇抚。久之,残党复帜,元光力战而殁。事闻,上旌其忠,初赠右豹韬大将军,诏立庙漳浦。②

这些学者根据上述的记载,至今仍坚持陈元光的籍贯应是广东揭阳人,属当地的土著,他并未从中原带领80多姓民众入闽,其军队应当是在当地招募的。

上述的三种记载和依据这三种记载得出的结论是如此的不同,其原因何在?我以为,关键在于研究者未能用整体分析的观点来看待和认识这些问题。他们只注意到陈元光开漳建漳、任漳州刺史的行政职能方面工作,而忽视了他身为岭南行军总管,担负着闽地(包括潮州在内,因当时潮州和闽全省,均属江南道所管辖。)的军事重任。陈元光在上奏朝廷的《请建州县表》中,开头即自称"泉潮守戍、左玉钤卫翊府左郎将臣陈元光言",泉指当时的泉州,为今福州所在地,潮为潮州。由是,我们知道,陈元光和他父亲陈政所担任的"岭南行军总管"一职,

_____

① 徐晓望:《福建通志》第二卷,福建人民出版社,2006年3月版,第26—27页。
② [明]嘉靖《广东通志》卷五一五。

实际上是全闽中地区的最高军事长官。当时闽中居民数量不多,而陈元光拥有上万人的军力,承担这样一个区域的军事任务,在正常情况下是可以的。既然陈元光军队防守区域甚广,那么,上述三项记载陈元光的故居地,都是可能的,因为都在陈政、陈元光的防守区域之内。据史料载,陈元光建漳后,"立行台于四境:一在泉之游仙乡松州堡,上游直抵苦草镇;一在漳之安仁乡南诏堡,下游直抵揭阳;一在常乐里佛潭桥,直抵沙澳里大母山;一在新安里大峰山,回入清宁里庐溪堡,上游直抵太平镇。或命参佐戍守,或时躬行巡察。由是东距泉建,西距潮广,南接岛屿,北抵虔抚,方数千里威望凛然,间无桴鼓之惊,号称治平。"①《漳浦志》其本传作:"由是北距泉兴、南逾潮惠,西抵汀、赣,东接诸岛屿,方数千里无烽火之惊,号称乐土。"上述二文所举四行台之出处甚详,其中所涉及的地理位置,既有在泉州之内的(如游仙乡),也有在潮州之内的(如揭阳),正符合他的管辖范围。② 而许天正的传中,记载他"历官泉潮团练副使",皆可证明其管辖范围。而且,据史料记载,学者们都一致认同陈元光的主要作战地区是在潮州,假如潮州不属他的军事职守范围,他又何须前后几十年,身经百余战,乃至最后以身殉职去平潮寇? 因而,陈元光的几十年征战,保卫的是整个闽地的安全,只不过当时闽北、闽东比较安定,战事频频发生于南境的漳潮,因而他驻守漳州,"以控岭表",潮州告急时,他即可率兵南下平乱。这样,时时巡视四境的陈元光,在温陵(即今泉州)之北的枫亭有故居,在循州、揭阳有遗迹,岂非十分正常的事吗? 而"溪口"在今云霄县,其地名尚存。这里也确有他的居处。

至于许多学者以漳州人口在开元、元和间数量仍然不多,以证明初唐入漳的人数并非如传世史料所说的那么多,则是缺乏作进一步分析得出的结论。既然陈元光所管辖的范围那么广,他的四座行台和三十六堡分居各地,自然就要把人马也分散到各地去,不可能都聚集在漳州一地。而且,我们从各姓的族谱资料中发现,随陈政、陈元光开漳的将士也并非都留在漳州,有的返回了中原故地,有的调往他省,有的移居泉、潮,当然不是局限在漳州,因此,漳州人口在此后发展不快,与唐初中原移民数量并无直接关系。这方面的资料甚多,只是限于篇幅,这

① 欧阳詹:《忠毅文惠公行状》,见《开漳史参考资料》,云霄县开漳历史文化研究会编印,第81页。
② 欧阳詹:《忠毅文惠公行状》,见《开漳史参考资料》,云霄县开漳历史文化研究会编印,第81页。

里就不展开论述了。（请参阅附文《从族谱资料看唐初中原移民对闽南的开发》）

由是可知,将开发闽南、粤东大片地域的陈政、陈元光及其所率的中原将士、移民的作用仅仅局限在漳州一地,就事论事地评论其功过,甚至以为连开漳的事迹也有夸大之嫌,未免太冤枉古人了。

当然,为陈元光的历史功绩鸣不平的人还是有的。1999 年第四期《岭南文史》上发表了贝闻喜的《潮汕历史文化的主要开拓者陈元光》一文,对陈元光一生为潮汕地区的社会安定与经济发展、文化的昌盛所作出的贡献作了比较实事求是的分析与评价,他认为:"陈元光是唐高宗时的名将、政治家和诗人。……他留居潮州、漳州共 41 年,比常衮、韩愈治漳时间长得多。陈元光身经百战,多次平定潮州贼寇之乱和畲汉纷争,促进民族团结,安定社会秩序,发展潮州经济,传播中原文化","使泉潮两州人民得到安居乐业,使战乱频仍和荒芜落后的潮、泉经济得到迅速发展,出现了'人物辐辏,文化渐开,帆船如云,鱼盐成阜'的繁荣景象",从而他认为,"不能将前人治潮之功毕集于治潮八月的韩愈一身"。①我完全同意贝氏在此所作的评价。

当然,对于历史上作出重要贡献的人,民众是不会忘记他们的。陈元光的事迹,虽然正史无传,但闽、粤两省通志,诸多府、县志均记载有他的事绩,广大的闽粤大地,曾建有众多祭祀他的庙宇,由这次开发而形成了从闽南到粤北的闽南文化核心区,尔后又随台湾的开发和历代移民的迁徙,将闽南文化播迁到全国的广大地域乃至世界上的许多国家。许多地方民众争以有其人而感到光荣和自豪。并将其载入本地的方志之中,这便是历史作出的最公正的评价。

(四)地方史研究中族谱资料之应用

行文至此,似乎本文的主要任务已经可以结束了,然而,我认为,有个十分重要的理论问题需要提出来,与从事这一方面研究的朋友们共同来商讨,那就是如何应用史料,进行科学的史料鉴别的问题。如果这个问题不解决,我们的讨论将永远不可能形成比较一致的意见。

---

① 贝闻喜:《潮汕历史文化的主要开拓者陈元光》,载《岭南文史》1999 年第四期,第 15 页、18 页。

我在《观念的更新与族谱资料的应用》①中曾着重讲到地方史研究中如何科学地应用族谱资料的问题,其实也是和本文的议题有极大的关系。这是因为,现在的福建地方史研究也好,闽南史研究也好,由于历史上流传下来的官方史料不足,因而不得不采用许多族谱资料来补充,于是引起了有关这些族谱资料真伪问题的大争论,从而形成了真伪是非之辨。作为学术研究,有各种不同的学术观点进行争鸣与切磋,这本来是非常正常的。但是,争鸣的目的在于使我们的认识应能更加接近历史的真实,而不是背离这样的目标。其中的关键就在于研究者所依据的理论是否科学。有些理论,在当时提出来时,似乎还很有市场,一时颇能得到人们的信奉,甚至成为一种主导思想,然而,这种理论的生命力究竟有多长,能否经得起实践的检验,却是最重要的。20世纪初,历史文化领域,曾经长期受到"疑古派"思潮的强烈影响,甚至于可以说,从20世纪20年代"疑古"思潮提出并盛行之后,直到20世纪末,许多学术领域,包括古代史、文学史、哲学史等文化史诸多领域,是按照疑古派的观点进行描述和得出结论的,直到20世纪末,随着我国考古事业的发展,尤其大批从先秦至两汉三国时期的简帛文字、青铜器物的出土,以及众多古代文化遗址的发掘,才开始了对"疑古思潮"的清算,从而发出要重写中国古代史,重写中国哲学史和重写中国文学史的呼声。

疑古派之所以有如此强大的影响力,与当时著名学者胡适有直接有关系,胡适从美国回国后,在提倡新文化运动的同时,提出了要对中国古代史、中国古代文化进行重新认识。他认为,中国传世的古代文化典籍,有许多是后世的伪作,而中国古代史,是"层累式地造成的中国古史观",也就是说,中国古史记载的许多东西,是经过历代人的不断增饰而形成的。这个观点,对顾颉刚影响甚大,他办了一个刊物,叫《古史辨》,出版了厚厚的七大本书,发表大量的文章,集中对中国的古史和传世的中国古代书籍重新进行审视与鉴别,这便是有名的"古史辨派"。在经过了近百年的检验之后,我们现在已经可以比较客观地对他们的功过是非进行重新评价了。

必须客观地说,"古史辨"派,或曰"疑派",他们当时所提出的众多"惊世骇俗"的观点,对20世纪初期的思想解放运动,对打破当时一味"信古"的封建

---

① 汤漳平:《观念的更新与族谱资料的应用》,载《闽台文化交流》2008年第1期。

传统观念确实起到强烈的冲击作用,过去千百年立起来的偶像都被打倒了,思想自然得到了一次空前的解放。从这一方面讲,它确实是有积极作用的,确实适应了那个时代的要求。他们所提出的众多问题,也一直是百年来学术界继续探讨的问题。

但是,也必须指出,"古史辨"派的考证方法,存在着许多先天不足,他们仅仅用传统的"辨伪"方法,从书本到书本去寻找他们认为属于"作伪"的证据,结果造成了大量的"冤假错案",最严重的问题是两个方面:一是使中国古史出现了长长的空白;二是把大量传世的古籍判为后人的伪作,一时间凡先秦的古书几无可信之作,这自然为我们正确认识中国古代文明史,为中国学术史的研究带来了许多困惑。以至于在后来的相当长时间,我们必须去做大量的工作来进行重新的"释古"工作。古史的研究,最著名的是前些年国家进行的"夏商周断代工程"。"断代工程"不仅是为了搞清年代,更重要的是要找到"夏",这个在范文澜《中国通史》中还称为"传说"的朝代,而在顾颉刚的考证中,大禹不是真实的人,而是"一条虫"。至于尧舜年代,那更是不真实的、不存在的。当然,经过了多学科学者的共同努力,尤其是考古发掘的成就已经表明,不仅夏朝是真实存在的,就是尧舜的时代也正在得到确认。在古籍的研究方面,我们确实很幸运,从20世纪70年代起,大量记载有古代典籍的竹简、帛书陆续被考古工作者发掘出来,最著名的如长沙马王堆的帛书、湖北郭店楚简、包山楚简、安徽阜阳双古堆汉简、山东银雀山汉简、湖南里耶秦简、长沙吴简等。还有近几年整理出来的上博简等等,此外,还有青铜器上的金文,殷墟的甲骨文等等。这些出土的文献资料,不仅有传世的众多先秦古籍,还有不少是失传的古籍,如《孙膑兵法》等。如此丰富的出土文献资料,让我们对中国古代的文化学术的状况有了新的认识和理解,事实证明,"疑古派"们对于中国古代典籍提出的诸多问题是缺乏根据的。可见他们那套"辨伪"的方法并不可靠,其中主观唯心主义的因素甚多,实证的依据不足。正因为这种状况,早在"疑古"思潮泛滥的时候,我国许多著名学者已提出不同的意见进行批评。许多人都知道鲁迅在《故事新编》的《理水》这篇作品中,刻画了舍身忘我、不辞疲劳率领民众治水的英雄大禹,而嘲笑那躲在高地上戴着眼镜,考证"大禹是条虫"的教授。同样,在屈原研究中,鲁迅、郭沫若、陆侃如、游国恩等一致反对胡适在《读楚辞》的演讲文中,提出屈原是否真有其人,《楚辞》中的作品是否为屈原所作,以及所谓屈原是"箭垛式"的历史人物的说法。而王国维则提出应当应用"二重证据法"来研究古代史和古代文化的重要理论,即将地下考古发掘同传世的典籍、文献资料结合起来进行研究,并身体力行地埋头于甲骨文研究和新发现的西北"流沙坠简"的研究,商王朝的世系就是他根据甲骨文的研究排列出来的。后来,香港中文大学的饶宗颐教授在此基础上发展并提出"三重证据法",冯友兰则提出在破除"信古"之后,不应停留在"疑古"阶段,更应当花大力气做"释古"的工作,也就是用科学的手段正确研究和探讨中国的文明史。这些都是为了反对古代史研究中的民族虚无主义。辨伪应是一项非常慎重的工作,尤其是对于古籍、对于传世的古代文献资料更应如此,因为古人已作古,无法为自己辩护,如果给他们制造了"冤假错案",那就是太不应该了。

之所以用这么长的篇幅来讲近百年的中国古代史、中国古代文化研究的情况,目的在于提醒我们从事地方史研究的同仁们,是否也应当重新反省一下我们过去的研究工作,"疑古"思想对我们地方史研究是否有影响。

在闽南史、闽南文化的研究中,由于传世的正史资料不足,因而历代的方志,从省通志到府志、县志,都采用了不少民间保存的谱牒资料,如何正确应用这些谱牒资料,科学地进行鉴别与审查,自然是十分重要的。然而,问题在于,我们有些学者,用的是"疑古"派的那套方法,将大量存于谱牒中传世的文献资料一概指为"伪诗"、"伪文",以至于许多人感到难以运用这些资料来进行研究,这就从一个极端走到了另一个极端。族谱记载中,由于过去许多是靠手抄流传,有的编谱人、抄写人文字水平不高,因而,在传抄过程中难免出现文字讹误乃至增删的问题,这当然是应当认真加以鉴别的,尤其在记载其远祖时,往往为增其家族之荣耀而出现拉历史上的同姓名人入谱,认为祖先,这种情况确实存在。然而,历史地考察,中国私人族谱多自北宋开始撰修,此后便一代一代地续修并流传下来。我看过一些闽南的姓氏族谱,往往唐以前祖先记载不清,唐代的世系也交代不清楚或存有许多缺漏,但对于入闽的始祖却是清楚的,宋中期以后的祖先世代也逐代记载,少有空缺,这种情况表明,撰谱人在编写时还是持谨慎的态度的。中国古代是一个宗法社会,宗族势力强大,他们对于家谱编修,视为家族一件大事,必须在重大节日,发生重大事件时才把族谱请出来,三十年才进行族谱的续修,也不能轻易和别的宗族联谱或续谱。民间流传有修错家谱就要遭灾的各种故事。因此,一味将家谱资料认为都是后人大量编造的说法,我以为是不够谨慎的,对此,我们应当有新的认识,由于有些问题,我在《观念的更新与族谱资料的使用》一文中已作过较详细的说明,此处就不重复了。

第三节　唐末至宋初的闽南

唐末(878—907)至宋初(907—978),共计 100 年,大致可分为两个阶段:878—944 年为第一阶段;944 年后至 978 为第二阶段。

从唐僖宗乾符五年(878)黄巢入闽至北宋太平兴国三年(978)陈洪进献土归降入宋,整整一百年间,是闽南社会的又一次巨大变化的时期。在此期间,社会的动乱与治理交替进行。从总体而言,社会还是在持续发展过程中,而北方移民的入闽,再一次成为这一时期社会发展的重要原因。在这一历史背景下,闽南文化也得到相应的发展机遇,其区域文化的特点与独立性更加鲜明地显现出来,这也导致了在第二阶段中,闽南割据局面的形成。

一、唐代末年之动乱与第三次中原移民入闽

唐僖宗乾符五年(878),黄巢在王仙芝败亡后,带领其众,转战江南,并于此年的八月,率数万军队入闽,经武夷山的分水关直趋建州,随后又东进,六年三月(879)陷福州,接着又南下,沿途攻克莆田、泉州、漳州,再下广东,直克广州。此次兵灾,虽然时间不长,但无疑给当时并不雄厚的闽中经济社会造成一定的损失。

随着黄巢之乱的结束,唐代末年全国又一次出现分崩离析的局面,在此种状态下,闽地注定也要出现新的变化。

黄巢起义沉重地打击了原已衰弱的唐王朝,尤其唐僖宗之中和元年(881),黄巢军攻长安,僖宗匆忙效仿玄宗故事,逃往蜀地。中原地区处于一片混乱之中,各地民变纷起,地方官吏亦各自为政。寿州人王绪于广明元年(880)率众起义,连续攻克安徽寿州、河南光州。在光州固始县扩军中,听说王潮、王审邽、王审知三兄弟在民众中很有威望,便请他们加入义军,并任命王潮为军正。王绪先

听命于蔡州和秦宗权,后秦宗权因其不听节制而领兵攻王绪。王绪难与秦宗权抗衡,于是便尽发光州、寿州兵五千余人渡江南下,经江西辗转入闽。光启元年(885),在攻克汀州之后,王绪又驱吏民东进占领漳州。王绪军入闽时,虽号称有众数万,但是在汀、漳一带遭到抵抗,虽曾一度攻占两地,却皆不能守。王绪原系屠夫出身,心胸狭窄,性情暴虐,又善猜疑,军中有才干者往往为其残杀。军队人多,粮草不继,王绪下令将士不得携带老幼同行。王潮三兄弟当时奉母南下,王绪想杀其老母。矛盾的激化引起内讧,王潮计擒王绪并囚禁了他,王绪于是自杀。义军拥王潮为主帅,其弟王审知副之。

王潮整肃了军队的纪律,准备领兵西去,声称要入蜀护卫唐皇。当时泉州刺史廖彦若贪暴凶残,鱼肉百姓,民不堪其苦。在得知义军整顿后军纪严明,便派乡绅张延鲁前往义军军中请求派兵攻打泉州。在得到地方民众支持后,王绪领军进攻泉州,一年后攻克泉州。时任福建观察史的陈岩表奏王潮为泉州刺史。

景福元年(892),王潮军攻克福州,不久又击败蛮军,抚平各地割据势力,统一了全闽。唐昭宗封王潮为福建观察史。乾宁三年(896),福州升格为威武军,王潮被任命为威武军节度使。至此,全闽局势安定下来。次年,王潮病故,其弟王审知继任。

王审知在三兄弟中虽排行老三,但他自起义以来,一路上攻城略地,作战勇敢,功勋卓著,在义军中有很高的威信。因此王潮将主要的责任交给他。于是,闽地历史上重要的闽国时期由此奠定了坚实的根基。在王审知治理的31年中,全闽得到了很大的发展,同时也出现福建移民史上的第三次大规模中原移民入闽的高潮。

许多研究者往往关注于王潮入闽时带来多少人,这当然是不错的。但是,史料记载相当含混,例如有关王绪军队的人数,史书中仅说当初南下时是以光、寿两州军队五千人,驱吏民过江,那么总数是多少人并不清楚。至其入闽,又说是有众数万,也同样是个不准确的数字。由于当时环境的恶劣,如果说这数万人都是从中原地区带来的,显然不可能,因为队伍一路要作战,不像唐初陈政、陈元光入闽时,朝廷还要给各地的官吏下达命令,沿途给予支持,听其调遣。唐朝末年正是朝政混乱,政令不畅的时期,各地官员各自为政,自顾尚且不暇,更不可能为这样一支流窜的队伍提供什么帮助。所以,这入闽的几万人,恐怕多是沿途裹挟而来的。王绪主持军队时，军纪混乱不堪，沿途烧杀抢掠，不过是一支土匪武装。因此，笔者所见漳州市一些县志记载这段历史时颇多微词。史载："绪率众南奔，所至剽掠。"①兼之王绪曾受辖于秦宗权，而秦宗权一度投靠过黄巢，因此，深受黄巢队伍残害的闽人也将王潮的军队也视为"黄巢部队"，对之采取不合作的态度，这也是这支队伍最初在闽南的汀漳二州都站不住脚的原因。况且从其入闽的过程看，也不断有人或离开队伍或因作战而死亡。例如居于闽西的客家人，有许多自称其先祖是跟随三王入闽后，留居在闽西的。而这支军队在平定闽地时，也经历了艰苦的战争，攻打泉州、福州，均费时达一年以上，伤亡惨重。攻福州时，"久不克，士卒伤死甚众，审知请班师，潮不许。又请潮自临军，且益兵，潮报曰：'兵与将俱尽吾当自往。'"②靠着最后的一点坚持，王审知总算攻下福州。那么，在此过程中，损兵折将，是无可奈何的事情。因此，就"三王"从固始带出来的那些人马到最后能剩下多少，就值得考虑的了。

其实我认为，唐末的"三王"在福建开发史上作出重要贡献，应如同唐初的陈政、陈元光开发闽南时一样。首先在于他们的到来，稳定了这一地区的局势。"三王"入闽，从885年起到894年大破"蛮人"于浆水口（在今顺昌县）止，前后十年时间。他们先于886年攻占泉州，以此为根据地，静候福州之变。五年后引兵北上，攻下福州，号令全闽。

应当肯定，"三王"的到来最终结束了唐末闽地的混乱的局面，使苦难民众得到喘息的时机。王潮治闽时，"乃创四门义学，还流亡，定租税，遣吏巡州县，劝课农桑，交好邻道，保境息民，人皆安焉"③。

王审知继任后，继续其兄之业，治闽三十年间，大有成效。史称："审知虽起盗贼，而为人俭约，好礼下士。"实行"睦邻保境，轻徭薄赋，与民休息"的治政方略。④

在五代十国时期，北方政权频繁更迭，改朝换代之际，刀光剑影，混乱已极。梁、唐、晋、汉、周五代，却不过只有53年时间，长者十数年（如后梁及后唐），短

① 《新五代史·闽世家第八》。
② 《新五代史·闽世家第八》。
③ 《十国春秋·司空世家》
④ 《新五代史·闽世家第八》

者只有三、四年(如后汉)。

南方十国,如有学者所指出的,立国者多为地方土著势力,惟有闽是由移民者建立的政权"因而,在北方移民眼里,闽国是异乡的新'家'。"(同上)①全闽各县市的方志,各姓氏族谱大量记载了自唐末至五代从北方移民闽地的情况,这里无需多作举例。

闽国政权时期的闽南,大致情况与全闽同。但闽南比之闽东及闽北,则是更早在"三王"势力的影响下。早在885年,王绪带光、寿二州军队南下时,渡江经江西直下闽南。为什么这支自中原固始南下的军队会作这样的选择?是出于偶然呢,还是另有原因?我们在前文中已经指出,自唐初陈政、陈元光入闽南平乱后,中原与闽中便存在着天然的联系,此后的二百年间,中原民众络绎不绝来到闽中。那么,唐末的"三王"入闽,首先选择到闽南,应当是有其必然联系的,并非偶然。只是作为队伍首领的王绪入闽后继续其一路"剽掠"的土匪行径,因而引发民众的不满与抵制,难以在此站稳脚跟。然而,在"三王"掌权并整顿军队之后,闽南的民众便改变了态度,泉州民众追回"三王"军队即为明证。在攻打泉州的过程中,泉州民众给予军队多方面支持,否则攻城之战不可能维持一年之久。

王潮攻下泉州后,被任命为泉州刺史。他着手整治社会的混乱局面,励精图治,招抚流亡,轻徭薄赋,鼓励生产,兴办学校,修建城池。他的这些举措,得到民众支持。也正是在治理泉州的五年间,他积累了一定的力量,为五年后的北上攻打福州做了较充分的准备。

攻下福州后,王潮移治福州,以其弟王审邦为泉州刺史。王审邦坚守王潮的治理策略,安定民众,重视农桑,疏江治港,招纳贤士。据《十国春秋·武肃王审邦传》载:"中原乱,公卿多来依闽。天复二年(902),王审邦遣子延彬作招贤院礼之,振赈以财。如唐右省常侍李洵,翰林承旨制诰兵部传郎韩偓,中书舍人王涤,右补阙道融,大司农王标,吏部郎中夏侯淑,司勋员外郎王拯……皆赖以免祸。"王审邦任泉州刺史12年后去世,其子王延彬继任。王延彬继承其父之志,治理泉州长达17年,着力发展农耕与海外贸易,并获得巨额利润。《十国春秋

----

①　徐晓望主编《福建通史》第二卷《隋唐五代》,福建人民出版社2006年3月版,第55页。

·王延彬传》载:"每发蛮舶,无失坠者,人因谓之招宝侍郎。"①

除泉州外,闽南的漳州,闽西南的汀州在闽国时期形势也总体稳定。据史载,漳州刺史一直由王氏家族担任,而汀州刺史则先由地方豪族的钟氏担任,其后则改由王氏亲族出任。这两州人口较少,相对影响不大。

闽国正式建立于926年,其后就一直处于内乱的过程中。现今一般对闽国史的研究都必须追述到王潮、王审知治闽时期,这当然是对的,因为如果没有前期数十年的治闽,就不可能有后期闽国的建立。但是,尽管在后梁开平三年(909),王审知已受封为闽王,但他并未正式打出闽国的旗号,所以这时的"闽王"不过是一种封爵,而非实体。作为一直禀承"宁为开门节度使,不做关门天子"理念的王审知,虽然受封为王,但依然保持原威武军节度使的体制,并未在政体上有所更新。真正称王建立闽国的是王审知死后,其子王延翰于后唐天成元年(926)所建立的"大闽国"。这个大闽国,从建立起便笼罩在一种不祥的气氛中。从闽王正式立国到亡国,其间仅有20年时间,先后更易六主:

王延翰,天成元年(926)十月自称大闽国王,十二月即被王延禀及王延钧所杀。

王延钧,天成元年继位,龙启元年(933)称帝。永和元年十月(935)被王继鹏所杀。

王继鹏,永和元年继位,通文四年(939)被杀。

王延曦,通文四年继位,永隆六年(944)被杀。

王延政,天德二年(944)被迎立为闽王,次年八月投降南唐,闽国亡。

除以上五位闽国王外,中间还有两位短命的异姓闽王,一为朱久进,一为卓岩明,均曾被立为闽王、闽帝,但数月后便被杀。这前后不过短短的二十年时间而有七位闽王、闽帝,真可谓"你方唱罢我登场",政权更迭中刀光剑影,令人眼花缭乱。因此,相比之下,闽南独立割据政权的出现,且首尾经历30多年之久,主要由留从效和陈洪进二人相继治理,政权更迭也相对平稳,这就使闽南民众避免了遭受兵灾之苦,经济社会也没有受到太大的破坏,实属闽南之福。

---

① 《十国春秋·王延彬传》(卷九四)。

二、五代后期至宋初闽南割据局面之形成

闽南割据局面之形成有其历史原因。虽然长期以来,尤其是福建在盛唐时期正式作为一个行政区域出现,其后便未有太大的改变,但如同许多大陆省份一样,虽然同是一个省,但省内却往往又会因方言、风俗习惯和族群的差异而形成不同的文化认同,于是往往有东西南北之差异。如江苏有苏南、苏北之差别,安徽有皖南、皖北之不同,而福建则因方言有别而自然形成闽南、闽北、客家之分。广东同样有广府、潮汕、客家几大文化区。相对而言,有的省虽有文化与风俗的差别,但不同区域之间,语言还可相互沟通,但如闽南、闽北、客家,倘无普通话作为沟通工具,则彼此间便无法沟通。因而这种差异性显然更大。

闽南与闽东的差异,应当是从唐代便开始的。唐代之前,自从汉武帝徙闽越人于江淮间后,闽地人口稀少。其后虽有中原移民陆续南下,但总体而言多数是聚居于闽北、闽东地区。因此,如果说从福建的开发来讲,闽北是率先开发的。当然,北方移民中也有一些人来到闽南,史籍记载和民间传说是相一致的。因此,从沿海地区来讲,闽南的开发晚于闽东、闽北,而闽南中漳州又晚于泉州。泉州地处晋江流域,南安的建县、建丰州、建郡,都要早于漳州数百年。然而有些时候,历史的偶然又往往改变传统的进程。唐代初年的"啸乱",引发陈政、陈元光父子带领中原近万名府兵和民众来到闽南进行开发,开漳建漳。这次的大规模入闽,从经济、政治、军事、文化各方面全面提升了闽南的地位,从目前所掌握的证据表明,作为闽南开发的主力军,其影响所及,北至莆仙,南至潮惠、西及虔抚,东临岛屿,这一范围,恰恰与闽南文化的核心区相一致。这难道是偶然的吗?语言学家也都一致认为,"闽南语和闽东语分化应该是在唐代,闽南语的文读主要来自 7 世纪唐音,而闽东语的文读主要来自十世纪唐音。"也就是说,今日我们所讲的闽南话,是唐初中原移民进入闽南后,与原在当地流行的闽南白读音相互混融而最终形成的。而闽东方言,则是到唐末三王入闽时所带来的 10 世纪中原语音与原闽东的白读音混融而形成的。① 著名语言学家黄典诚、李如龙先生等均持此观点。因此,我们有理由相信,至少在唐代中后期,闽南文化区已经形成。

---

① 见百度百科:《福州话同闽南话的比较》。

　　初唐在闽南地区的大开发,使得闽南的发展势头迅猛。而陈氏父子相继以岭南行军总管的职务掌握着一支在全闽最大的军事力量,客观上成为闽南的统治中心。仅过几十年,开元间泉州和漳州的人口就已达到5.2万户,占全闽总户数49%以上,这还不包括汀州的3000户以及潮州的数千户,即使到唐代最后一次有人口统计数字的元和年间(806—820),全闽74467户,而泉州便有35571户,加上汀州和漳州的4000户,依然超过全省总户数的一半以上。因此,唐末的三王入闽,先取得泉州、漳州作为根据地,然后向北发展,直至完全控制全闽。三王实际上已开闽南割据之先例,只是名义上仍受控于福州的李岩而已。

　　王潮控制全闽后,也一直关注闽南的发展,王审邽死后,其子王延彬正是自恃泉州实力雄厚而利令智昏,企图受封为节度使,以便与王审知控制的威武军节度使平起平坐,不幸事情败露而被拘禁,但也反映出闽南有独据一方的实力与传统。正是在这种历史背景下,当王氏所建立的闽国灭亡之后,闽南才能作为一支独立的力量而割据一方,时间长达三十多年之久。

　　对于建立了数十年之久的闽国而言,公元945年是个特别的年份。经过了多年内乱与自相残杀,王氏所建立的闽国政权至此已寿终正寝。这年春天,南唐军队进攻建州。八月,攻克建州,俘虏了最后一位闽王王延政。汀州、泉州、漳州也相继归降南唐,闽国灭亡。而福州则一直处于南唐与吴越的争夺中,最终吴越军击退南唐军占领福州。

　　泉州与漳州虽然归降南唐,但驻守泉州的留从效利用南唐与吴越对峙的局面,割据一方。留从效原是闽国旧将领,但他在归降南唐后,以保境安民为务,一方面废除民众苛繁的捐税,发展生产,同时又利用闽南长期形成的海洋文化特色,发展对外贸易。南唐封留从效为清源军节度使。

　　从946年至962年,留从效治理闽南达16年之久;宋建隆三年(962),留从效因病而亡。不久,陈洪进通过发动兵变而执掌泉州、漳州的大权,但此时已是北宋建立,不断加快统一中国的步伐。陈洪进在勉力支撑16年之后,终于在978年献出泉、漳二州,割据闽南三十余年的历史由此终结。

　　五代时期,是闽南得以进一步发展的时期。相比闽东的福州和闽北的建州,闽南总体局势是比较安定的。因为闽国时期的内乱及此后的南唐与吴越的交战,其战场主要在闽北与闽东。无论是在闽国时期还是到留从效、陈洪进割据的五代后期,泉、漳一带少有大的战争,因此民众还是能过上比较稳定的生活的。陈洪进献土时,闽南漳泉二州人口达到 15 万余户,这个户数是唐代开元时期最高户数的三倍,这与社会环境的相对稳定导致的正常人口增长有关。当然,也和外来移民的加入导致人口的加速增长分不开的。因此,从唐初的中原移民入闽开发闽南地区,到宋代统一的初期,前后三百年间,是闽南的经济社会稳定增长期。

　　但是和福建总体的人口情况相比,闽南地区增加的人口并不算特别多。和唐开元年间相比,全闽宋初的户口是开元间的 4.3 倍,而闽南则仅增长 3 倍;与元和年间相比,全闽户数增长近 6.3 倍,而闽南漳泉二州仅增长 4.1 倍。依然低于全闽的增长数。论其原因,我以为一是北方移民人口优先选择在福建北部、西北部落户,进入闽南的人数相对较少。二是在留从效、陈洪进割据的 30 多年间,留氏割据时期还比较注意安抚百姓,发展经济,而到陈洪进当政的十七年间,陈氏为了讨好北守朝廷,以求自保,大肆搜括民财,向朝廷进贡。毕沅在《续资治通鉴》中说:"洪进每岁贡奉,多厚敛于民,又藉民资百万以上者令入钱,补协律奉礼郎,而蠲其丁役。子弟亲戚,交通贿赂,二州之民甚苦之。"[1]连宋太宗赵匡义都看不过去,他曾对宰相说:"陈洪进止于漳泉二州,养数万众,无名科敛,民亦不堪。"[2]因此,北宋于 978 年迫使陈洪进献出漳泉二州,统一了中国南方之后,实行了一系列减轻民众税赋的措施,鼓励发展经济,这对于漳泉社会经济的发展以及解除民众的部分疾苦,应当说是有积极意义的。

　　当我们用较多的笔墨来叙述唐代的两次较大规模的移民入闽情况之后,我们有必要就这两次移民与闽文化中之最重要的两个支系文化的形成问题作一次认真思考和总结。

　　毫无疑问,虽然历史上闽地有过多次的中原移民入闽,然而其意义均无法和唐代的这两次移民相比。

　　唐初的陈氏父子的入闽,先"平乱"后建漳州,为闽粤两地的东南边陲创造

---

① 毕沅:《续资治通鉴》卷三,第 74 页,中华书局 1957 年版。
② 李焘:《资治通鉴长编》卷二十四,第 542—543 页。

了一个相对稳定的社会环境,并拉开了闽地大开发的序幕,使原先开发较晚的闽南进入开发的快车道。大量中原人口的进入,为大开发准备了最重要的人力资源。中国自古以来凡治国,都关注人口的增长,因为人力资源是国家力量的最重要因素,不仅可以用来从事经济建设,而且在冷兵器时代,具备充分的人口资源,才能建成强大的军队,我们从先秦时期各国的人口政策中都看到这一点。

我们从众多族谱资料看到,唐初的"开漳建漳",其影响绝不止于漳州一地,而是影响整个闽南地区,甚至包括今日的闽西、粤东北,因而形成了尔后的闽南文化的核心区。以初唐入闽将士为核心,唐代先进的中原文化,得以迅速传播与积淀,经过盛唐、中唐时期的融合与发展,使得闽南文化在唐代中后期得以形成,舍此,其他时期都不具备形成的条件。

相比之下,唐末及五代时期的"三王"入闽,尽管是先立根闽南而后再北上福州,但就整个经营的状况而言,王氏集团将主要精力集中于闽北,以福州为中心开展其政治运作,并最终控制福州,号令全闽。这一做法是正确的,否则他们就不可能最终在闽成为独霸一方的割据势力。不仅"三王"集团的核心力量集中于福州,甚至连下层的光、寿州入闽的骨干力量也被抽调到福州,正如《福建通史》中所说:

> 王延钧时期,将原籍光、寿二州的将领士卒调集福州,组成了拱宸都和控鹤都,二都长期驻扎福州,相互通婚来往,逐渐形成利益一致的集团。由于他们人数众多,构成王氏军队骨干,并控制了福州城市,因而在政治上也产生了强大影响。早期是闽国的统治者利用他们,后来,他们自己渐成气候,成为影响闽国政局的重要力量。[①]

当然,我们并不否认唐末的"三王"入闽也对闽南地区的社会产生过重要的影响与作用。这一点,在泉州表现尤其明显。"三王"入闽后,在闽北地区经营的重点是福州与建州,而在闽南地区经营的重点则是泉州。因为泉州是"三王"入闽后取得的第一个立脚点,而后经数年经营又成为北上福州的根据地,王潮便

---

① 徐晓望主编《福建通史》第二卷,福建人民出版社,2006年1月版,第99页。

是从泉州刺史起家的,其后又是王审邽父子的相继数十年的经营,根基不可谓不厚。和唐初陈氏父子入闽相比,陈氏"开漳建漳"并以岭南行军总管的身份兼任漳州首任刺史,他的立足是在漳州,要为唐王朝达到"以控岭表"的目的。其作战的主战场主要是在潮州,要打击和消灭动乱的主因。当时的泉州虽也是他的军事管辖区和活动范围,但他并未兼任地方的职务,当时的泉州属福州管辖。虽然同属闽南,但漳州人认同陈元光,而泉州人则多认同"三王",这一现象,是有道理的,正是历史的积淀所至。"三王"晚于陈氏两百多年才入闽,又实实在在地在泉州经营了数十年之久,在泉州所造成的影响自然要大于此前仅在军事方面有管辖权的陈元光。虽然如此,泉州之所以会成为闽南文化的重要区域,泉州人之所以成为闽南人,而不是闽东人,却完全是由于二陈的入闽平乱,稳定了地方的局势,促使大批中原人陆续南下加入了福建及闽南的开发,才会形成几十年时间内,闽南人口中,以泉州为主的地区人口上升至近十倍的超常状态。相比之下,今泉州地区开发早,在当时情况下更加适宜人群的生活,而漳州刚开发,万事起头难。兼之还要面对"流寇"报复的威胁,以及自然界的瘴疠之气所造成的疾病,等等。因此,漳州虽然建州了却长期未能有大的发展是事实,但据此而低估其作用则未免有失公允。

附:从族谱资料看唐初中原移民对闽南的开发

自 20 世纪 80 年代以来,围绕开漳史的讨论已历经近 30 年时间,虽然这期间召开的专门学术研讨会不多,但是,讨论一直没有停止过,只是表现在形式上时而热烈时而冷清,呈高潮与低谷交错状态。进入本世纪以后,随着闽南文化研究日益受到重视,乃至闽南文化生态保护区的建立,在两岸关系日渐缓和的气氛中,两岸文化交流也日益热络起来,于是,这一问题再次受到关注。弘扬开漳圣王文化,关系到两岸五缘关系中最重要的血缘和亲缘关系,它又和两岸共同关注的闽南文化之形成有着特别重要的影响,确实应当认真加以讨论。可是,有个别学者无视学术界对开漳史已达成基本认识这一事实,依然在缺乏相关深入研究的情况下,耸人听闻地提出所谓"开漳史充斥谎言"的怪论,让一些不明真相的民众无所适从。这不能不令人感到遗憾。为了从根本上对开漳史有一个比较清楚的认识,笔者一直期望能够在比较充分了解与阅读涉及开漳姓氏的族谱数据后,通过比较分析,得出较为真实科学的结论。然而限于种种条件,这个想法一直未能真正做到。

2008 年,漳州市政协聚合全市的力量,组织了多达 200 余人的编辑队伍,调查了全市一万多个自然村,在认真搜集、查阅与核对众多姓氏的族谱资料基础上,编写出长达 270 余万字的《漳州姓氏》一书,并由中国文史出版社出版。本文即主要以这部著作作为依据,附以所见部分姓氏族谱资料,探寻 1300 多年前开漳将士的足迹,庶几对这一历史能够形成比较客观的认识,至于目的达到与否,尚祈学界朋友正之。

一

唐代初年的中原民众入闽,是闽粤开发史上的一个重大事件,其意义绝不止于开漳。虽则"唐史无人修列传",使这一日后影响深远的史实缺乏详细的正史记载。然而,唐、宋以来,一些零散资料从不同侧面保存记载了这一事件的过程,例如,有关建漳的具体时间,在《新唐书》《旧唐书》中便都有明确的记载,而豫、闽、粤、台诸省地方史志、族谱资料的载录,乃至民众口传记忆,依然使人可以对这一事件有比较清楚的认识。我以为,目前至少在以下几个方面,多数研究者的认识是一致的。

(一)对于本次事件的起因、过程、结局,各方并无多少异词,也就是说,这一历史事件的总体脉络是清楚的,也是符合事实的;

(二)事件的主体人物也是清楚的:即以陈政、陈元光及其所带领的中原府兵及 58 姓民众成为本次入闽平乱及开发建设闽南粤东的主力;

(三)本次事件的意义及其影响的几个方面:社会的稳定、经济的发展、族群的整合,乃至尔后的闽南文化区域之形成、台湾的开发以及海外的拓展等。

上述诸方面在认识上的一致,是我们这三十年来研究上取得的最重要的成果,也就是说,一部开漳史,乃至影响所及的闽南史、闽南文化史,它的基本轮廓、主要的脉络均是清晰明了的,将一部开漳史说成"充斥谎言",对于历史工作者而言,起码是不负责任的表现。至于在网络上大加宣扬,就缺乏基本的良知了。

二

当然,在开漳史、闽南史的研究中,确实也存在不少认识不一致,乃至有分歧的方面,尽管这些并不涉及整个事件的基本层面的问题,但如果能够通过我们的研究,提供可信的数据,使之逐渐明朗,减少分歧,进而逐步达成一致,应当是我们研究的目的所在。在正史记载不足的情况下,方志与族谱数据的记载,就显得分外珍贵。那么,到底有多少姓氏记载了唐初参与闽粤开发的姓氏呢? 传世的《漳州府志》、《漳浦县志》、《云霄县志》及《山美陈氏族谱》中载录了当时入闽将领名单,据载,首次随"陈政戍闽粤的将士自副将许天正以下一百二十三员",这些人多数名字俱在,且各族谱也均有资料保存,焉得随意指其为假造、伪造。而两批入闽人数当有万人之众,这也是多数人所认可的史实。对于他们的去向,实在应当加以认真地探究。

本次编写《漳州姓氏》,对于现有的漳州 703 种姓的入闽、肇漳情况逐姓进行调查并记录下来,这就使我们能够在此基础上,对与开漳有关的各种姓氏的基本情况进行一次全面的审视,同时,编者还做了许多统计分析工作,这也为我们的研究提供了珍贵的资料。

按照过去记载的数据,唐府兵将士守闽粤可考者 64 姓,

从陈政戍闽诸姓氏(据《云霄县志》):陈、许、卢、戴、李、欧、马、张、沈、黄、林、郑、魏、朱、刘、徐、廖、汤、涂、吴、周、柳、陆、苏、欧阳、司马、杨、詹、曾、萧、胡、赵、蔡、叶、颜、柯、潘、钱、余、姚、韩、王、方、孙、何、庄、唐、邹、邱、冯、江、石、郭、曹、高、钟、汪、洪、章、宋、丁,共 61 种姓。

而府兵将士眷属可考者 40 姓,这 40 姓中,除部分与府兵姓氏重复者外,尚有 18 姓,分别为:卜、尤、尹、韦、甘、宁、弘、名、阴、麦、邵、金、种、耿、谢、上官、司空、令狐、吐万。这样合计共有 82 姓。而本次调查结果发现有记载的府兵姓氏是 68 姓,即增加蒋、薛、谢、翟、汪、罗、施 7 姓。加上眷属 18 姓,总数应为 86 姓。

我们分别对这 68 姓入漳始祖姓名、职务、去向、后裔的繁衍及播迁等问题进行整理,所列出的结论令我十分惊讶,充分感受到这些资料的珍贵,它让过去种种不实的传言揣测不攻自破。

1. 陈姓:

入闽影响最大的有三支(《漳州姓氏》第 66 页,以下出于本书者只注页码,不注书名)永嘉之乱南渡入闽八姓有陈姓。

肇漳:

开漳圣王派,由陈政、陈元光父子总章二年(669)入闽奉命平定"蛮獠啸乱",陈政之兄陈敷、陈敏增援途中病殁于浙江江山,侄元敞、元扬病殂于浦城。陈元光领兵继承父业,子孙传至今。同时入闽地还有府兵队正陈实、陈马、陈叔章,但其后裔不详。

太傅派:陈邕,开元年间入闽。

南朝江州义门派:北宋嘉祐七年(1062)入漳。

陈姓入闽派系众多,故"陈、林半天下"。

2. 许姓(P1400):

西汉建元六年(前135),左翊将军许濚奉命屯戍闽越,驻师泉州西南,后定居同安,墓葬今存,在厦门翔安。

总章二年(669),宣威将军许陶、许天正奉旨入闽平乱,为前锋副使。许陶战殁,葬于闽清(墓今存),汝南人。许天正(649—719),汝南许纲九世孙,任别驾,泉潮团练使。中外许姓以其父子为入闽一世祖、二世祖。子许平国镇南诏,兼治州事,性格刚烈,不受请谒,降为海寨巡检使,辖兵马4360人。后裔由漳入泉入安溪、南安。

景龙二年(708),许州人许辅泉入闽任武荣州刺史(州治在今泉州南安),子孙繁衍于莆田、晋江。

唐大中九年(855),殿前中丞许成之子许德猷、许德勋携家口70余人30余姓入闽。子孙繁衍于政和。

3. 卢姓(P824)

入闽有三派:唐初入闽有卢铁,字如金,为陈政部下府兵校尉。子卢伯道为分营将。建漳州时,卢如金任司仓、司户参军。开元二十三年病逝,享年88岁。夫人祝氏随军偕来。子孙迁居天宝。有三子。长子伯道妻陈怀珠,系陈元光长女。

4. 李氏(P610):

入闽李氏有七派。

李氏开漳人物有五:一为李伯瑶(陕西三原人),为唐开国元勋李靖之孙。随陈政、陈元光父子入闽平乱,任营将,后为漳州司马。同任营将还有李茹刚。任府兵队正三人:李仙客、李彪、李牛。漳之李姓多认李伯瑶为开漳祖。

李伯瑶有十三子,皆以军功授职团练使,分守福建各地:

长子李莅汝,袭职宣慰监军。

次子李董汝,以水师都统总理海防。

三子李萌汝,镇守新宁(今长乐),兼理水务。

四子李逵汝,镇守延平(今南平),兼巡闽江。

五子李弟汝,镇守永贞(今罗源),兼督造兵器。

六子李垚汝,镇守绥城(今建宁),协理兵器。

七子李莳汝,镇守清溪(今安溪),兼司积储。

八子李着汝,镇守武平,兼理水务。

九子李英汝,镇守浦城,兼司转输。

十子李华汝,镇守长溪,兼督造战船。

十一子李莲汝,镇守永泰,兼司粮食。

十二子李苍汝,镇守龙岩,兼理棕、麻、竹叶、油、灰等造船用料。

十三子李菁汝,镇守建州(今建瓯),协理船务。

5. 马氏(891)

马仁,河南固始人,随陈政父子入闽,任营将,后任漳州司马。711年为保护陈元光突围阵亡。后裔传于华安、漳浦、东山等地。

6. 张氏(P1631)

肇漳始祖张虎,兄张龙,一同随陈政父子入闽平乱。后张龙领兵返回河南开封,弟张虎(即张伯纪)落籍漳州,为漳州张氏始祖。唐中宗时,张虎受封武威协应大将军,镇守漳州路大总管。后裔子孙分居闽、粤的漳、泉、惠、潮各地。又府兵校尉中有张公远,队正有张来、张本仪,情况不明。

7. 沈氏(P1009)

入闽始祖为唐初跟随陈政、陈元光入闽的沈勇,原名彪,字世纪,河南固始人。沈世纪入闽为营将,骁勇善战,在开漳建漳中屡建功勋,官至辅佐中郎将玉钤卫将军。漳州沈氏均奉其为开漳祖。又有府兵校尉沈天学,后裔不明。

8. 欧氏(P915)

总章二年(669),欧氏随陈政、陈元光父子入闽的有欧哲、欧真兄弟和欧宪伯三人,欧哲任营将,欧真任校尉。欧哲为陈元光五大将之一,定居龙溪县九湖营。欧宪伯入闽后,留守于莆田、仙游的兴化府。

此外,在陈政军中任府兵队长的还有欧阳传惠,事迹无考。

9. 戴氏(P193)

戴氏于唐总章二年(669)随陈政入闽的有固始人戴伯岳、戴元理父子。戴元理为府兵营将。府兵校尉还有戴仁。

戴元理子戴君胄,703年出生于云霄,袭父职,后佐元光子陈珦,妻陈元光三女陈怀金。卒于大历十三年(778)。今漳州戴氏皆为君胄后裔。

10. 黄氏(P425)

黄氏入闽始于东汉。

唐初随陈政入闽平乱的有军前祭酒黄世纪。据载,黄世纪原为高宗朝廷礼部侍郎兼祭酒,因不执行武后"命改庙制"而被发配随同陈政戍闽平乱,在李辅胜(伯瑶)营中,陈政命其在今厦门专司监造海上战船和兼管浯州(今金门)牧马事。有三子,子孙遍布闽台、粤东。

11. 林氏(P682)

林氏也为西晋时入闽最早八姓之一。

唐总章二年(669),固始人林孔着随岳父陈政入闽为军咨祭酒。政殁,佐陈元光讨平广潮诸蛮,开漳建漳,后裔传衍漳州。

同时入闽的还有府兵校尉固始人林章,队正林克非。但其后裔去向不明。

12. 郑氏(P1692)

郑氏同为西晋入闽的八姓之一。而肇漳有记载的则自唐初。

陈政入闽时,跟从者有军咨祭酒郑时中,府兵校尉郑平仲,府兵队正郑正、郑业、郑惠、郑牛容等。建漳后,郑姓将士奉命驻守闽东南四境,包括同安、长汀、潮安、龙溪等。郑氏均为河南固始人,其后裔部分迁回固始,今在漳后裔均尊郑时中为先祖。

13. 朱氏(P1765)

朱氏之入闽,始于唐总章二年(669),陈政军中有军咨祭酒朱秉英,府兵队正朱参。

据传,朱秉英受封信国将军,戍镇海,年老后回河北。唐开元十五年(727)病逝。朱参为朱秉英堂兄,原驻守上营(云霄岳坑)。后奉旨任河南刺史,居永城(今河南永城)。后裔传衍情况不详。

14. 魏氏（P1239）

魏氏入闽始于唐初,陈政府兵中有军咨祭酒魏有仁,队正魏仁溥。陈政母亲魏妈,在开漳建漳中功勋卓著。但今漳州魏氏多为其他时代入闽之魏姓后裔。

15. 刘氏（P791）

开漳唐府兵将士名系中有府兵校尉刘举,但今《漳州姓氏》中无其传衍的后裔,情况不明。

又,今龙岩九龙江畔有多处三公庙,祭祀刘氏三兄弟。《漳平县志》载:九龙乡居仁里刘珠华、刘珠福、刘珠成从陈政、陈元光军队开漳,率部沿九龙江上溯,疏浚河道,直抵雁石,以通舟楫。后人建庙祭之。

16. 廖氏（P677）

廖姓三国时期即已入闽。

唐初中原府兵进漳时,有府兵校尉廖光达,但事迹及后裔情况不明。

17. 汤氏（P1114）

汤氏之入闽,始于唐初随陈政入闽的汤智、汤简兄弟,河南固始人。汤智为府兵校尉,汤简为府兵队正。驻守柳营江东,并安家于龙溪角美之乌浔坑。汤简去向不明。今漳州汤氏为汤智后裔。

汤简名字见于江西南昌汤氏族谱,载曰:"汤简,江西南昌人,唐奉政大夫,修正庶尹。"可知其后由闽入赣了。

18. 涂氏（P1155）

涂氏入漳为唐初跟随陈政入闽的府兵校尉涂本顺,涂光彦,但其后裔无族谱记载其谱系。诏安县建有供奉二人的涂氏祖祠聚德堂。

19. 吴氏（P1271）

吴氏入闽始于汉。

唐初跟随陈政入闽将士中有府兵校尉吴贵,队正吴弼等,但其后裔无考。吴姓在漳者人数众多。

20. 周氏（P1747）

周氏入闽始于西汉,居闽北。

唐初跟随陈政入闽有府兵校尉周广德,河南固始人。为周姓漳州肇基祖。居龙溪,其裔孙周匡物是元和十一年（816）的进士,为漳州建州130年首位进士。官至广东登州刺史。

21. 柳氏(P815)

柳姓入闽始祖为唐初跟随陈政府兵南下的府兵校尉柳彦深。其后裔居漳浦赤土乡。其裔孙柳少安于建中年间(780—783)曾接替陈谟(陈元光四世孙)任漳州刺史,后应朝廷内召入朝。

22. 施氏(P1048)

入闽肇漳始祖为唐初跟随陈政入闽的府兵校尉施光缵。平乱后家于漳州。今闽南施氏多为其后裔。

23. 蔡氏(P9)

蔡氏入闽为西汉时期,居福州。

唐总章二年随陈政入闽的府兵校尉蔡长眉,队正蔡彧,均为河南固始人。后蔡长眉居云霄火田(原漳州州址)。蔡彧为随魏妈第二批南下的军校,驻守漳州东之四望山(今角美)并于此开基。

24. 杨氏(P1456)

杨氏于永嘉之乱时即有人入闽,居南平、福州。

进入闽南者为唐初随陈政入闽的府兵校尉杨统,队正杨永、杨珍。但今族谱记载中为杨统与杨细秀。杨统后裔主要在今长泰、华安及漳州市的芗城、龙文区。杨细秀在族谱中载为府兵校尉,驻守漳浦,后迁至漳州,后裔传衍龙海、云霄、漳浦、莆田、仙游等地。

25. 陆氏(P843)

陆氏入闽为唐初跟随陈政平乱的府兵队正陆明,是为开基祖,但后裔世系不明。

26. 苏氏(P1085)

唐初随陈政入闽的有府兵队正苏道。但其后裔世系不明。

27. 司马氏

随陈政入闽的府兵队正中有司马仲章,但今漳州一带无姓司马者,故其下落不明。

28. 詹氏(P1620)

詹姓为西晋入闽八姓之一。

唐初随陈政入闽有府兵队正詹英,詹次(一作詹以)。但今闽南无此二人后裔。漳州之詹氏为北宋及南宋间詹氏后裔。

29. 曾氏(P1585)

唐初随陈政入闽的府兵队正有曾仲规。但其后裔情况不明。

30. 萧氏(P1341)

唐初随陈政入闽的府兵队正有萧澜尔,其后裔居住在漳州诏安县,播迁于广东,台湾宜兰。

31. 胡氏(P410)

唐初跟随陈政入闽有府兵队长胡贤,河南固始人。落籍于漳,后任泉州司马,迁州别驾,进翊府左郎将兼领潮州刺史。为胡姓漳州开基祖,原居龙瀛(今漳州芗城区)。其后裔遍布漳州各县。

32. 赵氏(P1674)

唐初随陈政入闽府兵队正有赵瑞,赵伯恭,均河南固始人。后裔在漳传衍,但世系不明。

33. 叶氏(P1505)

唐初随陈政入闽时,有府兵队正叶清随军前来平乱。乱平后任北境都尉,居仙游归德乡,率领士卒辟地置屯,为仙游古濑叶氏太始祖,肇漳开基祖。后裔传衍于今长泰等地。

34. 颜氏(P1448)

唐初随陈政入闽有府兵队正颜伯矩,河南固始人。但其后裔不详。

35. 潘氏(P933)

唐初随陈政入闽有府兵队正潘节,河南固始人,平乱后驻守南安丰州。其裔孙或居泉州,或居漳州。

36. 柯氏(P559)

唐初随陈政入闽有府兵队正柯敦颐,随陈政之母魏妈入闽,屡立战功。后居漳州,被尊为柯姓入闽肇漳始祖,但其世系不明。

37. 钱氏(P955)

唐初随陈政入闽有府兵队正钱仲先,后落籍福建,但子孙世系不明。

38. 余氏(P1239)

唐初随陈政入闽有河南固始人余良、余克,均为府兵队正,后定居漳州,先居云霄,后随州治迁移而居漳浦、龙溪。

39. 姚氏(P1497)

唐初随陈政入闽有府兵队正姚廉洁,河南固始人。为姚姓入闽第一人。但今漳州姚姓多为南宋年间由莆田徙居漳州的姚朝珪后裔。

40. 韩氏(P346)

唐初随陈政入闽有河南固始人韩器、韩尧、韩球三兄弟(固始县砖仔埕角竹子林社),三人均为府兵队正。今漳州韩姓多为韩器后裔,而尧、球两派无考。

41. 吴氏(P1271)

唐初随陈政入闽有府兵队正吴弼,但其事迹及后裔不详。

42. 王氏(P1189)

唐初随陈政入闽有王华、王佑甫、王一忠等三位军校,均任府兵队正。河南固始人。其后裔定居漳州龙海等地。但世系不详。

43. 方氏(P238)

唐初随陈政入闽有河南固始方集人方子重(644—726),任府兵队正。功勋卓著,被魏妈视若亲子。建漳后奉命驻守文山(今龙海崇福)一带。后裔多迁云霄,部分迁居宁德霞浦、浙江苍南、金华、义乌等地。传说唐末随三王从固始起兵的部将方世琮为方子重后裔,晚唐官员,曾返居祖地固始,后随三王南下入闽,为攻克泉州的先锋。

44. 孙氏(P1096)

唐初随陈政入闽有光州固始人孙梁文,任府兵队正,居于柳营江西岸岐山马崎社。今孙氏皆尊其为肇漳始祖。

45. 何氏(P361)

唐初随陈政入闽有光禄大夫何嗣韩,屯垦闽南故绥安地(今云霄火田),平乱后何嗣韩居泉州,子孙传于漳泉各地。随同陈政入闽的还有任府兵队正的何德(军),居浦南何厝。

46. 庄氏(P1789)

唐初随陈政入闽有府兵队正庄肃鸾,其事迹及后裔不详。今闽南庄氏皆唐末随三王入闽者之后裔。

47. 唐氏（P1131）

唐初随陈政入闽有府兵队正唐孔礼等,但其后裔去向不清。

48. 罗氏（P862）

罗氏入闽始于唐初随陈政南来的府兵队正罗幼邻。建漳后罗幼邻奉命驻守闽西龙岩,定居连城。今居闽南罗姓族人则多于明代从广东入闽。

49. 邹氏（P1819）

唐初随陈政入闽的府兵队正有河南固始人邹牛客,开漳后居今漳州龙海邹塘村。后裔分布情况不明。

50. 邱氏（P959）

唐初随陈政入闽有府兵队正邱安道,固始浮光山人。定居于云霄火田社。后裔播迁龙溪十一都镇南社。

51. 冯氏（P258）

唐初随陈政入闽有府兵队正冯隽水。后裔不详。

52. 江氏（P516）

唐初随陈政入闽有府兵队正江延兴,后裔定居闽南、粤东,世系不详。

53. 石氏（P1061）

唐初随陈政入闽的有府兵队正石子尊,而今族谱中作石先子,未知是否同一个人。石先子后裔在开漳后居龙溪田下,五代时已为闽南望族。

54. 郭氏（P311）

唐初随陈政入闽者有河南固始方集人郭淑（即名录中之郭鱼）,建漳后居漳州东四十里之郭埭,后播迁闽南各地。

56. 曹氏（P57）

唐初随陈政入闽有府兵队正曹敦厚,后落籍于漳。据郭启熹先生考证,今漳平《香山曹氏族谱》记载,曹敦厚开漳后受命镇守龙岩（即苦草镇）,子孙居漳平。曹为徽州婺源人。

57. 高氏（P281）

唐初随陈政入闽的有固始人府兵队正高盛典。但其事迹及裔传世系不详。

58. 钟氏（P1736）

唐初随陈政戍闽有府兵队正钟法兴。但今族谱无载。

59. 徐氏（P1385）

唐初随陈政入闽的有河南固始人徐睦怨。但其后裔与派居不详。

60. 汪氏（P1181）

唐初随陈政戍闽的有府兵队正汪子固和伙长汪廷君。但其后裔不详。

61. 洪氏（P384）

唐初随陈政戍闽的有府兵队正洪有道,河南固始人。其后裔世系不明。

62. 章氏（P1672）

唐初随陈政戍闽的有府兵队正章鳌、伙。长章敦复,但其后裔不详。

63. 宋氏（P1075）

唐初随陈政戍闽的有府兵队正宋用,建漳后定居于漳州东厢二图。生子六:萃江、萃汉、萃谷、萃陵、萃宇、萃亭。其后裔居于闽南各地。

64. 翟氏（P1600）

唐初随陈政入闽的有府兵队正翟恕,建漳后居漳州,但后裔情况不明。

65. 丁氏（P215）

据《白石丁氏古谱》载,济阳人丁儒于麟德元年（664）随唐诸卫将军曾溥戍闽,为幕僚,陈政入闽后代曾溥,任命丁儒为军咨祭酒,后任左承事郎、州别驾,居龙溪,其后裔在今漳州的龙海市、诏安等地传衍。

66. 谢氏（P1359）

据谢氏族谱载,陈政戍闽时,有固始人谢逸,字征德,随同南下开漳,并奉命驻守北界（在今南平市东南部）,定居兴化石井（今莆田）,为谢氏入闽开基祖。

至宋,其后裔居泉州、漳州。

67. 薛氏（P1427）

唐初随陈政入闽有河南固始人薛使（武惠）,开漳后,曾任"行军统管使",并奉命驻守长泰山重,遂于此传衍后裔。

68. 蒋氏（P532）

据载,陈政戍闽时,有蒋姓固始人,随同南下开漳,并落户漳州,繁衍后代。

三

以上是《漳州姓氏》一书中所提供的有关各姓氏开漳时期先祖的基本情况。

陈氏率领的士兵,前后两批应有 7000 人以上,加上眷属,则有上万人,因此可以肯定地说,当初南下的各姓氏绝不仅于此,只是因为年代久远,他们中多数其名字已被岁月的尘埃所掩埋了。

(一)从各姓氏唐初之肇漳祖史料,展示了宏阔壮观的开闽图景。我们从上述数据中可以查出,即使作为当初军队的主要将领,有部分不知其下落,如颜、魏、柯、赵、钱、吴、姚、高、钟、徐、汪、洪、章、翟、庄、唐等姓氏的 20 余位将领,不知其后人世系。不难想象,连主帅陈元光、重要将军马仁都以身殉职,毫无疑义,其中一些人应是在残酷的环境中或战死沙场,或因瘴疠之类瘟疫捐躯。当然,这其中应当也有我们尚不知道的原因。例如许多将领奉命防守四境,有的返回中原故里,有的任职他处,当然也有去向不明者,正因为有这样丰富的原始记载,才更展示其真实性。

(二)从唐初开漳始祖的踪迹中,可以印证唐初泉潮开发的规模和治理的情况,为原本史料不足的开漳史提供珍贵的佐证。族谱记载,许多将士开漳后被派守四境,离开漳州。这四境绝非今漳州的四面边界。唐初陈元光作为岭南行军总管,其防守范围遍及泉潮。因此,我们从族谱资料中看到有许多官员被派守到的北界竟然是南平的南部,莆田和仙游一带,其西境则是汀州,南部的潮惠。这也正如我们过去曾多次指出的,陈氏与中原将士所影响范围,绝不像一些学者所认为的,仅仅在漳州一地。族谱数据的记载,让人们大开眼界,同时也印证了我们此前的论述。

(三)各相关姓氏不同时期入闽入漳的多元记载,让我们从不同侧面了解了中国移民史的丰富性。

通过史料的整理,加深对闽南族群与闽南文化形成的认识。我们强调唐初开漳在闽南文化研究中的重要性与开创性,并不是说其他后来者便不重要。相反,由开漳所造成的影响,应当是形成了一个连续的长期的移民过程,正是这连续不断的中原移民南下,加速了移民族群居落的形成,补充了新生血液,增厚了中原文化与当地文化相交融的积淀,并进而在唐代中后期使闽南文化终于形成。只有在闽南移民的数量达到比较大的规模,形成强势的族群,才有可能使这种文化在一个地域深深地扎下根来。

唐代自唐初至盛唐、中唐、晚唐,每个时期都有众多中原移民南下入闽,这与中原地区连续发生的政局动荡是分不开的。然而,中原移民之选择入闽,显然有两个最重要的原因,一是唐初的平定"蛮獠啸乱",使这一地区形成了相对和平、安定的环境,这是其吸引后人之处。二是信息的沟通。我们从上述族谱资料中看到,在整个唐代数百年间,闽地与中原人员交流,从未断绝过。中原府兵多数落籍闽南,但其中也有一些人又返回了中原,他们就成为两地沟通的使者。三是闽地开发晚,在当时可谓地广人稀,物产丰富,自然条件相对优越,利于开发,这些都是吸引移民的有利条件。因此从唐初至北宋的 300 多年间,福建人口增长了数十倍。这种超常增长的原因,主要便是陆续南下的移民潮所至。当然,比较稳定的社会环境,也利于人口的增长,但绝不可能如此迅速。

(四)《漳州姓氏》中还有一部分特别珍贵的资料,是对相关姓氏的播迁史的记载,如上所说,其中有关在闽、粤、浙、赣等地之播迁,丰富中国移民史的内容。而宋元明清后垦台、下南洋等方面尤其珍贵,是海交史、华侨史及中西文化交流史方面的重要数据,可惜相对内容较为简略,但其筚路褴褛之功,确应肯定。

四

最后再简单谈几点想法。

(一)关于"闽人冒籍固始说",虽其首倡者为南宋著名史学家郑樵,但郑氏此说并无充分证据,也未作过认真的考察,实为揣测之论。后人应在认真调查研究基础上再来判断其是非。当然,族谱"冒籍"现象不能说没有,但以偏赅全则就掩盖史实的真相了。

(二)如何认识族谱中的"讹误"问题,是去伪存真呢,还是以真为伪呢? 流传至今的古籍,不仅族谱,均多有文字"讹误"问题。倘若据此判定真伪,不知要造成多少冤假错案,20 世纪初疑古派们的前车之鉴,今之学者不可不慎。

(三)对古代流传下来的史料,自然也包括族谱、方志在内,在研究方法上如何进行观念与方法更新,这涉及古籍整理中的基本理论问题。笔者曾写有《观念的更新与族谱资料应用的思考》①一文,愿与学界朋友共同探讨。

(本文原载《闽台文化交流》2013 年第 1 期)

---

① 汤漳平:《观念的更新与族谱资料应用的思考》,《闽台文化交流》2008 年第 1 期。

第三章　宋代以后的中原移民与
闽南人的再播迁

许多学者认为两宋时期是闽南文化的成熟期,这一看法我认为是有道理的,主要是基于以下原因:

(一)两宋时期,中原民众继续南迁入闽,延续了唐朝以来的移民南迁的总趋势,促进闽文化的成熟与发展;南北宋之交,尤其是宋元交替之际,继续有部分中原移民南下,使闽地人口继续增加,尤其在闽南地区增长更加明显,改变了闽地北部人口较多而闽南的汀、漳两地人口偏少的状况。

(二)人口的南移带来的是文化重心的进一步南迁,使得宋代三百多年间闽地文化勃兴。从北宋始,闽人在政治舞台上崭露头角;至南宋洛学的南传,闽学的建立,闽地成为我国思想文化的重镇和中心地之一。

(三)社会经济的全面发展以及海洋经济的崛起,显示闽南文化所具有的海洋性特征正在逐渐形成。

第一节　从人口变化看两宋时期入闽之移民

华夏自形成以来,一直受到来自北方游牧民族的威胁,因而,一部中国移民史,我们看到的是一代代北方汉人不断向南方迁移的历史,当然也是北方游牧民族不断融入汉族的历史。虽然这种融入,总是伴随着血与火的残酷过程。

闽地在唐初至五代的三百年间虽然得到初步开发,但其程度还相当有限,北宋初年,全闽人口达 467815 户,可是没有具体人口数。唐代的户数和人口比大约为1:5,然而我们看到的几个宋代人口统计数字中,户数与人口的比例最高不超过1:2.5,那么,我们可以推定,宋初全闽人口也只是一百万人左右,和全国其他地方相比,依然属于人口相对稀少的地区。

北宋从立国开始便显示出弱势,北面有辽国大兵压境,西北又有西夏不断扰边,形成三国鼎立之势。这种状况,使得北方民众一直处于不安定的生存环境中。北宋立国仅167年就于1127年被金所灭。赵构逃至江南,建立南宋。较之北宋,南宋愈加可怜,国土面积在北宋已残缺的基础上又缩小近一半。北以淮河与金为界,西与吐蕃及大理为邻,国力愈加削弱。频繁的战争,使多数与金交界的地域警报接连不断,而闽地反成为安定的后方。因此,加大后方的开发与建设,便是自然而然的。

宋朝的人口有两次大的迁徙。首次发生在两宋之交的北宋末期及南宋建立之初,由于宋金之间不断发生战争,面临战祸的中原及其他北方士民纷纷渡江南行,寻求避难之所。我们从当时所留下的相关记载即可见一斑。两宋之交的著名爱国词人李清照一生颠沛流离,她在所写的《金石录后序》中备述了国破家亡的背景下,自己备尝的痛苦和艰辛。李清照曾随逃难的队伍自北向南,直到浙江温州,并准备继续南行至福州,但因条件所限而未能如愿。可知当时的闽地,是逃难者向往的地方。庄绰在《鸡肋篇》中说:"建炎之后,江、浙、湖、湘、闽、广,西北流寓之人遍满。"[1]叶绍翁也在《四朝闻见录》中说:"绍兴和议既坚,淮民始知生聚之乐,桑麦大稔。福建号为乐区,负载而之者,谓之反淮南。"[2]北宋所记载的几次福建人口情况如下:

《太平寰宇记》(约980年)467815户;

《元丰九域志》(约1080年)1043839户;

《宋史·地理志》(崇宁元年即1102年)1061759户。

从上述数字可知,从北宋初年到北宋末年,全闽人口数有了成倍的增长,即使以每户二口人计算,则北宋末年人口已超过二百万之多。那么,北宋时期福建的人口增长是否正常?我们应当看全国人口增长的总体情况:

---

① 庄绰:《鸡肋篇》卷上,中华书局,1983年版,第36页。

② 叶绍翁:《四朝闻见录》戊集《淮民浆枣》,中华书局1989年,第197页。

宋太宗至道二年(996)全国总户数为457.4257万户(《册府元龟》卷486);

宋仁宗皇祐五年(1053)全国总户数为10792705万户(《太宗实录》卷79);

宋徽宗大观四年(1122)全国总户数为20882258万户(《宋史·地理志》)

以上三组数字,分别代表了北宋早、中、晚三个时期,我们看到,北宋的户数超速增长中,100多年间,总户数增长四倍以上。而与此同时,福建的总户数却仅增长一倍多,远远落后于全国人口的增长数。因此,北宋时期福建的人口增长只不过是自然增长数。

那么,闽南的漳、泉、汀三州和兴化军的户数如何?请看下表。

地区	《太平寰宇记》	《元丰九域志》	《宋史·地理志》
泉州	96581	201406	201406
兴化军	33707	55237	63157
漳州	24007	100469	100469
汀州	24007	81454	81454
合计	178302	348566	356486

从上表可以看出,广义的闽南三州一军,人口增长比例和全省大体一致或略低些,从北宋初到北宋末年人口仅增长一倍,显然,这一时期也是自然增长的数量而非外来的增长,同时也较之全国增长速度为低。

南宋初期,经历了宋金战争,土地、人口都大大缩减。宋高宗绍兴三十二年(1162),全国人口仅有1,113,985万户,人口33,112,327人,较之北宋末年的徽宗宣和四年(1122)的20,882,588户,减少近一半。人口也从原46,734,784人减至33,112,327人,整整减少1300多万人,而此时距北宋灭亡的1127年已过30多年,是经过一代人时间的恢复才有的成绩,此前的情况应当更加不堪。

在南宋时期,福建的户口不断有所增长。以下为几个时期全闽户口、人口数:

宋高宗绍兴三十二年(1162)共1,390,566户,2,808,851口;①

宋宁宗嘉定十二年(1219)共1,599,214户3,230,578口;②

---

① 《宋会要辑稿.食货六九》

② 马端临:《文献通考》卷十一《户口》,文渊阁《四库全书》本,第22页。

宋理宗宝庆元年(1225)共 1,704,186 户 3,553,079 口。①

从以上三个不同时期统计数字看,闽地宋代人口一直处于增长的过程中,同时关于宋代人口实际数,至今学术界颇多争论,多认为每户仅 2 人左右的比例不当,其中应有明显的隐蔽与瞒报的成分。有许多学者认为应每户 1∶5 是比较合适的。如是,则这一时期全闽人口已有 700 万人。宋高宗时期因为刚刚经历了靖康之难,从全国范围看,北方的宋金长期交战地区人口大量减少,而南方因是相对和平的区域,就成为许多北方人士避难之地,所以人口不减反增。因此,两宋时期仍有部分北方人士南迁入闽,是很正常的。但如果说是大批,则未必如此,因为和南方各省相比,其实福建路增加的人数并不算多。当然,南宋虽尚留存有不少年份的人口统计资料,但因其数字的不准确性而受到许多学者的质疑,认为其中有许多是难以作为信史来讨论的。近日笔者读到了一篇吴松弟所写的《南宋人口的发展过程》②,其中所作的辨证和分析是比较可靠的,该作者以北宋末年的崇宁元年(1102)、南宋的绍兴三十二年(1162)、嘉定十六年(1223)和元初至元十二年(1290)四组分路的户数增减,来探测南宋时期的户口变化状况,我以为是比较准确可信的,那么在全国各路中,这一时期人口变化情况如何,请看下表。

北宋至元初南方各路户数及其年平均增长率表③

路、府名	户数				年平均增长率(‰)		
	北宋崇宁元年(1102)	南宋绍兴三十二年(1162)	南宋嘉定十六年(1223)	元至元二十七年(1290)	1102—1162 年	1162—1223 年	1223—1290 年
两浙路	1975041	2243548	2898742	3381237	2.1	4.2	2.2
江东路	1026122	966428	1046272	1740047	−1	1.3	7.6
福建路	1256656	1390566	1599214	1300817	1.7	2.3	−3
江西路	1650791	1891391	2267983	1909550	2.3	3	−2.6
淮东路	336430	110897	127369	390586	−18.3	2.3	16.9

---

① 《宋史》卷四十一,理宗一,第 787 页。
② 吴松弟:《南宋人口的发展过程》,载《中国史研究》,2001 年第 4 期。
③ 吴松弟:《南宋人口的发展过程》,《中国史研究》2001 年第 4 期。

续表

路、府名	户数				年平均增长率(‰)		
	北宋崇宁元年(1102)	南宋绍兴三十二年(1162)	南宋嘉定十六年(1223)	元至元二十七年(1290)	1102—1162年	1162—1223年	1223—1290年
淮西路	744642	90465	218250	136183	-34.5	14.5	-7
湖北路	814722	254101	369820	1134494	-19.2	6.2	16.9
京西路	251498	42707	6252	19755	-29.2	-31	17.3
湖南路	952398	968931	1251202	1248419	0.3	4.2	-0.03
广东路	672334	513711	445906	378500	-4.4	-2.3	-2.4
广西路	278495	488655	528220	622099	9.4	1.3	2.4
夔州路	298626	386978	207999	100687	4.3	-10.1	-5
成都府	917023	1097787	1139790		3	0.6	
梓州府	561898	805364	841129		6	0.7	
利州府	459631	371097	401174		-3.5	1.3	
合计	12196307	11622626	13349322	12362374	-0.8	2.3	-1.15

（上表资料来源：除广东、广西、夔州、福建四路的崇宁元年户数为推测；两浙路嘉定十六年的户数乃刘克庄书所载的嘉定十二年数据，其余数据来源《宋史·地理志》《宋会要辑稿》食货六九，《文献通考》卷一一，《元史·地理志》。）

笔者以为，以上的数字应当比较真实可信的。从这四组不同时期的人口数字对比中，我们可以比较清楚地看到从北宋到南宋以及从南宋到元初，南半个中国的人口变化的趋势。福建的人口，在《宋史·地理志》中载，其时的人口为1，061，759户，然而研究者均认为此数字其实主要是1080年的数字，是不准确的，因而《南宋的人口发展过程》一文中参照了其他各道变化情况而估计为1，256，656户，也大致可信。

按照上述表中的数字，我们看到，在两宋之交时，全闽人口有所增加，虽然并不是很高的增长率，但能有1.7‰的年增长率，也是不错了，除广西、四川诸路外，仅仅低于两浙路的2.1‰、江西路的2.3‰。在南宋的前后期，也仍保持了年增长2.3‰。不过，从这些数字看，这种增长应当基本属正常增长，看不出有太多外来因素的影响。倒是在宋元之交，福建出现了年度平均3‰的负增长。其原因是与元朝在宋末元初所实行的残酷杀戮政策直接相关。此时,福建属作战前线,虽有部分宋军南来,但也随即前往南粤。

南宋末年,蒙古军队大举南侵,闽地成为抗元的重要基地,闽南地区先是成为南宋末代两位皇帝赵昰和赵昺与元兵周旋之处,其后又爆发大规模的抗元起义,因而遭到元朝军队的大肆屠杀。广东则在两宋之际就是重灾区,从表中可以看出,北宋崇宁年间还有 67 万余户,到南宋嘉定十六年已降至 44 万余户,至元初竟减少到不足 38 万户,只有闽地的 28% 强,而且还是在元至正二十七年(1290),也就是元统一中国十多年之后。

据《八闽通志》载,在南宋时期,闽南各州户口、人口如下:

泉州　　　255758 户　　　358874 人;

漳州　　　112014 户　　　160566 人;

汀州　　　150331 户　　　327380 人;

兴化军　　64887 户　　　148647 人;

合计:582990 户　　　995457 人。①

显然《八闽通志》所载的 582990 户,和北宋《宋史·地理志》所载的 356486 户相比,增长了 226,504 户,也就是说在 100 多年间,闽南的人口增长了 63% 以上。这个比例确实高于全国的增长数,这表明南北宋之交,可能有部分北方民众继续南下入闽。但在此时能够长途从中原南迁的民众,应非普通民户,而是有较深厚家底的家族,至于从邻省入闽的家庭则未必如此,如这一时期,汀州人口增幅甚大,从北宋末年的 81,454 户,增加到 150,331 户,几近增加了一倍。按照客家移民的说法,客家先民是先从中原迁移到江西,然后在两宋时期自赣入闽,多数选择在闽西的汀州落户,这主要多为战争所造成的难民迁徙。文献和族谱资料的记载证实这一说法是符合历史事实的。

以上我们历述了闽南文化发生、发展、形成至成熟期的大致移民史。显然在这一长达近千年的时间中,如果我们要划分一个阶段的话,那么在唐之前的阶段,只能算是闽南文化的孕育期,在这一时期,闽南有了少量来自中原的移民应是事实。有些学者提出,福建的黄、林等被认为的中原士族首批入闽的诸姓,其

---

①　黄仲昭等《八闽通志》卷二十,第 390—399 页。

实也并非来自中原的说法,欲从根本上否认有早期中原文化入闽,是不客观的。

有唐一代,是全闽大开发的时期,唐初的陈氏父子入闽"平乱"并戍闽,此事史书虽然缺载,但众多族姓的族谱记载了这一事件,是不容否定的事实。自唐高宗总章二年(669),陈政奉诏入闽,迄其子陈元光殉职的 711 年,前后不过 40 多年时间,而闽南境内大变。漳州多因自然环境的限制迟迟发展不快,但泉州却勃然大兴,至开元年间,户数已达五万余,几占福建总户的一半,难道不值得认真去探讨其原因吗? 开元年间的全闽户数为有唐一代最高值,其时北方并无战乱。杜甫在《忆昔》诗中写道:

忆昔开元全盛日,小邑犹藏万家室。稻米流脂粟米白,公私仓廪俱丰实。

杜诗并非粉饰升平之作,在唐朝全盛时期,如何会出现北方民众离乡背井南迁入闽呢? 这于理于情都是难以说通的,而自然增长达到这样的速度,自然也是不可能的,因此它只有一种可能,即由唐初的中原民众对闽南开发后所引起的连锁反映,舍此而难以解释。

自唐初的这次大开发至唐末的"三王"入闽,前后长达二百多年,在此期间,中原民众陆续入闽,增厚了河洛文化在闽南的底蕴。同时经过近两百年的磨合,闽南文化在唐中后期已然形成。

从"三王"入闽的唐末至五代,是闽南文化发展的第二个时期。"三王"入闽,首先进入闽南地区,并以泉州为根据地,五年后北上福州,控制全闽。"三王"其后以福州作为全闽的中心,但并未放松对闽南的经营与管理。至陈洪进在 978 年献出漳、泉二州时,户数达十五万余,为开元时期的三倍,这近百年时间,应可视为闽南文化的进一步发展阶段。

两宋是闽南文化的成熟期。与唐五代时期不同,两宋时期已不是北方人口大批涌入的时期,虽然在南北宋之交以及宋元之际,仍有部分北方民众因避战乱而入闽,但其数量已很有限,不足以影响居民的总体结构与文化的基本构成倾向。这是因为,在两宋的三百年间,福建的政治、经济、文化都有长足的进步,在两宋的政坛上已经出现了一批足以影响当时政治的重要人物,与此同时,南宋时福建已与江浙一带相同,属于人口稠密地区,土地山林的开发,也在宋代达到很高的水平。这样的情况下,它对外来移民的接受能力就大大降低了。虽然在族谱中,我们仍然发现宋代有来自外省外地的移民,但已不像唐代那样大批的聚族迁徙状况。因此我们可以这样说,经历了唐初至五代三百多年的移民和开发,福建这块东南边陲的宝地已进入它的全盛期。两宋时期,由于没有受到北方战乱的影响,加之朝廷将其作为后方重要根据地来大力进行治理,使福建在两宋时勃然崛起,令世人为之震撼。

闽南地区自然也不例外,不仅原本发展程度较高的兴化、泉州继续发展,就是发展相对迟滞的漳州、汀州也已得到深度的开发。至于这个时期的成就,我们将在各领域的介绍时,予以较详细地说明。

第二节　闽南人的再播迁与河洛文化之传播

一、闽南人的播迁史

在中国的众多族群中,像闽南族群这样播迁规模之大,播迁范围之广,播迁时间之长的状况是十分罕见的。因此,研究闽南族群在播迁中,对以河洛文化为代表的传统文化的坚守与变异过程的研究,是一项很有意义的课题。

闽南人的播迁规模,可以从闽南人在中国及海外的人口分布情况来说明。

闽南人究竟有多少,目前只有一个大致的估计。比较得到大家认同的应该在 8000 万以上。它包括以下几个部分:

1. 今居住在福建的闽南人,集中居住在以厦、漳、泉、龙岩为中心的闽南地域;此外还有地处闽中的大田县和尤溪县的一部分。另外居住在闽北则和浙江温州相连的宁德地区的福鼎、霞浦等县的闽南人,是明清时期的闽南人移民。这三部分闽南人总计约为 1500—1600 万。除此之外莆田和仙游应当也算广义的闽南人。莆田地区自古归属泉州,和泉州一样讲的是闽南话,只是到宋代单独成立了兴化军,从泉州独立出来,后因受福州管辖,其语言也受福州话的影响。虽然如此,莆仙话中有 60% 以上的语汇与闽南话相同。闽南人可以听懂莆仙戏而福州人却听不懂。因此将其纳入为广义闽南人也是合适的。这样全闽就约有 2000 万闽南人。

2. 广东的闽南人。广东的闽南人主要分为两个部分,其一是聚居于潮州、汕头、揭阳、汕尾四地及惠州的惠东部分,这是人数最多的广东闽南人聚居区;其二是雷州半岛,雷州半岛的闽南人主要是宋末战争时期自莆田和漳、泉地区南下迁入的。这两部分闽南人当有 1700 万人。此外在广州、中山、东莞、梅州也有部分闽南人。

3. 海南岛的闽南人。海南岛的闽南人应当是历代闽南人迁徙形成的一个支系,闽南人占海南总人口 80% ,约 500 万人,因而闽南话是海南的主要方言。

4. 台湾的闽南人。台湾人现有 2400 万,其中近 80% 的汉族人口为闽南人,总数约为 1800 万人。

5. 浙江温州苍南、平阳,舟山一带;广西的桂东、四川的乐山、江西的上饶、江苏的宜兴等地均有部分闽南人聚居区。总人口数百万人。

6. 香港和澳门约有 100 多万闽南人,据统计祖籍仅泉州人即有 70 万之多,还有漳州人、潮汕人等。

7. 东南亚的闽南人。其中最集中的是在新加坡,约占总人口的 60% ;马来西亚占总人口 25% 左右;其他如菲律宾、印尼、泰国、缅甸、越南、柬埔寨、文莱等所有东盟国家中,均有数量可观的闽南人,总数应在 2000 万以上。

8. 世界其他各国的闽南人。自清末迄今,移居世界各国的闽南人,(包括闽地、潮汕、香港、台湾及东南亚的闽南人移民)数量也当有数百万之众。

综上所述,有人甚至认为闽南人的总数可能近一个亿。

闽南人的播迁范围之广,从上述的闽南人分布区中已经可以看出。至于其播迁之时间,则从公认的宋代开始至今,已有千年的历史,这一过程仍在持续中。下面,我们将按照播迁的先后,分阶段加以分析说明。

二、宋元时期闽南人的迁徙

宋元时期是闽南人开始向外拓展的初始期。从北宋至南宋,闽南人开始了向外播迁。它第一个选择的是潮汕地区。

潮汕和闽南山水相连,自古以来界限也不太分明,有时同属福建,有时则同属广东。就秦汉之前的闽南与潮汕的文化类型而言,它们都属越文化,只是闽南属闽越国,潮汕属南越国管辖。其分界线就在今漳州漳浦县与云霄交界的盘陀岭。

　　闽越和南越的最大不同在于,西汉武帝在征伐闽越之后,灭其国,迁其人,虚其地。而南越国其后虽也为汉所灭,但并未采取迁人虚地的措施,因此直至唐初,这一地区少数民族实力仍较强,时称俚人,唐朝在此设羁縻州。汉人自南北朝时起即有南迁潮州者。隋代、唐初虽已设置潮州,但"蛮獠"势力强大,屡次发生啸乱,闽粤震动,唐朝廷不得不派出陈政为岭南行军总管来平定这场啸乱。陈政死后,其子陈元光继任。父子两代历时近半个世纪,才平定这场啸乱。陈元光作战的主要战场在潮汕地区。陈元光其后创建漳州,并在潮州、漳州、泉州三地设置四座行台和三十六堡,推行教化,这应是一次较大规模的推行中原文化的行动。从而加速民族融合与汉文化的传播。中唐时期,韩愈受贬入潮,大力推行教育,兴办学校,对转变潮州的社会风气与推行儒家教育,意义重大,潮州人视之为百世之师并不为过。

　　但潮汕人成为闽南族群的支系,则主要在两宋时期。从唐末至五代,大批北方民众避乱入闽,许多人又经由闽南入潮汕,使中原民众在潮数量剧增。两宋时期,这种迁徙仍持续不断,因而使中原文化随移民脚步而加速进入潮汕。晚唐之前,潮州人口稀少,每平方公里仅有 1.2 人,在广东 27 州位列第 23 位;北宋时期,每平方公里已有 4.5 户、20 余人,跃居全省 23 州军司的第 5 位;至元朝,每平方公里已有 27 人,居 23 州军司的第 3 位(据梁方仲《中国历代户口田亩田赋统计》)。

　　特别值得关注的是,潮汕移民中有许多是原来文化程度较高的官宦巨族。今潮汕 1000 万人口中,陈姓为第一大姓,有 150 万人,其先祖均来自闽南,有陈元光后裔的"北庙派",陈邕后裔的"南院派",莆田的"玉湖派",泉州的陈洪进后裔等。这些南迁潮汕的闽南人中,还有许多是原由闽入潮任职的官员:如唐末来自晋江的潮阳县令吴驹,落籍于潮阳芦溪;唐懿宗时任潮州州学教官的潘奉(莆田人),定居海阳龙溪;北宋绍圣年间任潮州路总管的陈光卿,落籍潮州;任潮州通判的陈泰落籍揭阳;南宋淳熙年间任潮阳教谕的同安人李元善落籍潮阳;南宋理宗年间任潮阳县令的漳州人萧洵,落籍于潮阳郊外,等等。这些官宦世家的落籍,在很大程度上提高了这一地区的文化水平。

　　两宋时期,朝廷也许出于地缘相近,语言相通,较为熟悉地方民情的原因而大量选拔闽地官员治潮。北宋潮州知州籍贯可考者有 30 人,其中闽人 17 人。南宋知州籍贯可考者有 63 人,其中闽人 36 人。闽籍官员把家乡办学热情与风气带到潮汕,大力兴办教育,使潮人风气为之大变。有宋一代,潮州通过科举中进士者达 139 人之多,已居于较发达地区水平。入潮的闽籍官员通过教育而宣传儒家和中原文化,闽学也于此时传入潮州。

　　大量闽南人迁入潮州,使潮州快速闽南化,于是而有"潮州福建祖"的说法。闽南人走到哪里,便把中原文化传播到哪里,闽南人的价值观念、风土人情乃至民间信仰等,均是由原籍传到潮州,于是到南宋时期已形成"虽境土有闽广之异,而风俗无潮漳之分"①的状况。据研究,此时闽南移民所带来的闽南方言,也已覆盖了原潮州本地居民语言,闽南话成为潮州通行语言。

　　雷州半岛的闽南人主要也是宋代自闽南地区迁入的,但集中的一次则是在宋末元初。福建在两宋时代,尤其是后期,成为偏安江南的南宋王朝的大后方,人力、财力均为当时最发达的省份之一。当元兵入闽之后,宋朝的军队和大臣护卫赵昰、赵昺两位小皇帝向南撤退,而福建的军民则与元军进行了殊死的战斗,其中尤以闽南为最。先是以莆田人陈文龙为首的兴化军于德祐二年(1276)强力抗击元军,陈文龙兵败被俘,绝食而死。后其叔陈瓒发兵再度攻占兴化军,但因不敌元军,城破即遭车裂。莆人被杀数万,许多莆人避难南逃至雷州半岛,因此,雷州半岛的闽南人多自称是莆田迁去的。而当宋幼帝带大臣南下时,随驾有17 万军队和民兵,除部分死于战场外,幸存者于崖山之战后留居于雷州半岛。今雷州半岛许多民众均称其祖先是南宋时迁入的闽南人。这次迁入的闽南人总计应有数十万之多。其次是漳州人。漳州也是南宋末年抗元的根据地之一,文天祥曾坐镇漳州收集人马抵抗元军。而此时,汀漳的畲汉抗元起义军在陈吊眼和许夫人带领下,会同张世杰、文天祥部队抗击元军坚持数年之久,并于此后的1280 年一度攻克漳州,元朝震动,调集多路军队合围。直至至元十九年(1282),陈吊眼才兵败被杀。陈吊眼起义失败后,元军对漳州进行疯狂屠杀,造成许多民众南迁入广,因此广东的潮汕、雷州一带闽南移民也有不少是这一时期迁去的。而海南岛的闽南移民,既有早期因经商不利无法返乡的闽南人,也有先到潮汕或

---

　　①　见《方舆胜览·潮州》。

雷州半岛而后渡海登岛的闽南人。

元朝统治闽南的近百年间,闽南人多次反抗并发动反元起义,社会动荡,是闽南人南迁的重要原因。

当然,也有许多学者认为,两宋时期,闽南社会繁荣,因而人口也高速增长,成为各省中人口密度最高的地区。北宋末年曾任漳州司录的廖刚就曾说:"七闽地狭人稠,为生艰难,非他处比。"①而南宋闽县人许应龙(1194—1264)在《东涧集》卷十三《初到潮州劝农文》中说:"闽浙之邦,土狭人稠,田无不耕……潮(州)之为郡,土旷人稀,地有遗利。"②据梁方仲的《中国历代户口、田地、田赋统计》载,南宋嘉定十六年(1223)全国人口平均密度为每平方公里 16.4 人,而福建则达 25.4 人,远远高于全国平均数。福建山多田少,人均可耕面积自然大大少于一般省份。

自北宋起闽南人继续唐五代以来开始的国外贸易,舟楫所至,东北高丽、日本,东南亚南海周边各国,西至大食、东非的层拨等。南宋赵汝适于《诸蕃志》载,当时与泉州贸易的国家达 40 多个。至元年间,泉州已成国际闻名的东方大港,海外贸易也进一步扩展,元人汪大渊所著《岛夷志略》(中华书局 1981 年版)中记载了当时与元朝进行贸易的国家达 90 多个。海上贸易的开展,增加了中外人员的交流和往来,泉州至南宋末年已有大量外国人前来进行贸易并留居泉州,形成所谓"蕃坊"。南宋末年蕃商居然反客为主,宋朝任命蕃商蒲寿庚为泉州市舶使,"擅蕃舶利者三十年",后又提升为福建安抚沿海都制置使。同样泉州人出海贸易时,也往往有大批商人留居外国。如朝鲜人郑麟趾在《高丽史》中记载,自 1012—1278 年间,宋朝商人赴高丽者多达 129 回,5000 余人,③其中以福州人和泉州人为多。许多福建商人留居当地,《宋史》载,当时高丽国"王城有华人数百,多闽人因贾舶至者,密试其所能,诱以禄仕,或强留之终身。朝廷使至,有陈牒来诉者,则取以归"④。

交阯(今越南)也是和宋朝关系密切的国家。北宋初,即有泉州人经商交

---

①　《高峰文集》)卷一《投省论和买银札子》,《文渊阁四库全书》第 21 页。

②　《文渊阁四库全书》,第 5 页。

③　宋晞:《宋商在高丽贸易中的贡献》,台湾中研院编《宋史研究论丛》第二辑,第 146—159 页。

④　脱脱等《宋史》卷 487《高丽传》第 14053 页。

阯,有的闽商留居该地。据周密《齐东野语》卷19《安南国王》载:宋太宗祥符二年(1009),"安南大乱,久无酋长,其后国人共立闽人李公蕴为主",建立了后李朝(1010—1225)。沈括《梦溪笔谈》卷二十五《杂志二》中也有相同的记载。据考证,李公蕴为泉州安海人,他随其父赴交阯经商,并留于该地,后在李朝为官。至南宋末,后李朝为陈朝所代替,而陈朝开国国君陈日煚也来自泉州安海(一说为福州长乐人)。他留在交阯并被李朝皇帝招为附马,李朝无国君,陈日煚继位,建立陈朝(1225—1400)。由此可见,当时有部分闽人留居交阯经商,如果没有这种社会基础,李、陈二人不会这样顺利登上越南国王的宝座的。

可知,宋元时期,在对外贸易过程中,也开始出现闽南人向海外的拓展,不过尚未形成较大的规模而已。

三、明清时期闽南人的迁徙

明清时期,是闽南人的又一次大迁徙。如果说,宋元时代闽南人的迁徙主要是走陆路的话,那么,明清时期的迁徙则主要是向海洋的播迁。

明清时期各陆路的播迁也依然在进行,只是相对而言,其规模小于海路。

明清两代闽南人向各省及省内的播迁是因社会动荡不安而造成的,大体上在历次战乱中都有一部分民众因在自己家乡不得安居而迁徙。明朝从初期至中期发生的倭寇之乱,以及明末清初的抗清及清廷为封锁台湾的明郑政权而采取的"迁界"措施,均使得福建沿海,尤其是莆田、泉州、漳州饱受战争的磨难,不得不迁徙他乡。据温州的学者调查,虽然历史上从唐末五代至明清时期,均有福建移民迁移至温州定居,但集中迁移时间是在明嘉靖年间至于清代康熙年间,这段时间正是明朝的"倭乱"至清代的"海禁"时期。《明清的闽南移民与温州模式》一文,统计了温州平阳县明隆庆至清初顺治共95年间的外来移民情况,发现这一时期福建移民中,泉州占57.1%,漳州占31%,因此认为这一时期的"漳泉地区向温州的移民,与明清时期的'海禁'与'反海禁'存在着非常密切的关系。"作者总结出闽南人迁徙中的几个特征:"一是同姓同族聚族而居;二是闽南移居区连成一片,或一完整岛屿及岛屿群,或自港湾溯江而上,顺着山谷向周边发展。

……闽南人首先选择的是海岛或沿海半岛型地域。"①浙江闽南人近百万,主要分布于温州地区的平阳(30 余乡)、温岭县城石塘一带,玉环县城的坎门镇,瑞安县城和北麂岛,苍南县大部分,舟山群岛一些渔民区,洞头县城本岛、半屏岛、元角、倪屿等。

其实,不仅在浙江如此,在移居广东的海陆丰(今称汕尾市)闽南人也如此。广东海陆丰的闽南人移民时间晚于潮汕,多为明末清初从闽南迁移过去的漳州人,因此海陆丰人比之潮汕人,其方言和漳泉的闽南方言更接近。他们也都是选择沿海岸线居住的特征。这反映出此时闽南人海洋意识已经开始形成。著名语言学者李如龙先生说,闽南人的历代迁徙,占了今天全国沿海海岸线的三分之一。除海陆丰外,惠州的惠东、中山、东莞乃至广州的闽南人,也是这一时期沿海岸线南迁的。此外,在清初大规模的"湖广填四川"的移民过程中,参与的有十多个省移民,其中福建移民占总数的5%,既有客家人也有闽南人。今四川乐山及成都郊区均有部分当时迁徙的闽南人后代。而江苏宜兴东南部的闽南人是清末由浙江温州平阳迁入的,多姓林,据称原为漳州人。

清代还发生另一种特殊的闽南人集体移民方式,就是闽南军人北上屯垦移民。在明末清初郑成功军队与清廷作战过程中,不断出现有些郑氏军队投降清廷的状况。清廷对这些投清的郑氏军队并不放心,因此往往在其投清之后,给其首领一定官职加以笼络,而其所率军队,则集体北上屯垦。《清实录》载:"康熙六年丁未八月初七己卯,令河南、山东、山西、江南、浙江见驻投诚官兵开垦荒地。自康熙七年始,每名给五十亩,预支本年俸饷,以为牛种,次年停给,三年后照例起科。"②"丁未(康熙六年)部议分拨海上投诚兵移驻外省。先拨慕义伯黄廷驻河南邓州,……其标下兵及别镇兵各给行粮,分驻于浙江、江南、江西、湖广、河南、山东、山西、四川诸省,屯垦荒田,给其牛种。免其六年租税。将领或督垦,或拨在督抚提镇等衙门效劳。文官赴部候补。"③这些屯垦的军队,称为"闽营",人数动辄以千计。不过由于是军队屯垦,多未带家眷,后来这些北徙的军队在当地成家,难以保持闽南人的原有文化。

① 张靖龙、林亦修《明清的闽南移民与温州模式》《明史论丛》(二),兰州大学出版社,2003 年 8 月。
② [清]《大清圣祖仁[康熙]皇帝实录》卷二十三。
③ [清]彭孙贻《靖海志》,《台湾文献丛刊》第 35 种,台湾银行经济研究室辑,1959 年,第 71 页。

明清时期是闽南人海洋意识成熟的高峰时期。从明初至明末,闽南人经历了三个阶段:第一阶段是郑和下西洋。郑和下西洋是发生于 15 世纪初由明成祖朱棣亲自下令组织的一次向海洋进军的重大历史事件,旨在向所到之处宣扬大明王朝的国威。由太监郑和与王景弘共同指挥了这场历时 28 年连续 7 次的下西洋的行动。闽南人在七下西洋的过程中发挥了独特的作用。一是担任副指挥的王景弘是漳州漳平人。他实际负责远航的船舶制造、水手的选择和人员组织等最重要的工作,他知道闽南人自宋元以来就熟悉东西洋的航海技术与航线,掌握了大量实践经验。因此其船上水手和掌握航海技术的指挥人员,多从闽南人中招募,成为七下西洋的主力军。在七下西洋的过程中,每次船队人员多达27,000—28,000 余人,有许多人因各种原因留居于这条东西来往的运输通道上,成为明代的闽南人首批对东南亚的移民。马来西亚的南部古国马六甲,由于其独特的地理位置而成为郑和七下西洋的中转站。当地还流传一则故事:明朝为加强与其联系,将汉丽宝公主嫁给马六甲的苏丹曼苏尔沙(1456—1477 在位),她的随从有 500 人之多,居住在马六甲的中国山上。虽然有人认为是传说,未必属真,但中国山上确实有许多埋葬中国移民的坟墓。

明朝在明成祖之后奉行“禁海”的政策,这主要原因是沿海长期有“倭乱”,但“倭乱”又是“海禁”的产物,因为“禁海”的政策阻碍了中外贸易的进行,于是许多闽南人不经政府许可而私自出海,有的人就与日本来的海盗结合成海盗集团。据载,郑和船队下西洋时,在今印尼的旧港(苏门答腊的巨港)就遇到一伙海盗,首领陈祖义为广东人。陈祖义曾想抢劫郑和的船队,但被郑和的水军击败,被杀海盗 5000 多人,可知当时在东南亚一带已有相当数量的华人。明人张煊在《西园见闻录》中曾说:“国初……两广、漳州等郡不逞之徒,逃海为生者万计。”①

闽南人在东南亚地区的大规模迁徙是在明朝开放海禁之后。由于海禁的政策给沿海民众生活带来严重影响,朝臣多有不同争议。隆庆元年(1567),福建巡抚涂泽民上书奏“请开市舶,易私贩为公贩”。当年,隆庆皇帝接受这一意见,宣布解除海禁,以“月港开放”作为中国与外国贸易的港口,也是唯一的允许中

---

① 张煊《西园见闻录》卷 56《防倭》。上海古旧书店,1984 年。

国内地民众可以出海到外国进行贸易的港口。但它规定只能是漳州、泉州民众才能出海贸易,限制国内其他地域民众参与,这对于闽南民众固然是好事,但对其他地域民众显然是不公平的。

月港开放之后,闽南人出海成为可能,于是东西洋各国出现了数量可观的闽南商人,他们中许多人因各种原因而长期滞留异国,成为早期的华侨。顾炎武在《天下郡国利病书》中载:"是时漳泉民贩吕宋者,或折阅破产及犯压各境不得归,流离土夷,筑庐舍操佣杂作为生活,或娶妇。"据明代龙溪石码人张燮的《东西洋考序》中说,月港所在的海澄,"水国也,贾杂半,走洋如适市",就是说出国就像赶集一样。当时分布于东南亚各国如吕宋、马来亚、印尼华侨众多,吕宋仅马尼拉一地,一般都有留住华侨三万人以上。日本当时是明朝规定不能前去贸易的地方,但由于"贩日本之利,倍于吕宋"(《明实录》载福建巡抚陈子贞语),因此出海的闽南人也为数众多,仅长崎一地,便有二、三万人之多。郑成功的父亲郑芝龙便是当时居住在日本长崎进行贸易的闽南人,其母为日本人。

明末清初,出洋的闽南人数量剧增,他们之中有各种各样的原因出洋的:一是不愿臣服于异族的人;二是因战争、灾荒、迁界等而失去家园的人;三是出洋经商的商人。此后,随着西方资本主义的发展,对劳动力的需求猛增,因此到了清代中后期之后劳工输出(俗称"卖猪仔")成为闽南人出国的重要原因,契约劳工不论以何种方式出洋,其最终都是到各西方殖民地国家去从事修铁路、建工厂、开矿山、开垦种植园等繁重的体力劳动。

有清一代直至民国时期,闽南人从未停止对东南亚的移民,由此东南亚形成继广东潮汕之后的第三个闽南人聚居区。新加坡作为国际重要港口,华人占全国人口四分之三,而其中多为福建闽南和广东潮汕人。马来西亚的马六甲与槟城也是华人众多的地区,因此在英国人统治期间,新加坡、马六甲和槟城三座港口最高行政长官均由华人担任。槟城150万人中,华人68万人,为最大的族群。华人通行的语言除普通话外就是称为福建话的闽南话。

马来西亚华人中有一种特殊的人群,称为"峇峇""娘惹",这是由早期来到马来亚的华人与当地的马来人结婚所生的后裔,他们虽已久居东南亚,却仍然认同于华族,保留较多华人的传统以及相关的礼节、风俗习惯及信仰。这也是闽南人将中华传统文化传播到海外的很独特的景观。

不过,明清时期闽南人向海路的迁徙,其最大的成果应当是对台湾的开发。台湾虽与福建仅一海之隔,且早已有往来,但因渡台需过黑水洋,具有危险性,兼之原住民尚处较原始状态,因此从贸易角度而言,也未形成热潮。但是,从明末起随着月港的开禁,闽南人随之东渡台湾,仅仅历经三四百年时间,便形成最大的闽南人聚居区,这不能不说是个奇迹。台湾学者林再复由是而将台湾称为"第二个闽南"①,今日台湾闽南族群的人数之多,甚至超过福建全省的闽南人。

闽南人开发台湾,经历了几个重要时期,明末清初为第一个时期。以原海澄人颜思齐为首的一批居留日本长崎的闽南人,于明天启四年(1624)密谋在日本起事,不幸事泄,便分乘 13 艘船出逃,决定奔赴台湾垦殖,并派人到漳、泉老家招募来民众三千余人,开始了驻岛垦荒。这是首次有组织的垦殖台湾,郑芝龙是其中的发起人之一。

一年后,颜思齐因病去世,郑芝龙成为公推的盟主,他继续颜氏开创的事业并加以发展。崇祯元年(1628),郑芝龙接受明朝廷的安抚,适值闽南发生大灾荒,郑氏奏请官府允许并资助灾民前往台湾垦荒,灾民踊跃报名,先后赴台者达十万之众,从而形成第一次移民垦殖的高潮。

郑成功收复台湾为第二个时期。

明亡之后,郑芝龙投清,其子郑成功复举起抗清复明的旗帜,并准备收复台湾后,以台湾作为长期与清朝对抗的基地。1661 年,郑成功率军队攻打占据台湾的荷兰人,并以明朝的制度为样本,开始了对台湾的大规模建设。随同郑氏父子赴台的官兵大多为漳泉一带的闽南人,至此,台湾已有二三十万闽南移民。

清廷统一台湾后为第三个时期。

1683 年,清廷统一了台湾,闽南人又开始大规模移民台湾。尤其从雍正到乾隆时期,陆续取消对大陆民众移居台湾的限制,台湾移民人口迅速增加,至 19 世纪初,台湾人口已达 200 万人。1884 年设省以前,台湾一直是福建下属的一个府,居民又大多为闽南人或其后裔,风土人情、生活习惯与闽南无异,是闽南社会在台湾的再造与延伸。至此,台湾的闽南化已经基本定型。

台湾是一百多年前才离开闽南这个母体独立建省的。因此,在诸多闽南人

---

① 林再复:《闽南人》,三民书局 1993 年 4 月增订 7 版,第 613 页。

聚居区中,台湾文化与闽南文化的相似点最多,是理所当然的。以致有的台湾学者甚至提出闽南文化的中心转移至台湾了,理由是那里的闽南人数最多,保存的传统闽南文化最集中和完整。不过,台湾在脱离闽南母体的 100 多年中,曾为日据 50 年,其后又深受西方文化的影响,海岛的环境与长期对外开放的历史使其海洋文化的品位更浓。

近代以来,随着西方现代工业的发展和海外市场的开拓,迫切需要大量廉价的劳动力,于是华工就成为这一市场的最佳人力来源,一批批华工,从沿海的各个对外通商口岸源源不断地涌向东南亚、西欧、北美,其中最大来源地正是闽南和广东,今日海外华人聚居区,也主要是在这一时期形成的。

第四章　河洛文化对闽南经济社会
发展的影响

　　无论是一个国家或者一个地区,政权的建立,经济社会的发展,关系到最根本的基础性建设问题。政权的建立,预示着它将维持正常的社会秩序,组织社会生产和经济的发展。缺乏这一前提,社会将处于不稳定的状态,要想发展和进步,犹如空中楼阁,可望不可及。闽南经济与社会发展过程,同样证实了这一点。因此建立地方政权,其重要性不言而喻。

第一节　地方政权的设立及其影响

　　闽南的地方政权,比起闽东及闽北要晚许多时间。尽管在唐之前,自西晋的"八王之乱"和中原部分民众入闽以来,地方政权也即郡县的设置便随之开始,但发展十分迟缓。

　　当武帝迁闽越人北置江淮之后,据《宋书·州郡志》载,过了若干年,遁入山林的闽越遗民渐出,聚集于海滨的冶县,归会稽郡(郡治在苏州)管辖。东汉末年,闽中增设汉兴、建安诸县。

　　三国吴时期,永安三年,割会稽南部以建安、将乐、邵武、建安(平?)、吴兴、延平、东安(南安)、侯官等九县为建安郡。闽南仅有东安一县。

　　西晋时期,闽中置二郡,辖十五县。建安郡所辖七县均在闽北;晋安郡辖八县:原丰(闽县)、新罗(一说即龙岩)、宛平、同安、侯官、罗口(一说为宁德)、晋安、温麻(霞浦),可确定为闽南的仅有新罗、同安两县。

　　南朝宋时,州郡合并,晋安辖五县:侯官、原丰、晋安、罗江、温麻。闽南地区的新罗、东安均被汰除。

　　梁天监中设南安郡,至隋时,所辖有龙溪、兰水、绥安。

　　隋统一全国后,实行州县合并,闽中全境仅余四县,即建安、闽县、龙溪、南安。这是闽南首次与闽北分庭抗礼,显示这一时期闽南人数应有较大增幅。但依然是人稀地广的地方。有资料显示,当时龙溪县管辖范围到今南平一带。

　　唐武德五年(622)建丰州(今南安),但旋被撤销。闽南的这种政权相对空虚薄弱状态应当是后来造成"蛮獠之乱"而官方无力制止的原因。因此,陈政、陈元光的开漳建漳,确实正是解决这一问题的重要措施,也正符合唐朝廷的意愿。保存至今的几份开漳史资料应当是十分可贵的。

　　我们先看唐高宗给陈政的诏书:

　　　　泉潮据闽广之交,岭南为獠蛮之薮。玉钤卫翊府左郎将归德将军陈政刚果有为,谋犹克慎,其进尔朝议大夫,总岭南行军总管事,挂新铸印符,率府兵三千六百名,将士自副将许天正以下一百二十三员,从其号令,前往七闽百粤交界绥安县地方,相视山原,开屯建堡。靖寇患于炎荒,奠皇恩于绝域。筮辰金吉,明发斯征。莫辞病,病则朕医;莫辞死,死则朕埋。斯誓斯言,爰及苗裔。尔往钦哉。[①]

　　这一诏书中的"相视山原,开屯建堡。靖寇患于炎荒,奠皇恩于绝域"几句,显示此次平乱不是单纯的的军事行动而是要做长期戍守的准备。因此才有了事隔十七年后,陈元光的《请建州县表》:

　　　　泉潮守戍、左玉钤卫翊府左郎将臣陈元光言:伏承永淳二年八月一日制,臣进阶正议大夫、岭南行军总管者,受命战兢,抵官弥惧。臣以冲幼,出自书生;迫及童年,滥膺首选。未及干戈,守至懦至弱之质;惟知饱暖,无日区日处之能。幸赖先臣绪业,叨蒙今日国恩。寄身都闽,任事专征。爰从视

<hr/>

[①] 《诏陈政镇故绥安县地》,康熙《漳浦县志》卷17《艺文志》。

职以来,不敢少有宁处。况兹镇地极七闽,境连百粤。左衽居椎髻之半,可耕乃火田之余。原始要终,流移本出于二州。穷凶极暴,积弊遂逾于十稔。元恶既诛,余凶复起。法随出而奸随生,功愈劳而效愈寡。抚绥未易,子育诚难。窃惟兵革徒威于外,礼让乃革其心。揆诸陋俗,良由职方久废,学校不兴。所事者搜狩为生,所习者暴横为尚。诛之则不可胜诛,徙之则难以屡徙。倘欲生全,几致刑措。其本则在创州县,其要则在兴庠序。盖伦理谨则风俗自尔渐孚,治法彰则民心自知感激。窃以臣镇地曰安仁,诚为治教之邦;江临漳水,实乃建名之本。如蒙乞敕,定名号而复入职方,建治所而注颁官吏。治循往古之良规,诚为救时之急务。秦越百家,愈无罅隙;畿荒一德,更有何殊?臣谬居外镇,忝在封疆,所得事宜合奏。谨具厥由,伏候敕旨。①

　　这份奏表用了三分之二篇幅详尽分析了当时闽南一带的社会环境和存在的问题,提出"其本则在创州县,其要则在兴庠序";"建治所而注颁官吏,治循往古之良规,诚为救时之急务",陈氏对在闽南建州县的迫切性作了极其充分的说明。陈元光上奏表这一年恰是他代父为帅的第九年,这份奏表,显示其过人的见识与思想的成熟。当然,我们如果认真捉摸唐高宗的令陈政成闽诏书的内容,也可以看出,在漳州建州的建议,正符合朝廷的意愿,因此不久便获得批准。漳州的建立,使东南沿海在泉州(为现福州)至潮州1000多里路中间终于出现了一个新的州级政权。漳州的建立,目的是"以控岭表",表明是充分考虑到它在军事方面的重要意义。

　　但是,这只是其中一个方面作用。如同有的学者所指出的,漳州建立推动和加速了周边的政权建设。仅在漳州建立的十几年后(699),武荣州(今泉州)建立,领龙溪、南安、莆田等县。景云二年(711),武荣州更名泉州,原泉州改为闽州(725年改为福州)。唐开元二十四年(736),漳州西边的汀州增置。至此,全闽在唐代的五个州政权全部建成。

　　开元二十一年(733),朝廷为加强边防而设立了"福建经略史",统管军政大权,使福建成为独立的行政区域。至宋,设福建路,下辖六州二军,即福州、建州、

---

① 《请建州县表》,《全唐文》卷卷164。中华书局,1983年影印本。

泉州、漳州、汀州和南剑六州和兴化、邵武二军,元、明皆延续这一区域划分,由是而有"八闽"之称。

闽南自唐代划分为泉、漳二州,宋分出兴化军后,其区域也大体固定下来。闽南的政权建设,应当说,始终如陈元光所提出的"治循往古之良规",它清楚地表明在闽南的治理是按照朝廷的政令行事,也就是说自政权建设始,便一统于中央的政令之下。许多学者在研究中均认为,闽南文化中特别具有对中央政权的向心力,这应当是自政权建设开始便形成的一种惯性,虽然历史上,闽南人也有反抗朝廷的历史,但主要对抗的是异族统治的政权,在元代闽南人的反抗是空前激烈的,清代也是如此,尤其是闽南人中的漳州人。清代统一台湾之后,因实行的一些政策引发民众不满而曾先后爆发多次民众起义,有学者作过统计,绝大多数的起义都是漳州人发动的,如朱一贵起义等。

这里必须澄清一个问题,近来有些学者提出漳州始建时,属于羁縻州。理由是陈元光去世之后,其子孙三代都担任漳州刺史,具有世袭性质。这一说法,貌似有理,其实是违背史实的。漳州自建州起,便成为唐代的一个"正州"中的下州,这从垂拱四年(688)朝廷下达的《敕建漳州郡县》的诏文中可知:

> ……请新州邑,固期以安乎生民;另注官员,大虑不谐乎土俗。民既受殃,官已被害。不如就尔屯营建为治所,革去绥安之旧号,庸兹今世之新名。州曰漳州,县曰漳浦。版图即入于职方,户口犹肩于并牧。爰稽古典,宜列下州。……州自别驾以下,县自簿尉以上,得有廉干人员,听其旁招注用,共图伟绩,以策殊勋。……盖以尔父子相承,久牧兹土,蛮畏其威,民怀其德。又老于远患,更涉事为。必能审克勋辜,孰知民瘼。汝其益励初心,用成厥治。[①]

这篇诏书中对漳州的性质说得一清二楚。至于涉及官员任用等问题之所以由陈元光决定,也是考虑得合情合理的,毕竟如有些学者所言,漳州的建置,更多考虑的是"以控岭表",即镇住闽粤边境,先保住北部的安全。进而主动出击,南

---

① 载《陈氏族谱》

下奸敌,直捣其南部腹地,使之不再有反抗的力量。那么,由陈元光从其熟悉的人员中挑选任用各级官吏,显然对于一个新创建的州县是再适合不过的了,这是因情况特殊而采取的权宜处置方法,与所谓羁縻州设置的情况风马牛不相及。

至于陈氏一家连续四代任漳州刺史的问题,也说明不了是因为羁縻州而有的特殊政策。因为作为首任刺史的陈元光去世之后,其子陈珦服丧,"朝命以岭南多盗,由许天正领州事"。其后许天正以年老辞职,才由陈珦在服丧期满后接任刺史之职。开元二十五年(727),陈珦以年老请辞,得到朝廷批准,至天宝元年(742)才病逝。这段时间,漳州刺史为殳伯梁。陈珦的儿子陈酆(721—779),虽后也继任漳州刺史,但并非直接继承陈珦的。据载,陈酆于 721 年出生,天宝六年丁亥年 17,举秀才,授辰州宁远令。他因见李林甫、杨国忠擅权,于是赴任,而"归访浮光旧宅,居之数年"。直到安禄山叛乱前夕,漳州刺史殳伯梁、偏将许平国俱贪恣,造成"盗贼迭起,老赢逃窜"的恶果,于是耆老朱兴家、余拱辰等数百人到朝廷陈奏,请求由陈酆继任漳州刺史,得到朝廷许可。

陈酆于天宝十年二月一日视篆,兵民欢呼于道。① 天宝十年为 751 年,是时陈酆已三十岁,大历十四年(779)去世,治漳 29 年。

陈酆去世后,其二子陈谟守制三年后于建中二年(781)代理州事,但其"性刚褊、初任不协舆情",以至"州民曾拱璧等诣观察史言之"。于是建中三年,朝廷任命柳少安任漳州刺史,而陈谟为漳州别驾。其后,贞元元年(785)柳少安内调朝廷,才由陈谟出任漳州刺史。

由以上情况我们可以清楚地看到,尽管陈家自漳州创建后,曾先后四代人任刺史,但并非世袭职务,其间曾有多位其他姓氏的官员或代任或直接担任漳州刺史,如殳伯梁、柳少安等。当然,选用的标准以是否熟悉民情,能够治理好这个新建的州郡。毫无疑义,作为新建的州,其创建者由于在民众中享有较高威望,因而民众对其家族具有特别的好感与企盼,这是很自然的。因此出现了如陈氏家族几代人治漳的状况,本不足为怪,但也与世袭的羁縻州毫无相关。从陈珦辞职到陈酆继任间隔长达 24 年。

关于羁縻州的设置问题,前人已作了许多讨论。所谓羁縻州,并非始自唐

---

① 《开漳史参考资料》,云霄县开漳历史文化研究会编,2007 年,第 84—85 页。

朝。自西汉始,便有了羁縻制度的产生,其主要目的是对边境的少数民族地区实行安抚,既以军事与政治力量加以控制,又给予一定的物质财富乃至"和亲"政策抚慰之,从而达到安定治理的目的。在具体的政策执行方面,保持或基本保持少数民族原有的社会结构和组织形式,承认其酋长或首领的原有特权和地位,并以之作为地方政权的官吏。而这些酋长或首领承认该地区隶属于中央王朝,并有进行朝贡的义务。这种政策实际上开了后代在少数民族地区实行自治的先例。唐代由于国力强盛,在解除了东突厥的威胁后,周边少数民族持续内附,于是唐朝根据少数民族地区的特点而设立了羁縻州这种管理形式。羁縻州和直属朝廷的州郡不同,它的直接管理部门是边州都护府。唐共设置六大都护府:安南、安东、安西、安北和北庭、单于都护府。共辖府州 856 个,分属五道。其中最多的是剑南,有 261 州。其次为陇右,有 51 府 198 州。最少的属江南道,有 51 州。岭南道有 92 州。这些羁縻州在《新唐书》与《旧唐书》的《地理志》中均有明确的记载,并非想怎么说都可以。漳州自建州之后,其运作方式,官员的任命等,都与直接受中央管辖的州府相同,因而所谓漳州属羁縻州性质的说法于史无征,不过是为了证明陈元光为岭南土酋说而编造出来的。

闽南的行政区建制,自唐之后基本格局已经形成。最大的变化发生在以下几个时期:

(一)唐代大历六年(771),潮州划归岭南道。潮州自隋开皇十一年(591)建立后,在长达 160 年间,曾不断变更其所隶属的对象,尤其在盛唐时期的数十年间多归属福州都督府和其后的福建经略史管辖,直至 771 年后复归属岭南节度使后,基本上固定下来(唐末五代初曾一度归属闽国),归广东方面管辖,不再与闽发生归属关系。

(二)宋代兴化军的建立。莆田自古归属南安县管辖,南朝陈尧大二年(568)析南安县地建莆田县,至北宋太平兴国四年(979)设立太平军(后改为兴化军),才开始独立成为一个介于福州与泉州之间的行政区域。由于其距福州较近,且属其直接管辖,因而逐步受到闽东文化的影响而渐渐与闽南地区拉开距离,成为闽南与闽东文化的中介地区。但由于其长期归属闽南,故其闽南文化底蕴仍较深厚,莆仙方言也更接近于闽南方言。

(三)清代雍正十二年(1734),升龙岩县为直隶州,下辖漳平、宁洋二县。这是自唐大历十二年(777)龙岩划归漳州管辖后首次独立建州。但至清末,汀州府、龙岩州均属汀漳龙道,并未完全脱离闽南,直至民国时期的三十年代方才正式脱离闽南,此后一般称为闽西地区。但龙岩市所在之新罗区,及下辖漳平县,主要为闽南人居住区。

(四)清代末年台湾省的建立。台湾为我国东南沿海的最大岛屿,上古时代的居民也主要是通过闽南的"东山陆桥"从大陆前往台湾的。明末清初郑成功率部收复台湾,正式在台建立政权组织。郑成功为闽南南安石井人。其政权的设计者则为闽南龙溪人陈永华。1683 年,清朝攻下台湾,将其收归版图。次年(1684),清朝设置分巡台厦兵备道及台湾府,隶属福建省,由此而正式成为闽南的一部分。此后,大量漳泉闽南人及部分广东人陆续渡海垦殖台湾,至 1811 年,全台人口已近二百万。1885 年,清廷为加强海防抵御外寇入侵,决定将台湾独立建省,成为清朝的第二十个行省。不幸的是十年之后,日本侵略者根据《马关条约》占领台湾,使之成为日本的殖民地。日本在台维持了半个世纪的殖民统治,直至抗战胜利后,台湾才得以重新回归祖国。

台湾民众 80% 为闽南族群,人数近 1800 万,是最大一块闽南人聚居地,其方言、民俗、宗教信仰等均与闽南人基本一致。由是可见,福建的闽南地域在历史上经历了一个演变的过程,总体上是渐行缩小的趋势。但与此相反的是,善于开拓迁徙的闽南人走出闽南区域,不断向南、向东、向北扩展,形成闽南人族群不断扩大膨胀的趋势,这确实是很有意思的现象。

当然,作为今日闽南区域内部行政建构中,最重要的现象是厦门市的建立和区域核心城市地位的形成。

第二节　"开屯建堡"与安定环境之形成

唐高宗在给陈政的诏书中,要求他带领府兵南下平乱时,"前往七闽百粤交界绥安地方,相视山原,开屯建堡……靖寇患于炎方,奠皇恩于绝域。"①应当说,这一诏书对唐初这次军事行动的性质作了明显的界定,即这是一次屯边戍边的

---

① 《诏陈政镇故绥安县地》康熙《漳浦县志》卷 17《艺文志》。

行为,和一般平叛的性质不同。

唐之前,闽地虽然人数不多,但也曾多次发生过骚乱,西汉时有汉武帝平定闽越之乱。三国吴时,王朗也曾据城叛乱,孙策派贺齐率部入闽,历经数年始平定。但至后期吴主孙亮时,建安郡又有山民之乱,吴将钟离牧为监军使者,率兵讨平之。但最大的一次动乱则是在隋初,隋文帝杨坚于开皇九年(589)灭陈,统一中国,但次年江南的江、浙、闽等地即发生大规模骚乱,群雄竞起。隋文帝不得不派有丰富作战经验的杨素率30万精锐士卒南下,经多回合交战,才最终平定。不过,以上各次叛乱,其战场均在闽北、闽东一带。

唐初发生于泉潮之间的"蛮獠啸乱",朝廷选择的平乱策略则是派出府兵南下"开屯建堡",应当说这一方式与以往皆有不同,所谓"开屯建堡",是一种特殊的平乱模式,是以屯垦的方式驻军,修建据点,设置工事,做长期据守的准备。

唐朝为什么选择屯戍的方式来处理这一次的啸乱,是值得认真探讨的问题。其实这种方式,并非唐朝才实施。屯垦戍边,是自秦代便实行的一种治理边疆地区的方式。有人认为,秦始皇派大将蒙恬率十万大军北击胡,"因河为塞,筑四十四县城,临河,徙适戍以充之"①,以及始皇三十三年派大将任嚣、副将赵佗,"发诸逋亡人、赘婿贾人,略取陆梁地,为桂林、象郡、南海,以适遣卒。"②,均是秦实行的屯垦措施。至汉,在与匈奴长期的对峙中,进一步推行屯田戍边之策。汉文帝听取晁错的意见,在水草丰茂的边地修筑城堡,招募移民耕田戍边,从而达到卫国与发展经济的目的。自此之后,历代帝王均采用这一措施来巩固和开发边疆,其中以汉、唐、清三朝为盛。自唐初起,东北有契丹、室韦、奚、靺鞨,北部和西北部则有东西突厥和吐蕃,频频扰边。唐军虽东征西讨,也捉襟见肘,因此便将抵御边患的策略由唐初的行军制度(即根据战争的规模和需要,任命一位行军总管事,带领临时集结的府兵,用于开疆拓土或平息边患,战争结束后旋即退军)向镇军制度的转变。镇军制即在边患较为严重的地方实行长期驻屯,以镇慑和防御边患的发生。唐初自高祖时起,实行的是行军制度,但到唐高宗时期,行军制无法完全适应新的边患现实,于是逐步实行镇兵制。陈政父子的平定

----

① 《史记·匈奴传》。
② 《史记·秦始皇纪》

"啸乱"发生时间正是处于这一转变的过程中。

对于这支军队的来源,传世的资料既有关于府兵,又有关于"募兵"的记载,因而研究者对此多有争议。我认为,这两者的记载都有一定的依据。例如有关陈政首批率兵入闽的 3600 名府兵与 123 名将领,是属于府兵的建制,将领各种分工明确,轻易说其不实,证据不足,难以服人。而认为完全是在闽南本地招募的兵员,则也无确凿依据。不过,记载中有些情况是值得我们思考的。如记载的首批入闽军人为 3700 多人,然而,在许天正为陈政写的《开漳始祖行状》中,却写到达绥安故地时,"府兵五千而寇戎数万",多出了一千多府兵,是否招收了一部分人员,都是值得研究的。

以当时闽地居民稀少的情况(全省不过几万人),如何能募得数以万计的兵员?但如果换一个角度思考,陈氏所带领的入闽有两批,首批明确记载为府兵,而第二批援兵则记载为中原五十八姓,那么,后来的这支部队完全有可能是在中原招募的。唐代的兵源组成本身便有府兵与募兵两种。这应当是当时入闽军队的两种主要来源。至于入闽之后,历经多次作战,为补充兵员损失而同时在本地招募部分民众入伍,也是非常正常的,族谱资料中便记载有原闽地民众参加这支军队作战与建设的情况(如开辟九龙江的刘氏三兄弟便是如此),因此我们大可不必在上面花费太多的笔墨。相反,我们更应当将关注的重点放在重要史实的考辨上。

从以上的论述中,我们可以看到,唐初的这次平定"啸乱"的背景与安排正符合当时总体形势的需要,而且也正是处于唐朝廷对边患采取的由行军制向镇军制这一转变的背景下所作的安排。至今仍有不少人赞同陈氏父子的军队是从广州北上平乱的,但这种说法如果成立的话,今日闽南语主要保存 7 世纪中原音韵的原因便无法解释,因为粤地自先秦始便是南越人聚居,其后秦汉时期虽有北方兵将入粤,但人数十分有限,其语言也渐与越语同化,至隋唐时期,其方言已与闽地方言大不相同。倘若这支军队来自广东,则今日之闽南便应为粤语所同化,而不可能仍保存中原七世纪的唐音。

唐高宗在对泉潮发生的"蛮獠啸乱"所作的处理无疑是符合当时客观实际的,他显然将这一地区作为边疆来看待。而事实上,远离京都长安的东南边陲也确实就是唐朝的东南海疆。唐皇朝采取在闽南"开屯"戍边的策略无疑是正确的，也是有前瞻性的，因为按照当时的形势，如果不采取移民驻屯的办法，可能真如陈元光在《请建州县表》中所说的"元恶既诛，余凶复起"。而建州以及驻屯的士兵和随之而来的移民，既改变了这一带的居民结构，也将中原文化传播到闽南。

陈政、陈元光在执行唐朝诏令方面是不遗余力的。陈政奠定基础于前，陈元光实施于后。

关于当时"开屯建堡"的情况，《漳州府志》作了明确的记载，陈元光在泉州、漳州、潮州三州建立四个行台、36堡所。这四个行台是：一在泉之游仙乡松州堡，上游直至苦草镇；一在漳之安仁乡南诏堡，下游直至潮之揭阳县；一在常乐里佛潭桥，直至沙湾里大巫（太武）山而止；一在新安里大峰山，回入清宁里卢溪堡，上游直至太平镇而止。而36处堡所则建于各要塞地区，他所带来的军队分别驻守于这些要塞。作为主帅，陈元光本人经常巡视四境，使得"东距泉建，西逾潮广，南接岛屿，北抵虔抚，方数千里无桴鼓之警，号称治平"。

陈元光所建的堡所遗址，许多尚存。仅华安县2009年在文物普查中便在该县的沙建镇所属朝营和龙格镇两个自然村，发现了三处开漳圣王陈元光所建的兵寨遗址，它们分别是乌石山寨遗址、赤鬼寨遗址及烘炉寨遗址。[①] 华安一带多山，原为少数民族居住区，在这里多设堡寨，正是为防备偶发事件。而在开漳中心地的云霄，其所设置的兵营遗址也存有军营巷、军营山等古迹。当时此处设有上、中、下三处营地。在今漳州龙文区浦南镇松州村，是他所设的最北部行台——"泉之游仙乡松州堡"所在地，村边有揭鸿岭营头亭（又名揭鸿寨）遗址。康熙《龙溪县志·古迹》载："揭鸿寨，在九龙江（北溪）西，为汉唐古道，地名军营山，陈元光曾驻屯于此。"

唐代著名诗人欧阳詹曾写有《晚泊漳州营头亭》诗：

> 回峰叠嶂绕亭隅，散点烟霞胜画图，日暮华轩卷长箔，太清云上对蓬壶。[②]

---

① 见2009年8月3日《福建日报网》，《华安惊现三处"开漳圣王"陈元光兵寨遗址》。
② 周振甫主编《全唐诗》卷三四九，第7册，2572页，黄山书社版。

慕容韦也作有《度揭鸿岭》怀古诗：

闽越曾为寨,将军旧置营。我歌空感慨,西北望神京。

北宋奉议郎吴与为漳浦县人,后迁居漳州,他在祥符年间写的《祥符图经序》是研究漳州早期开发史的重要文献,序中他充满感情地写道:"营头之雉堞依然,岭下之遗基可识,陈将军忠贞冠代,王使君勋烈标时……。"可知此事为后人留下深刻的记忆。

这里需要说明的是,唐朝之所以同意陈元光在泉潮间建立漳州,其着眼点是从军事上考虑的,因为此地地势险峻,盘陀岭自古为南越与闽越的交界处,漳州始建地正在盘陀岭南侧,确实可以达到"以控岭表"的目的。在广建堡寨的同时,陈元光的军队控制范围其实北抵闽江南岸;东临大海,金门为其牧马之地;南接潮惠,潮境内为其用兵最多的地方;西连江西的虔、抚。因当时在今闽西地区并无行政建制,均属其管辖范围,这一点只要看笔者在前面《从族谱资料看闽南的开发》一文中,各姓氏的肇漳人员及其子孙的去向就可清楚了。

唐朝并不着眼于泉潮间增加赋税的收入,而是将其作为巩固边防的策略。据《旧唐书·食货志》(上)载:唐高祖武德七年(624)定律令,"若岭南诸州,则税米上户一石二斗,次户八斗,下户六斗。若夷僚之户,皆从半输"。闽地在唐初也被视为岭南地区,朝廷实行的是轻徭薄赋的政策,这使民众的负担大大减轻。

唐朝还注意在少数民族及边疆设置地方政权。如为加强对岭南的治理,唐懿宗于咸通三年(862)将岭南划分为东西两道,并诏令:"其所管八州,俗无耕桑,地极边远;近罹盗扰,尤甚凋残,将盛藩垣,宜添州县。"从中我们可以看出唐代在偏远地区多设州县,目的正是出于加强管理、巩固政权,这种观念,应是唐朝前后期一致的思路。

第三节　"唐化里"的设置与民族和睦政策的实施

陈政、陈元光入闽,很重要的一项任务就是尽快平定"啸乱",使民众过上安定的生活。但是,如何才能达到目的,是经过一段时间的探索的。从当时记载资料看,少数民族人数不少,唐军难以依靠军事手段迅速取胜,因而初期曾一度处于相持阶段。直到第二批由魏妈带领的 58 姓援兵到达后,才开始发起进攻,逼其后退,恢复了闽南一带平静的局面。但这种安定维持的时间并不长,陈政去世后,蛮獠依然在潮州一带屡次作乱,陈元光故谓其"元恶即诛,余凶复起。法随出而奸随生,功愈劳而效愈寡。抚绥未易,子育诚难。窃惟兵革徒威于外,礼让乃格其心"(《请建州县表》)。这封奏表对当时形势的分析可谓入情入理。为了达到长治久安的目的,陈元光在其控制的地区设立"唐化里",用以招徕散亡者并对之施行教化。笔者查阅各种资料,发现"唐化里"的设置,只是在闽南的一地,其他地方皆无此记载,倒是在闽东的福州,隋代曾设置有归化里,用以安置从琉球掳至大陆的数千(一说一万余人)民众,至今尚有"化南里""化北里"的地名。

有人对"唐化里"的设置提出异议,认为它体现了"大汉族主义",而不是推行民族和睦政策(《如何写人物传记》,百度网),这种看法是值得商榷的。因为陈元光在这里设立的不是"汉化里"而是"唐化里",唐是当时治理全国的朝廷,它是国家的代称,所代表并不是汉族。许多学者都指出,唐朝皇族本身就有少数民族的血统,它对少数民族并未采取民族歧视政策,包括陈政、陈元光在内,也有人认为他们的妻子中就有北方的少数民族。

和以前的众多王朝相比,唐朝自开国以来就十分重视对边疆的经营,但除对付北方的突厥和东北的高丽时使用武力外,西北、西南边疆均采取了怀柔的政策。唐太宗曾说:"夷狄亦人耳,其情与中夏不殊。人主患德泽不加,不必猜忌异类。盖德泽洽则四夷可使如一家;猜忌多,则骨肉不免为仇敌。"他认为自己服戎狄的五条理由之一是:"自古皆贵中华,贱夷狄,朕独爱之如一,故其种落皆依朕如父母。"[1]

对于发生于南方的"蛮獠啸乱",并非至唐高宗时才发生,而是自唐初的武德、贞观年间即已频繁发生于剑南的巴州、眉州、益州等。《新唐书·南蛮传》

---

[1]　《资治通鉴》卷197《唐纪十三》贞观十八年乙己条,十二月戊午条。中华书局点校本,1956 年版第 6207、6215 – 6216 页。

(下)有段记载：

> 大抵剑南诸獠，武德贞观间数寇暴州县者不一。巴州山獠王多馨反，梁州都督庞玉枭其首，又破余党符阳、白石二县獠；其后眉州獠反，益州行台郭行方大破之，未几又破洪、雅二州獠，俘男女五千口。是岁，益州獠亦反，……贞观七年，东西玉洞獠反，以右屯卫大将军张士贵为龚州道行军总管平之。十二年，巫州獠反，夔州都督齐善行击破之，俘男女三千余口。钧州獠叛，桂州都督张宝德讨平之。明州山獠又叛，交州都督李道彦击走之。是岁，巴、洋、集、壁四州山獠叛，攻巴州，遣右武侯将军上官怀仁破之于壁州，虏男女万余，明年遂平。十四年，罗窦诸獠叛，以广州都督党仁弘为窦州道行军总管击之，虏男女七千余人。①

由是可见，唐高宗时期发生的潮州蛮獠之乱，不过是唐初南方蛮獠之乱中的一个小部分，而唐王朝采取的办法也是与高祖、太宗时期大致相同，即以陈政、陈元光为岭南行军总管来平定啸乱。他们所秉承的乃唐王朝之策，《新唐书·南蛮传》载，唐太宗时，益州獠反，都督窦轨请击之，太宗曰："獠依山险，当拊以恩信。胁以兵威，岂人父母意也。"可见唐朝不到不得已时是不采取武力手段的。诸葛亮七擒孟获，即是拊以恩信的成功先例。陈氏家族在平定潮州蛮獠之乱时，一方面不得不动用军队击其首领，另一方面更是采取宽容与教化之策，使之在潜移默化中化解敌意，真正达到"胡越百家，畿荒一德"之目的，此举亦为历史上成功处理与少数民族关系之范例。否则，历史上曾发生诸多征讨少数民族的战争，为何少有像陈政、陈元光父子那样为后人所追思、所肯定之事例。吾辈后人应对历史上曾发生过的事件及相关历史人物进行客观地、实事求是地分析，而不应以教条的方法简单地肯定或否定，甚而使功过是非颠倒。

有记载的"唐化里"的故址在今漳州东面的九龙江西溪与北溪交汇的长洲村一带。《白石丁氏古谱》载，陈政渡过九龙江击败敌人后，"遂建寨柳营江之西，以为进取，恩威并著，土黎附焉。辖其地为唐化里"。

---

① 《新唐书·南蛮传》(下)

明代嘉靖《龙溪县志》载:"二十七都统图在城东三十里,宋唐化里,属永宁乡。"

"唐化里"所在的位置紧邻浦南的松州堡,松州堡的修建也是有着保卫柳营江和"唐化里"一带安定的意义。当然,作为教化基地的"唐化里"不应仅柳营江这一处,有的研究者认为有数十处之多,尤其在当时作为漳州首府所在地的漳江北之云霄,其西林周围也同样设有多处"唐化里",用以教化从山上下来归附的獠人。

有人不喜欢"教化"一词,以为是要强制改变蛮獠族的习俗,因而将其作为民族歧视的政策来看待,这是违反常识的。对百姓施行教化,是从上古三代一直实行的政策,周代尤甚。周代实行礼乐文化,是西周初年制订的,据说制定者是周公,六经当然都属礼乐文化,《周礼》更是其代表。以礼乐化导民众,不仅是天子脚下的大臣、民众及所有子民,而且也化导边远的邦国,乃至周边附属国。古代东亚文化圈的形成,就直接与此相关。因此教化所产生的吸引力是自然而然形成的,而非采用强制的手段。唐代在这方面做得尤其突出。除了在边疆继续实行自秦汉已开创的屯垦制度外,还特别创立了羁縻州制度。所谓"羁縻州",即是为周边的少数民族中内附部落设置的特殊行政区划,包含有四级:羁縻都护府、都督府、州、县,统称"羁縻州"。用以区别普通州县,即"正州"。羁縻州的都督、刺史均由各部落首领担任。这种制度在当时历史条件下,有利于大一统局面的形成与唐王朝的安定,也有利于少数民族的生存与发展。唐朝在全国划分的十道中便有九道设置了羁縻州,总计达856州,其中隶属岭南道的有93州,最多的一个道(剑南道)隶属261州。羁縻州的管理以其内部自行管理为主,对朝廷贡献有限,即使自愿承担赋税者,也大大轻于"正州"。当然,在国家发生大的变故时,有的羁縻州首领也成为唐朝军队的重要力量,如"安史之乱"中,就有西北少数民族军队参与平乱。但在"教化"方面,却是尽力以唐朝的文化礼制在实行"教化",不仅羁縻州如此,周边国家如日本、韩国都欣然从风,还派"遣唐史"留学生来学习这种文化制度。因此,将"教化"视为大汉族主义,实在是缺乏历史常识的。

陈元光实施的"唐化里"建设计划无疑是成功的。许多少数民族民众抛弃了原来那种"刀耕火种"、"狩猎为生"、居处不定的生活方式,下山同汉族人一起开垦荒地,播种百谷,建造房舍,既改善生存条件与生活环境,又接受了先进的文化与文明教育,并在与移民的接触中形成各民族和睦相处的局面,甚至相互通婚,融为一家。

闽南设立的首座书院——松州书院就设在"唐化里"的所在地。松州书院被认为我国有记载的首座书院。陈元光对书院事务十分关注,并让自己的副手许天正兼任州署文学,到书院教育学生。陈元光之子陈珦自幼喜爱读书,并曾以明经及第,任职于长安翰林院长达十二年。当他回闽南后,陈元光便让他接替许天正主持松州书院,直至陈元光去世后,陈珦任职漳州刺史后才改由他人接任。

陈元光在《龙湖集》中曾记述了治理"唐化里"这段不寻常的历史,如《候夜行师七唱》(其二)"夜祝开皇弘德泽,日将山獠化编民。"其三云:"民风移丑陋,土俗转醍醐。"其四云:"德慈敷教化,清静加弥纶。"在《南獠纳款》中云:"南薰卓物华,南獠俨庭实"等。可知他的这些措施还是起到了应有的作用的。经过数十年的辛苦经营,安定的局面终于形成。丁儒的《归诗二十韵》中十分生动地描写了平定战乱后的和平景象。

同样,《题龙湖》诗中,那种"野女妍堆髻,山獠醉倒壶"(其二)的憨态可掬的形象,也会让我们忍俊不已。这也是闽南人之所以至今仍然怀念从中原不远万里而来为改变这里的落后面貌的先人们的最主要原因。汉族民众是如此,畲族民众何尝不是这样!笔者在考察松州威惠庙和松州书院时,看到畲族同胞千百年来一直尽心地保护这一开漳古迹(此地为畲族村社),充分显示当年实行教化政策的影响力,事实胜于雄辩,我们不应当站在狭隘的民族主义立场来看待过去的历史。

第四节 崇本思想与农业经济的繁荣

秉承着黄河流域华夏文明的传统,中原移民在入闽之后,也以发展农业作为首要之务。

隋唐之前,闽地开发自北而南,汉之后的移民,早期多集中于闽江流域和晋江一带,魏晋南北朝时期始形成一定的规模。而九龙江流域虽迟滞,但也已有一些民众开始定居于此。

有关早期闽南的情况,文献资料极少,但南朝宋沈怀远有一首《次绥安》诗,透露了当时的一些情况:

> 负蚩覥良时,宽恩荷明牧。叨乘使者传,来按荒人狱。闽方信阻狭,兹地亦丰沃。苍山缭万寻,涨海涵千谷。高秋桂尚荣,隆冬泉更燠。在昔汉世宗,开疆穷所欲。余善既辞师,建德乃伐木。番禺竟灰烬,治南亦沦覆。至今遗父老,能言古风俗。阴崖猿昼啸,阳亩粳初熟。稚子练葛衣,樵人薜萝屋。矜尔为生微,诲予从不辱。①

从诗中可以看到,这里是荒远之地,否则就不会有"荒人"之称。诗中在对汉代闽越与武帝之争作一番感怀之后,有几句颇生动地描绘了当时民众的生活场景:"至今遗父老,能言古风俗。阴崖猿昼啸,阳亩粳初熟。稚子练葛衣,樵人薜萝屋。"这里已经栽种粳稻,穿的是葛衣,居住以薜萝叶搭建的房屋。显然这不是古代的越人,也不是刀耕火种的蛮人。闽南地炎热,穿葛麻制作的衣服,一直保持至新中国成立后。因此,尽管相对于内地落后,但闽南在梁天监年间(502—520)还置南安郡(郡治在丰州),辖南安、龙溪、兰水三县,而绥安(在今云霄县)在东晋末年便已设县,归属广州义安郡。可知即使在最南部的今漳州地区,南北朝时期便已有龙溪、兰水、绥安三个行政县的设置。不过,从沈诗中的描写看,当时的农业生产和民众生活仍然处于比较原始和低下的水平。

唐代初年的中原移民入闽开发闽南,使闽南经济出现了飞跃的发展。陈元光及其部众来自中原的固始一带,固始原是春秋时楚相孙叔敖的封地,地处大别山北麓、淮河流域中游,水量充沛,是著名的农业区。早在公元前7世纪,楚相孙叔敖便在其故乡修建了我国历史上首次有记载的期思陂水利工程。《太平御览》卷七十二载:"孙叔敖作期思之陂而灌雩娄之野",使水害变为水利,同时他又在其东面的安徽寿春修建了芍陂。这两处水利工程,在历史上曾经长久地造福当地民众。

华夏族在黄河流域兴起,从一开始也是以治水发展农业而兴盛起来的,来自

---

① 《云霄县志》重刊本,第221页。

中原的唐初移民深知兴修水利发展农业的重要性,因此在漳州始建地配合开屯建堡,营田积粟,便大力兴修水利,建造拦河坝,因为这些工程是驻军修建的,故称之为"军陂"。在被称为"开漳圣地"的云霄竹树潭、下河、孙坑军等地,均有当时修建的"军陂"遗址,至今依然保存较完好且仍能发挥浇水灌田作用的是火田溪中段的"圣王陂"。圣王陂堰坝为块石垒砌,以石灰勾缝,坝高 5 米,底宽 4 米,面宽 2 米,原总长约 120 米,现残存三段约 30 米。同时修筑有长约 4 公里的引水灌溉渠道,依山边蜿蜒开凿,其中有近 1 华里是从坚石上开凿出来的,在当时的情况下修建这样的水利工程,也是很不容易的。军陂的建造,确实令人联想到中原移民故地的期思陂和芍陂等水利工程,而将在闽南修建的水利工程称为"陂",也正是沿用起豫南老家的称呼。

"日阅书开士,星言驾劝农"(《示珦》),陈元光深知发展农业生产是移民能够长期落脚的基础,也是保障军队供给的最重要途径。因此,他"乃率部曲,剪剃荆棘,开拓村落,收辑散亡,营农积谷,兴建陶冶,以通商阜,以聚百货"。在缓解民族矛盾之后,他将部众派各地,以中原地区先进的生产技术传授给当地民众与少数民族,使得原先荒凉的山野"渐成村落,拓地千里"(《忠毅文惠公行状》)。

泉州则是在盛唐时期进入繁荣期。今泉州地自南北朝梁天监年间(502—519)设南安郡后,州郡设置时建时废,一直没有固定下来,这种状况,无疑严重影响到这一地区的经济与社会的发展。武则天时期,随着漳州的建立,久视元年(700)武荣州恢复设置;景云二年(711),武荣州改为泉州,原泉州先改为闽州,后又改为福州。泉州之名由此沿用至今。

在泉潮间"蛮獠之乱"逐渐平息之后,泉州迎来一次大的移民潮,短短数十年间,泉州一跃而成为闽中最大的州。《元和郡县图志》载,开元年间泉州人口已达 50754 户,几近全闽户数的一半。大规模移民的到来,必然引发社会经济的发展。泉州所属的莆田是中原移民较早立足的地方,这里的地理环境原来并不利于农业生产,木兰溪两岸多为沼泽,且时受海潮侵蚀,并不适宜农作物的生产。但从唐太宗贞观年间开始,莆田就开始修塘筑坝,"西一里有诸泉塘,南五里有沥山寻塘,西南二里有水丰塘,南二十里有横塘,东北四十里有颉洋塘,东南二十里有国清塘,溉田总千二百顷,并贞观中置。北七里有延寿陂,溉田四百余顷,建中年置"①。

泉州所在的晋江，"东一里有尚书塘，溉田三百余顷，贞元五年刺史赵昌置，名常稔塘，后昌为尚书，民思之，因更名。西南一里有天水淮，灌田百八十顷，大和三年刺史赵棨开"。② 此外还有仆射塘、万家湖等，均为灌溉土地而设置的。

从北到南，闽南地区唐代中原移民一直兴建水利，发展农业生产。由于中原移民越来越多，经济开发也不断自沿海向内陆推进，因此开垦山区梯田也已成风尚。当然山上不仅可以开梯田种庄稼，还可以种植水果、茶叶等。从丁儒的诗中，我们已经知道当时闽南人食用众多亚热带果蔬。而五代时期晋江安溪诗人詹敦仁诗中"晋江江畔趁春风，耕破云山几万重"，形象地描绘出闽南人开发梯田耕耘的景象。

除了向山区发展外，有唐一代闽南人也已开始开发沿海岛屿，厦门的开发时间也是在唐代，而据族谱记载，金门则在陈元光治漳时期已成为牧马的地方。在海岛牧马，实在是极妙的主意，完全不用担心马匹的走失，也不怕有野兽的出没。

和兴修水利同时进行的是围海。漫长的海岸线既有大量的海产品可供食用，也有许多滩涂便于围海造田。据史料记载，唐代时期海平面比现在高，沿海的平原地也多被浸于海中，闽南人为解决山多地少的矛盾，便开始围海造田。前举的莆田筑陂塘水利工程即是改海潮侵蚀的沿岸沼泽地为良田的工程。陈元光建漳时，也曾在漳江和九龙江一带领军民筑坝造田。晋江的围海在五代时达到高峰，据道光《晋江县志》载：陈埭为"陈洪进所筑，其埭最大，合南浦之水，为陡门，通归于大海，南洋田多仰焉"。陈洪进还将唐代建成的天水淮重修后，更名为节度淮，共有36涵洞。同安则有石盘陂，为唐末将领刘日新带领士兵修建的。何乔远在《闽书》中载，刘日新"开浚陂塘，以资军食"，"其所筑陂，在从顺、感化、归德三里，名官陂，亦曰石盘陂。"

由此可知，在唐五代时期，闽南的垦殖已是到了全面开花的地步，尽管当时的条件有限，但随着移民的大量进入，为生存发展，移民们将在中原积累下来的经验和智慧运用到闽南，从而在这块土地上传承和创造发展出新的农业文明。

① 卷四十一《地理志》。
② 卷四十一《地理志》。

入宋之后,闽南人口不断递增,既有陆续到来的新移民,也有自身在繁衍生息过程中的自然人口增长。至北宋元丰年间,泉州人口已达 20 万户,漳州也达 10 万余户,其发展速度是惊人的,相当于唐代人口最高年份开元年间的 6 倍。此时闽南乃至福建的经济发展水平及劳动生产力均已超越北方,且人口密度也居全国前列。

闽南人是个很特别的族群,他们从中原走来,始终不忘"以农为本",不管多么恶劣的生活环境,都难以阻止他们前进的脚步。他们凭着决心和勇气,沿着海岸线,由闽南迁往潮汕、海陆丰、古雷半岛,再越过琼州海峡前往海南;明清之后,他们更是扬起风帆,东渡台湾,南下南洋,开垦一片片荒地,栽上碧绿的秧苗,为当地的农林业生产注入活力,带来丰收的希望。

第五节　走向海洋文明

闽南族群具有鲜明开拓精神,敢于迎接各种命运的挑战,创造出全新的文化。有位学者在他的著作中深情地写道:

> 如果说有一个族群在人类历史上兼有蓝色的海洋文明与黄色的内陆文明,那么闽南人是最好的代表。闽南人不仅是优秀的农夫、工匠,还是勇敢的水手,他们自古以来航行于太平洋与印度洋,是海上丝绸之路上的马车夫,被欧洲人视作如同犹太人一样的商业劲敌。[1]

当 16 世纪世界大航海时代到来时,闽南族群用自己的勇敢和智慧向世界宣告,中华民族是具有蓝色海洋文明的民族。

我国从远古时代就知道造船,用以跨越江河湖海,虽然当时用的是筏和独木舟。到春秋战国时,作为一种便捷的运输工具,无论运输货物还是作战时运送军队、物资,均已大量使用舟楫,但此时的舟楫已不是简单的筏与独木舟。据载,商代已有木船,并能使用风帆。而春秋战国时代,赵国、吴国等有专门造船的工场,

---

① 徐晓望:《闽南史》,海风出版社 2004 年 9 月第 1 版,第 1 页。

称为"船宫"。吴越北上中原争霸,其军队都是乘船北上的。

中国人也很早就同大海结缘,尤其南方的闽越人,既善于造船,又习于航海。《汉书·严助传》载,闽越人"习于水斗,便于用舟"。他们所使用的船有多种:独木舟、鹛舠船、方舟、戈船、舲、楼船,最大的是楼船。公元前486年,勾践将越都城从会稽迁往琅琊(今山东胶南县)就是用楼船运载人员与物资。这种船外观似楼,多层,能运载较重的物资和人员。据载,越国北迁时,用"楼船卒二千八百人,伐松柏以为桴。"(《汉书·武帝纪》)其后,秦始皇听信方士之言,曾派徐福率领童男童女3000人乘船入海,以求神山及不死之药。至西汉武帝时,为攻打叛汉的闽越人,武帝令人建造楼船,以水军统将杨仆为楼船将军,"将罪人及江淮以南楼船十万人"讨之。三国时期,吴国是水军强盛的国家,吴建衡元年(262),还曾在闽中建安郡侯官设有典船校尉,率领谪徒(罪犯)造船。赤壁之战中,魏、吴双方均有水军作战。从汉代开始,中国造船技术已成熟,并成为世界上掌握最先进的造船技术的国家,不仅船只种类繁多,船上使用的桨、橹、舵、风帆等已一应皆备。

隋朝时,不仅开凿大运河用船漕运,还有一支强大的水军(称海师),当闽浙一带豪强反隋时,隋朝派大将杨素率军三十万沿海路南下平乱,可知其水师已有相当规模。《隋书》还记载隋炀帝大业三年,令羽骑尉朱宽入海求访异俗,到达流求国。其后又派遣虎贲郎将陈稜、朝请大夫张镇州率兵"自义安浮海击之"。隋军在出海五天后到达流求国,掳其民数千人而还,安置于今福州一带。

唐初的平定蛮獠之乱,唐军从仙霞岭入闽,从闽江乘船东下泉州(现为福州),再南下九龙江流域平乱的。从族谱记载中,陈元光也十分重视疏通河道,以便航运,其部下有管理闽江水域的官员,也有治九龙江河道的将领(刘氏三兄弟)。同时,在建漳后以漳江作为港口,开展对外贸易。明嘉靖《漳浦县志》卷二《方域上》引《图经》载,唐嗣圣元年(684),胡商康没遮来漳进行贸易,并在漳江上游的温源溪沐浴。南唐保大年间,三佛齐(今印尼苏门答腊)镇国李将军远载香料到漳江口岸进行商贸活动,其后将所得钱在将军山上修建了普贤寺,并在匾额上手书,悬挂于法堂梁上。前来贸易的商人还将所带来的热带作物胡椒、肉桂、无花果在寺院旁栽种。不过由于开元四年(716)州治移至李澳川,贞元二年(786)又移至龙溪,漳州对外贸易口岸便逐渐转移到九龙江沿岸。

泉州是唐代重要的对外通商口岸。泉州与海外交通早于漳州。据载,南朝梁、陈时,就有印度西天竺优禅尼国僧人真谛到梁安郡翻译佛经,并经梁安港返国。此梁安郡当为南安郡(今晋江丰州)。

泉州于盛唐时期,脱离福州独立建州以后,大量中原移民的进入和先进生产技术的传播,使得泉州社会经济、文化均出现新的面貌。桑蚕、陶瓷、矿冶全面发展,商贸得到繁荣,许多外商纷纷前来做生意,泉州为唐朝贸易的重要港口之一。唐天宝年间诗人包何在《送李使君赴泉州》诗中云:"傍海皆荒服,分符重汉臣。云山百越路,市井十洲人。执玉来朝远,还珠入贡频。连年不见雪,到处即行春。"此诗所指的泉州即为今泉州,而非福州。而会昌年间(841—846)诗人薛能在《送福建李大夫》的诗中写有"秋来海有幽都燕,船到城添外国人",描写他所见到的泉州海外贸易的景象。

唐代闽南海外贸易的发展至五代闽国时期更趋兴盛。时任泉州刺史的王审邽、王延彬父子都十分重视发展海外贸易,尤其王延彬,任泉州刺史三十年,"每发蛮舶,无失坠者,人因谓之招宝侍郎"(《泉州府志·王延彬传》)。随后继任的留从效、陈洪进继续执行对外通商政策,加速了对外贸易的发展。

如果说,唐代海外贸易的中心是在广州的话,到了宋元时期,泉州则已成为对外交通最重要港口和海上丝绸之路的重要起点,尤其到了宋末至元代,泉州已成为东方第一大港。至此闽南人已经显示出自己鲜明的海洋意识了。闽南人的海洋意识形成,许多人认为是与越人的舟楫及疍人的水上生存方式有关,其实这种看法多少有些想当然。闽南人在直接渊源上与原闽越族关系不大。至于疍人与闽南人之间似乎天然存在隔阂,以前疍人只住船上,自成系统,和闽南人之间没有必然的文化传承关系。闽南人的海洋意识形成具有较长的阶段。

唐代入闽的中原人来到海边之后,面对大海最先发现的是各种海产品,但随即也看到海上贸易的好处。不过早期的贸易似乎主要是外商前来。泉州港就是如此,因此才会有"云山百越路,市井十洲人"的景象。(包何《送李使君赴泉州》)唐代末期诗人韩偓咏泉州,依然用"中华地向城边尽,外国云从岛上来"(《登南神光寺塔院》),说明此时海上贸易依然是外国商人来得多。五代十国时期才开始"发海舶",主动向外发展贸易。

及至宋元,才是闽南人海洋意识的形成期,但还不是成熟期。此时的闽人,因连续数百年的移民,从原来的地广人稀转变为人口稠密区,而"八山一水一分田"的地理格局制约了粮食生产的发展,于是闽南人才将目光从沿海平原转向东面的大海和西面的高山。因山地虽不能种水稻,但可以进行经济作物的种植,于是有了棉花、水果、甘蔗、茶叶等的种植。而转向大海时看到了海上贸易所带来的利益丰厚,因此也开始了走向大海的进程。如谢履在《泉南歌》中写道:"泉州人稠山谷瘠,虽欲就耕无地辟。州南有海浩无穷,每岁造舟通异域。"确实宋元时期国家对海上贸易是提倡并加以支持的,主要是可以收取数额可观的贸易税赋。因此才出现"漳、泉、福、兴化,凡滨海之民所造舟船,乃自备财力,兴贩牟利"[1]的状况。至元代,闽南的海外贸易得到进一步的发展与繁荣,泉州超越广州而成为东方第一大港,大量外国商船来泉贸易,众多外国商人长期在泉定居,使泉州成为"七闽之都会","番货、远物、异宝、奇玩之所渊薮,殊方别域富商巨贾之所窟宅,号为天下最。"[2]。自然,这种风气极大影响泉州民众,形成"郡民多逐末利"的风气。[3] 泉州、兴化均出现本地商人组成的对外贸易的船队,如兴化的商人船队竟至有大舶二百艘,其航运规模可见一斑。

　　不过,宋元时期闽南的对外贸易中,有两点值得注意:一是在这些外贸中,外商即所谓蕃商是主角,他们拥有巨大的财富,甚至主宰着贸易权。南宋末年泉州的蒲寿庚家族为其代表。蒲氏原为番商,长期在泉定居经商,积累财富无数,宝祐年间起任泉州市舶使,至宋末又晋升为福建安抚沿海都制置使。其后蒲氏投元,继续主宰泉州的海上大权。《闽书》载:"元以寿庚有功,宦其子孙,多至显达。泉人避其薰炎者八十余年,元亡乃止。"[4]元代政权主宰者为蒙古人和色目人,他们视闽南人为下等人,因此漳州、汀州不断有民众发动抗元起义。泉州在元人控制下,天灾人祸频仍,社会秩序混乱到极点,而由外商组成的亦思巴奚军竟割据泉州十多年,民众纷纷逃亡,被杀者不计其数。二是不论宋代还是元代,泉州港均呈现早期繁荣而后期衰落的状况。因此,没有必要过高估计宋元时期闽南人的海洋意识。宋元时期海外贸易的发展,不过是宋元朝廷为增加赋税而

---

① 徐松:《宋会要辑稿·刑法》卷二,第137页。
② 吴澄:《吴文正公集》卷二十八,《文渊阁四库全书》,第13页。
③ 林弼:《林登州集》卷八,第9页。
④ 何乔远:《闽书》卷一百五十二,第4496页。

开展的贸易活动,宋代泉州贸易规模并不大,"当时的海外贸易不过是每年几条船至十几条船的贸易量而已"①。

闽南人海洋意识的成熟应以明末的郑氏海商集团的形成为标志。自明初起,朝廷实行禁海,甚至发布所谓"片帆不许入海"的诏令,使沿海民众断绝一条重要的生路。明成祖朱棣的永乐年间(1403—1424)虽也曾有过郑和七下西洋的壮举,但其目的是向海外宣扬明朝的国威,而非现代意义的海洋意识。朝廷的禁海结果,使民间与之相对的海上走私活动得以产生。从明代前期至中期,长达二百年间,明朝一直不得不对海上的走私集团以及与之有关的倭寇作战,沿海民众不仅得不到濒海之利,反而遭受濒海之害。直至1567年,在倭患基本平息之后,明朝廷首次在漳州月港设立督饷馆,允许中国商人可以由此出海贸易,而政府则收取船舶税等。这样,走私贸易开始变为合法贸易。然而,明廷的对外开放是不得已而行之之策,因此往往时开时禁。为保障海外贸易的正常进行,沿海商人自发组成了一个个海商集团。16世纪正是世界大航海时代的开端,西方的葡萄牙、荷兰、英国等国家商船纷纷东来,以武装为保护开拓海外市场。明朝的海军是当时世界上最强的舰队,最盛时有舰船近五千艘。从正德十六年(1521)起,这支舰队先后与佛朗机(葡萄牙)、日本、荷兰发生多次海战。在屯门海战和西草湾之役中,两次战胜葡萄牙军队,使其放弃以武力胁迫明朝开关的想法。而万历二十六年(1598)中朝水师对日本的露梁海战,全歼日本舰队,使其在此后200年间皆难以恢复国力。天启二年至四年的澎湖之战与崇祯六年(1633)的料罗湾之战,明军水师均大败荷兰水军,迫使其每年向明朝郑芝龙舰队进贡12万法朗,以保证其在远东水域的安全。由此可知,明代所发生的一系列海战,是明朝政府为维护领海安全和我国的海洋权益所作的正义之战,已初步具有近代所兴起的所谓海洋意识。只是由于明朝的灭亡和其后清朝长期奉行的闭关锁国政策,才使得中国在此后的百年间处于被动挨打的地位。

中国沿海商人为保护自身利益也纷纷以武力相抗衡,争夺海上的制海权。其中郑成功的父亲郑芝龙的海商集团是在兼并了其他众多海商集团之后,形成了最大规模的海上武装集团,这一集团基本垄断了从中国沿海直至马六甲海峡

---

① 徐晓望主编《福建通史》第三卷(宋元),福建人民出版社,2006年3月,第346页。

航道的海权,其势力远远超出明廷的控制范围。郑氏集团的形成及之后数十年的活动,显示了闽南人海洋意识的自觉形成。尽管明政府不支持这种民间的海上贸易,甚至时时加以限制,但已感到鞭长莫及。因此只能采取"抚"的政策,给予郑之龙"总兵"的官职,利用其力量来保卫海防,而这又使郑氏集团的活动合法化,具有了官方的色彩。郑芝龙降清后,郑成功以其父的旧部为依托,继续聚集抗清复明的事业,收复台湾及移民东南亚等,这些都与郑氏集团的活动密切相关。

那么是否可以说,闽南人海洋意识的形成,是与中华文化传统并不相干的呢? 我以为并非如此。中华文化的精神并非如一些人所认为的就是一种恒定的顽固、保守、一成不变的精神。中华元典之一的《易经》全书都是在讲通变的道理,所谓"易者,易也",易就是通变。因此如果以为中华文化中缺乏积极进取精神,那是不懂中华文化的精髓。《周易·系辞下》所谓"穷则变,变则通,通则久",也是讲通变,中华文化之所以长久保持下来,就是懂得通变,因此能够长久。海洋意识的形成,正是闽南族群自中原移徙闽南之后,在长期和海洋的接触中,逐步认识了海洋的生存之道,在漫长的岁月中逐步形成了开放的意识与积极进取的开拓精神,支撑并加强了这种意识和力量。

在明代的闽南人中,有两位特别引起我感兴趣的是与海洋相关的人物,一位是明代中期的抗倭名将俞大猷,一位是明末抗清并收复台湾的郑成功。让我们来看看这两位历史人物是如何成长的。

俞大猷(1503—1579),泉州人,幼习儒学,十五岁进文秀才,与李杜、薛南塘等十余人读书于清源山柴泽书院,人称十才子。曾先后拜闽学的传承人蔡清的弟子王宣、林海、赵本学为师,学习《易经》及武学,尽得其精粹。嘉靖元年,父俞爱松逝,俞大猷因家贫而不得不弃学从武,袭世职百户,镇守金门。自此他驰骋南北边疆及东南沿海五十余年,在平定倭寇的战场上屡立奇功。他所统率的俞家军与戚继光统率的戚家军齐名,时有"俞龙戚虎"之称。终其一生,始终关注于闽学与王学的争论,并以仁义治军论事,"固守宋儒传注,不为他说所易",而其军事韬略则深得《易》中之奇正、虚实、变化之旨,能运筹帷幄,出奇制胜。所谓"学莫非兵,而论兵莫非《易》。"①其儒将风范,令人向往。他行军作战之余,写下大量诗文,被称之为"海战文学"之作,开创了闽南文学的新局面。

郑成功(1624—1662)的成长历程也与俞大猷有共通之处。他自幼学儒,聪明过人,七岁上学,十四岁考中秀才。1644 年入南京国子监,拜名儒钱谦益为师,年轻时即有诗名。他随其父郑芝龙拥戴隆武帝即位福州。隆武政权灭亡后,郑芝龙降清,郑成功决心与父决裂,起兵抗清。他于南安孔庙焚其青衣(儒服),写下《焚衣词》,表达自己的心声:"昔为孺子,今为孤臣。向背去留,各行其是。谨谢儒服,惟先师昭鉴。"郑成功在其后抗清的十余年间,一直谨守君臣大义,以恢复明朝为己任,至死不渝。

从上述二人在文武之道的弃取中,我们仍清楚地看到他们的坚贞不渝的中华文化信念与强烈的民族意识。因此闽南人的海洋文化自觉,也源于其传统文化的"通变"观念。将中华传统文化视为固步自封,一成不变的观念,是对中华文化的误读和无知。

由于闽南人长期以来一直与海洋打交道,积累了丰富的航海经验,因此,历代朝廷每当有事于海时,都会想起闽南人。如派出使者册封海外国王,要找闽南人造船、当水手。对外通过海道运兵作战,也要选闽南人。元代曾出兵攻打日本和安南、爪哇、占城等,无不从闽南调集军队和船只、水手,元朝庞大的海军舰队,也是从福建沿海掠夺而来的。宋元军队于兴化一战,元军就得到船七千余艘,其后每次作战前,都要泉州提供船只。闽南人在元代深受其害。

明代初年郑和七下西洋时,闽南人王景弘和郑和一起指挥了这支庞大的海洋船队,大量闽南人是这支船队上的主力。明中后期,漳州月港继泉州港之后崛起,成为全国唯一可以出海贸易的港口。清代鸦片战争后厦门港又再一次成为五口通商口岸之一。在中国对外贸易史上,闽南一直充当十分重要的角色,具有特殊重要的地位。

值得一提的是,在闽南士人中,具有日益增长的海洋意识。为促进海洋贸易和航海事业的发展,闽南士人大量整理前人航海经验,编写和出版了一批与此有关的著作。早在元代,泉州便出现了汪大渊撰写的《岛夷志略》,这是一部记述

---

① 李杜:《征蛮将军都督虚江俞公功行纪》。

元代对外贸易、海上交通的重要著作。作者虽非泉州人,但却是在泉州居住多年,并由此出洋经商,长达八九年,因而得以到达几十个国家与地区。回国后,他将自己所见所闻记载下来,同时介绍当时与泉州有贸易关系的一百多个港口的情况,当地的风土人情,出产的物品等,为进行对外贸易提供参考,也是研究元代海上贸易的珍贵史料。入明之后,闽南士人更是主动参与该项工作,仅以漳州为例:明后期漳州著名学者张燮,多次拒绝朝廷征召,隐居撰写以明代开展的海外贸易为主要内容的《东西洋考》。又如诏安人吴朴撰有《度海方程》及其后衍化而来的《顺风相送》,漳浦人杨一葵撰有《裔乘》。清代则有程日炌的《噶喇吧纪略》和《噶喇吧纪略拾遗》以及原籍漳州的一位吴姓士人在寓居澳门时,将所搜集的海道针经稽考校正编撰的《指南正法》,龙溪人王大海的《海岛逸志》,漳州人黄可垂的《吕宋纪略》等。这些著作,至今依然是研究我国海洋史的极其重要的资料。清康熙年间,同安人陈伦炯写有《海国见闻录》,记述了他跟随父亲游历海外各国的所见所闻,该书分别有东洋记、东南洋记、南洋记、小西洋记、大西洋记等篇,记载了各有关国家的政治状况、风俗习惯、物产、贸易等方方面面的情况。而泉州人潘鼎珪的《安南纪游》则以游记的写法记述其到越南的游历行程中之见闻,这些均显示出闽南人通过海洋与海外的密切关系。

而在清朝实施海禁政策时,身居朝廷要职的闽南籍官员往往挺身而出,力陈禁海之弊与开禁之利,如雍正时期漳州南靖人庄亨阳就曾写有《禁海私议》,乾隆时漳浦人蔡新写有《答方望溪先生议禁南洋商贩书》。这些文章及奏议都主张实施开海禁的政策。而蓝鼎元的《论南洋事宜书》抨击海禁所带来的港口萧条,民不聊生的苦难,疾呼"大开海禁,听民贸易";庄氏的《禁洋私议》中提出"听其自便……永弛前禁"的主张;蔡氏也在给大学士方苞的书中详尽分析禁贩南洋的种种弊端,认为一旦实行海禁,则"沿海数省郡其害不可胜言",他的建议被当时朝廷所采纳。

由上可知,身处海疆的闽南士人在长期与大海的接触中,其海洋意识也明显地有别于内地人士。

而明清以后的大量移民东渡台湾和南下东南亚,是闽南人向海洋一次次大的进军,其规模之大,迁徙时间之长更是世界移民史上的奇观。

闽南族群作为一个以移民为主的群体,从中原出发,历经千年,在特殊的自然环境中从农耕文化开始,逐步地产生、发展,形成自己独特的海洋意识和海洋文化,为中华民族的海洋发展史增添了极其光辉的篇章。

第五章　闽南教育制度之确立

第一节　唐五代时期的闽南教育

一、唐前的闽南教育状况

有关唐前的闽南教育,至今可知的情况极少。在公元前的闽越时期,越族人自浙南迁入闽地,形成闽越族,但我们至今没有发现闽越人教育的内容。按理说,越族在春秋时期,曾经打败吴国,北上成为中原霸主,在越王勾践的身边,有来自楚国的名臣范蠡和文种,那么,此时的越国,就不应是没有文化教育的诸侯国。只不过是没有相关的资料留存下来罢了。而后闽越国民众于汉武帝时期被迁徙到北方,安置到江淮流域一带,闽地空虚,因此闽越史中绝。自两汉三国时期,北方民众入闽者甚少。西晋时期,国家短暂统一,闽地逐渐有北来的民众,尽管人数依然不多,但已逐渐形成一些相对集中的移民定居点,于是开始了较多的地方政权的设置。闽南的县城设置,始自三国吴永安三年(260),于晋江流域设置东安县(隋时改为南安县)。其后,陆续有中原汉人入闽,他们或避战乱,或为宦入闽而后留居闽地,或因罪被贬来闽。有明确记载的首次中原民众入闽为西晋后期的"永嘉之乱"。有八姓(林、陈、黄、郑、詹、邱、何、胡)衣冠士族入闽之说。当然,如据各姓家谱所载,则在"永嘉之乱"前已有多族中原民众入闽了。西晋中武帝太康三年(282),析建安郡地,设立晋安郡,辖侯官、原丰、温麻、晋安、同安、新罗、宛平、罗江八县,其中的晋安、新罗均属闽南;东晋末年,又在今漳州地区盘陀岭之南设立绥安县,辖区包括今漳州的云霄、诏安、东山和漳浦部分地区,属广东义安郡。梁天监中(502—519),升晋安县为南安郡,辖今莆田、泉州、漳州等地。后又建龙溪(今龙海、华安地)、兰水(今南靖、平和境),闽南区域的地方机构设置已大体完成。

应当说既然有郡县设置,也应当有教育机构的设立,然而,我们目前未见这方面的材料。究其原因,其一应当是与此时人口稀少有关。西晋时期,全闽户数仅 8600 户,经东晋和南朝数百年发展,不增反减至 6000 余户。至隋时才略见增加至 12400 户,则各县人口之少可知。其二社会动荡,不遑居处,郡县也未将教育列上议事日程。其三是地处东南边陲,中央政权管辖松散,闽南地方郡县设置时分时合,时有时无,一直没有稳定下来,因而教育机构设置更是可有可无。当然,这里讲的是官方的教育机构设置,并不是说此时的闽南就没有教育的存在,那些入闽的衣冠士族,应当是有自己家学教育的,只是并不为求取功名,因此也仅限于家庭范围而已了。

二、唐代教育的兴起

唐朝的建立,为教育的发展提供了机遇与条件。唐朝自建立起,尤其重视教育事业,广招贤才,兴办官学。早在初唐时,唐高祖李渊即位伊始,即于武德元年(618)诏令天下,于各郡县设置学校,招收学生;武德七年再次下诏令州县、乡里设置学校。当然,初唐时期,百废待兴,虽有朝廷诏令,许多地方依然付之阙如。故唐高宗于咸亨元年(670),不得不再次诏令各地尽快建立州县官学。

闽南官学的建立,应当是始于漳州。唐武后垂拱二年(686)时任岭南行军总管的陈元光奏请朝廷,于泉潮间增设漳州一州,以控岭表。他在《请建州县表》中提出:"窃惟兵革徒威于外,礼让乃格其心。揆诸陋俗,良由职方久废,学校不兴。……其本则在创州县,其要则在兴庠序。盖伦理讲,则风俗自尔渐孚;治法彰,则民心自知畏服。"①经朝廷批准漳州于垂拱四年(688)设立,漳州的州学应随之建立。据载,陈元光最初就让许天正负责随军子弟的教育,其子陈珦是首批学生。

史载,陈元光从小习文,年十三即领乡荐第一。担任漳州刺史后,也是"日阅书开士,星言驾劝农"(《龙湖集·示子珦》)。可见,他在推行大唐的教化与文治武功方面,确实是不遗余力的。教育是文化传承的根基,那么,初唐中原民众的文化传承来自何方? 陈元光《龙湖集》中有一篇《四灵为畜赋》,赋中有如下一

---

① 《全唐文》卷一六四,上海古籍出版社,1990 年版。

段文字：

> 爰稽前朝,伊谁比隆。鲁邦获麟,周岐凤雍。舜河龙出,禹洛龟逢。各
> 一符应,何斯荐锺。鲁道有荡,文治一方。羲沿朴古,禹愧陶唐。我唐文焕,
> 万国归王。

赋中历数历代中华文化的传承,一目了然。

有学者认为,陈元光在漳州设立的州学,"提高了闽南在唐疆域内的地位,设置政区与创办教育是纳入王朝体系的重要步骤,也成为后来福建各地发展的一种模式。"①这一看法大抵是合理的。

相对于漳州,同处闽南的泉州在教育方面却显得比较迟缓,这当然与闽南泉州的设置较晚有关。虽然早在南朝的梁天监年间,已设立南安郡,但此后一直变动不定,时建时撤。至唐初,闽南只有两个县,即龙溪县和南安县,均由闽东的泉州(今福州)管辖。漳州于688年建州后,过了20多年即711年,今泉州始建州,原泉州改称闽州。泉州建州后,于唐玄宗开元年间(713—742)才兴建孔庙,筹建州学。不仅官学迟迟未建,私学也发展迟滞,这和开元时期的泉州发展规模极不相称。开元、天宝时期,是泉州发展的极盛期,此时,泉州的户口数,占到全省几近一半,然而教育却如此落后,难怪整个盛唐时代福建并未有什么知名人士出现。相比之下,漳州虽属初建,教育却已大体完备,既有州学、也有私学,并于此时创办了松洲书院。松洲书院被认为是中国有历史记载的最早创办的书院,它创办于唐中宗景龙二年(708)。其时,陈元光之子陈珦已于万岁通天元年(696)举明经及第,被授为翰林院承旨学士,但他辞官请求归养,被朝廷批准回漳州,主持本州文学。景龙二年,龙溪县尹席宏聘请陈珦主持乡校。陈珦便于松洲创建书院,"与士民论说典故"(《文英公行状》)。景云二年(711),陈元光战场遇难,陈珦袭领州职20余年。后于开元二十五年(737)辞职,至天宝元年(742)病故,其晚年依旧常在书院讲学。

漳州教育的开展,使这一地域的教化和人才培养走上正轨。目前我们虽无

---

① 王日根、李弘祺:《闽南文化丛书·闽南书院与教育》,福建人民出版社,2007年10月版,第3页。

漳州初建对有关教育方面的系统资料,但依然可以从一些史料中看到这种变化。一是推动了一方教育风气的形成,继松洲书院之后,中唐时期漳浦人潘存实,在漳浦梁山建梁山书院,后又与同邑的周匡物在龙溪建周潘书院。教育的最重要功能是培育人才。陈珦生于漳州,而后受教于陈元光的副将许天正,应是建漳之后第一位有功名的人。其后,陈珦之长子陈酆,天宝六年(747)举秀才。陈酆有三子,三子陈訏于唐德宗兴元元年(784)举明经,授国子监四门博士。其后又有周匡业(周匡物之兄),于贞元八年(792)以明经登第。周匡物与潘存实则分别于元和十一年(816)和元和十三年(818)登进士第。以上是从一些名人的记载中收集整理的,当然只是其中的一部分,但已可以看出,在唐代漳州建州一百多年后,教育方面已取得一定成绩。

泉州教育虽然落后于漳州,但在建州以后,逐步得到重视。尤其中唐之后,有几位地方官员大力倡导兴办教育,使面貌为之一变。先是唐代宗大历七年(772),李椅任福建都团练观察处置使,兼福州刺史。李氏为唐宗室,精明强干。他到任后,发现"闽越旧风,机巧剽轻,资货产利,与巴蜀埒富,犹无诸、余善之余俗,号曰难治"。于是他着力整顿民风、特别注重教育,实行"考礼正刑"的中原儒化教育:"吏不奉职,民不师教,则惩以薄刑。"又重修文庙,端正礼典,亲自督导士子就教,所谓"审问慎思,使知不足,教之导之,讲论以勉之。……由是海滨荣之,以不学为耻。州县之教达于乡党,乡党之教达于众庶矣。"[①]从这里可以看出,福州一带尽管到中唐时代,依然不重视教育。李椅治闽,推行的教育,使全闽教育体系臻于完善。其后不久的建中元年(780),状元出身并曾在代宗时任丞相之职的常衮贬官福建观察使。常氏至闽,"为设乡校,使作文章,亲加讲导,与为客主钧礼,观游燕飨与焉,由是俗一变,岁贡士与内州等。"(《新唐书·常衮传》)虽然这些记载中都把原闽地教育说得一无是处,所谓"始,闽人未知学"(同上)而李、常二人治闽后,教育才得到发展,其中显然有为拔高二人政绩而贬低闽地原有教育状况之嫌,但二人对闽地,其中也包括闽南的教育,的确是有贡献的。《八闽通志·学校志序》载:"按旧志,莆人郑露倡学于梁陈之间,福人薛令之登第于神龙之际,则闽人知学其所由来远矣。而《唐史》则谓自常衮兴学校,

---

① [唐]独孤及《李成公去思碑》。

而闽人始知学,何欤? 盖闽人知学虽久,至衮大兴学校而始盛也。自时厥后,闽之文物骎骎与上国齿,至宋遂有'海滨邹鲁'之称。"闽地唐初始开发,而中唐之后,能够做到"岁贡士与内州等",确实是很不容易的。据统计,自李、常二人来闽后,至唐末的百多年间,福建中进士者已达74人之多。常衮在闽任职期间,十分欣赏晋江士子欧阳詹的学识,比之为"芝英",常携之同游,对欧氏之作品大加赞赏与激励,使其声名"渐腾于江淮,且达于京师矣"。也正是在常氏的鼓励和举荐下,欧阳詹以乡贡赴京应试,成为与韩愈同榜的进士,此后又任国子监四门助教,成为闽南士人首位担任国家最高教育机构的官员。

除了上层官员的重视外,泉州在中唐时期连续有多位名人前来任职,如薛播、姜公辅、席相等。薛播于贞元年间两度任泉州刺史,左相姜公辅也在贞元年间被贬为泉州别驾,席相又继薛播任泉州太守,他们均十分关注泉州地方文教。此时,诗人秦系又自会稽南来,隐居于泉州九日山下,他们之间过从甚密,相互酬唱。欧阳詹时被邀同游,一时文风大盛。《晋江县志·学校》载:"自唐常衮为观察使,使能诗文者与为宾主之礼;刺史席相,贞元设宴东湖,礼送贡士。由是地方学子,重视文教,……故晋江一邑,文章气节,可远追古人而并驱上国。"欧阳詹和周匡物、潘存实先后得中进士,更激发闽南士子的进取心。而教育的形式,也由此更趋多样,各级教学机构纷纷建立,私人家塾、家馆、书院、书室也各放异彩,这是闽南教育的飞速发展阶段。

三、五代时期闽南教育的发展

唐代末期,由于社会动荡,北方各地民众经历了一次流离失所的痛苦经历。相对而言,闽南还是比较稳定的,虽然黄巢的军队曾自闽北经闽南入粤,造成短暂的纷扰,但毕竟时间不长。继之入闽的是由中原固始"三王"带领的农民军。王潮率领的这支军队先由江西入闽,直下闽南。光启二年(886),王潮的军队攻下泉州,随后唐王朝任命王潮为泉州刺史。五年后,王潮军队北攻福州,继而控制全闽,成为五代时期割据闽地的前奏。

由于"三王"先以闽南为根据地,因而在统治全闽60年间,依然十分重视对闽南的经营。王潮北上福州后,将泉州交由其二弟王审邽治理。王审邽"喜儒术,善吏治。器宇宏宽,仁厚爱民"。他十分重视教育,在泉"兴办义学,援业童蒙;革新制度,移风易俗"。他特别重视吸引人才,派遣其子王延彬设立招贤院,使泉州文风大盛。王审邽担任泉州刺史 12 年后,其子王延彬继任,依然奉行这一政策。

闽国灭亡后,闽南地区在留从效、陈洪进的治理下,基本维持原有的制度。留从效在闽国败亡后,名义上投靠了南唐,但基本上是独立割据的局面。南唐封其为泉州刺史、清源节度使。留从效也十分重视发展教育,维持学校培育人才,并年年开科取士,称为"秋堂",通过考试来取进士和明经。这是五代史上有记载的唯一实行的科举取士制度。

综上可知,自唐至五代,为闽南教育的创建期,无论是唐初在漳州的陈元光,抑或中唐五代时期在泉州推行教育的各代官吏,都开始重视教育,培养人才。当时实行的教育制度和各种设置,沿用的是传统儒学的教学制度与体系,教学内容也与北方的内地各省一致,这是闽地教育走向正常化的时期,而这些提倡和推行教育的官员,大多是由北方各地入闽的,传统的中华文化,正是通过他们的口传身授,得以在全闽、闽南深深地扎下根来。因此,独孤及在《李成公碑》中说,由于李椅等人对教育的重视和提倡,使"缦胡之缨,化为青衿",意即原腰系麻绳,头戴斗笠的闽地野人,变成身穿士人衣冠的文士。据说欧阳詹等看到这些话,深以为耻,于是发愤读书,终于扬名海内,这起到了一定的激励作用了。

虽然如此,唐五代的闽南教育仍属初创期,不少县的县学尚未真正建立,如泉州,则连州学也未建,只建孔庙。而县学则只有同安一所,多数士子主要在私学读书,因此其水平有限。统计资料显示,唐代全闽中进士的仅为 61 人,而且主要集中于福州,占 39 名。莆田一向是文士鼎盛的地方,莆田仙游共 10 名,泉州 8 名,漳州 2 人。可见闽南的人才还是少于闽东,只能称之为初创阶段。

第二节　两宋——闽南教育的全盛期

一、两宋时期闽南教育的繁荣

两宋的三百年间,是闽南教育的黄金期。唐代闽地教育的兴起和发展,为两宋时期闽地教育的崛起奠定了坚实的基础。

闽地在两宋时期的文化教育异军突起,其速度之快,成就之显著,让素称华夏文明发源地的北方士人也颇感意外,因为毕竟闽地在有唐一代方始大规模开发,而且地处东南一隅,被视为"化外之地",它远离政治中心,多崇山峻岭和溪流涂滩的自然地貌也影响了文化交流的开展和学人的进取之心。毕竟在交通不便的古代,每一次参加科举考试要跋山涉水,行程长达数月之久乃至经年,一般人皆视为畏途的。韩愈在哀悼欧阳詹而写的文章中就说过:"闽越地肥衍,有山泉禽鱼之乐,虽有长材秀民,通文书吏事与上国齿者,未尝肯出仕。"①

但是,北宋的建立,打破了五代十国时期的割据的局面。靠着"陈桥兵变"起家的赵匡胤,深知武人掌权对国家随时可能带来的威胁。于是,在采取了"杯酒释兵权"的手段之后,继而制订了一系列以文士治国的措施,提升文人在国家政权中的地位。他下令全国各地广建府学、州学、县学,以培养人才;修孔庙、重儒学,改变风气;推行科举取士制度并放宽参加科举人员的门槛,使家庭背景和社会地位悬殊的社会成员均有机会参与科举考试;在及第的人员中量才施用,充实到各级官员行列中,从而形成以文士为主体的官僚队伍。而在朝廷的最高决策层,也是以文士担任丞相之职,从而有效地打破了唐中后期至五代藩镇割据时武人专权的局面。同时,削弱地方的权力,加强中央集权。宋太祖从北宋初期实行的相关政策,形成了宋代三百年的治政传统。

闽南在两宋时期的文化勃兴,既得益于唐初大开发后三百年的积累,又得益于这一期间因社会动乱而造成的一次次移民潮。一批批来自中原及各地的移民中,有许多是上层的文士。现今许多人曾经对闽人族谱中记载其祖先时,往往是某达官贵人之后感到难以理解,但仔细想来,如果移民群体中没有一定社会地位的人士或经济富庶的族长带领,是很难在交通不发达的古代,千里迢迢从北方迁徙到南方来的,那些三三五五的普通逃难的民众到一个陌生的地方,仅能当地位比较低下的佣工、佃户,形不成一个巨族聚居区。而闽南人特殊的"共祖"现象,使得该族的后辈都把该族的带头人作为本族的开基祖,共同祭祀和纪念,因此,他们族谱中这种记载也就不足为奇了。毫无疑问,在这一批批的南迁人群中有大量具有文化素养的人士,因此,我们经常讲到的中原文化南移,也是随着这一批批移民的脚步而不断进行的。

---

① 《欧阳生哀辞》,《全唐文》卷 569,中华书局,1983 年影印本,第 5740 页。

其次,来自四面八方的移民,带来各自的地域文化,在与当地文化交会的过程中,产生文化杂交的作用。这种作用的结果,使得在此基础上形成的新文化,具有杂交优势,得到提升。许多人对楚人从中原地区的一个小族群,发展到春秋战国时期不断北上逐鹿中原的勃兴过程感到难以理解,其实也是没有看到文化杂交所产生的特殊效应。闽南文化的形成,闽人之所以在两宋时期的勃兴,应当说和楚文化形成的过程具有相类似之处。

北宋时期,闽南读书已蔚然成风,究其原因,与朝廷所提倡之风气密切相关。何乔远在《闽书》中说:"朝廷尚文,以书诗礼乐润饰治县,天下之士皆染濯淬励,以文章自奋。"①以至于当时全闽"家贫子读书为圭臬,非独士为然,农、工、商各教子读书,虽牧儿馌妇,亦能口诵古人语言"②。

就福建全省状况而言,唐中后期暨五代的闽国时期,治理中心置于闽北及闽东,而北来的移民也先选择在这一地域安家,故至唐末已形成建安、福州及泉州三座人口密集而文化较为繁荣的城市。在北宋时期,闽北、闽东是文化最为发达的地区。闽南则以泉州发展较快,漳州由于处在全省最南端,自然环境也较差,移民相对到得较少,直到南宋时期,人口才达到饱和状态,因而至南宋方有大的进展。但就全国而言,漳州在宋代也已出现一批有影响的学者名人,其沿海的龙溪、漳浦、长泰均为文化较发达的地区。

二、宋代的闽南科举

宋代科举规模较大,登第的人士数量众多,考取的进士是宋代官僚队伍的重要来源。由于宋代科举以成绩作为取士的唯一标准,没有地域名额限制,这就使得文化较为发达的福建有更多学人登上科举入仕之道,而且其中还有不少人成为朝廷的高官。据统计,两宋时期,在朝廷出任承相一职的闽人达50多人,其著名者如曾公亮、章得象、章惇、李纲、蔡确、梁克家、苏颂、留正、陈俊卿等。其中曾公亮为晋江人,留正为永春人,苏颂为同安人,蔡确为泉州人。

"学而优则仕",众多闽人北上在朝廷为官,为读书人起到了示范作用,更多

---

① 何乔远:《闽书》卷三六《建置志》,福建人民出版社,1994年。
② 方大琮:《铁庵文集》卷三三《永福辛卯劝农文》,北京图书馆珍本丛刊本,1998年。

人希望能够通过苦读而"朝为田舍郎,暮登天子堂"。闽南各地除官府兴办的官学外,民间各种形式的私学也蔚然成风,书院、书房、书室、书堂、教馆、经馆、蒙馆、村学、义学、义塾等等名目繁多。富家巨族都设立塾学,并以族田、族产收入,为本族子弟提供资助,鼓励参加科举以荣宗耀祖。据宋代《陈必复文集·林尚仁端隐吟稿序》载:当时"福建举子负笈来试于京者,常半天下。家有庠序之教,人被诗书之泽。而仕于朝为天子之侍从亲近之臣,出牧大藩,持节居方面者亦常半。而今世之言衣冠人物,必称七闽"。

由于闽籍士人踊跃参加科举,有宋一代,闽人中进士者数量众多,据《福建通志》载,福建中进士多达7000余人(《八闽通志》载为5000余人),和唐代相比,可说是蔚为大观了。不过唐代考取进士人数较少,每批仅取20—30人,宋代取士数量年平均人数为唐代的五倍。虽然如此,闽人登第人数之多,也是在全国各路中名列前茅的。整个宋代,福建中进士的人数竟然达到全国总数的五分之一。

闽南也是如此,虽然如前所说,相比起来,北宋时闽南中举人数不如闽北与闽东,但泉州的数量并不少,也是当时有名的科举名州。北宋时期,泉州共出310名进士,而南宋时期更增至535名;总计达845名。①

漳州相比又不如泉州,但这里指的是绝对数。北宋167年间,漳州有87人中进士;至南宋时期有所增加,152年间产生了174人,有宋三百多年间共计中进士人数为267人,约为泉州的三分之一。漳州与泉州相比有较大差距,主要在于漳州人口基数一直远低于泉州,北宋初期人口虽有了较大的增加,但依然不到泉州的一半(据黄仲昭:弘治《八闽通志》载,南宋时泉州有255758户,而漳州则为112014户)。这样的基础,自然是难和泉州相比的。况且其西部的龙岩,又是深山区,开发相对滞后。当然,这是相比较而言的。与全国或福建一些较落后地区相比,则漳州不算落后。两宋时期,漳州还出现了一批有影响的文化名人,如颜师鲁、吴与、陈淳等。

特别需要说明的是,宋代时,原属泉州管辖的莆田、仙游被划出去,单独成立了兴化军。莆仙地区一直是闽地开发早而文化发达的地区。有宋一代,兴化军

---

① [清]黄任等编《泉州府志·选举志》。

人才辈出,在319年间举行的118次进士考试中,兴化军举进士970余人,而预诸科、特奏名者640余人,占全省考取进士总数的七分之一强。如果将兴化军也划入闽南范畴,则显示出闽南科举及教育水平确实非同寻常。①

毫无疑义,两宋的福建教育与科举之兴盛,完全得益于唐代大开发和历次中原人士的南迁所带来的中华传统文化,显示出此时的闽南文化中已深深烙上河洛文化的印迹并成为后起之秀,开始领先于全国其他多数地区。有学者指出,两宋时期,全国文化兴盛区域主要集中在江浙及闽三地,尤其到南宋时期更是如此。南宋的半壁江山,偏于东南一隅,许多原来文化较为繁荣发达的地区(如四川),此时成为对敌斗争的前线,受此影响而出现人口迁徙,社会不安定的局面,自然要影响于教育与文化,因而相对退步就是自然而然的。而闽地在两宋时期的教育与文化的繁荣,是独特的时代背景所造成的。天时、地利与人和在这里起了关键的作用。

三、宋代的学校

宋代也是闽地教育家辈出的时代。两宋时期闽地书院尤为兴盛,书院与官学其实是互为补充的两类学校。虽然书院中也有一部分是官府支持建立起来的,如泉州的泉山书院、清源书院,漳州的龙江书院等。但多数书院为私人创办的,又称"私学"。闽南漳泉各县,几乎均有书院。南宋时,泉州从绍兴十年(1140)至咸淳三年(1267)间,竟先后建起岩峰书院、清源书院、泉山书院、小山丛竹书院等十二所书院。漳州也是如此,仅漳浦县属的南诏场(今诏安)地,宋代就建有石屏书院、丹诏书院、渐山书院、傍江书院与五儒书室五所,可见读书风气之盛。

官学和私学的主要区分在于官学教授的是应试的内容,师生间少有交流。而私学多为理学家所办,以学习圣贤、正心诚意、提高道德修养为目的,师生多相互切磋,注重学术交流,因此深受青年学子的欢迎。朱熹终身以讲学为业。他从其幼年起便与闽南结下不解之缘,入仕之初在泉州任职有年,而在60岁时又知漳州,足迹遍及漳州各处书院。他对于闽南教育的贡献与影响巨大,因此,闽南

---

① 《福建论坛·宋代莆田科举之鼎盛》,福建省社会科学院网,2006年9月16日发表。

被称为"朱子过化之区"。两宋时期闽南兴盛的各类官学与私学教育,是提高民众素质的重要基础。也正是由两宋时期所奠定的教育基础与形成的重视教育风气,使之后千年的福建教育,一直处于国内领先的水平。尤其重要的是,理学的兴盛,使学校教学内容以儒家经典为宗,从而加强对传统的河洛中原文化的认同,因此,闽地自北向南,福州、兴化、泉州、漳州均被称为"海滨邹鲁"。

在闽南办学热潮中,泉州还出现了两类不同的学校。其一是宗学,即专门教育皇家宗族子弟的学校。这是因为在建炎三年(1129),宋朝廷为避乱而将南外宗正司移置泉州。两年后,以教育皇家子弟为目的宗学建立,全盛时生员多达二三千人,可知当时皇室的确将闽南作为后方基地。其二是蕃学,由于当时泉州为对外开展贸易的重要港口,许多来华经商的外国人(以阿拉伯人为主)的子弟,希望有受教育的学校,既学习本民族文化,也同时学习汉文,以便交流,于是就有了蕃学的建立。据载,当时泉州居住的外国人多达数万,于是在大观政和年间便在泉州、广州建立了蕃学。外国商人子弟学习汉文也可以参加宋朝廷的科举,中举者也任之为官。南宋末年外商蒲寿庚兄弟为南宋官员。蒲寿晟有诗名,元代还曾参加科考,获一甲第一名。

四、元代闽南教育的衰落

元代是闽南教育的衰落期。大批学校、书院毁于元初的兵燹,幸存的则往往成为元军的兵营。元统治者将人分十等,九儒十丐,读书人地位低下,而作为南宋子民,在元代的民族歧视政策下,闽南人是处于地位最低的第四等,即南人。元代官吏也不通过科举取士产生,学子仕途无望,自然学习积极性不高。兼之闽南人所处地位低下,元初的起义曾带来元军的残酷镇压,因此在很长时间内一直处于抚平战争创伤的过程中。元统治中后期,为了收买人心和压制民众的反抗精神,大力提倡儒学,实行所谓"教化",鼓励兴办书院,从而使闽南教育在一定程度上得到恢复。但闽南人对于元朝统治多采取不合作的态度,许多士人选择隐逸之路,而内心却是坚守固有民族传统文化。例如《泉州府志》中的《文苑传》《隐逸传》等所载庄圭复、邱葵、祖心泉等人均属此类。元统治者以巩固其统治为目的所创办的学校,企图让闽南人接受其不平等地位的统治,显然是难以奏效的。

第三节　明清时期闽南教育恢复与扩展

一、明朝闽南教育的恢复与发展

明朝的建立,使闽南人摆脱了最下层的地位。明朝建立之初,朱元璋即着力于恢复学校教育。洪武二年(1369),朱元璋下谕:

> 学校之教,至元其弊极矣。上下之间,波颓风靡,学校虽设,名存实亡。兵变以来,人习战争,惟知干戈,莫识俎豆。朕惟治国以教化为先,教化以学校为本。京师虽有太学,而天下学校未兴。宜令郡县皆立学校延师儒,授生徒,讲论圣道,使人日渐月化,以复先王之旧。"①

此后,他又接连下令于乡村设立社学,甚至在军事部门的各卫所设立卫学,由是自上而下形成了完整系统的教育体制,形成"无地而不设之学,无人而不纳之教。重规叠矩,无间下邑荒徼,山陬海澨。此明代学校之盛,唐宋以来所不及也"。

明朝重儒学,尤将程朱理学定为国学。闽南原就是朱子过化之区,自宋以来,理学传播民间,影响深远,故此,明代闽南教育很快恢复元气。明代的《泉州府志》、《漳州府志》及各县志中都记载了各地学校设立的情况和有明近三百年间屡次的修缮经过,有的县学竟至修缮数十次之多,如漳浦县学前后修缮30余次。显示出地方对学校教育的重视。虽然明代中期之后,国内许多地方学校均出现各种弊端,但闽南地区各府县反而加大对学校支持力度,特别是增加学田,以扶持和鼓励学子就读所需费用。其次是入学的生员数额不断增加,反映了士民具有强烈的读书积极性。

教育的发展表现在科举中选的人数上。明代福建中进士人数在全国依然居前位。据有关的资料统计,明代全省有1770多名进士。这个数字当然和宋代比起来差了许多,但究其原因,是宋、明朝廷实行了不同政策的缘故。两宋时期,对

---

① 《明史》卷六九《选举志》,中华书局,1974年。

各省参加科举考试人员没有名额限制,闽地每年赴京赶考人员众多,被录取人数也就比较多。明朝自宣宗(1426—1436)起即实行名额限制的办法,规定各地赴京参试举人的名额:"南京国子监及南直隶共八十人,北京国子监及北直隶共五十人,江西布政司五十人,浙江、福建布政司各四十五人,湖广、广东各四十人……"①从这个规定看和各省相比,给福建的名额还不算少,但自然就没法和不设限额的宋代相比了。

明代从福建全省而言,福州、兴化科举中试人数一直位居一、二位,而泉州、漳州居于三、四位。然而,如果分前后两个时期看,则前期、中期福州、兴化稳居一、二位,但后期从隆庆到崇祯(1567—1644)近80年间,泉州和漳州跃居一、二位,而福州、兴化退居三、四位。

隆庆至崇祯福建沿海四府进士、举人数统计表②

府名 年代	福州		兴化		泉州		漳州	
	举人	进士	举人	进士	举人	进士	举人	进士
隆庆	30	10	21	6	89	32	33	11
万历	248	63	218	75	561	212	357	121
天启	51	7	42	9	129	23	64	11
崇祯	78	32	79	34	194	83	88	42
合计	407	112	310	124	973	350	542	185

许多学者都指出,明代前后期沿海四府的这种变化,应当与隆庆年间明朝开放海禁,设立月港作为沿海对外贸易的港口,从而使泉漳的经济实力大大提升有关。而与此同时,原本一直居于沿海各府前列的兴化府,却遭受一次倭寇惨烈的摧残。这种变化,显示出明代中后期福建经济文化重心的南移过程。

二、清代的闽南教育

明清的鼎革,对闽南而言,是一个历经苦难的过程。和宋元鼎革相同,闽南地区再一次成为明朝与清朝最后交战的重要战场,而且时间长达数十年之久。

---

① 转引自徐晓望主编《福建通史》第四卷(明清),福建人民出版社,2006年3月,第596页。
② 转引自王日根、李弘祺主编《闽南书院与教育》,福建人民出版,2007年10月,第85页。

郑成功的军队与清朝军队的拉锯战,以及清廷实行的"迁界"措施,给闽南民众带来严重的灾难,危巢之下,安有完卵? 闽南教育所受到的破坏自然也是难以避免的。因此,从隆武二年(1646)清兵入闽到康熙二十二年(1683)清廷收复台湾这近四十年中,闽南民众可谓生灵涂炭,苦不堪言,更遑论发展教育。

满人入主中原和元朝蒙古人一样,建立的都是少数民族的政权。虽然,在夺取政权的易代争夺战中,蒙古人和满人同样使用了极其野蛮的手段来对付比他们多无数倍的汉人的反抗,并实行了不平等的民族统治政策,但两者在手段的使用上还是有很大不同的。虽然元朝在占领中原之后,最终也采取"尊孔"、建书院以教化民众的政策,但真正实行已是在元朝政权的中后期,而且始终未能以教育作为培养人才和建立治国栋梁的手段,因而我们很难看出其文治之功。满人入关之后,开始也曾发生过如同圈地放牧之类的过程,但随后不久便全盘继承和采用明代的一系列文化教育政策与措施。满人虽然紧紧将政权掌握在自己手中,但同时也采用办学和科举的手段来争取汉族士人的支持。所以当台湾被收复之后,闽南的社会秩序随之逐步得到恢复,在这种大环境下,教育也开始走上正轨。

清代闽南教育在全国地位不如明代,这和清朝实行的举人配额数相对减少有关。事实上科举总是和教育直接联系在一起的,犹如今日所说,高考是教育的指挥棒相同。可能和清初数十年间闽地一直处在动荡的环境不同,一些内地省份相对安定,发展速度较快,超过了福建。如广东,过去一直落后于福建,但清代却成为文化大省。不过总体上讲,福建教育在全国依然属靠前的省份。

三、台湾教育的产生与发展

明清之际的鼎革给闽南教育带来较大的影响。但其后事态的发展,又让闽南教育出现了一个新的开端,尤其是300年台湾的开发,正是闽南文化当然也包括闽南教育向台湾拓展的时期。其结果是河洛文化越过台湾海峡成为台湾的核心与主流文化。清代台湾教育的确立过程,也是其内化与中原化的过程。而在这一过程中,闽南人成为台湾教育的主力军。

清代闽南教育的最大亮点是台湾教育的产生及其发展,这一过程是台湾教育不断内化与中原化的过程,而福建人,尤其闽南人在其中发挥了特别重要的作用。

首先，是闽南人为台湾教育奠定了基础。明末清初，是台湾开发的初始阶段，闽南人在其中起到最重要的作用，他们也是最早东渡入台的垦荒者。

郑成功收复台湾，建立了明郑政权，并着手有计划地创立教育体系。漳州龙溪人陈永华（一说同安人）成为台湾教育的设计者。

郑成功从小便接受儒学教育，15岁成秀才，21岁到南京国子监就读而成为太学生。在举起反清大旗过程中，他十分注意招募和使用从科第出身的士人来参与其政权的建设，并拟在台设立科举选士制度，但因早逝未及推行。陈永年在投奔郑成功后被任命为参军之职。郑成功去世后，他全力辅佐郑成功的儿子郑经，并以明朝教育制度为范本，为台湾制定了一整套的发展教育与选拔人才的机制，从而为台湾教育奠定了基础。台湾人民至今缅怀他的功绩，许多地方有以他的名字命名的街道。

清朝统一中国之后，台湾成为福建省的一个府，学校各级设置一依内地（主要是闽南）的学校，连建筑的样式也是仿泉州及漳州的学校，实行庙学一体的规制。而教师及各级教育机构的管理人员也多由闽南调去。清廷曾明确"将台湾府学训导及台湾、凤山、诸罗、彰化等四县教谕、训导缺出，先尽漳、泉士子调缺内拣调；不敷，再于通省教职内拣调。"[1]据《台湾通史》记载，从康熙二十六年至道光二十四年的一百五十四年间，在台湾府儒学任教授50人，全由福建的举人、进士及廪贡生员担任，其中为漳、泉籍学者21人。而府学中任训导的35人也全为闽人，其中漳泉15人。闽南人还普遍在台担任各县儒学教谕和书院的山长，至于乡村中的义学、社学、私塾等，更随处可见闽南士子的身影。[2] 考虑到台湾原有的教育基础比较薄弱，因此福建官员专门奏请朝廷，在生员入学、科举选拔名额方面对台湾生员给予特殊优惠的政策，以保证每科都有来自台湾的生员中选，以此培育和激励来自台湾方面生员积极参与科考。康熙二十六年（1687），每年在参加福建乡试的台湾士人中设立一名保障名额录为举人，此后逐年增加，至咸丰九年（1859）已增至8名。

---

① 戚嘉林：《台湾史》上册，台湾自立晚报社，1985年，第19页。

② 庄明水、黄雅丽：《闽南与台湾教育的历史渊源》，《闽南文化研究》，海峡文艺出版社，2004年11月，第1211—1212页。

　　清政府充分认识到在台兴办教育的重要作用。台湾与大陆统一后首任福建分巡台厦道官员周昌和首任台湾知府蒋毓英1684年赴任,当年即捐俸设立义塾,又称社学。1685年又共同设立府城的儒学。周昌在给福建巡抚的《详请开科考试文》呈文中说:"风俗之原,由于教化;学校之设,所以明伦。台湾既入版图,若不讲诗书、明义主,何以正人心而善风俗也? ……从来经国之要,莫重于收人心,而致治之机,莫先于鼓舞士气……建学校,行考校,诚审乎教养之根本,为海天第一要务也。"①他还说:"台湾户口,尽属南闽之人,天资多有聪慧,机智多有明敏,一经学问,化同时雨。唯广其功名之路,鼓舞作于英才,不难乎济济也。"(同上)

　　教育的发展,使台湾出现了一批通过考试获得功名的士人,他们也成为台湾官僚机构的人员。据统计,从清初至光绪二十年(1854)200年间,有305名台湾士人考取举人,33人中了进士。这些人除大部分任职台湾各级机构和从事学校教育外,也有部分人到大陆任职,促进了两地的文化交流。应该说,清朝对台湾实行的这种"内化"与"中原化"的教育是成功的,产生了强大吸引力和向心力。因而虽然其后因甲午战争而使台湾被割让日本,许多台湾士人或举家迁居大陆,或在台坚持中华民族的文化传统,不肯认同日本的殖民教育,表现出对祖国文化的强力坚守与坚定的信念。

四、明清时期闽南教育中的一些特殊的设置

　　虽然明清的闽南教育沿袭宋代的传统,以官学和私学作为两翼。但在不同的时期,它们的发展也并不平衡。

　　先就官学的设置而言,明清时期并无太大差别,但如前所说,明代加强海防,于是就有了在军事机构设立的卫学。清初卫学依旧,但新设立了教习官话的"正音书院"。正音书院从雍正六年(1728)开始设立,雍正在这一年发布的"上谕"中说:

　　　　凡官员有莅民之责,其言语必须人人共晓,然后可以通达民情,熟悉地

---

　　① ［清］高拱乾《台湾府志》卷十《艺文》。

方事宜,办理无误。是以古者六书之训,必使谐声会意,娴习语言,皆所以成遵道之风,著同文之治也。朕每引见大小臣工,凡陈奏履历之时,惟有闽广两省之人,仍系乡音,不可通晓。夫伊等以现登仕籍之人,经赴部演礼之后,敷奏对扬,尚有不可通晓之语,则赴任他省,又安能宣读训谕,审断词讼,皆历历清楚,使小民能共晓乎?官民上言,语言不通,必使胥吏从中代为传递,于是添设假借,百病丛生,而事理之贻误多矣。凡此两省之人,其语言既不可通晓,不但伊等历任他省,不能深悉下民之情,即身为编氓,亦不能明悉官长之言,是上下之情,扞格不通,其为不便实甚。……应令福建、广东两省督抚,转饬所属府州县有司教官……多为训导,务使语言明白,使人易通,不得仍习前习为乡音。①

因此,清朝廷要求闽广两省要在以乡音读书之处,请懂官话的老师来教授官话,以八年为限,如果八年以后学不会的生员,不准参加各级考试。这应该是推广"官话"教育的最严厉的措施。在训谕之后,闽广两省即办起以教习官话为要务的正音书院,当时仅泉州即办有七所"正音书院"。"官话"也就是清代的共同语,它反映自元代之后,中国北方语音发生较大变化,因此提倡使用共同语的社会客观要求,这对于加强南北文化交流,应当是有意义的。有学者研究认为,明清时期,闽人之所以少有进入国家中枢系统担任主要职务的原因,也应当与闽人的方言皇帝听不懂有关。

其次是清代在台湾设立的"社学"。虽然宋代在泉州就曾设立"番学",但主要教授的是外来通商贸易的商人子弟。而清代在台湾少数民族地区设立的社学,是为了教授"番童",即原住民的子弟,使之通过接受教育和教化后,从"生番"变为"熟番"。据乾隆时的巡台御史报告,经过社学教育之后,原土著居民的番童"能背诵四子书及毛《诗》,岁科与童子试,亦有知文理、背诵《诗》《易经》无讹者,作字颇有楷法,番童皆发冠履,衣布帛如汉人"。这说明教育加速了当地少数民族的汉化过程。

再次,关于书院教育的问题。从宋代开始,闽南各地即书院林立。然而在明

---

① [清]施鸿保:《闽杂记》卷三《正音书院》。

清时期,它们的发展并不均衡,更非一帆风顺。这应当是受不同时代的政治状况所制约。明代前期,各地书院皆以传承程朱理学为要旨,发展一帆风顺。然而明代中后期,社会思潮发生了急遽的变化,尤其王阳明心学的广泛传播,冲击和动摇了程朱理学的统治地位,也影响了正常的官学教育的秩序,因此在嘉靖十六年(1537)、十七年、万历七年(1579)、天启五年(1625)连续发生了四次禁毁书院的事件。尤以天启五年这次为最。如果说前三次禁毁书院主要是针对阳明心学的空疏之论的话,那么,最后一次的禁毁书院则针对士人利用书院为讲坛,批评以魏忠贤为首的阉党,进而讽议朝政,产生强大的社会影响。如无锡的东林书院便首当其冲。这是涉及政治斗争所引起的对文化教育阵地的摧残。当时最著名的天下四大书院均遭拆毁。闽南的书院虽较少与政治斗争相关联,但也不能不受到波及与影响。

入清之后,有清一代闽南的书院除前期因战争受到损毁外,后来所重建的书院一直发展态势良好,注重学术研讨,成为清代官学教育之外的重要学习场所。

第六章　河洛思想文化对
闽南文化的影响

第一节　闽南与河洛政治思想文化关系发展脉络

探讨闽南人与中原河洛地区在思想政治文化之关系是很有意思的,这可以从中把握闽南族群的思想发展脉络。长达数千年的闽南发展史告诉我们,这一发展过程有着不同的阶段。

早期的闽地与中原地区的交往虽从周代已有记载,但并无留下多少文字,显然是作为荒服的南蛮人与中央政权有所接触,但联系极少。

越人入闽后建立的闽越政权则与中央政权保持若即若离的关系。在秦王朝统一中国之前,它是作为一个独立的方国而存在的。秦统一中国后,废闽越国,设闽中郡,将闽越国君废除,这当然会引发其不满。但强秦以暴力压制各方异端,闽越人自知无力抗拒。至秦末,各地起义军蜂起云涌,闽越人也组成军队,加入反秦的行列。正因此,汉建立后,闽越王受到封赏。

然而,从西汉早期到中期,闽越王反复无常,终于遭致汉武帝的出兵征讨,并废其国,徙其民。这样,作为独立政治实体的闽越从此消亡。这是公元前闽地的大致情况,而闽南作为闽地的一个部分,并未成为一个独立的政治区域。这是闽地发展史上的第一个时期。我们至今找不到这一时期的政治思想观念对其后闽地,尤其闽南人族群的思想性格、政治趋向有什么直接的联系。

从汉代之后,闽地开始了一个漫长的几近千年的中原移民开发的时期,在这样的过程中,以中原移民为主体的闽南人,其思想文化中所传承的主要是传统的中原河洛文化。闽南族群和粤人(广东人)之间有明显的文化差异,这种文化差异至今依然存在,其根源应当与原始族群形成中的差异有密切关系。

从"八王之乱"起的首批中原移民入闽,其数量虽然不多,但所标举的便是"士族衣冠入闽",也就是说,来的是正统华夏族群。

唐代初年的陈政、陈元光率领的中原府兵与58姓移民,更堂而皇之是替大唐王朝来平定少数民族(其实也有汉人)的"啸乱"和开发闽南的。"唐化里"的设置,表明他们要以正统的中原河洛文化来教化未曾开化的"蛮人",这种文化的优越感,在其流传至今的奏表中明显地表露出来,完全是一种居高临下之势。

唐末的"三王"入闽之初,虽不过是一支流寇的队伍,但在王绪被夺兵权,"三王"执政之后,他们也便以尊从朝廷作为自己的立身之本。虽则其时已是唐末,唐王朝已岌岌可危,但他们掌控权力之后,并不像其他一些地方割据势力,称王称霸,而是小心谨慎地一直保持与中原王朝的联系,三王中最有影响的王审知有句名言:"宁为开门节度使,不做闭门天子。"即使是唐朝已灭亡的五代时期,他们仍一如既往地向中原的梁、唐、晋、汉等称臣进贡,接受封赠,这种奉中原为正朔的正统观念之牢固可见一斑。

经历了唐五代三百年的大开发,至两宋时期,闽南文化已臻成熟期,它不再是单向地接受北来的河洛文化之影响,而是直接开始了参与中华文化的创造,并以主人的身份参与了方方面面的工作,可以说,在两宋的政坛、文坛上,处处活跃着闽地学人(当然其中也有相当部分闽南人士)的身影。

两宋时期的福建,在全国的社会政治、经济文化各方面都起到十分重要的作用。北宋时期闽地学者地位已很突出,朝廷中有众多名臣出自福建。南宋时期,在半壁江山中,福建处于"敌后",没有受到多少战争的影响,因而是最为稳定增长的区域,而宋代开展的大规模海外贸易,更加凸显福建在国家经济方面的重要性。南宋灭亡之时,末代宋朝君臣仍选择以福建为基地,与元人周旋长达两三年时间,这绝非历史的偶然。

元明清三朝,福建已从东南边陲而成为抵御外寇的东南前线,而此时的闽南族群,也开始了大规模的向海外迁徙与开展贸易的进程,从而与15世纪开启的世界大航海时代相互衔接,书写了中华民族史上可歌可泣的走向海洋文明的光辉篇章。

必须指出,闽南人这个族群,自从早期移民时代起,一直到整个封建时代的结束,它始终在政治上是忠于以中原地区为主的汉王朝的统治的,而在文化上则强烈地奉行儒家传统文化。也正由于此,在抵御外寇与外族的入侵中,它所表现出来的激烈程度,令入侵者为之动容。

第二节　洛学的南传与闽学的确立

中国古代有一个著名的成语叫"程门立雪"。一般人在理解中均将此释为学生如何尊崇师长、虚心受教的故事,然而其中之一所蕴含的洛学的南传的意蕴,则只有哲学家和闽地学者会去关注它。

"程门立雪"的故事源出《宋史·杨时传》,原文如下:

> 杨时,字中立,南剑将乐人。幼颖异,能属文,稍长,潜心经史。熙宁九年,中进士第。时河南程颢与弟颐讲孔、孟绝学于熙、元之际,河、洛之士翕然师之。时调官不赴,以师礼见颢于颖昌,相得甚欢。其归也,颢目送之,曰:"吾道南矣。"四年而颢死,时闻之,设位哭寝门,而以书赴告同学者。至是,又见程颐于洛,时盖年四十矣。一日见颐,颐偶瞑坐,时与游酢侍立不去,颐既觉,则门外雪深一尺矣。[1]

这段话中二程的两位弟子杨时与游酢都是福建人。杨时为南剑州的将乐县人,游酢则为建州建阳人。他们都拜二程兄弟程颐、程颢为师,研学二程创立的"洛学"理论。程门弟子号称上千,而时人称二程有四大弟子,即杨时、游酢、谢良佐与吕大临,闽地学者占其半。程颢目送杨时南归时的一句"吾道南矣!"预言洛学将在闽地得到传承与发展。其后的学术实践证实了其预言,洛学的南传最终导致了"闽学"的创立,而且从闽北传至闽南,形成更新发展的高峰。

一、唐五代之前的闽南学术

虽然闽地开发较晚,但从两晋南北朝时起,随着中原移民的入闽与闽地郡县

---

[1] 《宋史·杨时传》。

的设置,中原学术思想便有如涓涓泉水,不停地浸润着这块土地。

从史书记载中,我们发现在两晋及南朝时期,已有一批活跃于当时思想界与文学界的著名学者、文人仕闽,并且在闽地开始宣传儒学思想。其中较著名者有刘宋时期入闽的傅都、袁昂、谢飏、虞愿、江淹等;南齐时期入闽的有王秀之、何胤、王思元、王僧儒;梁朝时期入闽的有范缜、到溉、萧洽、萧子范、徐悱、顾野王、羊侃、谢暟、虞寄等;陈时入闽的萧乾等。他们或任职于闽,或避祸入闽,或获罪而流放至闽。其中大多数是任职于闽的。不论出于何种原因,这些士人的入闽,开创了闽地受中原文化影响的先河。不过当时闽南人数及地方政权设置远远少于其他地方,因此尚看不出独立的地位。

唐初对闽南的开发,无疑是一次中原文化的强力传播过程。自幼服膺儒学的陈元光在其驰骋闽南粤东大地的十多年间,不仅以武力平乱,更注重实施“教化”,以河洛文化为元典的中原文化是实施“教化”的最重要手段。也正是在此期间,漳州与今泉州的相继设立,使闽南社会从此进入一个飞速发展的新时期。漳州首创的松州书院,由陈元光的儿子陈珦主持,“时州治初建,俗尚莽鄙,珦开引古谊,于风教多所裨益。”①二州的设置仅数十年,至唐开元年间,漳泉二州户数已占全闽之半,达到了有唐一代的全盛期。中唐时期,李椅、常衮、席相等相继仕闽,于大兴教育的同时,更注重将河洛之学传入全闽。正是在这一社会背景下,中唐时期开始在闽南出现欧阳詹这样文坛名士,他积极参与韩愈发起的以复兴儒学为宗旨的古文运动,大力传播儒学思想。

唐末三王入闽,先以闽南为根据地,而后进取福州,控制全闽。但在数十年的闽国时期,始终没有放松对泉州的控制。王潮以其弟王审邽接任泉州刺史,王审邽也是喜好儒术,他在任期间,设立招贤院,由其长子王延彬主持,据《十国春秋·武肃王审邽》载:

　　中原乱,公卿多来依闽。审邽遣子延彬作招贤院礼之,振赋以财,右省常侍李洵、翰林承旨制诰兵部侍郎韩偓、中书舍人王涤、右补阙崔道融、大司农王标、吏部郎中夏侯淑、司勋员外郎王拯、刑部员外郎杨承休、弘文馆直学

---

① 　[清]光绪《漳州府志》,《漳州市地方志》1994 年缩影本,第 548 页。

士杨赞图、王侗、集贤殿校理归传懿,及郑璘、郑戡等,皆赖以免祸。①

除上述者外,当时先后出入该院的名士还有秘书省正字徐寅,右拾遗户部员外郎、京兆府参军翁承赞和太学博士倪曙等人。仅一个泉州就聚集这么多的士人,还不包括之前和之后陆续前来的士族家庭,这一时期闽地可谓文质彬彬,风气为之一变了。因而到北宋建立时,福建士人已经可以坦然面对北方各地的人士,并以其出色的政绩而立身于庙堂之上。如北宋时期的章得象、曾公亮、章惇、蔡确、李纲等,均为对北宋政治产生过重要影响的重量级人物。宋代闽人十分重视科举,且成绩突出。据载,有宋一代,福建有张确、叶齐、徐爽等24位状元。其中闽南籍的有莆田徐铎、黄公度、吴叔告、陈文龙;兴化有方亚父;晋江有梁克家、曾从龙等。深厚的文化氛围,为闽学的确立提供了客观的社会基础。

二、洛学入闽与"道南学派"的形成

洛学之于宋,学风为之一变。宋人一改汉唐以来的注重文字训诂的章句之学和注疏之学,转而深入分析与阐释经学中之义理,因而后人称宋代开启的这一学术新变为理学。

宋学上承中晚唐时期的韩愈、李翱,由周敦颐和邵雍开其端,二程、张载承其绪,宋学中的三派——濂、洛、关学于北宋中期已经形成。

然而,北宋的理学南传入闽,并在洛学的基础上,最终形成理学中集大成的闽学,影响于此后上千年的中国学术史,则是一个值得认真探讨的过程。

闽地学子在北宋时期受时代学术风气的影响而重视理学的研究,应当始于宋仁宗时期的"闽中四先生"。"闽中四先生"指侯官(今福州)人陈襄、郑穆、陈烈、周希孟。其中的陈襄最有名,他提出"诚"是哲学的最高范畴,为天地万物之主宰。"闽学四先生"被称为在闽开一代新风的领军人物。

但"理学"在闽地的大盛,则有待于杨时的"道南学派"的创立。

"道南学派"指杨时所创立的传承二程理学的学派。杨时,号龟山。为二程的四大弟子之一。杨时回闽后,致力于二程之学并作更深入的传播,多有发明。

---

① 《十国春秋·武肃王审邦》。

杨时弟子众多,形成在闽影响巨大的学术流派,故所传学人称之为"道南学派",又以杨时之号或称"龟山学派"。杨时毕生以传授"洛学"为业,广收门徒,自成一系。他开创"观中"(即"体验未发")的体道方法,主张透过修养自得的方法,以求证悟天道为一。他尤其注重人格修养,身体力行,并严格要求学生进行全方位的人格塑造,讲求进入圣人之道的途径,尤关注于道学、经济、文章、气节等各方面。杨时并以自己的心悟得来的体会,写成《二程粹言》一书,阐发洛学的理与气,理一分殊、格物致知、天地之性和气质之性等思想。北宋末年,由于"党锢"之祸,洛学曾被禁止。杨时不畏权势,挺身而出,维护其学术的尊严,显示了一位正直学者的学术良心与过人的气节,因而赢得时人的敬重。

宋室南渡后,"道南学派"崛起于福建,一时成为全国理学之中心。杨时交游甚广,与当时著名学者胡安国、邹浩、游复、郑修、李虁等均为至交,在学界影响广泛。而他返闽后,从学弟子众多,且人才济济。著名于当时者便有王苹、吕本中、关治、陈渊、罗从彦、张九成、胡寅、胡宏、刘勉之、王居正、潘良贵、廖刚、李之才、邹柄、曾恬、范浚、汪大猷、尤袤、陈居仁等,其弟子多达千余之众,因而声势浩大,蔚然成为理学大宗。他还不辞辛苦,经常讲学于各地,如湖南的浏阳、浙江余杭与萧山、湖北荆州等,并曾在毗陵(今江苏无锡)的东林前后讲学十八年。故史称"东南学者惟杨时为程氏正宗"[①]。还有的学者认为,宋代的"闽学",应当包括几代闽地理学学者的共同创造而形成的学术流派,不独指朱熹的学说,朱熹的学说可专称为"朱子学",这一看法也是有道理的。但毫无疑问,杨时的"道南学派"是二程"洛学"到朱熹"理学"的关键性的一环。

"道南学派"的二传为罗从彦。罗从彦自幼学习儒家之经典,至三十岁时,听杨时讲学,"惊汗浃背",以为:"不至是,几枉过一生矣!"于是潜心求教,并曾一度北上就学于二程,从而成为"道南学派"的扛鼎人物。

罗从彦传道于李侗(1093—1163)。李氏24岁师从罗从彦,尽得其真传。其后屏居于山林,谢绝世故,专以圣人之道教授学子,朱熹便是他得意的弟子。

三、朱熹与"闽学"的创立

朱熹(1130—1200)是洛学南传后的第四代传人,也是闽学的最后一位集大

---

① 《宋史·道学传》。

成者。虽然朱熹籍贯为安徽婺源（今属江西）人，但他的祖父一代已入闽，到他已是第三代。朱熹生于南剑州尤溪，尔后大多数时间留居于闽北的崇安建阳，但闽南的泉州、漳州却与朱熹有着不解之缘，并在一定程度上影响了他的一生。

朱熹的父亲朱松（1097—1143）与朱熹的老师李侗同为罗从彦的弟子，也是位正直的士人，他虽然仕途困顿，未能一展才能，并因主张抗金复国与弘扬洛学而得罪朝中权贵，沦落下僚，但始终不肯阿谀权贵，改变自己的政治主张，因此只当了个小小的政和尉。朱熹出生时，恰逢时局大乱，朱松举家逃难，颠沛流离。

绍兴二年（1132）五月，朱松被荐任泉州石井镇（今安海）监军，便举家同往石井。朱熹时年三岁。这是朱熹第一次到闽南。两年后，朱熹五岁时，其父离石井，应诏入都召试馆职，于是朱熹随父离开石井返回尤溪。我们不清楚此次经历给年幼的朱熹是否曾留下什么印象。但朱松有一首《中秋赏月》诗，写在海边坐等月出，诗中的"痴儿亦不眠，苦觅蛙兔看"的"痴儿"，想来就是年幼的朱熹吧。

朱熹自幼受其父朱松的教育与影响，开始接受儒学思想。绍兴十三年（1143），朱松病逝，以家事托于其友刘子羽，并命十四岁的朱熹以"武夷三先生为师"。武夷三先生即朱松的同道挚友绩溪的胡宪，白水的刘勉之与屏山的刘子翚。这些学者均对朱熹的成长产生过重要影响。不过朱熹是位广闻博识的学人，他一方面受教于"武夷三先生"，同时又向刘子翚的朋友道谦学禅，他曾说自己"出入佛老十余年"。这样的广闻博识，为朱熹最终确立闽学打下了牢固的知识根基。

闽南的学者在朱熹成长过程中也起了一定的作用。朱熹说过，他年轻时曾路过莆田，听了林谦之（光朝）和方次云（方耤）的讲学，为之踊跃鼓舞，退而思之，至忘寝食。可惜后来再过莆田时，二公已殁，更无一人能继其学。由此可知，这两位学者的思想也曾影响过朱熹。

朱熹与闽南的第二次结缘是任职同安主簿。绍兴十八年（1148），朱熹考中进士；三年后，被授予左迪功郎，出任同安主簿。他先后在同安任职四年。作为主簿，他除掌管县簿籍外，兼司学事，先后创办了同安县学，并亲自为学生讲授"修己治人之道"。又改县署的"佑贤堂"为"牧爱堂"，书写张载的《西铭》于屏间，宣传"民胞物与"的泛爱思想。他还建书院学堂，附有图书馆。他又于高宗绍兴二十五年（1155）立已故丞相同安人魏国公苏颂的祠堂于县学，以激励后学者。

朱熹喜爱闽南山水,在同安任职期间,曾先后去过南安、安溪、晋江、德化、渔溪、漳州等地,并曾游览泉州的法源山与九日山,并留下许多诗篇。又多次前往安海石井,"数访朱松遗迹旧事",并在官署旁的"鳌头精舍"与学子讨论"义理"。

朱熹任同安县主簿的四年间,正是他一面学习儒家学说,尤其是二程及道南学派思想,一面又与道谦交往,学禅问道的阶段。这一时期的学习为他日后能够援佛道入儒打下深厚根基,因而有学者认为,这一时期其实是朱熹的"闽学开宗"时期。四年时间虽不长,但他通过兴学、创办书院、学宫与讲学,在他周围开始聚集起一批潜心学问,深究哲理的学子,因此有人以为"闽学开宗"时期与闽南关系甚大。据考,在泉州的十二所书院中,有三所是朱熹亲自创建与讲过学的,即泉州的小山丛竹书院、南安的九日山书院和金门的燕南书院;此外他还到南安的杨林书院,晋江的石井书院,安溪的凤山书院,永春的岩峰书院讲过学。

朱熹在同安四年,也是他一生中出仕时间最长的一段。南宋时期,泉州已成为对外开放的重要港口,南宋朝廷对此地格外关注,屡屡委派要员治泉,并在此设立南宗正司;此时各国商人云集泉州,既进行商贸活动,也传播各自的文化与宗教信仰。如摩尼教、佛教等对当时影响甚大,反之儒学式微。因而如何振兴儒学以应对外来宗教思潮的挑战也已迫在眉睫。朱熹正是在这种文化背景下,加速自己的学说的创立,许多"朱子学"的重要观点已在此时提出并被认真进行阐释。如有关"格物致知"的理论,便是他在泉州所作的《一经堂记》中首次提出的。而"格物"、"分殊"、"理欲"、"忠恕"等观念之内涵,也在此时作了认真思考和探究。

还有十分重要的是朱熹初仕闽南的四年,也正是他观察南宋社会矛盾、思考国家前途命运的重要时期,此后他多次向朝廷谏言,所提出的革除时弊的意见,也多形成于这一时期。

黄榦在《朱熹行状》中有一段话比较具体概述朱子在同安的作为:"莅职勤敏,纤悉必亲,郡县长吏事赖以决。苟利于民,虽劳无惮。职兼学事,选邑之秀民充弟子员,访求名士以为表率,日与讲说圣贤修己治人之道。年方逾冠,闻其风者,已知学之有师而尊慕之。"

朱熹与闽南的第三次结缘则是在他 60 岁时的知漳州。

淳熙十六年(1189)，朱熹以直宝文阁学士院除江东运判，再辞，改知漳州。据《漳州府志》卷二十四载：

> 至任，以节民力，易风俗为首务。先奏除属县无名之赋七百万，减轻总制钱四百万。以漳俗未知礼教，首述古今礼律开谕之。……公在漳首尾仅一期，未至之始，吏民闻风竦然，望若神明。及下车莅政，以道德正，大行之，人心肃然。①

朱熹在闽南任职期间，尤其关注民生疾苦，并将当时风俗中的诸多不良习俗加以革除。在同安任职时，他看到寺院林立，佛老思想盛行，仅泉州便有寺庙 400 余座，占去大量土地，且许多青年男女出家为僧尼，也影响社会正常生产。加上大量钱财捐入寺庙，民愈穷困。因此，朱熹在感叹泉州为"泉南佛国"的同时，认为应当实施儒家教化以扭转这种不良风气。在同安时已采取"抑佛"的措施，到漳州更对民间的"淫祀之风"不仅亲自劝导、而且还贴出榜文《劝谕榜》制止"魔教"（主要为明教，即摩尼教）。

朱熹知漳时，已是耳顺之年，他的"朱子学"理论已完全成熟，因此朱熹特别注重两件事：一是讲学和兴办书院；二是出版理学著作。朱熹除了经常在州学讲授理学外，还到漳州东南的白云岩上创建了一所紫阳书院，他"笃意学校，力倡儒学"，以此作为改革地方礼俗的重要方针。每当他讲学时，来自四方学子云集于紫阳书院，因人数众多，只得将讲坛移至书院外的草地上。

朱熹在漳州刊刻了大批理学著作，其中有《四经》《四子》《大学章句》《近思录》《小学》《家仪》《乡仪》等著作，尤重《四经》《四子》。他在《书临漳所刊四子后》中云：

> 圣人作经以昭后世，将使读者诵其文，思其意，有以知事理之当然，……故河南程夫子之教人，必先使之用力乎《大学》《论语》《中庸》《孟子》之言，

---

① 《漳州府志》卷二十四《宦绩·朱熹》，上海书店出版社 2000 年，第 485 页。

然后及乎六经。①

由于朱熹对闽南教育的关注,培养了众多闽南籍弟子。据清人李清馥《闽中理学渊源考》中载,朱熹在闽南期间及之后,培育了众多高足,其著名者如同安的柯翰(国材)、许升(顺之)、陈齐仲、徐元聘、王力行、徐应中、许景阳;晋江的杨至、杨理正、高禾、林峦、王宾;南安的李亢宗、黄谦;永春的陈易;惠安的刘镜、张巽、黄岩孙;莆田的陈宓;漳州的陈淳等。从而使"朱子学"在闽南得到传承与弘扬。陈淳是朱熹最得意的弟子,朱熹曾说,他本次南来漳州最大的收获是得到陈淳这个弟子。

由于朱熹的悉心教育,闽南朱氏门人均潜心于理学的研究,并撰写了一大批精研理学的著述,如陈知柔著有《春秋义例》《论语后传》《易本旨》;陈淳著有《四书性理字义》《论孟学庸口义》;陈宓著有《论语注义题答》《春秋三传抄》《读通鉴纲目》等;吕大奎著《春秋或问》《易经集解》;秋葵著有《周礼补亡》《易解疑》(吕大奎与秋葵均为陈淳弟子,为"北溪学派"的重要骨干与传人)等。他们都极大地丰富了"朱子学"的内涵。

朱熹两度出仕漳、泉,其祖孙三代均与闽南结缘(朱熹的三子朱在后曾任泉州通判,并应乡人之请,将石井的"鳌头精舍"改建成"石井书院",留存至今),对闽南的文化教育影响深远,漳泉被称为朱子过化之区和"海滨邹鲁",而朱熹走后,朱子学在闽南依然兴盛,代有传人,成为了在南宋影响巨大的朱子学的学术重镇。

"庆元党禁"之时,"朱子学"一度式微,而陆学兴起。陈淳为维护"朱子学"的地位而屡次应邀至江、浙、闽、赣各地讲学,批驳"象山之学",宣传"朱子学"的精髓,在一定程度上影响了当时的学风与文风。

明清之后,"朱子学"依然在闽南具有十分重要的地位,且著名学者代不乏人。明代漳浦的陈真晟(1411—1473)、周瑛(1430—1518);晋江蔡清(1452—1508)、陈琛(1471—1546);惠安的张岳(1492—1552);同安的林希元(1482—1567);漳浦的黄道周(1585—1648)等。清代在国内影响甚大的理学传承人则

---

① 《朱熹集》卷八十二。

有安溪的李光地(1641—1718)和漳浦的蔡世远(1681—1734)。

需要说明的是，闽南士人特别注重实学的精神，因而在长达千余年间，无论在朝在野，都关注与社会发展、民生有关的问题并加以研究，历朝历代都出现许多有突出贡献的学者、科学家和艺术家，为中华文化的繁荣昌盛作出杰出的贡献。

四、顺应社会思潮变化的闽南士人

这里特别要说明的是，虽然宋明理学在闽南具有深厚的基础，代有传人，但闽南士人也不固执一端，而是顺应社会思潮的变化，不断求新求变。在明中后期出现的几位文化名人便是如此。

李贽(1527—1602)，泉州人，他虽崇尚儒家学说，但与王守仁的"心学"渊源深厚，曾师事泰州学派王艮的儿子王襞。泉州的文化氛围也让他对传统的重农抑商观念并不认同。在《焚书》《续焚书》《藏书》《续藏书》中，他反对因袭旧说，主张"革固鼎新"，大胆抨击当时社会风气的不良弊端，尤其揭露当世的假道学、伪君子。自居"异端"，对现实社会的种种不合理现象予以深刻批判和揭露，因而不为世俗所容，最后被捕入狱，自刎而死。李贽的思想，其实代表了明代中后期士人开始的追求个性自由、思想解放的风气，是资本主义思潮萌芽时期的产物。正是闽南特殊的社会氛围，促使其产生了这样反对封建的传统观念的离经叛道思想。在创作上，他反对一味"摹古"的文风，主张写"真心"。这些观念，对晚明文坛产生颇大的影响。

第二位是漳州海澄人周起元(1571—1626)。周起元自万历二十九年(1601)中进士后，二十多年间历任地方及朝廷官员，清正廉明，一身正气。在明末阉党专横跋扈，社会风气败坏的情况下，他拍案而起，与当时东林党人一起，大胆指斥朝政弊端，维护正义。在当时出现各地市民反对朝廷派出的税监巧取豪夺、坑害民众的抗税斗争中，他敢于站在民众一边，支持他们的正义行动，这在当时是冒着极大的危险的。事实上他也正因此而得罪宦官魏忠贤，并为其所构罪，矫旨逮捕入狱，拷打至死。周起元与周顺昌、高攀龙等并称东林"后七君子"。周起元支持明后期实行的开放海禁的措施，当漳州著名学者张燮，多次拒绝朝廷征召，隐居撰写以明代开展的海外贸易为主要内容的《东西洋考》时，周起元给予大力支持,并为之撰写序言。高度肯定该著作的价值和现实意义。

第三位便是黄道周。黄道周(1585—1646)漳州东山人,这里要再次提到黄道周,是要纠正现代人认识上的一个错误。在有关郑成功的一些文学作品中,黄道周往往被人写成是个刻板的道学先生,这是个极大的误解。黄道周固然长期从事书院教育,是海内知名的一代宗师,但他也是一位深明大义的学者。在学术上,他不主一家,而是兼收并蓄,取各家之长,从而形成自己的学术理念。可惜他身处末世,大厦将覆,非独木可支。我们从其一生立身处世的所作所为中,从他与明末社会思潮的关系中(包括东林党,几社、复社等),我们都可看清,他是对当时的形势看得十分清楚的,并一直竭尽全力希望挽狂澜于既倒的志士。即使明知势不可为,仍然尽其最大努力而为之,其舍己报国的凛然正气,是千古不朽的。

从李贽到黄道周,这三位闽南人其逝世时间相隔均为 20 余年,从他们身上我们清楚地看到,此时的闽南士人已不是僻居东南一隅孤陋寡闻的局外人士,而是置身于国家政治社会思潮中的弄潮儿,在社会思潮发生剧烈变化的时代,他们都是得风气之先的佼佼者。

附1   试探朱熹的诗学理论
——以《诗集传》与《楚辞集注》为例

朱熹是闽学的创始人,终其一生,他将主要精力用于探讨儒家的经学典籍,尤其是继承北宋由二程所创建的有关理气关系的学说,并在吸收和融合佛、道思想的同时,对之加以发展,从而集理学之大成,建立起完整的程朱理学体系。因此,历来对朱熹的研究,多集中于他对理学的贡献,这是理所当然的。

但是,作为一代宗师,朱熹同时也是著名的文学家与文艺批评家,他的文学和诗学理论,影响了此后几百年的中国文坛。这些年来,尽管已有一些学者开始了这方面的研究,然而,就总体而言,从这一角度研究还是比较薄弱的。为此笔者谨作此文,以就教于学界同仁。

朱熹的诗学理论,主要表现在:一是他对古代文学的整理和研究,尤其是对《诗经》与《楚辞》的研究与评论中;二是他的讲学以及与友人交往中所流露的诗学观。本文就他对《诗经》与《楚辞》整理中提出的诗学观，略作梳理和探讨。

一

在朱熹传世的著作中，有两部著作是他文学研究的重要成果，一部是《诗集传》，一部是《楚辞集注》。《诗集传》完成于宋孝宗淳熙四年（1177），是他中年时期的成果。但《楚辞集注》却完成于其晚年，也是他传世作品中的最后一部。

对于这两部著作的成因，学术界有过一些探讨。其中，对《诗集传》认识比较一致，而对《楚辞集注》则存有较大争议。

《诗集传》研究的是《诗经》。《诗经》属儒家重要经典之一，朱熹倾其全力专注于儒家经典的研究，因此，整理《诗经》，自是他分内之事。

先秦儒家经典，虽曾经历秦火，然而至西汉武帝时期，用董仲舒之言，罢黜百家，独尊儒术，从而取得思想上的统治地位。虽则如此，两汉经学时代，儒家学术也遭遇恶运，朝廷设立的儒学博士。经师们大多皓首穷经，虽将儒家著作奉为至高地位，然而却走上神秘化与教条化的道路，缺少创新与发展，从而在很长时期中，反而是自东汉传入中国的佛教学说及汉末形成的道教思想迅速兴起并大力传播，在朝野影响愈来愈大。因此，唐代中期的韩愈不得不挺身而出，力排佛老，提出儒家道统论。但终唐之世，他的思想并未成为社会主流思想。

到了宋代，随着文人地位的提高，有识之士遂致力于探究适宜社会发展的思想体系，他们有感于儒学的僵化与没落，以复兴儒学为己任，在批判和否定汉学的研究方法基础上，吸收与融合佛老的思想，融会贯通，构成足以与佛、道思想抗衡的新儒学体系。由北宋初年的理学三先生（胡瑗、孙复、石介）开其端，继而出现重要的几大代表人物：周敦颐、邵雍、张载、二程兄弟。南宋时期，朱熹以弘扬二程的洛学为主，集其大成，因其在闽，后人遂称为"闽学"。至此，宋明理学体系形成并影响了此后近千年的中国文化史，并远播海外。

作为儒学经典的《诗经》，自汉以来，学者专注于章句之学，尤其两汉的经学时代，学者关注的诗篇所欲表达的"微言大义"。诸家传诗，为求其"本旨"而探故，以史附诗，然后极言其"美刺"，尤其是毛诗《小序》，穿凿附会尤多。后之学者，奉为圭臬，不敢触动笼罩于诗篇之上的灵光，这样，经学的神圣地位固然确立，而诗篇的文学特质则被埋没于空洞的说教中。

自北宋的著名学者欧阳修始，他在《毛诗本义》中对《诗序》多有否定之辞，实开宋人疑序之风。其后则有苏辙《诗集传》,王安石的《诗经新义》均对《诗序》提出批评。南宋之后,掀起一股废《序》之风,首推郑樵的《诗辨妄》,该书直斥《诗序》是"村野妄人所作"。他并作有《诗传》一书,以自己的看法为各篇诗作序。而后之学者王质,作《诗总闻》,对三百篇逐篇重作训解,去序言诗,另立新意。

正是在接受上述宋代学者研究成果的基础上,尤其是郑樵的观点对朱熹影响最巨,使他从早期的信从毛、郑,到后来的否定《诗序》。在《朱子语类》卷八十中,他曾两次提到郑樵的观点对他的影响:

> 曾有一老儒郑渔仲更不信小序,……某今亦只如此,令人虚心看正文,久之其义自见。盖所谓序者,类多世儒之误,不解诗人本意处甚多。
>
> 《诗序》实不足信。向见郑渔仲有《诗辨妄》,力诋《诗序》,其间言语太甚,以为皆是村野妄人所作。始亦疑之,后来仔细看一两篇,因质之《史记》、《国语》,然后知《诗序》之果不可信。

朱熹还写有《诗序辨说》,指斥《诗序》"皆是后人杜撰,先后增益凑合而成","乱诗本意","有害于温柔敦厚"等等(《朱子语类》卷八十一)。

正是出于这种对传统解释的不满,自认为是维护圣人道统的朱熹撰写了这部被称为《诗经》研究史上"第三个里程碑"的《诗集传》,以理学思想对之进行新的阐释。

和《诗经》研究不同,朱熹在其晚年又完成了另一部研究文学的专著——《楚辞集注》。《楚辞》主要是我国著名爱国诗人屈原的诗歌专集,它不属于儒学的经典,且在两汉时期,还曾受到班固的批评,以为屈原在诗中"露才扬己,竞乎危国群小之间,以离谗贼。然责数怀王,怨恶椒兰,愁神苦思,强非其人。忿怼不容,沉江而死。亦贬絜狂狷景行之士。多称昆仑,冥婚宓妃,虚无之语,皆非法度之政,经义所载"(《离骚序》)。

假如从理学家的观点看屈原,则班固的批评无疑有其道理。所以朱熹在《楚辞集注序》中也说屈原之为人"过于中庸而不可为法",其书辞旨"流于跌宕怪神,怨怼激发而不可以为训","不知学于北方,以求周公、仲尼之道,而独驰骋于变《风》变《雅》之末流，以故醇儒庄士或羞称之。"既然如此，朱熹何以要去注《楚辞》？这不仅令后人难解，即使当时人也颇感意外。《楚辞集注·附录》首篇有其弟子杨楫写的一段《跋》语：

> 庆元乙卯，楫自长溪往侍先生于考亭之精舍，时朝廷治党人方急，丞相赵公谪死于道，先生忧时之意屡形于色。忽一日出示学者以所释《楚辞》一篇，楫退而思之，先生平居教学者首以《大学》《语》《孟》《中庸》四书，次而《六经》，又次而史传，至于秦汉以后词章特余论及之耳，乃独为《楚辞》解释，其义何也？然先生终不言，楫辈亦不敢窃有所请焉。

杨楫作为朱熹的门人，这段话对于认识《楚辞集注》的撰作，应当是提供了一个很好的背景资料。其中提及当时发生的两件重要事件，即一"朝廷治党人方急"，指的是朱熹受到庆元党禁事；二是"丞相赵公谪死于道"。但这两件事皆发生于宋宁宗庆元二年（1196），而非庆元乙卯年（1195）。郑振铎在《楚辞集注·跋》中，有一段话说：

> 朱熹作《辩证》的时间，在宋宁宗庆元己未（1199），是在他死的前一年，他的《后语》则是未完成的本子（只注释了前十七篇，以后三十五篇无注）。他的《集注》则大约是完成于1195年左右。赵希弁云："公之加意此书，则作牧楚之后也。或曰：有感于赵忠定之变而然。"（涵芬楼影宋本昭德先生《郡斋读书志》卷第五下）按熹作牧于楚，是1193年的事，赵汝愚罢相，则在1195年。是他成书的日子，当在1195至1196之间。①

我们从杨楫与赵希弁的两段话中，可以得出的结论是：朱熹撰作《集注》的时间，应在1193年后至1196年之间。

那么，如同杨楫《跋》文中所述，平时朱熹教授弟子的内容，首以《大学》《论语》《孟子》《中庸》四书，"次而《六经》，又次而史传，至于秦汉以后词章特余论

---

① ［宋］端平版《楚辞集注》影印本，人民文学出版社，1953年。

及之耳。乃独为《楚辞》解释，其义何也?"不仅当时人有疑问，其弟子也不解其意。杨氏此"跋"作于"嘉定四年七月"，即 1212 年，距朱熹之逝不过十二年时间。其实，不仅弟子有疑问，其友人也有同样的怀疑。杨万里在《戏跋朱元晦楚辞解》二诗中云：

注《易》笺《诗》解《鲁论》，一帆经度浴沂天。
无端又被湘累唤，云看西川竞渡船。

霜后藜枯无可羹，饥吟长作候虫声。
藏神上诉天应泣，支赐江蓠与杜蘅。

诗中的所谓"无端又被湘累唤"，正言其注《楚辞》是出人意外之事，这与杨楫的不明其师何以突然拿出《楚辞》一篇注本给学生看是一样的意思。我们完全可以明白，朱熹注《楚辞》，实在是有不得不注的原因，而向来所传的与赵汝愚罢相，卒死途中有关的说法并非空穴来风。有学者以郑振铎的"跋"来否定《集注》撰作与赵氏之死有关的传闻依据不足。

作为学者而兼为一代著名诗人的朱熹，其实身上也一直有着这两者的共同气质。他一生虽以阐释儒家经典为己任，但也自幼便酷爱吟诗作赋，今传诗篇一千余首，同时也有词作与赋作流传下来。《朱熹集》卷一中，有他写的《招隐操》和《空同赋》等作。《招隐操》有《左招隐》《右招隐》两阙，句式拟《楚辞·招隐士》。而《空同赋》则全用骚体句式："何孟秋之玄夜兮，心慅戚而弗怡! 偃予躯之既宁兮，神杳杳兮寒闱。……"

其实，许多学者在研究中均注意到，朱熹的诗作中也有多篇运用《楚辞》作品中的典故，显示他对《楚辞》作品之喜爱。朱熹对《楚辞》的喜爱是一以贯之的。他早年就熟读《楚辞》。绍兴二十年，年仅 21 岁的朱熹在中进士后不久，首次回到祖家的婺源时，与同辈的乡党姻亲讲论学术，其中曾向程允夫传授以《论语》、《孟子》、《骚》、《诗》为本，出入陶柳门径的诗教。(林振礼《朱熹新探》第 12 页，中国广播电视出版社，2004 年版)而据朱熹的学生蔡沈在《梦奠记》中载，朱熹在临终前三日于病榻上又修改《楚辞》一篇，可知他自幼及老，喜骚之心终生不易。他所以要整理《楚辞》，是因为他对传世的最重要两部《楚辞》著作，即王逸的《楚辞章句》和宋代洪兴祖的《楚辞补注》有关作品内容的阐释不满，以为"王书之所取舍，与其题号离合之间，多可议者，而洪皆不能有所是正"，因而决意撰写《楚辞集注》。可以认为，撰写这部书，不仅是由于晚年的党祸与赵汝愚的贬谪促使，而且也应当是他长期学习、研究楚辞的准备和积累的结晶。

二

如果说，朱熹集注的《四书》，最集中体现他的理学思想的话，那么，同样由他所整理完成的《诗集传》和《楚辞集注》则最系统地展示了他的诗学理论。

《诗经》与《楚辞》，这两部先秦时期代表着一南一北两种诗歌风格的诗集，奠定了我国两千年来的诗歌创作的传统。朱熹十分清楚这两部诗集的特殊地位以及对后代诗歌创作的影响。他以为："三百篇性情之本，离骚辞赋之宗，学诗不本之于此，是以浅矣。"他还曾打算选编一部先秦"经史诸书所载韵语，下及《文选》汉魏古词，以尽乎郭景纯、陶渊明之所作，自为一编，而附于三百篇、楚辞之后，以为诗之根本准则。"(《答巩仲至第四书》)他是因不满意前人对《诗经》与《楚辞》所作的研究，而决意自撰此二部书，"以为诗之根本准则"的。

作为理学家的朱熹，他在著述中，将义理作为评论诗作的首位。他认为"《诗》之为经，所以人事浃于下，天道备于上，而无一理之不具"，"修身及家，平天下之道，其亦不待他求而得之于此矣"(《诗集传序》)同样，他认为屈原之作，"皆出于忠君爱国之诚心"；有助于"天性民彝之善……而增夫三纲五典之重"。(《楚辞集注序》)他不满意王逸的《楚辞章句》和洪兴祖的《楚辞补注》"或以迂滞而远予性情，或以迫切而害于义理，使原之所为壹郁而不得申于当年者，又晦昧而不见白于后世"。(同上)可知，自古及今之论诗，政治标准第一，非独今日而然。

无论是《诗经》研究史，抑或《楚辞》研究史在述及历史上的不同研究流派时，均将朱熹列为义理派之首。所谓理，原指的是天理，在古籍整理中，则是要对作品的内容和意义进行深入的探寻与阐发，从中寻找出标准与依据，使之成为规范人们的道德行为的依据，因此，关键在于明道。他认为："道者，文之根本；文者，道之枝叶。惟其根本乎道，所以发之于文，皆道也。三代圣贤文章，皆从此心写出,文便是道。"①

　　无论是对三百篇诗义的阐释,抑或对《楚辞》作品中所表达的意蕴,朱熹都特别强调首先应当熟读文本,应当是"沉潜反复,嗟叹咏歌,以寻其文词指意之所出",这也是所谓"以意逆志"的方法。《诗经》在两汉经学家的阐释之后,人们在小序中只见到罩上的一层层神圣的光辉,动辄加上所谓"后妃之德也"之类评语,其本义却由是隐而不显,失其本真。朱熹经过自己认真诵读与领会,将《诗经》中的三百首区分出不同的层次来,如风、雅、颂,各有不同,他说:

　　　　吾闻之,凡诗之所谓风者,多出于里巷歌谣之作,所谓男女相与咏歌,各言其情者也。惟《周南》《召南》亲被文王之化以成德,而人皆有以得其性情之正,故其发于言者,乐而不过于淫,哀而不及于伤,是以二篇独为风诗之正经。自邶而下,则其国之治乱不同,人之贤否亦异,其所感而发者,有邪正是非之不齐,而所谓先王之风者,于此焉变矣。

　　　　若夫雅颂之篇,则皆成周之世,朝廷郊庙乐歌之辞,其语和而庄,其义宽而密,其作者往往圣人之徒,固所以为万师法程而不可易者也。

　　　　至于雅之变者,亦皆一时贤人君子,闵时病俗之所为,而圣人取之,其忠厚恻怛之心,陈善闭邪之意,尤非后世能言之士所能及之。此诗之为经,所以人事浃于下,天道备于上,而无一理之不具也。②

　　根据这样的层次分析,他提出学《诗》的方法是"本之二南以求其端,参之列国以尽其变,正之于雅以大其规,和之于颂以要其止,此学诗之大旨也"。

　　在《楚辞集注》中,他着力于阐发作品中所蕴含的"忠君爱国之心","而增夫三纲五典之重"。

　　朱熹注意从文本之中寻求义理,在《诗集传》中提出了"风"诗"出于里巷歌谣之作,所谓男女相与咏歌,各言其情"的观点,打破经师们以为三百篇一切皆神圣的臆说,使其从经学走向文学,其功不可不伟。而探求《楚辞集注》的义理,

----

　　①　正谊堂本《朱子语录辑略》。
　　②　朱熹《诗集传序》。

则侧重于阐发诗篇的忠君爱国思想之内涵,于具体篇章"文词指意",多所发明,纠正《章句》与《补注》之不足,从而将楚辞研究提高到一个新的水平,成为具有里程碑意义的贡献。笔者曾撰有《闽学视野下闽地的楚辞研究及骚体文学创作》一文,对此作过讨论,此处就不再赘述了。

朱熹作《诗集传》与《楚辞集注》的过程,也是他详论诗歌创作,鉴赏、研究的过程,这在上述论述中已可看出,而《诗集传序》中,他提出有关诗歌创作的发生学理论,他说:

> 或有问于余曰:诗何为而作也? 予应之曰,人生而静,天之性也,感于物而动,性之欲也。夫既有欲矣,则不能无思。既有思矣,则不能无言。既有言矣,则言之所不能尽,而发于咨嗟咏叹之余者,必有自然之音响节族(音奏)而不能已焉。此诗之所以作也。

朱熹显然对束缚人思想的格律诗颇有微词,他在《答巩仲至第四书》中,曾将古今诗作变化作了一番评论,他说:

> ……偶记顷年学道未能专一之时,亦尝间考诗之原委,因知古今之诗,凡有三变。盖自书传所记,虞夏以来,下及魏晋,自为一等。自晋宋间颜谢以后,下及唐初,自为一等。自沈宋以后,定著律诗,下及今日,又为一等。然自唐初以前,其为诗者,固有高下,而法犹未变。至律诗出,而后诗之兴法,始皆大变。以至今日益巧益密,而无复古人之风矣。①

在《答杨宋卿书》中,他也提到这一看法:

> 熹闻诗者,志之所之。在心为志,发言为诗。然则诗者,岂复有工拙哉? 亦视其志之所向者高下如何耳。是以古之君子,德足以求其志,必出于高明纯一之地,其于诗固不学而能之。

---

① 《宋金元文论选》第308页。

　　至于格律精粗,用韵属对比事遣辞之善否;今以魏晋以前诸贤之作考之,盖未有用意于其间者,而况于古诗之流乎? 近世作者,乃始留情于此,故诗有工拙之论,而葩藻之词胜,言志之功隐矣。①

朱熹主张文章、写诗,都应当采用"平说"的方法,即自然的流露,他说:

　　古人文章,大率是平说,而意自长。后人文章,务意多而酸涩。如离骚,初无奇字,只恁说将去自是好,后来如鲁直,恁地着力做,却自是不好。②

　　在中国古代文学批评史上,朱熹的诗学理论内容颇为丰富,本文所列举的主要是就其撰著的《诗集传》与《楚辞集注》中所提出与诗学理论相关者作一简单的评述而已,而在他的其他论著中,应当加以整理的仍然不少,但目前研究者关注的程度显然是不够的。实在应当引起更多的关注。

　　今天,两岸学者来到漳州,这是朱熹晚年治理过的地方,也是两岸共有的闽南文化的发源地。朱熹是中华文化史上一位杰出的思想家,他自觉地站在那个时代的前列,回应时代所提出的重构中华文化的要求,并使之成为影响了中华文化上千年历史的内涵丰富的理论体系。他的人格力量及其对中华文化所作出的重大贡献,使之成为后代学人的典范。

　　今日,中华文化又一次站在时代的十字路口上,何去何从,正考验着我们这代学人的智慧。在这样的时代背景下,重温这段历史,更具现实意义和价值。作为这一代学人,可以说任重而道远。两岸学者应当共同携手,在扩大文化交流中,共同为中华文化的重构作出贡献。

　　(本文为作者在"2012 海峡两岸朱熹、陈淳学术研讨会"上的发言。后载该次研讨会论文集)

---

① 《宋金元文论选》第 303 页。
② 《宋金元文论选》第 311 页。

附2　简论闽南文化与黄道周

隆武二年(1646)三月五日(公历4月20日),在南京东华门刑场上,隆武朝首辅、武英殿大学士兼吏、兵二部尚书黄道周在被俘三月之后,因拒不降清,从容就义。刽子手刀落头断,而其身犹"兀立不仆",南京城上空回响着他临刑时的遗响:"天下岂有畏死黄道周哉!"继至的"黄门四君子"蔡春溶(漳州龙溪人)、赖继谨(漳州平和人)、赵士超(侯官人)、毛玉洁(庐州六合人)急步上前抱其头恸哭,大声呼曰:"师乎! 魂其少须,吾即来矣!"于是相继刑场就义。"是日也,留都昼晦,闻者莫不流涕。"①黄道周及其"黄门四君子",是中华民族史上当之无愧的民族英雄。《洪谱》谓"盖不独二百七十余年之纲常肩自一人,抑且三千年来之师弟于此仅睹者也!"即其事而论,则此评甚当。然而,黄道周之从容报国,"四君子"之前赴后继,所标志的不仅仅是一种普通的"纲常""节义",而是一个民族的气质、精神。

由于黄道周是抗清而死,在他的身后,因忌清人之讳,其事其文,人所不敢言。据清康熙年间海澄人郑亦邹作《黄石斋年谱》时,于其文末记曰:"自文明忠烈之死,无敢口言其事者五十余载。"②直至清乾隆皇帝称他为"一代完人",谥之"忠端",而后人始敢言之。

黄道周的殉国,迄今已365年,然而,今日学界对这位有明一代宗师,学贯天人、著述丰硕的著名学者的研究,依然还停留在初始阶段,实在不能不令人感到遗憾。本文希望就黄道周这位旷世奇人与哺育他成长的闽南文化之关系作一简略的探讨,也许能有助于加深对其人其事的理解。

一

黄道周出生于漳州的铜山所,这个岛屿是东海和南海的分界处,用"海角天涯"来形容也不为过。虽然有人探究黄道周的先辈也是朝廷官员,但那是十世、

---

① [明]洪思《黄子年谱》,转引自侯真平、娄曾泉,《黄道周年谱》,福建人民出版社1999年9月版,第37页。

② [清]郑亦邹《黄石斋年谱》(辑录),转引自侯真平、娄曾泉,《黄道周年谱》,福建人民出版社1999年9月版,第116页。

二十世前的事。到黄道周这一辈,已经和高祖的荣耀扯不上边。所以黄道周自称是起于"雌风",言若"雌风",引用的是宋玉《风赋》中的比喻。"雄风"是"大王之风",代表的是达官显贵;而"雌风"则是"庶人之风",它"塕然起于穷巷之间,堀堁扬尘,勃郁烦冤,冲孔袭门。……"这是他对自己身份的认同。

但是,黄道周并不以此为耻,而是对故乡注入深深的爱。《黄道周年谱》载有徐霶所著《黄道周传》,其临刑描述如下:

> 明年三月壬子,赴市曹,过东华门,坐不起,曰:"此与高皇帝陵寝近,可死也。"既见市有竖福建门牌者,指曰:"福建,吾君在焉,死于此可也! 南向再拜,遂受刑。"①

"福建"二字,唤起的是黄道周对故乡的深情。黄道周是闽人之子,尤其是"闽南"之于黄道周,具有特殊的意义。可以这样说,没有对于闽南文化的深层了解,我们将很难理解为何在那样偏僻的海岛,居然凭空产生这样一位天下学者所共同景仰的一代宗师。

闽人多为移民的后代,黄氏宗族也不例外。据《莆阳铜海深井黄氏家谱》载,黄氏入莆始祖为唐桂州刺史黄岸,传至第17世黄仪因元兵入关而避居铜海深井,黄道周为黄岸的第31代裔孙。也就是说,至黄道周时,其家族已在铜山深井居住了14世,近300年时间。因此,我们固然可以说黄道周入闽始祖居莆田,因而其后裔成为莆田人。同理,黄仪来到铜山,居住了近300年时间,则黄道周之为闽南人已是毋庸置疑的了。

闽南自唐初陈政、陈元光父子带领中原府兵南下,平定蛮獠啸乱后,至唐中期,局势得到控制,使北距泉建,南抵潮惠,西至虔抚,东至岛屿的方数千里地无桴鼓之警,号称"乐土"。安定的社会环境与北方的"安史之乱"适成对比,于是,北方民众纷纷南迁入闽。隋大业十八年,闽人只有12400余户,而至天宝年间(742—756),闽地人口达91186户,410587人,也就是说,仅仅百余年时间,其人

---

① [清]徐霶《黄道周传》,转引自侯真平、娄曾泉,《黄道周年谱》,福建人民出版社1999年9月,第249页。

口数已增长6.34倍。① 其中作为闽南的泉漳二州,天宝年间总户数为29652户,178235人,竟占全闽总人数的43%。唐末至五代,北方移民继续南下,人口依然急遽增长,至宋初(978)二州总户数竟达151978户,二百年间,人口又增长五倍多。② 这一时期社会并不安定,唐末的黄巢之乱,五代时的割据与权力斗争,并未改变其人口的快速增长。人口这种超常增长,只能说明北方移民的不断增加。

有证据表明,闽南文化在唐代中后期已经基本形成。有唐一代,一波波的移民潮,带来的是中原的先进文化,使得唐人的思维方式、价值观念、风俗习惯等等在闽南地区得以传承发扬,闽南人固守传统文化堪称顽固,迄今国内各大族群中,唯有闽南人自称为"河洛人"、"唐人"。闽南人虽然生活在东南边陲,但却总是念念不忘国家大事,对中央政权有着很强的向心力。因此,自宋之后,在每当国家兴亡之际,总有闽南人挺身而出。例如南宋末年,元兵南下时,闽南人陈吊眼、许夫人带领民众抗元,人数达十余万人。而且特别奇怪的是,那些走投无路的皇亲贵戚,皇子皇孙,也总爱将闽南作为自己最后的避难所。南宋末年受元兵追赶的赵昰、赵昺,在文天祥、张世杰、陆秀夫的护卫下,自北而南,一路和元兵周旋数年,最后是从东山入海南下的。明代末年,隆武帝在福州称帝,试图恢复即将灭亡的大明王朝。黄道周正是在这样的特殊时期,明知不可为却毅然招募义兵,北上抗击清兵,试图收复南京,恢复明朝。在他身后,郑成功父子又继之而起,以闽南、台湾为根据地与清廷周旋达数十年之久。

纵观闽南发展史,可以十分清楚地发现,闽南人的抗争精神格外突出,尤其是漳州人,其正统思想特别明显,这在异族入侵时最能鲜明地体现出来。究其原因,我们以为是一种特殊的历史背景形成的。元朝作为异族入主中原,实行种族歧视政策,将人分为四等,其最低层者便是南人。元统治者恨南人,是因为南人反抗最烈,最晚被元兵降服。史载,元人在闽南镇压了陈吊眼、许夫人的抗元斗争之后,在闽南地区大肆屠戮,杀人如麻,令人发指。黄道周的先人便是避元兵的灾难而逃至铜山海岛的,这段历史,黄道周不会忘记,并向人提起过其家族史。他生平格外敬重文天祥,也与文天祥在南宋后期曾长期在此抗击元兵的经历不

① 徐晓望主编《福建通史》第二卷(隋唐五代)福建人民出版社,2006年3月版,第42—43页。
② 徐晓望主编《福建通史》第二卷(隋唐五代),福建人民出版社,2006年3月版,第45页。

无关系。

清兵入关,实行的是最残酷的民族压迫政策,其行为较诸元朝更甚。元朝虽将人分四等,实行种族歧视,但并没有要求汉人南人须改变其民族服饰以及风俗习惯。但清人入关,其对汉人实行的是殖民统治,要求民众必须"变服易俗",完全按照满人的打扮并薙发,留一根"猪尾巴",否则便要掉脑袋。清人徐鼒所撰《黄道周传》载:

> 至金陵,幽于禁城。已,改系尚膳监。诸当道承贝勒意劝降。道周曰:"吾手无寸铁,何曾不降?"劝者曰:"降须薙发。"佯惊曰:"汝薙发邪? 幸是薙发国来,若穿心国来,汝穿心邪?"①

清朝的一纸薙发令,使多少汉人头颅落地。此番劝说,正说到黄道周的伤心事,他怎么会不生气?

二

自唐初至明末,时间已近千年。中原移民的后代,逐渐在与其他族群的融合中,与海洋及海外的交往中,形成了兼具农耕文化与海洋文化的具有鲜明地方特色的闽南文化。兼容并包,是闽南人文思想的特色。闽南人之人文思想虽传承自中原,但并非泥古不化,其所接受之显学,独推闽学。闽学为朱熹承濂洛之学而创。朱熹六十岁时知漳州,虽为时不长,但影响甚巨,或以为其《四书集注》即在漳时刊印而成的。漳人陈北溪为其嫡传。闽学对漳州影响深远,自宋元而迄明清,代有传人。

黄道周作为一代宗师,其学并不主一家。他虽自幼习朱子之《纲目》,日后举止行事,以朱子为榜样,但并非专一恪守朱子之学,而是追本溯源,直探孔孟六经。他学识渊博,诸子百家,无所不窥。《黄漳浦集》中有《杂著》七卷,及四卷议、论、考、辩等,虽仅是其著作的部分,然而从中便可见其读书涉猎之广。清人陈寿祺在《重编黄漳浦遗集序》中,有一段话说:

---

① [清]徐鼒《黄道周传》,转引自侯真平、娄曾泉,《黄道周年谱》,福建人民出版社1999年9月,第248页。

　　尝论公性似朱紫阳,气节似文信国,经术似刘子政,经济似李忠定,文章似贾太傅、陆宣公,非独以殉国震耀宇宙。又以公之学与文,在胜朝当与刘诚意、方正学上下驰骋,与国家相为终始,不可以成败兴亡言也。①

　　这段话确实从各方面、各类杰出人物的品德才学来评价黄道周,则可知黄道周乃集众人之美于一身,此评并不为过。

　　黄道周自幼接受父母的家教,与长兄刻苦向学,并非出自某位名师,而是广搜博览各类名著,以提高自身学养;继而游历名山大川,有如司马迁之游学四方,以开阔自己的视野。他并非只想靠学问来养家糊口,而是希望自己能够成为安邦治国之才,这是他之所以具备各方面才识的原因。黄道周虽是一介文士,然而他留下的著作中,却有如《广名将传》这样的写军事家的作品,他虽不曾想过当名将,但他渴望有名将以卫国,却是作《广名将传》的用心所在。他敢于多次要求戍边,也曾读过许多兵法类书籍。他写有兵制改革、边防方面的多篇策论,提出当时急待解决的各种弊病及其处置的方略。

　　黄道周于崇祯十一年,与杨嗣昌在殿前论辩,直接触怒皇帝,他被拟为"朋串扰乱"之罪名。次年,黄道周回石养山守墓,于山中别构数间房,供奉历代圣贤。因为在朝廷争论中,以"朋串"定罪,所以他在室中左侧设"十朋轩",排列从管子、诸葛亮、郑子产、董仲舒、吴公子季札等 26 人。而在右侧则称"九串阁",排列自屈原、贾谊、鲁仲连、李白、乐毅、刘向、韩愈等古代贤人 30 人,都是所谓"异代同风,韵实殊致"的杰出人物。他将这些古代贤达"递为宾师",也即作为自己尊崇的偶像。从这些他所景仰的古人身上我们也看到黄道周以何许人作为自己学习的楷模。黄道周还为他所供奉的这些贤人分别写下赞语,是为《五十六贤赞》,表达了自己的景仰之情,如诸葛亮的赞语为:"托六尺而不二,摄一国而不疑。治严而民悦,用兵而民不知。从谏就绳,极深研几。肃曹区区,曷以方兹。"屈原赞语:"易初本迪,君子所鄙。章画志默,前途未改。沐浴衣冠,不忍蝇蠓。怀沙颂橘,终冀一悟。井渫心恻,千古同故。"他引古代贤人为师,从他们的

_____

① [清]陈寿祺《重编黄漳浦遗集序》,转引自侯真平、娄曾泉,《黄道周年谱》,福建人民出版社 1999 年 9 月,第 273 页。

身上汲取各种美德,终于使自己真正成为了有明的一代完人。

三

当我们今天坐在这里探讨黄道周这位三百多年前的文化巨子如何产生的时候,大多数学者都从那个时代的理学传承来加以解读。我们以为,这种解读固然有其道理,但似乎还缺少些什么。黄道周的产生,可以归结为其家庭的教养,可以归结为其本人的刻苦,可以归结为传统的力量。然而,时代、社会的影响,却是万万不可忽略的。我们甚至以为,如果不是明代闽南,尤其漳州特殊的文化背景,也许我们看到的将是另外一个黄道周。因此,认识与了解明代中后期的闽南文化氛围,将会加深我们对黄道周思想与品格的认识。

我们历来反对一种说法,似乎中国社会到了明代就注定要亡了,中国的内部不可能自身产生资本主义的萌芽,因此满人的入侵,改变中华民族的命运便是理所当然的。笔者以为,这是将历史发展的偶然性硬要说成是一种必然性,是成者为王败者寇的逻辑。

其实,中国社会发展至明代中后期,已经在封建社会躯壳中,在许多方面显现了资本主义的因素。这一方面,漳州尤其显著。自明代后期倭患渐除,隆庆元年(1567),漳州月港正式对外开放,海澄成为明朝唯一可以出海对外进行贸易的港口,这使漳州的经济,尤其是对外贸易量大大提高,漳州的纺织业、陶瓷、制茶等均盛极一时,其时漳州市井繁荣,百业兴盛。

经济的繁荣也促进文化的发展,此时,漳州书院林立,通过科举而走上仕途的漳籍官员也人数众多。早在黄道周出仕前的万历年间,漳州府同时有五位侍郎以上官员在朝为官,即礼部尚书林士章(漳浦人)、工部尚书朱天球(漳浦人)、兵部尚书戴燿(长泰人)、户部侍郎卢维桢(漳浦人)、兵户二部侍郎石巨岳(龙岩人),时称"五星聚奎"。他们为官时,均有政声。而同时出任各种军政要职的漳州人更是数量众多。和黄道周同时的就有崇祯九年(1636)拜为东阁大学士的林釬(龙溪人)。因此,漳州虽地处东南边陲,却是东南的一大都会,"城闉之内,百工鳞集;机杼炉锤,心手俱应。又或别市方物,贸易而时盈缩焉。四方环视,大有可观,前此未有也"①。

---

①　[明]张燮《清漳风俗考》,见乾隆《龙溪县志》23卷第32页。

漳州的士人，或在朝为官，或居乡结社，上下通气，十分活跃。最有名的当数"玄云诗社"，"玄云诗社"虽名为"诗社"，但主要不在切磋"诗艺"，而是关心时政，关注民生。诗社中主要成员多为退居林野或不愿仕进的士人，如蒋孟育、高克正、郑怀魁、徐鋆、戴燝等皆为休官家居之人，而著有《东西洋考》的张燮却是不愿为官的举人。

黄道周虽说幼年未有明师训导，但却与这些家乡士绅联系密切。《黄子年谱》载：

> 然则子云之学，盖取诸严君平；仲淹之学，盖取诸关子明；尧夫之学，盖取诸李挺之。子起于海滨，其学独无所取与？曰：甚矣，子之善学也！子在白屋时，乡之先生，则有若方伯薛公，则有若大夫林公，则有若观察郑公，皆时下白屋而从之游。①

接着，文章述及道周拜见郑观察，郑方取器而量晷。于是，郑问道周有关"北极"、"表影"等天象问题，黄道周茫然无知。归家后他自恨知识不全，于是"夜持竹几坐中庭者二年，乃知南北中分，阴阳盈缩之故"。这位郑观察即玄云诗社的郑怀魁。他还与张燮交情深厚，张燮虽长黄道周十几岁，但与之为忘年交，每入州府，便在张家落脚且读书。此外，司徒卢公、大夫林公、太史高公等论年纪都是黄道周的前辈，他们均与之游，并给黄道周许多教诲。黄道周曾对他的学生说："后生近前辈，最为有益。"前辈学者对黄道周的提携勉励，对其成长自是十分有益的，而从这里，我们也可以感觉到彼时的闽南士人中，有着一种特殊的人文情怀。

黄道周所结交的这批家乡的士人，不是一般的旧文人，而是处于当时社会思想文化领域的前沿人物。如张燮，是一位博学多才的举人，他看不惯当时社会的黑暗，拒不出仕，谢绝朝廷的征召，人称其为"徵君"。但他却十分关注当时社会的现实，尤其是经济的发展与海外贸易及民生问题。他所撰写的《东西洋考》十

---

① ［明］洪思《黄子年谱》，转引自侯真平、娄曾泉，《黄道周年谱》，福建人民出版社1999年9月，第1—2页。

二卷,是一部详细介绍与中国有贸易关系的海外各国(主要为东南亚)的状况,是中外交流史上一部很有价值的著作。黄道周在给崇祯皇帝上疏时,说自己有"三罪四耻七不如",这"七不如"中,他以为"雅尚高致,博学多通,足备顾问,则臣不如华亭茂才陈继儒、龙溪孝廉张燮"(《三罪四耻七不如疏》)。漳州海澄人周起元是位有正义感的官员,他在处置苏州市民反对宦官的斗争中,站在民众一边,触怒以魏忠贤为代表的宦官集团,因而受迫害而死。黄道周与周交往密切,在周被捕入京时,黄道周的母亲得讯,十分伤心而"涕泣阑杆"。周死后,黄道周为之写下《周忠愍公墓志》,历述与周起元交往并共议时政之事。有诸多史料表明,当时的漳州士人与东林党、复社相互有联系,在反对朝廷腐败的斗争中是相互声援的。周起元即被后人称为东林"七君子"之一。东林党人在朝廷致力整肃朝纲、发动"三案"等,玄云诗社则在漳州参与反对海禁和驱逐税珰高宷的斗争。漳州士人的正义行动,获得民众支持,当魏忠贤宦党捏造罪名以所谓周起元贪污十万为由来抓捕他时,漳州民众自发为他捐款,不数日而凑满十万之数,希望能借此减轻周起元的责任。

　　黄道周并不像有些人想像的是一位不知变通的腐儒。他从年轻时就十分关注国家大事。据明庄起俦之《漳浦黄先生年谱》载,黄道周年青时虽在父亲监督下不得不"更习举子业,然于时事得失,往往慷慨指画,有贾生流涕之意不能自禁云"①。19 岁时献时事策以干藩桌,不用而去。二十岁时,"春,欲诣阙上大理通书,不果"②。由是可知,他年青时也是一腔热血希图报效国家的,但在那一个明朝的"末世",他的这种举动可能会被人当成笑料而已。

　　正是怀着对国家命运和民众疾苦的深深关切,走上仕途之后的黄道周做出了许多出人意表的行为。他居然敢于违反旧规,始任皇帝经筵展书官时,不肯膝行而前,尽管当时权倾朝野的宦官魏忠贤"连目慑之",他仍"不为动",使"监侍骇愕"③。继之在崇祯朝,他反对小人当道柄权,反对杨嗣昌、陈新甲夺情,在殿

① 侯真平、娄曾泉《黄道周年谱》,福建人民出版社,1999 年 9 月,第 50 页。
② 侯真平、娄曾泉《黄道周年谱》,福建人民出版社,1999 年 9 月,第 50 页。
③ [清]邵廷宷《黄道周传》,转引自侯真平、娄曾泉,《黄道周年谱》,福建人民出版社,1999 年 9 月,第 172 页。

上与之辩"忠""佞","犯颜谏争,不少退。观者莫不战慄。"①我们以为,黄道周在这里所要求的是一种士人的人格尊严,这是十分可贵的精神和力量。这种精神,显示的是明末士人对"人"自身价值的觉醒,不应与传统的所谓"文死谏,武死战"等同。

有人在作品中,将黄道周写成是位性格固执、不知变通的腐儒,这是十分荒唐的。诚然,黄道周和当时一些士人不同,没有动则醉卧青楼,挟妓漫游,似乎缺少了一种名士风度。但黄道周却和徐霞客志气投合,为莫逆之交,并多次陪同他遨游闽地山川,是人之所好有别,不可一概而论。他自幼性格叛逆,长大后为人洒脱,这些都是有文字资料记载的,只是他长期为师的身份与地位,不能不对他有所约束,应该是可以理解的。他工书善画,交游极广,所到之处,人争迎之,不可想象,他会是一个古板而迂腐的学者。相反,在我们看来黄道周是顺时代而行的思想的前驱者,从这方面说,黄道周之所以受到世人的尊崇乃是必然的。

不独黄道周如此,这一时期之闽南士人在这方面表现尤其突出。这里举光绪三年《漳州府志·人物》所列的《涂仲吉传》为例:涂仲吉为闽南镇海人,从小"喜谈名节","稍长入太学,闻时事阙失则顿足,或时为流涕。"②当他在金陵听到黄道周受诏入狱时,立即"投箸而起曰:仲吉当一行,为朝廷保正士。"③他不顾自身安危,不听友人劝阻,毅然赴京上书,为黄道周辩冤。传载:

> 上览疏大怒,杖仲吉于长安门外,复下锦衣狱鞫指使者。锦衣乔可用盛陈刑具。仲吉曰:"吾闽南男子,见义而动,死则死耳,宁足怖也?"可用梏其指尽折,仲吉不少挫。④

《漳州府志》在《人物传》后引用"前志"一段话,论评漳州士人的嫉恶如仇的性格说:

---

① [明]洪思《黄子传》,转引自侯真平、娄曾泉,《黄道周年谱》,福建人民出版社,1999 年 9 月,第127 页。

② 《中国地方志集成·福建府县志辑·光绪漳州府志》第 29 辑,光绪三年《漳州府志·人物》,卷二十九,上海书店出版社编,第 609—610 页。

③ (同上)。

④ (同上)。

前志论曰:漳自宋来,黄预忤蔡京,刘衍折安石,高登斥秦桧,余嘉论侂胄,光前史焉。明自太祖以名节振厉士大夫,厥后或权臣专柄,或阉寺弄权,漳诸君子,奋忠说,触机穽,批麟履,尾踵相接,至以抗直忤上官者,难更仅数也。山有猛兽,藜藿为之不采,虽然,北门之簿,锦衣之狱,赫赫乎,凛凛乎,视前史,祸更烈矣![1]

这种性格是如何养成的,是颇值得后来者珍惜与思考的。

明代末年的许多"士人"已不屑于依附腐朽的封建王朝,而是寻求自身价值的实现,众多退居山林者即是如此,他们的行动也是一种无言的抗争。产生于这一时代的许多笔记小说,也生动地记叙了这一社会思潮的变化,这是处于社会大变革前夕的社会思潮之反映。限于篇幅,此处从略。

四

黄道周在自己的作品中,在其言谈举止中,无处不显露对故乡山水的热爱,他曾创作《榕颂》,对故乡那长满原野村落,可遮荫蔽日的榕树,盛为赞颂。《榕颂》前有序曰:

南方有嘉树焉,厥名曰榕。其枝则寨产磅礴,含云垂条;其叶则凝黝重碧,经霜不凋;其氏则连蜷诘屈,孕蛟子螭;其干则轮囷总络,蔽牛隐旗;其实则……[2]

而其颂文又是采用骚体:"帝闵炎服,锡以美荫兮;羲道届中,柯叶乃盛兮;……"正如许多学者所言,显然,这是仿屈原《橘颂》而作。但无论其文其辞,皆为黄子所自创。既写榕,又写人,其颂辞中所谓"踰岭越江,恶以为市兮;独立不惧,师天地兮"等,其实又是黄子自喻。

同样,他对故乡山水也是一再歌颂,漳州之梁山,古为南越与闽越之分界岭,

---

[1] (同上)。

[2] [明]黄道周著,(清)陈寿祺原编,政协漳浦县文史委、福建省江夏黄氏源流研究会漳州办事处、漳浦县博物馆合编《黄漳浦文集》(下)卷二十八,国际华文出版社,2006年8月,第450页。

山峰连绵如屏,景色秀伟壮观。黄道周曾为之写下《梁山颂》,后又写《梁山锋山赋》,赞美梁山之美之奇。关于《梁山锋山赋》的创作,洪思有一小序:

> 洪思曰,子以削籍归漳海时之所作也。先是子舟至留都,便自傲小舟,以五十日遂尽黄山、白岳、九华、皖台、匡庐诸胜。既归石养,因念吾都梁、天锋二山一百三十五峰之奇,皆过于九华、黄山。惜在南荒人莫知,吾漳人亦少有知者。子独爱其萧然人外,不求人知,类古之君子避世而无闷者,故足赋也。[①]

在上述这些赋、颂作品中,无不深深凝聚着黄子对故乡之情感。他的足迹深深地铭刻在闽南的山水之中。

至今在黄道周的故乡,依然流传着许多他对民众疾苦的关心与同情的故事。闽南的山水养育了他,闽南的文化浸润了他,他也将自己的一切奉献给了这个国家、民族和故乡,成为闽南人的榜样和骄傲。

(此文原载《福州大学学报》(哲社版)2010年第5期)

---

① 　[明]黄道周著,[清]陈寿祺原编,政协漳浦县文史委、福建省江夏黄氏源流研究会漳州办事处、漳浦县博物馆合编《黄漳浦文集》(下)卷三十六,国际华文出版社,2006年8月版,第646页。

第七章　闽南文学艺术之传承与播迁

　　虽然说,"文学是社会生活的反映"这一提法受到当今学者的质疑,以为这种说法有机械反映论的嫌疑。然而存在决定意识,这一马克思主义的基本原理却是颠扑不破的真理。

　　闽南族群作为中华汉族的一个分支,尽管它从中原地区迁入闽南,受到特殊的地理环境的制约与不同时代的变迁的影响,必然产生相应的变化,然而作为族群文化的核心基因的部分,却是恒久不变的。一个民族自从它形成之后,便产生了这一民族区别于它民族的特殊的传统和价值观,这也是世界所以如此丰富多彩的原因所在,除非这一民族被其他民族所同化,认同其他民族的价值观和思想理念。族群在形成过程中,也必然形成这一族群的价值观与特殊的行为方式,从而区别于其他族群而存在。同是中华民族的分支,同是南迁的中原移民,闽南族群与客家族群虽比邻而居,有的地区甚至是相互杂处的。然而,语言、习俗、价值观与文化认同上的差异,就使得这两个族群形成不同的特点,这就是族群文化。

　　文学艺术是族群文化的重要组成部分。清人章学诚曾经提出"六经皆史"的观念(《文史通义》),曾被有些学者认为是对历史的泛化,然而仔细思考起来,谁又能说"六经"中哪一种不具有古代史的研究价值呢? 以《诗经》而言,虽然仅是上古时期的诗集,然而透过这三百篇,我们不是从中了解到那一个时代的真实社会史,触摸到我们祖先心灵的颤动与情感的迸发了吗?

　　两千多年前,生活在闽南土地上的闽越族群的历史,随着西汉时期族群的北迁而消散,未曾留下那个时代的多少印记。西晋之后,首批中原士族的入闽,也仅仅在一些后世编修的族谱上留下简略的记载。虽然这期间,曾有一些文士或遭贬谪或因仕宦而入闽,但他们所留下的有关闽南的文字也是少之又少的。因此,倘若要述及闽南文学艺术的发生、发展及兴盛、转型时,我们只能从唐代初年的闽南开发期谈起。

如果对长达千年的闽南文学艺术发展历程作一个分期的话,那么有唐三百年(包括五代时期),只能算是闽南文学艺术的发生期,两宋为闽南文学艺术兴盛期,元代为衰落期,明代为复兴期,清则为其转型期。为了叙述的方便,我们将闽南文学与艺术分开加以说明。

第一节　闽南文学

一、发生期的闽南文学

如同闽南文化是移民文化一样,发生期的闽南文学也同样具有自中原移入的鲜明特点,是中原文学的传入而影响了闽南文学的发生。

闽南文学的始作俑者,当推唐代初年随父戍边而后开漳的陈元光(657—711)。虽然由于陈氏一生以平"蛮獠啸乱"的功勋著称于世,名振南土。然而,同样不可忽视的,是他的"文治"之成就。陈氏在继承其父遗志镇守闽南时,不仅以武功取得军事上的胜利,更重要的是认识到武力固然可以取得一时的胜利,但着重于"文治",施行"教化",才是长久之道。因此他注重于办学校,兴庠序。松州书院的设立,在我国书院发展史上具有特别显著的地位。而作为自幼即曾"领乡荐第一"的将军,在其数十年戎马倥偬的军旅生涯中,却不曾放弃文学方面的创作,后人将其诗文作品收集而成《龙湖集》。据流传至今的《颍川陈氏开漳族谱》中,存有《龙湖集》诗作 50 首,包括了五言、七言、排律等诗体。这些诗作中,有七篇曾被收入清人编纂的《全唐诗》、《全唐诗补遗》,今人周振甫主编的《唐诗宋词元曲全集》将其余所有逸诗均已收录于《全唐诗》第一册中(黄山书社1999 年 1 月版,卷四五,第 383—390 页)。虽然有人曾对该集真伪问题提出异义,但多数研究者均认为,《龙湖集》中的诗作,无论从其创作题材、作品的时代感、韵律的运用以及诗篇的风格等方面综合研究,多数诗篇的真实性应毋庸置疑。虽然陈元光原籍并非闽南,但他从 13 岁以后便随父入闽,至其战殁的 711年,一直在闽南生活,其《龙湖集》中的多数诗作,皆为他在闽南期间创作的,因此将其作为闽南诗之首创者,这一地位是毋庸置疑的。

《龙湖集》中的诗作具有丰富的社会内容,包括了其建州治政、军旅生涯、感怀抒情及歌咏闽南山水景色之作。作为首任漳州刺史,陈元光有着一种要在偏远的边陲实施教化,传播河洛文化与中原核心价值,移风易俗的信念和紧迫感,所以诗作中,颇多被称为治政、教化的诗篇。这些诗篇的内容,直接反映他有意识地将中原文化传统引入这原来的蛮荒之地。如《教民祭蜡》、《祀后土》,传播中原祭祀礼仪文化,如《修文语士民》:

> 庙算符天象,干旄格有苗。三军歌按堵,万骑弛鸣镳。虔岭顽民远,朝阳寇逆招。修文倚众士,锡命自皇朝。莫篆天然石,惟吹洛下箫。声闻神起舞,气感海无妖。方叔猷元壮,相如赋未饶。成周放牛马,林野任逍遥。①

这首诗当写于大规模作战结束,在安定的氛围中正转入建设的时期,作者把"修文"——建立典章制度与实施文化建设的各项举措——列为重要的事业,他理想中的如同西周初年伐纣胜利后,可以马放南山,安心建设了。《示珦》虽是一首告诫其子陈珦的教子诗,但同样表达诗人发展经济,实施文化教养的愿望和作法。诗云:

> 恩衔枫陛渥,策向桂渊弘。载笔沿儒习,持弓缵祖风。祛灾剿猛虎,溥德翊飞龙。日阅书开士,星言驾劝农。勤劳思国命,戏谑逐时空。百粤雾纷满,诸戎泽普通。愿言加壮努,勿坐鬓霜蓬。②

诗中的"日阅书开士,星言驾劝农。勤劳思国命,戏谑逐时空"恰切地传递出他此时的所作所为。而《语州县诸公》诗中"敦伦开野叟,勤学劝生儒"等诗句,同样传递出以中原礼乐文化教化南土的信念。

和治政、教化诗作相比,陈元光的反映军旅生涯的诗篇,是其诗作中的精华,千年之后,读之犹觉其虎虎生风,展示出一位大唐开疆拓土将军博大的胸襟。如《平獠宴喜》:

---

① 周振甫编《唐诗宋词元曲全集·全唐诗》,黄山书社,1999年1月版,第386页。
② 周振甫编《唐诗宋词元曲全集·全唐诗》,黄山书社,1999年1月,第383页。

玉铃森万骑，金鼓肃群雄。扫穴三苗窜，旋车百粤空。风生云无帐，雪压碧油幢。烈火消穷北，呈祥应岁东。朝端张孝友，刍鳖待元戎。①

《题龙湖》(五首)、《平獠宴喜》、《旋师之什》、《晚春旋漳会酌》、《晓发佛潭桥》等，都真切而生动地再现当时艰苦开拓、一往无前的精神与气概，而《漳州新城秋宴》、《落成会咏》，则是反映其创业成功后的喜悦心情，如《漳州新城秋宴》：

地险行台壮，天清景幕新。鸿飞青嶂杳，鹭点碧波真。风肃天如水，霜高月散银。婵娟争泼眼，廉洁正成邻。东涌沧溟玉，西呈翠巘珍。画船拖素练，朱榭映红云。琥珀杯方酌，鲛绡席未尘。秦箫吹引凤，邹律奏生春。缥缈纤歌遏，婆娑妙舞神。会知冥漠处，百怪恼精魂。②

山水景物诗则是《龙湖集》中题材较为集中的又一类诗作。尽管诗人远离故土，难免有怀念故乡之情(见其《故国山川写景》)，然而他更以满腔的热情，歌咏这片亲手开拓的南国风情。《半径题石》《半径寻真》《山游怀古》《观雪篇》《湖州三山神题壁》等，均为歌咏岭南山水景物的诗作，如《山游怀古》：

迅烈驱黎瘴，委蛇陟翠微。汉宫尘漠漠，隋社黍离离。圣远津稀问，蟾升树亦辉。晨昏童冠浴，夜静士民嬉。边檄兴师旅，秋深近阻饥。仲由刚协力，曾点志同时。倚曲酬歌去，宣尼正哂而。③

除上述三类诗作外，《龙湖集》中还有许多诗作或借古咏今，或有感而发，如《云龙》《风虎》《圣作物睹》《真人操》《恩义操》《忠烈操》等一批诗作。这些作品以明理见长，是他对传统文化中有关论题的感悟和相关哲理的思考，和前三类诗作相比，未免感到说理有余而意境不足，但也真实地反映他的思想意识中的另一面，这对于全面认识诗人的境界和情感也是有价值的。

---

① 周振甫编《唐诗宋词元曲全集·全唐诗》，黄山书社，1999 年 1 月，第 385 页。
② 周振甫编《唐诗宋词元曲全集·全唐诗》，黄山书社，1999 年 1 月，第 384 页。
③ 周振甫编《唐诗宋词元曲全集·全唐诗》，黄山书社，1999 年 1 月，第 385 页。

需要说明的是以上诸类诗作题材的区分,仅是从其主要倾向上来作出的分类,其实这些作品的内容往往是相互交集在一起的:如军旅生涯诗作中往往和山水景物的内容相互交错,而咏怀诗内容与教化诗联系得十分密切,有时很难将其准确区分。作为闽南开拓初期的文学创作,《龙湖集》的这些诗作,为我们认识和了解初唐时期闽南的社会、经济、文化、民俗等方方面面提供了十分珍贵的第一手资料,值得认真加以研究。

我们还特别应当提到的是与陈元光一同开发闽南的几位志同道合的诗作者,如陈元光的副手、漳州别驾许天正和军谘祭酒丁儒,虽然他们留下的作品不多,许氏仅有诗作一篇,丁氏则存诗两篇,但这些作品也是分外珍贵的。

许天正,河南汝南人,随陈政入闽平定泉潮间"蛮獠啸乱",屡立战功。陈元光建漳后,任郡别驾。永隆二年(681),陈元光与许天正领兵入潮,以平定南海寇乱。回师绥安后,陈元光作《平潮寇》诗,其中有"参军许天正,是用纪邦勋"句,许氏以原韵和诗一首:

> 抱磴从天上,驱车返岭东。气昂无丑虏,策妙诎群雄。飞絮随风散,余氛向日熔。长戈收百甲,聚骑破千重。落剑惟戎首,游绳系胁从。四野无坚壁,群生未化融。龙湖膏泽下,早晚遍枯穷。①

许氏是辅佐陈政、陈元光父子平乱和开漳治漳传播中原文化重要人物。据载,他不仅有谋略,且善文学,"博学能文,军政之暇,未尝释卷"。陈元光对许天正十分推崇,凡有举措,必与之商量而后行。陈元光政务繁忙,便将教育子弟之事托付给他,其子陈珦也从学于许天正。可以推知,许天正与陈元光在治政之余,必然也常有诗文酬唱的,只是未能流传下来。许氏的这首和诗,写得大气磅礴,难怪其深得时人赞誉。

和陈元光、许天正一起的,还有时任军谘祭酒的丁儒。丁氏为河南济阳人,早年跟从曾镇府戍漳,曾氏退隐后又跟随陈政、陈元光父子开漳治漳。史载其曾献平蛮之策,立下功勋。丁氏家谱中载有两首诗,一为《冬日至泉郡次九龙江与

---

① 周振甫编《唐诗宋词元曲全集·全唐诗》,黄山书社,1999年1月,第390页。

诸公唱和诗》，一为《归闲诗》。从诗篇内容可知，两诗均作于丁儒晚年，他已"功成在炎域，事定有闲身"，可以"词赋聊酬和，才名任隐沦"。两首诗虽仅保存于丁氏家谱中，然其真实地记载了当年平乱建漳之后的情景，虽有人对其真伪存疑，但诗中所描写的各种生活画面以及流露出的对闽南风情的热爱，是令人感动的。

从上述资料中我们看到，作为唐代初年从中原来到闽南的开拓者，陈元光及其幕僚在开发的进程中，于征战、治政之余，也不忘以诗歌这一形式来表达他们的真情实感，并起到了引导和提倡的作用。至丁儒作诗时，"漳北遥开郡，泉南久置屯"，"烽火无传警，江山已静尘"（《归闲诗二十韵》），说明经过陈元光开漳建漳后数十年的治理，闽南已呈现一片和平安宁的景象，这两首诗正可以和各种资料中记载的"无桴鼓之惊，号称治平"的说法相吻合。且丁儒的两首诗作中，一首诗题即为《冬日至泉郡次九龙江与诸公唱和》，另一首诗中也写到"词赋聊酬和，才名任隐沦"，则可知其时由中原入闽的人士中已多有喜好词赋者在，从而形成酬唱风气。笔者以前曾提出，当时闽南一带已实际存在了以陈元光为核心的一个小的诗派，并形成有其独特风格的"岭南诗风"，至今依然认为这一说法是有据的，也符合唐人好诗的风气，只可惜的是未有更多诗人作品传流下来。

作为早期入闽、开发闽南的中原移民，正是他们的诗作中所呈现的忠君爱国、乐观向上、敢作敢为、勇于开拓的基调和内涵，积淀成为闽南族群心理的重要基因。而丁儒两首诗中所表露出的对于新迁徙地闽南自然风光、风情和独特的民俗的讴歌，也成为后代闽南人文学创作中常见的基调和题材。那种对和平生活的热爱和向往，对田园安定生活的赞美，以及这两首诗中自然流露的乡土情感，都使之置于中国历代田园诗中，也属上乘之作。

在初唐时期先行者的倡导之下，随着教化的实施、教育机构的设立，中原移民的加速南来，至中唐时期，文教开始出现初步昌盛的局面，而这种局面的推动者，依然是来自中原的仕宦于闽的官吏们。据载，唐大历年七年（772），李椅被任命为福建观察史，作为李唐皇室宗亲，李椅仕闽后，兴教立学，订立学规，亲自教授生员，使闽地向学之风为之一变。在李椅之后不久，曾任丞相的常衮被贬入闽，继任福建观察史之职。他也十分注重教育，在闽各地设立乡校，时时督责，更使得闽地文教之风大盛。其后还有柳冕。李、常、柳三人既为闽地最高行政官员,其影响力较之唐初仅为漳州刺史的陈元光自然不同,也正是在这种背景下,闽南士人开始了其迈向国家政治舞台的第一步。

泉州在中唐时期文教的兴起,还得益于这一时期先后任泉州的刺史薛播、席相、裴次子及其后任泉州别驾的姜公辅,他们都是热心倡导推行文教的官员,泉州首位进士欧阳詹,在其未成名前,这些官员已对其诗文大加赞赏并为之传播,以至京师亦知其名。贞元八年(792),欧阳詹与韩愈、李观、崔群等二十二人为同榜进士,从而开闽南人登进士第之先河,也激励了闽南士子的向学求进之风。欧阳詹自登第后至贞元十五年才得到"国子四门助教"的小官,在长安期间,他一直郁郁不乐,不久便病故了。欧阳詹虽然官运不济,但却结识了中唐时期著名学者韩愈、柳宗元等,并积极支持与直接参与了他们发起的古文运动,提倡"文以载道",他为后人留下八卷《欧阳行周文集》,他的许多作品,也是"古文运动"理论的践行之作。

继欧阳詹之后中进士的是漳州人周匡物和潘存实。周匡物,龙溪人,唐元和十一年(816)进士,官至高州刺史;潘存实,漳浦甘棠人,元和十三年(818)进士,官至户部侍郎。这是陈元光逝世百年之后漳州开始出现的进士与任职于京城并担任较重要职务的官员。难怪明代张燮在《清漳风俗考》中将他们联系一起,说:"唐垂拱时,玉钤建制,始得比于郡国;周潘通籍,而后夫亦稍知学矣。"周潘二人虽存留下文学作品不多,却在当时已为人所传颂。其中周匡物存诗七首,其《轩辕古镜歌》是他未登第时所作,反映其怀才不遇,盼望有施展才能的机遇:

轩辕铸镜谁将去,曾被良工泻金取。明月中心桂不生,轻冰面上菱初吐。蛟龙久无雷雨声,鸾凤空踏莓苔舞。欲向高台对晓开,不知谁是孤光主?①

诗中借镜自喻,期盼有能鉴赏者,使古镜能够"欲向高台对晓开"。这首诗的流传使周匡物在当时便负才名。而他描写家乡景色的《三桥隐居古歌》,更是一幅情景交融的春光画:

---

① 朱水涌、周英雄主编《闽南文学》,福建人民出版社 2008 年 8 月,第 81 页。

　　谁家作桥溪水头，茅堂四月如清秋。白云已过暮山紫，黄鸟不鸣春自幽。掀髯背向孤舟立，犹记仙源会旧人。雨打疏蓬醉不知，桃花一夜急新流。①

　　周匡物的另一首题壁诗，则是广为流传的一则佳话。《闽川名士录》载，周匡物家中贫寒，只能徒步赴京赶考，谁知途经钱塘江时，因无钱付过江渡船费，心中悲苦，便在公馆墙壁上题诗一首，即《应举题钱塘公馆》：

　　万里茫茫天堑遥，秦皇底事不安桥？钱塘江口无钱过，又阻西陵两信潮。②

　　据传此诗被地方官知道后，立即下令守护津渡的吏员，不得收取参加科考举子的渡船费，并成为一种惯例。

　　潘存实在未应试前，曾在梁山书室苦读，后因与周匡物结为挚友，便一起在漳州市郊外的天城山书室一同切磋研讨，时人称之为"周潘二先生"。元和中，两人先后中进士，天城山也被人称为"登第山"。潘氏诗文俱佳，其应试之作《晨光丽仙掌赋》描绘晨光中的美景："写乾坤之丽色，先觉朦胧；廓烟雾之余姿，转见明日"，"发明媚于紫霄之际，擎彩翠于碧落之间"等佳句，对仗工整，词句精美，为人所传颂，其《赋得玉声如乐》，是一首典型的五言咏物诗作：

　　表质自坚贞，因人一叩鸣。静将金并响，妙与乐同声。杳杳疑风送，泠泠似曲成。韵含湘瑟切，音带舜弦清。不独藏虹气，犹能畅物情。后夔如为听，从此振琮琤。③

　　由于潘氏诗作在艺术上具有较高的造诣，因而深为文人喜爱，其作品分别被

---

① 朱水涌、周英雄主编《闽南文学》，福建人民出版社 2008 年 8 月版，第 81－82 页。
② 朱水涌、周英雄主编《闽南文学》，福建人民出版社 2008 年 8 月，第 81 页
③ 朱水涌、周英雄主编《闽南文学》，福建人民出版社 2008 年 8 月，第 82 页。

选入《全唐文》、《全唐诗》、《文苑英华》、《唐文粹》等中。

闽地交通不便,山水阻隔,从闽南千里迢迢要到唐代国都长安,其艰难程度不难想象,况且如周匡物这样出身贫寒的举子竟然是靠徒步跋涉前往京城,这需要何等的毅力和意志! 值得庆幸的是,中唐时期,闽南的士人终于迈开坚实的脚步,向着河洛、向着中原、向着长安走去,作为闽南文学开创期的先辈,他们是值得我们尊敬的勇敢的先驱者与开拓者。

但是,就整个唐至五代的三百多年间,不仅闽南,全闽都仅处于文教的开创期。是中原移民文化的不断传入和影响,才使得这块东南边陲逐渐呈现出生机并蕴育出苗壮的幼苗来。初唐的中原开漳将士,中唐时期仕闽的朝廷官员以及晚唐时期的"三王"入闽,一次次地为闽南乃至全闽带来中华文化的母乳,哺育着这块新开发的土地。

晚唐时期,"三王"入闽,又一次为闽地的文教兴盛带来新的机遇。王审邽、王延彬父子相继任泉州刺史,时间长达数十年之久。早在王审邽时期,便特别注重文化建设,他"喜儒求,通《春秋》,善吏治"。不管是在协助其兄治泉期间,还是独任泉州刺史之时,特别注重"招怀离散",在安定民众生活的同时,特别爱惜招抚各种人才。为此,他在泉州设立了招贤院,让其子王延彬主持,吸引了大批北方入闽文士前来。这些名士云集泉州,相互切磋学问,自然也创作了数量众多的文学作品,据不完全统计,招贤院文士在院期间所创作的诗篇,被后人收入《全唐诗》及各种诗集的就达340多篇。在这种风气的浸染下,王延彬也成为王氏后裔中一位喜欢写诗的王族子弟,他的一些诗作也一直流传至今。可以说,在晚唐至五代的六七十年间,泉州无论在经济上还是在文化上,都是得天独厚的发展时期。

在唐代闽南文学发展史上,还应当注意莆田的文学之风。莆田长期属于泉州管辖,其发展历程也是与泉州同步的。中唐时期是莆田文教的初始发展阶段。一般认为,莆田文教的兴起和发端,始于中唐时期的郑露、郑庄、郑淑三兄弟首创的"湖山书堂"。据《荥阳南湖郑氏族谱》载,郑氏先人因仕宦入闽,其后自河南荥阳迁居于侯官浔溪,唐德宗贞元元年(785)自侯官至莆田南山构堂讲学,训育子弟,开启莆田文教兴起,此时又正是李椅和常衮先后入闽兴学之时。莆田人林藻、林蕴与欧阳詹是同窗好友,欧氏曾与林家兄弟一起在莆田读书五年。其后,林藻、林蕴兄弟也与欧阳詹先后参加科举,林藻为明经、林蕴中进士。而在词学史上颇有贡献的莆田人许稷,也是这一时期在文学方面崭露头角的名士,其小令格调清新明朗,词藻华丽,向为人所传诵,《江南春》词尤著名。至晚唐时期,莆田的郑良士和黄滔也是以诗名传扬于时的,郑良士早期入京时,屡试不中,直至38岁时,因一次向朝廷献诗五百首而受到唐昭宗李晔的赏识,破格授予国子四门博士。黄滔则后于郑良士两年的公元895年考取进士。黄滔虽然自871年入京,至二十五年后方中进士,但毫不气馁。黄滔一生创作大量诗赋,是唐五代时期享誉诗坛的大家,与韦庄、杜荀鹤、罗隐等齐名,仅《全唐诗》即收录其作品208首。宋著名学者洪迈对之评价甚高,谓"其文赡蔚典则,策扶教化。其诗清醇丰润,若与人对语,和气郁郁,有贞元、长庆风概"。而其赋则"雄新隽永,使人读之废卷太息"。黄滔有文集四卷,被收录到《全唐文》中。其后,黄滔回到故乡,受到王审知的重用,为威武军节度推官。后人谓"王审知据有全闽,而终守臣节,滔匡正之力为多"。黄滔的诗集有《泉山秀句》30卷,文集《东家篇略》10卷。《四库全书》收《黄御史集》10卷,附录1卷。由于他杰出的文学成就而被时人推为诗坛盟主,后世誉之为"闽中文章初祖"。自中唐之后,莆仙一直文风昌盛,人才辈出。

综上所述,闽南在有唐三百年间,有幸于初唐、中唐及晚唐五代一直得到中华传统文化的滋润与传承,从而在两宋以后,异军突起,与全闽一样成为国内文教昌盛的地区之一,这应当是时代给予闽地及闽南人的厚爱吧!

二、成熟期的闽南文学

自宋以后,闽南文学已进入成熟期。千余年间,闽南尽管历尽沧桑,而闽南士人,则秉持中华文化传统,创作出大批无愧于时代、民族的鸿篇巨著,虽历经岁月的冲刷,依然焕发出灿烂夺目的光彩。闽南文学传统中的鲜明特色似可概括为下述四个方面。

(一)忠贞报国的传统

闽南人虽地处边陲,却心系中华,被誉为内聚力与对中华文化向心力极强的族群。闽南文学,从开创期起,便打上忠贞报国的深深烙印。《龙湖集》中作品的基调便是如此。

　　两宋时期,闽人得天时地利之便,经济发展、文教兴盛。宋朝重视文人,闽地众多士子通过科考而进入朝廷决策中枢,出将入相,为这一时代的辉煌作出了独特的贡献。北宋时期,闽人相继出任朝廷要员,许多人确实是抱着强烈的报国之心,并有坚定的信念,其中不乏如宋仁宗时代以刚直不阿著名的章得象,被宋神宗誉为"两朝顾命定策元勋"的曾公亮。章氏为闽北人,而曾氏为闽南晋江人。曾氏一生历经仁宗、英宗、神宗三朝,为人方厚端重,气度不凡,其诗如其人,磅礴大器。如《宿甘露寺僧舍》:"枕中云气千峰近,床底松声万壑哀。要看云山拍天浪,开窗放入大江来。"虽仅四句,而写尽长江与北固山的宏伟气势。曾氏推荐并支持王安石变法,在此期间,有多位闽人入阁拜相,虽良莠不齐,然多有以天下为己任的自信心态积极参与国事,尤其是涉及国家生死存亡的关键时刻,时常可以见到不顾个人安危直言政事的闽南人士。

　　两宋自开国便处于战略守势,北无燕云十六州之险,西无贺兰、昆仑之固,寇患频仍,和战之争,贯穿于三百年之始终。靖康元年,金兵犯汴京,蔡京、童贯等奸臣罢黜爱国将领李纲、种师道,准备与金人议和。漳州太学生高登与江苏太学生陈东不顾个人安危,联合在京千名太学生,于宣德门伏阙上书,请诛奸臣蔡京、童贯等人,要求释放李纲、种师道,委以守城重任。这是史书上有记载的声势较为浩大的一场学生运动,太学生的行动及到京城数万百姓的支持,使宋钦宗不得不接受学生的意见。值此国家危亡之际,高登置个人安危于不顾,连续五次上书宋钦宗陈述治国之策,抨击时政之弊,直言无畏,因此遭权奸构陷而被斥逐回乡。绍兴二年(1132),高登考取进士,廷对时"极意尽言,无所顾避,有司恶其直",仅授以副主簿的小官,此后又因得罪秦桧,被押送静江狱,继之又送容州编管。但高登从不以个人安危为念,屡次上书指言朝政得失,在家乡及容州期间,讲学论道,收学生数百人,并在漳州形成了"高东溪学派"。

　　高登诗词俱佳,抒发其忠贞不渝的气节与敢于同黑暗势力斗争的决心,如《陈少阳赠官》:"言言英烈在,昭昭星斗垂。兰死则留芳,豹死则留皮。男儿倘得死,其死甘如饴。"《留别》诗:"道义重千钧,利名轻一叶。壮风吐虹虫,忠诚贯日月。插剑露肝胆,看镜念勋业。"其词作则往往借景抒情,感慨人生,真情自然流露。如《渔家傲·绍兴甲子潮州考官作》:

　　名利场中空扰扰,十年南北东西道。依旧缘山尘扑帽。空懊恼,羡他陶令归来早。归去来兮秋日杪,菊花又绕东篱好。有酒一尊开口笑。虽然老,玉山犹解花前倒。①

　　当然,两宋时期最让人难以忘怀的则是南宋末年的亡国之痛。曾经横扫欧亚大陆蒙古军队的铁蹄,终于无情地践踏在中华的大地上,面临国破家亡的惨祸,南宋少数将领护卫着年幼的宋皇室两位幼帝,沿着海岸线自北向南溃退,福建这块崎岖不平、山峦起伏、沟壑纵横的土地,成为大宋复国的最后一点寄托和希望。这是民族危亡的关键时刻,驻守福州的王积翁降元,而泉州大权掌握在海外巨商蒲寿庚手中,蒲氏尽杀南宋宗室后降元。闽南漳州及莆田、汀州则成为了抗元的根据地。南宋最后一位状元陈文龙坚守兴化孤城,兵败被俘,绝食而死。临死前写下绝命诗《元兵俘至合沙,诗寄仲子》:

　　斗垒孤危力不支,书生守志誓难移。自经沟渎非吾事,臣死封疆是此时。须信累臣堪衅鼓,未闻烈士竖降旗。一门百指沦胥尽,惟有丹衷天地知。②

　　由于闽南民众的强力支持,1277 年春宋军曾一度发起反攻:文天祥自漳州出发攻克梅州,入江西围攻赣州;陈文龙之侄陈瓒在兴化组织起义,占领莆田;张世杰于广东攻克潮州后北上围攻泉州,所部攻克邵武。历时近一年时间。闽南人在这一期间产生了许多抗元的农民起义,如陈吊眼(今云霄人)曾联合畲族许夫人,于 1276 年共同发动抗元起义,义军达十余万人。在福建全境沦陷后,义军仍能在 1280 年乘中秋之夜攻克漳州。陈吊眼起义直到至正十九年(1282)方才失败被杀。

　　在南宋残部退出福建进入广东时,闽南众多士民纷纷随同护驾,产生了十分感人的陈碧娘的《平元曲》,这样动人的诗篇以及其诗背后的故事是:陈碧娘为

---

①　周振甫编《唐诗宋词元曲全集·唐宋全词》第三册,黄山书社,1999 年 1 月,第 1072 页。
②　陈焯:《宋元诗会》卷五十一,《文渊阁四库全书》,第 16 页。

云霄陈岱人,其祖父陈景肃,是高登的学生,官知制诰。父陈肇,官至参知政事、太尉、同平章事。她自幼受到良好教育,能文能武,有才女之名。长成后嫁给时任潮州右都统的张达为妻。她有弟二人,大弟陈植,提督岭南路兵马;从弟陈格,任海盐卤簿。南宋祥兴元年(1278),陆秀夫、张世杰等退守崖山,陈碧娘丈夫张达兵败回家,陈碧娘劝其同弟植、格一起,奔赴崖山护驾,并亲自渡海送至钱澳(今广东南澳境内,后人名此地为"辞郎洲"),殷殷而别。返家后,碧娘牵挂在外作战的亲人,作《平元曲》寄丈夫及二位弟弟:

> 虎头将军眼如电,领兵夜渡龙舟堰。良人悬腰大羽箭,广西略地崖西战。十年消息无鸿便,一纸凭谁寄春怨? 日长花柳暗庭院,斜倚妆楼倦针线。心怀良人几时见? 忽睹二郎来我面。植兮再吸倾六罐,恪也一弹落双燕。何不将我张郎西,协义维舟同虎帐。无术平元报明主,恨身不是奇男子。倘妾当年未嫁夫,请效明妃和西房。房人不知肯我许,我能管弦犹长舞。二弟慨然舍我去,日睹江头泪如雨。几回闻鸡几濒死,未审良人能再睹?①

其后,闻崖山告急,碧娘将儿子寄亲戚家中,自己亲率部分人马赴前线助战。但当她到达崖山时,战场狼藉,宋君臣投水而亡,张达与陈格战死,陈植不知去向。碧娘亲手掩埋丈夫尸体,自刎以殉,从而在抵抗异族统治的斗争中留下悲壮的史篇。

明末清初,是闽南人又一次奋起悍卫中华文化传统的时代,这次的斗争更加惨烈。历史竟然这样惊人地重现。当清军的铁蹄践踏中华大地时,崇祯皇帝上吊,南明政权崩溃,隆武帝即位于福州。这时,起来保卫大明政权的文武大臣中,首辅黄道周,武英殿大学士,吏部兼兵部尚书,漳州东山人。武则为郑芝龙,泉州南安人。黄道周从天启二年(1622)中进士时起,目睹朝廷昏庸,宦官专权,权臣滥权,多次上疏廷辩,直至与皇帝当面论争,因而受贬斥、廷杖乃至下狱,被指为"伪学"。但是,当国难当头时,他不顾自身安危,挺身而出,带领义军北上抗清,

---

① 民国三十六年版《云霄县志》,云霄县人大常委会编印,第259页。

兵败被俘。黄道周是位多才多艺的学者、诗人、书画家。他与徐霞客是至交,徐氏曾评价黄道周:"字画为馆阁第一,文章为国朝第一,人品为海内第一,其学问直接周孔,为古今第一。"

黄道周一生创作大量诗赋作品,其《黄漳浦集》中有诗十四卷,2300 多首,选材广泛,形式多样,内容丰富。但就其主干则是感怀时事,抒发其忠贞爱国、忧国忧民的情感。其中最为感人的是他被俘后,因于南京监狱时所作的《石斋逸诗》,共 311 章,其时黄氏已下定以身殉国之志,他多次斥责清人的劝降,以诗篇表达其不可动摇的信念。如《时发婺源,赵渊卿职方、毛玄水别驾、赖敬儒、蔡时培三中书相失寄示四章》其四:"捕虎仍在野,投豺又出关。席心如可卷,鹤发久当删。怨子不知怨,闲人安得闲? 乾坤犹半壁,未忍蹈文山。"又如《发自新安,绝粒十四日复进水浆,至南都示友》"诸子收吾骨,青天知我心。为谁分板荡,未忍共浮沉。鹤怨空山曲,鸡啼中夜阴。南阳归路远,怅作卧龙吟。"①尤其令人感动的是,当他受刑之日,一直跟随他的四位弟子同时赴难,显示了中华民族不畏牺牲、前仆后继的崇高品格。

继黄道周之后,坚持在闽南抗击清军的是郑成功的军队。郑成功(1624—1662)出生日本,其父郑芝龙在明末原为海上走私集团成员,后归顺朝廷,被任为福建总兵。当明朝灭亡,清兵入关后,郑芝龙在福州拥立闽王朱聿键继承帝位。后郑芝龙降清,郑成功与其父决裂,率其父旧部于金门誓师抗清,闽南一带成为他反清复明的根据地。郑成功先后与清军作战长达十五年之久,并曾一度带领水师北上,直达南京。1661 年,郑成功率军东渡收复台湾,并继续以此为基地,准备长期与清军作战,恢复故国。郑成功自幼学习儒业,曾考取秀才,在南京时,拜著名学者钱谦益为师,有文才。其后虽几十年戎马倥偬,依旧以诗明志,如其《出师讨满夷自瓜州至金陵》:

> 缟素临江誓灭胡,雄师十万气吞吴。诚看天堑投鞭渡,不信中原不姓朱。②

---

① 转引朱水涌、周英雄主编《闽南文学》,福建人民出版社,2008 年 8 月,第 214 页。
② 转引朱双一著《闽台文学的文化亲缘》,福建人民出版社,2003 年 7 月,第 38 页。

诗篇虽短而气魄宏伟,写尽心中磊落之气。收复台湾后,其《复台》诗也是流传至今的佳作:

> 开辟荆榛逐荷夷,十年始克复先基。田横尚有三千客,茹苦间关不忍离。①

《复台》诗是郑成功在收复台湾后所作,也是台湾文学的开篇之作。

郑成功复台不久即英年早逝,但其子郑经不忘父业,继承其志,以台湾为根据地继续坚持抗清。并曾乘三藩之乱,一度占领整个闽南及粤东地区与清朝对抗。郑经(1642—1681)也善诗词创作,在近 20 年间写下了数以百计的诗词作品,有《东壁楼集》,存诗 480 首。诗中表达对故国的深深怀念之情,如其《悲中原未复》诗:

> 胡虏腥尘遍九州,忠臣义士怀悲愁。既无博浪子房击,须效中流祖逖舟。故国山河尽变色,旧京宫阙化成丘。复仇雪耻知何日,不斩楼兰誓不休。②

在异族统治下,许多闽南诗人宁可成为遗民,不愿为新朝服务。闽南在元初就有金门的丘葵(约 1244－1333)这样在宋亡后杜门不出、保持志节的士人,他与郑思肖、谢翱被合称为"闽中三君子"。明末清初,众多几社、复社的遗民诗人,聚集于郑成功及其子郑经的麾下,"成功素以恢复自任,宾礼遗臣,是以海上衣冠云集"③。其中著名的如卢若腾、张煌言、沈佺期、曹从龙、徐孚远等。此外闽南的漳、泉、厦各处还有为数不少的一批遗民诗人,创作了相当可观的一批诗作,反映闽南士人强烈的家国情怀。漳州龙溪诗人杨联芳在隆武帝亡后,曾写下《绝命诗》拟自杀,被其子发现不遂,他还有《变后》一诗,读之令人慨叹:"西山自古无周粟,东海由来不帝秦。难作鹿门偕隐侣,岂堪虎穴度馀身。青峦未改旧松

---

① 转引朱水涌、周英雄主编《闽南文学》,福建人民出版社,2008 年 8 月,第 26—27 页。
② 转引朱水涌、周英雄主编《闽南文学》,福建人民出版社,2008 年 8 月版,第 27 页。
③ 李聿求《鲁之春秋》卷一一。

粟,故国何当易介鳞。一笑一啼频洒泪,秋风秋草为谁辛。"[①]他们在经历这场天崩地裂的灾难之后,依然保持鲜明的立场和峥峥骨气,而为了保持自己的气节,甚至不惜与亲人决裂。郑成功与其父郑芝龙的分道扬镳是为一例。而洪承畴之弟洪承畯也是十分突出的代表。洪承畯深恨其兄降清,隐居紫衣山,并在其兄府第对面建造通天宫,祀奉唐"安史之乱"中因抗击安禄山叛军的著名将领张巡、许远。宫中的许远塑像横眉怒目,右手伸出两指正对洪承畴大门,"通天"也是罪恶"滔天"的谐音。

　　由洪承畴、郑芝龙的叛变投敌,也从另一方面反映出闽南人性格中"恶"的一面。就是有的人在面临人生大节的关键时刻,不能把持自己,贪利忘义,因而作出了有害国家和民族的坏事,去追求一己之私,甚至于危害自己的乡亲。最突出的例子,莫过于清初的迁界。郑成功的长达数十年的抗清,获得沿海民众的广泛支持,使清朝廷十分头疼,在讨论如何切断郑军与民众的联系时,叛变投清的原郑成功的部将黄梧(平和人)竟然向清朝廷献策,在从山东到广东漫长的海岸线实行"迁界",实施后,使沿海地带30里范围内内的民众家破人亡,流离失所,长达20年之久,可谓罪大恶极,罄竹难书!

　　(二)对故乡故土的情怀

　　闽南文学作品中,有一种浓烈的热爱家乡、热爱生活的情感。许多著作谈及闽南人自隋设立科举后180年间无人赴京参加科举时认为,"闽中人士贪恋家乡山水,不肯远游出仕,无心参加科举",(朱水涌、周英雄主编《闽南文学》,福建人民出版社2008年8月,第62)虽然这只是原因之一,但也是颇有道理的。毕竟自古以来中华文化中就有"父母在,不远游"的风习,就像当年闽南首位进士欧阳詹虽到长安六年后才科考及第,然而等他回乡省亲时,母亲已经长眠九泉,他痛苦地写下了一首悼母诗:"高盖山前日隐微,黄昏宿鸟傍林飞。坟前滴洒空流泪,不见丁宁道早归。"

　　从唐代起,闽中士子就写下大量吟咏故乡山水的诗篇,如欧阳詹在四川嘉陵江写的思乡诗《与林蕴同之蜀,途次嘉陵江认得越鸟声呈林,林亦闽中人也》:

---

①　李竹深辑校《漳州古代诗词选》,海峡文艺出版社,2004年12月,第246页。

正是闽中越鸟声,几回留听暗沾缨。伤心激念君深浅,共有离乡万里情。①

北宋初年,泉州南安诗人钱熙(953—1000)则是直接用诗歌写出故乡秀美的山光水色的。其《题清源山》:"巍峨堆压郡城阴,秀出天涯几万寻。翠影倒时吞半郭,岚光凝处滴疏林。"《九日溪景偶成》:"渔家深处住,鸥鹭泊柴扉。雨过山迷径,潮来风满衣。岸幽分远景,波冷漾晴晖。却忆曾游赏,严陵有旧矶。"②朱熹仕宦于闽南时,前后写下数量颇丰的吟咏闽南山水的诗篇,如咏晋江凤山诗:"门前寒水青铜阙,林外晴峰紫帽孤,记得南坨通柳浪,依稀全是辋川图。"③全用白描手法描摹出闽南山川之可人。

晋江诗人林外(1106—1170)是南北宋之交的诗人,好酒,是位性情中人。他年青时屡试不第,曾题词于苏州城东的吴江垂虹桥下的桥洞飞梁处:

飞梁欹水,虹影登清晓。桔里渔村半烟草。叹来今往古,物换人非,天地里,唯有江山不老。雨巾风帽,四海谁知我? 一剑横空几番过,按玉龙,嘶未断,月冷波寒。归去也,林屋洞门无锁。认云屏烟障是吾庐,任满地苍苔,年年不扫。④

因词名《洞仙歌》,意境卓尔不凡,无人间烟火味,因此人们以为真是吕洞宾下凡所写的,并由此引发一场文场趣事。据说有人将词抄呈宋高宗赵构,赵看后笑道:"是福州秀才云尔。"廷臣问其何以得知,赵构说:"以其用韵盖闽音云。"因词中下半阙的"帽"、"过""锁""扫"须用闽南话读方才押韵。其实这首词也是他对自己平生际遇的感慨,既然无人知我,何不归去。林外并非不食人间烟火的书生,早年他在汴京太学时,曾与高登为友,也是个参与上书的热血青年。他有一首在杭州西湖的题诗:"山外青山楼外楼,西湖歌舞几时休? 暖风薰得游人

---

① 转引朱水涌、周英雄主编《闽南文学》,福建人民出版社,2008 年 8 月,第 102 页。
② 转引朱水涌、周英雄主编《闽南文学》,福建人民出版社,2008 年 8 月,第 68 页。
③ 同上,第 121 页。
④ 同上,第 72 页。

醉,直把杭州作汴州。"(《题临安邸》)指斥南宋政权苟且偷安,不思进取。

南宋末年,著名词人刘克庄(莆田人)于理宗端平三年(1236)知漳,留下一批歌咏漳州景物的诗词,如《水仙花》《灵著祠》《木棉铺》《龙溪道中》等诗作。其中《水仙花》诗:"岁华摇落物萧然,一种清芬绝可怜。不许淤泥侵皓素,全凭风露发幽新。骚魂洒落沉湖客,玉色依旧捉月仙。却笑涪翁太脂粉,误将高雅匹婵娟。"

元末明初漳州龙溪诗人林弼的《咏盘陀岭》,也是一首人们常引述的佳作:

盘陀岭上几盘陀,茅竹萧萧雨乍过。水暖游鱼出阴间,草香驯鹿食阳坡。怪山当面疑迷路,啼鸟迎人却和歌。纵谓世途当险恶,太行蜀道又如何?①

明代泉州诗人黄吾野(1524—1590)为惠安崇武人,他生于海疆又值沿海民众深受倭寇之乱的痛苦,其诗作中多有反映当时战况的诗篇,被学者们称为"海战诗",其描写倭寇被平后的诗篇:

海天南望战尘收,漠漠平沙罢唱筹。渔艇已鸣烟前橹,农人又住水边洲。登临好尽千岩胜,潦倒宁知百岁忧。况是将军今却縠,一时文藻忝名游!②

黄吾野毕生周游名山大川,写下大量吟咏山川景色的诗篇,其中许多是写家乡景致的。如《万石峰草庵得家字》便是其中一首:

结伴遥寻太乙家,峨峨万石映孤霞。坐中峰势天西侧,衣上梦阴日半斜。风榭无人飘翠瓦,云岩有水浸苔花。何年更驻苏杭鹤,静闭闲房共转砂。③

---

① 同上,第 159 页。
② 转引朱水涌、周英雄主编《闽南文学》,福建人民出版社,2008 年 8 月,第 134 页。
③ 同上,第 133 页。

（三）关心民生疾苦

从二千多年前的《诗经》起，关心民生疾苦，一直是我国文学创作的重要主题。闽南文学虽起步较晚，但许多作家一开始便能直面现实，关注民生疾苦，这是闽南文学的积极面。唐末泉州德化诗人颜仁郁是这类诗作的杰出代表。王审知治闽时，礼遇士人，颜仁郁被任命为归德场长。史载，颜氏"有诗百篇，婉转回曲，历道人情，邑人途歌巷唱之，号'颜长官诗'"。可惜今仅存二首，其《农家》诗可见一斑：

夜半呼儿趁晓耕，羸牛无力渐艰行。时人不识农家苦，将谓田中谷自生。①

短短四句，将农家耕耘早出晚归情景和盘写出，难怪后人评其诗"皆道民疾苦，皇皇不给之状"②。

北宋时，著名学者、书法家蔡襄，莆田人，为人以忠厚正直讲求信义著称。在朝任职期间，直言敢谏，无所畏惧，权贵多怀畏惧之心。出任地方官期间，关心民瘼，多次奏请朝廷减轻赋税，以安民生。任泉州刺史期间，修建了我国古代桥梁史上著名的"洛阳桥"。桥峻工后，他为之撰写了《万安桥记》，虽仅150多字，但却成为千古传诵的佳作，其中的内容包括造桥时间、地点、筹措经费过程，主事者、用途等，交代得一清二楚。而他的《鄮阳行》，更是活脱脱描述灾民惨状的诗篇："殍亡与疫死，颠倒投官坑。坑满弃道旁，腐肉犬豕争。往往互食啖，欲语心魂惊。"

元代由于闽南人处于最底层，文学之士不愿参与政事，留下的作品也不多。但元末泉州开元寺僧释大圭的《梦观集》，则揭示了素称佛国的泉州民众的悲惨生活，其《吾郡》："吾民从来称佛国，未闻有此食人风。凶年竟遣心术变，末俗何由古昔同。市近只今真有虎，物灵犹自避生虫。诸公肉食无充耳，急为生民散腐

① 《十国春秋》卷九六《闽七·颜仁郁传》。
② 《五代诗话》引《龙寻稿》。

红。"《南国》诗,则将至正十四年(1354)泉州旱情作了真实描写:"南国地皆赤,吾生亦有穷。丰年何日是? 菜色万人同! 海上舟频发,民间储已空。犹闻谷价涌,开籴若为功?"释氏之诗让我们真实了解到号称东方第一大港的泉州民生疾苦,可谓纪实之作。除上述诗作外,如《哀殍》《苦旱》《悯农》《僧兵守城行》《夜间水车》等,均从不同侧面描述在蒙元统治下闽南民众的苦难生活。

明代的倭寇,曾给沿海民众带来深重灾难,泉州诗人黄吾野的《乱后过洛阳桥》《惠阳伤乱》《龙川道中》等诗,均为伤时之作,《惠阳伤乱》:"东粤重来倍黯然,荒村古堡暗苍烟。山中故老无归业,水上新民未种田。江燕春深巢树腹,野狐日落吠溪边。东风那管乱离事,草色藤花似往年。"(同上第 134)

与黄吾野同时代的惠安诗人李恺,留有《介山集》,其《荒田词》描写了县吏逼税、民众逃荒的悲惨情景:"田畔枕溪流,田禾长菁草。偶从郊外行,试问村中老。官家有税徭,私家需粳稻。春耕何秽芜,秋秩令人恼。……凶饥复连年,恶客阂天道。索租会及时,输粮苦不早。县吏夜捉人,去去入山岛。不能原牛羊,犹自携褓裸。逃者死他乡,存者焉可保。欲言已吞声,恻恻忧如捣。采以上歌谣,无力叩苍昊。"大有杜诗之风。

由上可知,闽南诗人在其作品中,一直坚持着自《诗经》《楚辞》所奠定的风骚传统,直面人生,在不同的年代里撰写出无愧于这一时代的文学作品。

三、海洋意识的形成与海洋文学

闽南文学既传承中原文学的传统,而作为其开拓与发展方面,学者们都一致认为主要是其海洋意识的产生与形成。我国背山临海,有长达 18000 公里的海岸线,虽历来主要以农耕立国,但也从不排斥海洋。不仅海产品一直是沿海民众的重要食品,而且广阔的大海,也一直是南北运输的最重要的通道。因此,从先秦时代开始,我国长期以来都是世界上最重要的海洋大国,掌握着最先进的造船技术与航海技术。在海上贸易方面,我国是海上丝绸之路的东线起点。只是由于明清两代连续数百年的禁海,才使我国从海洋大国的顶峰跌落下来。这样的背景,也使得大海很早就成为中国文学的关注内容。早在先秦文学中,记载着中国古代神话的《山海经》中,已有大量有关海洋、海神的内容。而庄子的《秋水篇》中又有描述河神河伯与海神北海若的对话,这其中关于大海的两段描写,都十分生动传神:"大海无边无垠,水天一色,海天相接";"天下之水,莫大于海。万川归之,不知何时止而不盈;尾闾泄之,不知何时已而不虚;春秋不变,水旱不知。此其过江河之流,不可量数。"秦汉之后,盛传的是海上的仙山琼阁,秦始皇留有"碣石铭"、汉武帝有"汉武台";至于徐福、韩众先后带领童男童女入海等史书记载,均引发后人的千古咏思。曹操的"东临碣石,以观沧海"便是著名的四言诗作。

两汉魏晋南北朝,是赋体文学兴盛的时代,以大海为题材的赋作,自东汉班彪的《览海赋》后,三国时期则有王粲的《游海赋》、曹丕的《沧海赋》。两晋之后,又有木华的《海赋》、潘岳的《沧海赋》、庚阐的《海赋》、孙绰的《望海赋》、张融的《海赋》、梁简文帝的《海赋》、萧纲的《大壑赋》等等。其中最著名的当数木华和张融的两篇赋作,均对大海作了全方位的超时空描写,其中大量运用想象、夸张、比拟手法来渲染大海的壮丽奇伟景观,应当说是以大海作为自然景物的意象,融入不同时代作者的人生哲理与感悟,其中不乏道家与神仙家的思想。这样的文学作品,十分注意语言文字的运用与构思的奇幻,以增强其文学的品位,但与后世所说的海洋意识相去甚远。

唐代时,自中原南下的移民在接触了大海后虽然也不乏才思,但最早关心的是与日常生活相关的内容,因此首位漳州刺史陈元光在《龙湖集》诗作中与海有关的描述是"野味散芳芬,海肴参茂密"(《南獠纳款》),"山畲遥猎虎,海船近通盐"(《落成会咏》其二),虽不够浪漫,却显示出刺史的本色。

随着唐初的开发和对外贸易的开展,闽南人开始了和大海更加密切的结缘。开元、天宝年间,泉州已成为对外贸易较有名气的港口,这一时期的诗人包何在《送泉州李使君之任》中写道:

> 傍海皆荒服,分符重汉臣。云山百越路,市井十洲人。执玉来朝远,还珠入贡频。连年不见雪,到处即行春。①

此诗写出当时人对泉州的印象。唐末、五代,泉州刺史王延彬以善于"发番

---

① 《全唐诗》卷208,中华书局1960年重印本。

舶"而获得"招宝侍郎"的美称。这一时代的著名诗人、泉州莆田的黄滔在其《贾客》诗中,已经将大海作为取得财富的对象:

> 大舶有深利,沧海无浅波。利深波也深,君意竟如何。鲸鲵齿上路,何如少经过。①

至宋元时,闽南人已大量进行海内外贸易。造成闽人多贸易的原因,北宋泉州惠安诗人谢履有一首《泉南歌》:

> 泉州人稠山谷瘠,虽欲就耕无地辟。州南有海浩无穷,每岁造舟通异域。②

地少人多,所以以海为田,谋求生存与发展,确实是闽南地区的内在原因。但唐宋以来的对海内外贸易之逐渐扩大,尤其大批异国商人到来,形成的经商氛围,自然也触发了闽南民众对外开展商贸的动因,这应当是外因。当然,濒海的自然条件,使出海经商贸易成为客观的可能。而这也显示出闽南人已逐渐认识海洋,产生了初始的海洋意识。刘克庄在广州时,所见到的是"濒江多海物,比屋尽闽人"③。

元代的泉州,《马可波罗游记》中称为刺桐港,以为是与埃及的亚历山大并称的东方第一大港。元代莆田诗人林亨曾写有一首《螺江风物赋》,其中一段文字与泉州相关,应视为两地一体之风物:

> 通道而南,城趋乎刺桐。胡椒、槟榔、玎珺、犀象,殊香百品,异药千名。木棉之袠、葛衣之笥,重载而来,轻赍而去者,大率贸白金而置青铜。列肆喧雷,长桥跨虹。北首而近长安之日,东游而快沧海之风。若乃扶桑日出,阳侯波暖,舳舻衔尾,风涛驾空。粒米之狼戾,海物之帷错,退珍远货,不可殚

① 《全五代诗》卷八四,第2页。
② 祝穆《方舆胜览》卷十二·泉州,第12页。
③ 《城南诗》,《后村先生大全集》卷十二,城南,第10页。

名者,辐辏于南北之贾客。①

这篇赋作尽管不是专门描写海洋风物的,但此段涉及海外贸易的具体内容,却与历来仅作为自然意象描写的海赋,具有明显不同的关注点,即具有现实生活的内容。

虽然在郑和下西洋之后,1433 年由于明宣宗的严厉禁海令,然而,在民间尤其是闽南民间的海上贸易活动始终没有被禁住,只不过采用了违法的走私活动方式来进行着,也导致了这一时期的倭寇侵扰事件频发。在肃清倭寇的战斗中,成长起来一批抗倭的英雄,俞大猷、戚继光、沈有容、张经、陈第等等。其中俞大猷为晋江人,沈有容为金门人。陈第为连江人,张经为侯官人。他们都是明朝的海军将领,曾在海战中屡立战功,并创作了一批反映海战的诗作传世。例如俞大猷的《舟师》,可谓豪气干云:

> 倚剑东溟势独雄,扶桑今在指挥中。岛头云雾须臾净,天外旌旗上下翀。队火光摇河汉影,歌声气压虬龙宫。夕阳景里归篷近,背水阵奇战士功。②

天启四年,福建巡抚南居益派遣俞大猷的儿子总兵俞咨皋率部征讨窃据澎湖的荷兰入侵者,大败之,擒其将高文律,斩之。荷兰人不得不请和。南氏视师厦门中左所作两首诗,也是此类作品中的佳作。

其一:

> 寥廓闽天际,纵横岛屿微。长风吹浪立,片雨挟潮飞。半夜防维楫,中流谨衻衣。听鸡频起舞,万里待扬威。

---

① 据明弘治《兴化府志》。
② 引自朱双一著《闽台文学的文化亲缘》,福建人民出版社,2003 年 7 月,第 30 页。

其二：

　　一区精卫士,孤戍海南边。潮涌三军气,云蒸万灶烟。有山堪砥柱,无地足屯田。貔虎聊防汛,蛟龙借稳眠。[1]

　　明代闽地诗人所作的"海战诗",开我国海战诗作之先河,同时也在诗作中体现了日益增强的海洋意识。

　　宋元时期,就海外贸易而言,泉州远远走在漳州之前,这是客观事实。南宋绍兴年间(1131—1162)漳州知州廖刚就说过:漳州虽有大批海船之家,但少有上中户者,大多是"轻生谢利,仅活妻孥者"。其后朱熹的弟子陈淳也说:"漳州无大经商,衣食甚难,十室而九匮,非如温陵市舶连甍富饶之地。"[2]

　　然而至明代,泉州港衰落,漳州月港却勃然兴起。明代虽然发布禁海令,但闽南民众一直以私贩的方式对外开展贸易,月港是当时著名的民间贸易港口,自景泰年间(1450—1457)兴起,在其后二百年间一直长盛不衰,有小苏杭之称。

　　隆庆元年(1567),经长期抗争,明朝廷终于在漳州月港设立了对外通商口岸,同时设置海澄县,期盼从此能海疆清净。由于月港是当时唯一可以有中国船出海的港口,所以其地位迅速提升,也带动了整体闽南经济的活跃与繁荣。

　　在长期与海外的接触中,闽南士人对海洋具有浓厚的兴趣,并由此产生强烈的海洋意识,明朝中后期漳州士人思想异常活跃,著名学者张燮,多次拒绝朝廷征召,隐居撰写以明代开展的海外贸易为主要内容的《东西洋考》,被称为明"后七君子"之一的周起元为该书作序,高度评价其为"开采访之局,重不刊之典"。

　　漳州诗社——忆云社中著名七子之一的郑怀魁在一篇《海赋》中赞扬闽南商船队不畏海上艰险,出海贸易,积累资产的经历:

　　维青土之广斥兮,达舟楫乎淮扬。跨闽越于岭表兮,抗都会于清漳。尔清漳之错壤兮,旁大海以为乡。屹圭屿于砥柱兮,跻二担而望洋。浩荡渺而

① 引自朱双一著《闽台文学的文化亲缘》,福建人民出版,2003 年 7 月,第 34 页。
② 引自陈自强《论明清时期漳州士大夫的海洋经济意识》,《闽台文化交流》2009 年第 4 期。

无际兮,汗漫汛而弥茫。天连水如倚镜兮,万顷漾其汪汪。澔弥骇其恢廓兮,日景指乎扶桑。

乃若月几望而载朔,鱿鱼倦而反穴。潮汐生于寅申,进退应而不竭。殷殷轰其若雷,滚滚喷其如雪。尔其朝日方出,时届明晨。微风徐起,绿水绉鳞。前无游丝,后无纤尘。驾鹅鸣而上下,禽鱼乐而相亲。度一叶于安澜,式迎楫于波臣。乃若灵龟伺更而夜吼,江黄蹲夷而致慨。海狶乍起而戏波,水鸠翔集而成队。日月惨其无光,乾坤忽而变态。阴云霾而幻冥,飓风号而嗳礚。沙石飞而雷奔,岩谷遇而崩溃。若乃南走交广,北涉京师,东望普陀之胜,西企海市之奇。潮阳雄乎碣石,合浦富于珠池。泊乎沿海之地,相错如绣。瓯台在其左,番禺在其右。四卫罗列,八方辐辏,实以戍卒,威以甲胄。……

乃考诸夷之岛屿,两洋綦置乎东西。则有下港、旧港、大泥、呱齐,六昏、陆处、顺塔、山栖。又有占城、恶党、文莱、六阿,鸡笼、淡水、琉球、暹罗。吕宋并于佛郎,朝鲜扰于东倭。又有满剌加、米色果,彭亨之番岗;柬埔寨、丁居宜、迟闷之异种。北港通商,交趾入贡。名类既多,生息亦众。斯皆依岩而阻海,结巢穴以凭潜……迨我皇祖,羽格三苗。下尺一之诏,飞十丈之舟。命使臣而抚顺,赍三宝以度辽。宣间阎之德意,破遐外之天骄。奉方物而献琛,称外藩而仰朝。于是使臣命舟师,纪四极,定针磁,认畛域,占风云,辨土色。审道里之逸迩,分天地乎南北。梓三宝之朱书,垂后世以为则。于是,捐千金之资产,造万斛之艨艟。植参天之高桅,悬迷日之大篷。约千寻之长缆,筑天后之崇宫。建旗鼓之行列,启八窗之玲珑。于是,封头目,计异同,立火长,犒舵公。阿班拣其轻捷,篙师选其精雄。于是,布远近日,相召居奇,货择要妙,虑番夷之所无,与外国之所少;缣缯亿轴,器物万品,极天下之美丽,无不有求而毕稔。于是冬春之际,亟备乾糇;涓吉日,祀阳侯;鸣金鼓,发棹讴;离乡土,入洪流;经通浦,历长洲。触翻天之巨浪,犯朝日之蜃楼。献饎飨于七州之水,焚羽毛于昆仑之丘。望夕晖之落云,知明发之多飕。聆水声之渐响,虑礁浅之可忧。夜观指南之针,日唱量更之筹。港门既至,夷埠湾舟。重番译而入国,腆金币以通酋。期翼日以互市,定物价以交售。异宝希珍,十居八九,炳耀辉煌,芬馨郁臭。皮货则有毯被、毹毹、琐服、竹布,飘若云霞，轻若纨素。金粟满瓮，中币无数。载以筐箱，贮以巨库。其宝则有骊珠径寸，鹤顶千枚；玛瑙之环，犀角之杯，巨象脱牙而痉地，琉璃明莹而无埃；玻璃之镜，硫磺之篁，气射斗牛而辉光，明并星霞而生艳。铜鼓振金声之逢逢，干丕觉凉味之冉冉。其香则有片脑生肌，奇楠通神；芬芳着袖，经月不泯；黄檀沈水，馥烈含辛；丁香安息，剂品并陈。其药则有没药、血碣、汀泥、乳香、大风、豆蔻、阿魏、槟榔、白椒、打马、紫梗、雄黄。椰子之酒代醉，西国之米当餐。苏木亿斛而备染，胡椒万斛而御寒。棕竹实中而多节，科藤疏叶而长蔓。其飞鸟则有孔雀之尾，翡翠之羽；鹦鹉学夷汉之言，庶鸟善婆娑之舞。其走兽则有骏马、龙驹、骐骝、騄耳、犀象、羚羊、牛鹿、獐麂，齿毛角革堪为中国用者，难以殚纪。持筹握算，其利十倍，出未盈囊，归必捆载。南薰起今日渐晞，束行装兮驾言归。举回帆兮中心悦，遂反棹兮望乡闾。云缥缈兮夜日长，看将近兮喜魂飞。得解缆兮计榷税，入门庭兮释征衣。于是择膏腴，构广厦，衣轻绡，跃骏马，缛文茵，拥娇冶。……①

和历代咏海赋相比，我们可以感到，作品摆脱了历来仅将大海作为自然物象（景观）来歌咏其壮阔雄奇及神怪精灵的旧套，而以崭新的商业意识和拼搏精神注入其中，显示闽南人自觉认识海洋、驾驭海洋、牟利于海的新兴海洋意识。

而后出现的郑芝龙、郑成功父子统领的郑氏海洋船队，则是这种海洋意识的实践者。郑氏船队横行南海、东海长达数十年之久，控制海权，驱除西方殖民者，弘扬中华国威，建反清复明基地，抒写了可歌可泣的海洋文化历史的篇章。

清人入关后，在沿海实行迁界，闽南的港口被摧毁，航海业备受打击。但闽南人一直坚守面向大海的海洋精神，纷纷渡海开发台湾。尔后在台湾被清统一之后，在"弃守"问题的争议中，闽南学者一直强烈主张守台与建设台湾。被誉为筹台宗匠的漳浦蓝鼎元多次上疏申述不可弃台与反对实行"海禁"的政策，他在《台湾近咏十首》及其后续写的五首诗中，对治理台湾提出了十分中肯的建议，反映出他对台湾的战略地位具有特别深刻的认识：

---

① 崇祯《海澄县志》卷十六。

　　台湾虽绝岛,半壁为藩篱。沿海六七省,口岸密相依。台安一方乐,台动天下疑。未雨不绸缪,侮予适噬脐。或云海外地,无令人民滋。有土此有人,气运不可羁。民弱盗将据,盗起番亦悲。荷兰与日本,眈眈共朵颐。王者大无外,何畏此繁蚩? 政教消颇僻,千年拱京师。①

如对台湾应多设县治的提出:

　　诸罗千里县,内地一省同。万山倚天险,诸港大海通。广野浑无际,民番各喁喁。上呼下则应,往返弥月终。不为分县理,其患将无穷! 南划虎尾溪,北踞大鸡笼。设令居半线,更添游守戎。健卒足一千,分汛扼要冲。台北不空虚,全郡势自雄。晏海此上策,犹豫误乃公。②

　　知道了闽南文化与文学中的这一特性,尤其是深入研究闽南特有的社会环境与文化氛围,那么在清末及民国时期,漳州出现了"两脚踏中西文化,一心评宇宙文章"的林语堂、厦门出了位文化奇人辜鸿铭也就不难理解了。

四、其他方面的文学成就

(一)文学批评

　　从欧阳詹积极参与韩、柳所发起的"古文运动"以来,历宋、元、明、清之世,凡国内重要的文学流派,皆有闽南学人积极参与,乃或为之呼应。

　　欧阳詹去世过早,他主要以自己的散文创作进行实践"古文运动"的文学主张。而唐末的黄滔则在创作理论上有所建树,他的《课虚责有赋》被称为是陆机《文赋》的继承与弘扬。所谓"虚",指进行创作前的构思,是思维的活动。所谓"有",指进行创作时以美妙的语言文字使之撰写成文采斐然的文章。我国文论史中,专注于文学构思的阐释著作甚少,因此《课虚责有赋》在文论史中具有其地位与影响。黄滔还在其文章中鲜明地表达他继承"古文运动"的文学主张,反

---

① 引自朱双一《闽台文学的文化亲缘》,福建人民出版社,2003 年 7 月,第 77 页。
② 引自朱双一《闽台文学的文化亲缘》,福建人民出版社,2003 年 7 月,第 77 页。

对骈体文;主张作品要有纯正的思想内容,达到刺上化下的目的,这些都是具有进步意义的。

以诗话作文学批评,闽南学者自北宋起便有欧阳珣的《潘湖诗话集》,惜多散佚。南宋时期,晋江产生了曾慥(?—1155)和陈知柔(?—1185)两位文论家。曾慥可谓宋代文坛的有心人,他尽力收集当代文学作品,编选《皇宋诗选》57卷、《宋百家诗选》、《乐府雅词》等诗词集,保存了大量宋代诗词作品。同时他还从252种笔记小说中辑录成《类说》60卷。这是对文学史所作出的重大贡献。曾慥写有一部文学评论的著作《高斋诗话》,可惜已佚,但其中的一些内容多为宋人著作中引用。

陈知柔生活的年代略晚于曾慥,是位不肯依附权贵的正直学人,南宋绍兴十二年(1142)进士,后弃官归隐,以授徒为业。著有《休斋诗话》。其审美观继承苏轼的观点,评论中"重气象""重野意""重识物理"。尤其是推崇陶渊明为"得野意者",以为"太白之豪放,乐天之浅陋,至于郊肥岛瘦,去之益远"①。评论者以为:"其诗话和批评文字,很有一种融合盛唐风气与宋之理性的特点,显示了闽南文学根深蒂固的中原气脉。"②并认为:"文学批评家的应运而生,从理论上表明了闽南文学的发展水平和高度,说明了闽南文学整体上走向成熟。"③这一看法是恰当的。

至于宋代朱熹在承继道统的同时,也将之贯彻于文学创作之中,《诗集传》与《楚辞集注》中有朱熹丰富的诗学理论,而《楚辞集注》则使他成为楚辞研究中义理派的代表人物。

南宋末年的刘克庄是"江湖派"的领袖、辛派词人的代表人物,著有《后村诗话》。

在明代的文学思潮中,明中期的王慎中(1509—1559)是享誉文坛的领袖人物,"唐宋派"的创始者,他提出"文道合一"的主张,反对前七子的复古思潮,与唐顺之等被称为"后七子"。李贽则以"童心说"尖锐抨击封建主义的假道学,成为明中后期思想解放的先驱,是这一时代资本主义思潮萌芽的代表。至于明晚

---

① 陈知柔《休斋诗话》,见《宋诗话辑佚》(下),中华书局,1980版,第484页。
② 朱水涌、周英雄《闽南文学》,福建人民出版社,2008年8月,第80页。
③ 同上,第77页。

期的黄道周,他是学贯古今,直追周、孔的儒学大师,今人多关注其作为民族英雄的人格力量及诗歌创作、书画作品的成就,而对于学术理论的研究十分薄弱,这是非常令人遗憾的。

(二)小说

明清两代,是我国小说创作的黄金时代,闽南虽有讲古的习惯,厦、漳、泉市井也颇繁荣,但并未产生出如四大名著一类的作品(这里不包括近、现代文学)。

明代初年,泉州曾出现一篇一万余字的中篇文言小说《丽史》(又称《清源丽史》)。这是一篇背景颇为奇特的小说,它以元代元统(1333—1335)——至正(1341—1368)年间泉州发生的社会动乱为背景,以伊、凌、乔三家儿女婚姻爱情为线索,反映元代末年金吉和伊櫶、伊力等平定那兀纳叛乱,抵抗陈友定侵犯的历史事实。作品中对泉州在元末时特殊的社会背景作了细致的描写,作品还反映了14世纪泉州城内中国穆斯林的生活习俗以及当时清真寺的建筑状貌与穆斯林在泉州人口众多的盛况,具有一定的史料价值,是研究中国伊斯兰教史及回族史的重要参考资料。该作品载于福建泉州金志行于1555年所纂修的《金氏族谱》中,流传不广。

同时代出现的另一篇中篇文言小说《荔镜记》,后被改编为戏曲《陈三五娘》(又名《荔镜记》),倒是堪与《梁山伯与祝英台》媲美的剧作,但以戏剧出名。这两篇文言小说的出现,反映出闽南小说创作与当时文坛风习的一体性。

但闽南也有值得一提的长篇小说作品,如《杨文广平闽十八洞》和《台湾外志》这样的带通俗文学性质的作品。

《杨文广平闽十八洞》是一部广泛流传于闽台地区以及南洋华人社会的章回小说,共六卷五十二回。小说版本甚多,书名有《平闽全传》、《平闽十八洞》等,最早的版本为道光中刊本。1926年林语堂先生来厦门大学国学研究院任教期间,就在《厦门大学国学研究院周刊》第二期上发表了《平闽十八洞所载古迹》一文,指出《平闽全传》系作者借用杨家府名将杨文广,演述陈元光开漳历史。1935年,厦门大学叶国庆教授又在《厦门大学学报》发表了题为《平闽十八洞研究》的论文,进一步以文学与史学的关系问题进行探讨。再次确认是作者借用宋代杨文广平闽名义,演绎唐初陈政、陈元光父子带领中原民众入闽平蛮开漳之史事。自此,《平闽全传》中的杨文广即陈元光这一说法已被学界广泛认同。虽然不知本书的作者,但从其大量使用闽南方言来看,也和《台湾外志》一样,属于"闽人写闽事"。《平闽全传》的故事情节多套用明清通俗小说中《平南》、《平西》、《扫北》、《征东》之类的一些内容,但在闽台地区的影响却是很大的,这是因为小说反映了人们对杨文广这一平定少数民族的军事强人和那些血战保国的将领人物的崇拜,极容易引发闽台地区读者对陈元光平闽开漳事迹的联想;作为历史上第一部以闽南为主要背景的小说,其中大量闽南人熟悉的地名、俗语,以及某些环境风俗,令人读之倍感亲切。但由于小说主要述闽粤之事,又多用闽南方言,固然深受闽地及闽南族群民众的喜好,但对其他地域影响并不大。

　　清人江日昇所著的《台湾外志》也是一部有影响的作品。《台湾外志》或作《台湾外纪》。江日昇为南明将领江美鳌之子。江美鳌最初隶属郑彩麾下,后改归郑成功指挥。曾奉郑彩之令护送唐王朱聿键入闽,唐王随后称帝。三藩之乱时,郑经攻打广东惠州,江美鳌出任连平知州,而后投降清朝。江日昇自幼听父亲谈论明郑事迹,后以"闽人说闽事,以应纂修国史者采择焉",写成此书。书中他采用文史结合的笔法,以介于史书和章回小说之间的体裁,描述郑芝龙、郑成功、郑经、郑克塽家族发展的事迹共六十三年的历史。由于明郑家族的史料稀少,本书虽有小说性质,且常采用传奇文学的笔法,但因其内容系江日昇之父口传,从而在许多方面填补了史料未载的空白,故成为学术上的重要参考资料。而且从传记文献的角度而言,《台湾外纪》首尾一贯,颇具价值。

　　透过这两部作品,我们可以深深感受到闽南族群对于本族群历史上的英雄人物所寄予的深深的崇敬之情。

　　(三)其他

　　闽南文学中,散文成就尤其突出,从唐代的欧阳詹到清代的李光地、蔡世远,历代都有著名的散文大家。由于其内容过于丰富,不胜枚举,恐有举一漏万之嫌,姑且从略。

　　这里特别要提及的是流传于闽南至潮汕民间的数量巨大的"歌册"。据研究,"歌册"是由唐代的弹词及佛教的变文演变而来的民间说唱文学中的一种。最早起源于粤东潮汕地区,所以也称"潮汕歌册"。不久即传入闽南之东山、云霄、诏安、漳浦等地,所以也有"东山歌册"的叫法,迄今已有600多年历史。潮汕歌册和东山歌册都不仅能读能看,而且还有多人一起演唱的方式,因此它也可以说是一种说唱的艺术。古代的弹词有南北弹词之分,大鼓弹词为北派弹词,而流行于江、浙、闽、广一带的弹词为南派弹词。南派弹词以方言演唱,其内容系撷取古代一些家喻户晓的故事中之精彩片断加以改编,成为歌妓们演唱的小曲,因此一般篇幅不长。但潮汕歌册则是长篇叙事文学,其基本句式为七字句,四句为一节,每节一韵,中间也夹杂有对话、书信、奏疏等内容,则采用多种句式,也有少量说白。歌册长者达 80 册,五六十万字;短者也有一二十册,数万字。歌册取材丰富,有历史故事、公案传奇、才子佳人及民间传说等。由于其情节曲折生动,富有艺术感染力,语言又通俗流畅便于歌咏,尤其得到历代妇女们的青睐。"文革"前,在闽南、粤东的乡镇乃至偏僻的山村,均可以见到歌册的传唱,它成为普及文化知识和妇女自娱自乐的一种文学艺术形式。歌册中的内容,多有颂扬忠臣烈女、英雄豪杰、以扬善抑恶。在男女之情的描写方面也多能批判到封建婚姻制度,赞颂男女真诚的爱情,因此其基调是健康的,情节也生动感人,从而成为闽南文学、曲艺艺术的亮色。

第二节　闽南艺术之传承

与传统河洛文化一起传入闽南的,还有种类众多的民间艺术,今略举数种,以见一斑。

一、曲艺音乐

1. 南音

南音,又称南曲、南管、南乐、弦管。南音被称为中国古代音乐的活化石,是"一部有声的音乐史"[①]。

"南音"之名,来源甚早,《吕氏春秋·音初》载:禹"巡省南土,涂山氏之女乃令其妾候于涂山之阳。女乃作歌,歌曰'候人兮猗!'实始作'南音'。"涂山氏是禹的妻子,夏开国国君启的母亲。涂山即三涂山,在今中岳嵩山附近。夏代都于河洛嵩山一带。楚族从中原地区搬到江汉流域,大概把夏乐也带到南方。传说

---

①　朱家骏、宋光宇主编《闽南音乐与工艺美术》,福建人民出版社,2008 年 8 月,第 151—152 页。

中,夏启到天上偷来天帝的音乐《九辩》《九歌》,《楚辞·天问》中有"启棘嫔天,《九辩》《九歌》",我们有理由相信,楚音乐与夏乐是一脉相承的。今《楚辞》作品中,有屈原作的《九歌》和宋玉作的《九辩》,一般研究者认为用的是古乐的名,旧瓶装新酒,用旧曲调填的新词。

东周时期,"南音"就成为楚乐的专用名称。《左传·成公九年》(前582)载,楚国的钟仪被郑人抓住送到晋国,晋文侯知道他是乐官之后,"使与之琴,操南音"。晋国大夫范文子十分感叹地说:"楚囚,君子也。……,乐操土风,不忘旧也。"这里的楚国"土风"也就是"南音"。"南音"应是楚国的雅乐,而"巫风"则是民间的祭祀音乐。

许多研究者认为,南音是中国音乐现存历史最悠久的汉族古乐。南音的唱法保存了唐以前汉族古老的民族唱法,并认为"中国黄河流域的中原古乐的许多遗响与南音有相似之处,如先秦的五音之乐、音阶与宫调理论;宫角绕商等多重角的旋法特点;汉代的谱式记号及汉相和歌的'丝竹更相和,执节者歌'之演唱演奏形式;清商三调、相和五调等等,均能在南音中找其踪影。"(见百度百科之《南音(中国的古老乐种)》)这个说法是很有道理的。不过需要明白的是,汉乐府中的乐曲,应当是有相当浓厚的楚"南音"的成分。须知,秦末农民战争中,无论刘邦还是项羽,都是自称楚人的,并都有楚歌作品流传于世。刘邦的《大风歌》,项羽的《垓下歌》便都是楚歌。刘邦建立了汉以后,史载,高祖自称楚人,好楚歌。两汉立国四百年,许多帝王也都有楚歌作品,因此汉代乐府中当然有楚声。而入闽的唐代中原人,多称来自淮河流域的光州一带,这里也是昔日的楚地,那么南音之入闽,岂非名正言顺的吗?

当然,随着时代的发展和地域的变化,古代的音乐也必然会有所发展,有所变革,一成不变是不可能的,只是变化程度的大小而已罢了。南音应当是属于保存古乐成分比较多的乐种之一。例如,在南音的乐器中,主要乐器洞箫称为"尺八",以其长度称呼之。今洞箫共有十目九节,沿用的是唐箫的规制,至今日本依然有保存唐乐的"尺八"演奏团。该团不久前曾到泉州访问演出,以寻找"尺八的故乡",该团在弹奏南曲琵琶(南琶),其姿势为横抱,而非北琶的竖抱,正和建于唐代的泉州开元寺飞天乐伎及敦煌壁画中飞天造型相似。而且南音演奏时使用的曲项四弦琵琶,在北朝及隋唐时代即已出现,敦煌莫高窟的北魏及隋唐壁画中均可见到,五代时期南唐《韩熙载夜宴图》也有乐师以之弹奏。而用保存着古代中原语言的闽南语进行演唱,其中原古乐的活化石的说法,岂非名副其实了吗?①

今日南音的演出形式虽保留了古乐的众多特点,但它在闽南也形成自己的演奏特色,不过这种特色的形成则应在宋代之后,至明成为成熟的演奏方式。

典雅大方而又悠扬悦耳的南音,可称为闽南诸音之首,闽南的各种地方戏曲如梨园戏、高甲戏、打城戏、提线木偶戏乃至芗剧(歌仔戏)等的唱腔、曲调、乐器等,均从南音中吸取有益的成分并加以丰富发展的。可以说,凡有闽南人之处,皆可听到南音。

2. 北管

北管是与南音相对应的另一种音乐系统。闽南人将从福建以北传入的戏曲、音乐统称北管。但戏曲类的北管称为"演北管"、"唱北管",主要分布于泉州,故称泉州北管。而作为音乐的北管,则分布于全闽南地区,称"打北管"或"北管阵"。既然有"打"和"阵",可知不是简单的音乐,而是一种和舞蹈相结合的艺术形式。

二、歌舞

1. 大鼓凉伞

大鼓凉伞是闽南歌舞的代表之一。由男女演员结合成许多组,其中的男性为古代武士打份,胸前挂有一面大鼓,长2尺,直径1.5尺。女性为小旦打扮,头梳双髻,手举一把4尺多长、2尺多宽的大伞,以绸缎布为伞罩,伞伴随鼓点,上下舞动。一般每鼓一伞,也有两鼓配一伞,队形也不断变化,表演形式十分丰富。

大鼓凉伞的来源,漳州一带多认为传自唐初陈政、陈元光父子入闽平乱时,大唐军人在取得胜利后凯旋归来,擂响得胜鼓,而民众举伞为之护鼓合舞,于是形成这刚柔相济、动人心弦的鼓伞阵。而泉州一带流传的是当年倭寇入侵东南沿海,戚继光带领戚家军打败倭寇,百姓前往慰问军队而形成的民间歌舞,这两种传说均与军队有关。毫无疑义,古代军队作战时,击鼓为进攻的号令,而鸣金

① 见百度百科之《南音》辞条。

为收兵的号令。因此凡是古代多战争的地区,鼓乐就十分兴盛。笔者1992年到山西临汾时,就曾观看到一场十分震撼而动听的国际鼓乐比赛与演出,场面十分壮观。这自然与自古以来,山西一直是中原民族与北方游牧民族交界的地区,历代战乱不断有关。因此说大鼓凉伞是唐代进入闽南而后在一千多年间形成优美壮观的大鼓凉伞舞,乃至在明代还用以欢庆抗倭的胜利,是自然而然的。而流行于泉州一带的跳鼓,则是以表现《水浒》中英雄攻打大名府的故事。

2. 宋江阵

宋江阵也是闽南鼓阵舞乐的一种形式。顾名思义,宋江阵演出内容是由北方传入的,是一种模仿《水浒》中的一百零八将的武术造型舞蹈阵头。表演时按三十六天罡,七十二地煞的顺序先后亮相表演,中间还有32人演练的"连环八卦阵",而最后以"关胜舞大刀"结束。宋江阵表演者需有较深厚的武术基础,演出阵势规模宏大壮观,气势豪放,显示出一种阳刚之气。关于宋江阵的渊源,许多研究者认为与宋元之后,东南沿海多事,闽南人为了保家卫国,习武成风,于是而有南少林的兴起。民间传说还有认为宋江阵是泉州少林五祖拳宗师蔡玉明所开创的,这种说法是有道理的。宋江阵在传承过程中也吸收了许多闽南地方的戏剧与舞蹈的成分,因而其应是南北文化与艺术融合一体的一种艺术形式。

3. 拍胸舞

与南音、北管这些相对高雅的艺术形式相比,流传至今的闽南拍胸舞,则可谓闽南艺术中的下里巴人。所谓"下里巴人",此处并无贬义。须知,在楚国国都,只要唱起"下里巴人",马上就有几千人会来相和,而唱"阳春白雪"时,和唱的仅只数十人。"拍胸舞"又称乞丐舞。"拍胸舞"的舞者头戴草圈,赤裸上身,腰系彩带,下着短裤或短裙。表演时人数不拘,其基本动作以双足蹲步踏地,双手拍击掌、胸、腋、肩、肋、腿,发出整齐的节奏以协调众人的动作,故称为"打七响"。合舞者均为健壮的男子,故动作雄武有力。

关于拍胸舞的来源,一般都认为与古代乞丐求乞生活有关。在闽南流行的梨园戏中有《郑元和》或《李亚仙》剧目,该剧目原于唐传奇之《李娃传》,讲青年书生郑元和赴京赶考,因迷恋青楼女子李亚仙而将盘缠耗尽,沦落街头,靠为人唱挽歌求乞为生。作品中写到郑元和求乞时,沿街演唱乞丐歌《莲花落》。梨园戏中有曲子《三千两金》,也成为拍胸舞者的伴奏曲。《三千两金》即叙唱郑元和的故事:"三千两金,费去尽空,今且流落这皇州。元和为么一身来落魂?千辛万苦,朝思暮想,都是为着风流才行来!十年窗前,十年窗前守勤苦读;三年一度,三年一望,望要京都去赴试……"《莲花落》之成为乞丐歌,又演化为民间音乐舞蹈而广为流传。如东北之《二人转》,也是由乞丐歌转化而来;在江西乞丐歌则又成为一种沿街叫唱,以说善文进行教化的说唱艺术。闽南的拍胸舞也是历史上多种舞蹈艺术的汇聚,如有研究者指出:其沿街踏步,已见于宋人马远的《踏歌图》中描绘的民间"踏歌"场面,图中一中年人一足舞起,一足踏节,双手击掌与老者相对而舞的形态神情,与拍胸舞中"驴蹲跳拍掌如出一辙"①。

作为下层的说唱艺人(其中有许多盲人),他们的唱腔为闽南音乐发展史作出重要贡献,如月琴弹唱艺人,讲古艺人等。他们的演唱曲调有一种质朴之美,流传甚广的《送郎当红军》便是用的走唱艺人的曲调。

三、闽南戏剧

闽南戏剧文化是中华戏剧文化的重要分支。闽南戏剧一般分为偶戏和优戏两类(参见郑政、林志杰编著《闽南文化丛书之十·民间表演艺术》,台湾河洛文化事业股份有限公司 2009 年 8 月版)

1. 偶戏

偶戏指由艺人操作演唱而偶人装扮成各种角色进行表演的民间戏剧。偶戏在我国形成时间最早,因此被认为是中国最古老的剧种,它与远古居民的图腾崇拜有关。据说在周穆王(西周)时期已产生。我国出土文献中,从早期秦汉墓葬中,已可看到各种形态的偶人,而汉壁画、画像石中也都有偶人表演的场面,因此一般认为,到东汉时期,偶戏已成为宫廷百戏的一种。至魏晋南北朝时期,偶戏已开始流行到民间,唐为其成熟期,宋代则达到鼎盛。朱熹知漳州时,看到漳人醉心看木偶表演(时称傀儡),耗费钱财,曾为此而发出告谕:"约束城市乡村,不得以禳灾祈福为名,敛掠财物,装弄傀儡。"②傀儡与宗教祭典关系密切,闽南民间崇信巫术氛围浓厚,谢神还愿,建房谢土,庆典、丧礼、制煞等,无不请演木偶,

---

① 朱家骏、宋光宇《闽南音乐与工艺美术》,福建人民出版社,2008 年 8 月,第 133 页。
② 《漳州府志》卷三十八《民风·宋郡守朱子谕俗文》,光绪丁丑年芝山书院版。

只是演出时根据不同需要而选择不同剧目进行表演罢了。

闽南的偶戏主要是提线木偶,木偶演出又称"嘉礼"。除木偶演出外,闽南属于偶戏的,还有如掌中木偶(即布袋戏)、杖头木偶及皮影等。

2. 优戏

以演员扮演剧中角色者为优戏。闽南优戏中最早的是梨园戏。梨园戏是在闽南戏剧中最古老的剧种,有"古南戏活化石"之称。

关于梨园戏的形成,大体上有宋元说与明代说。不过一般认同的说法是,它形成于宋元,繁荣于明清。中国古代戏剧形成时间较晚,但至宋元时期,已形成南北两个剧种,北方为杂剧,以元大都北京最为繁荣;南方则为南戏,以浙江温州最为繁荣。宋元时期闽南海上交通发达,尤其是南宋时期,中原文化南移,杭州为南宋都城,泉州几成陪都。宋朝廷在泉州设南宗正司,主管皇室有关事务,据称当时皇室人员竟达四五千人之多。闽浙两地来往频繁,出现于这个时期的南戏,很快便传入闽南,盛行于泉州、漳州一带。不过,闽南的梨园戏和温州的南戏既有密切关系,但又有所区别。梨园戏中保存了一批来自浙江南戏的戏文,如《蔡伯喈》《王魁》《王十朋》《朱买臣》等18种称"上路戏",即从福建北方传入者。同时,也有闽南一带产生的戏文,称为"下路戏",今存有《郑元和》《吕蒙正》《苏秦》《百里奚》《刘秀》等13种。还有一类是小梨园的戏文,如《陈三五娘》《王昭君》《刘知远》《高文举》等16种。这三类戏文,也是代表了梨园戏的三种不同流派。其中除下南戏为本地产生的戏文外,上路戏与小梨园戏则传自浙江。这三种南戏戏文均用南音唱腔演唱,因此优雅动听。

闽南戏曲中的优戏比较著名的有泉州的高甲戏,漳州的芗剧(歌仔戏)、潮剧及莆田的莆仙戏等。这些戏曲以潮剧影响最大。潮剧为全国十大剧种之一,流行于潮汕及闽南的漳州云霄、诏安、东山、漳浦一带。潮剧是宋元南戏的分支,南戏传入潮州后,又吸收了弋阳、昆曲、梆子、皮黄等特点,与潮州本地的音乐相结合,以潮州话进行演出的剧种。潮剧形成时间至少可以上推至明代,日本、英国、奥地利等大学及国家图书馆均藏有明刻本潮剧戏文。而1958年与1975相继在揭阳渔湖和潮安风塘两处墓中发现《蔡伯喈》(《琵琶记》)和《刘希必金钗记》戏文手抄本。反映出潮剧的形成历史和流传情况。

上述各种闽南剧种和剧作,都是闽南文化的重要传播载体,如何加大保护与传承的力度,是值得认真深入研究的课题。

四、闽南书画艺术

尽管西周时期"七闽"与中原联系尚不多,但却已受到中原文化的影响。专家们认为,黄土仑遗址出土陶制的"觚鬶回纹杯"之造型与云雷纹饰,显然模仿了中原青铜器。而秦汉时期的闽越文化,更深受中原文化的影响,武夷山汉城与福州鼓楼屏山出土的"万岁"瓦当与"龙凤呈祥万岁"瓦当,其篆书与图案,均显示出中原书画艺术的底蕴。

越人北迁后,随着中原民众入闽,作为中原文士喜爱的高雅的书画艺术也随之传入闽地。从南朝与唐代古墓中发掘出土的画像砖,无论其题材、刻画技法、人物形象乃至神话传说等内容,均显示与中原同期绘画作品高度契合,充分印证闽地书画艺术源自中原。

1. 书法

相对而言,闽南开发晚于闽北与闽东,但自唐代起,闽南教育与文化得到长足的进步,因而也出现了如欧阳詹这样在文化界具有一定影响的文人。莆田人林藻是欧阳詹的好友,曾同窗共读五年。林藻是唐代有影响的书法家,其书法作品有魏晋之风,《书史会要》论其行书,谓"婉约丰妍,出入智永之域。"传世作品有《深慰帖》。

五代闽国时期,泉州在王审邽及其子王延彬经管下,建集贤院,大力招罗人才,文风大盛。至北宋时期,莆田蔡襄书法成就卓然,与苏东坡、米芾、黄庭坚并称"宋四大家"。苏东坡对其赞赏有加,说:"君谟真行草隶,无不如意,其遗力余意变为'飞',可爱而不可学,非通其意能如是乎?"研究者以为其"飞白"源于东汉的蔡邕,而又渗入张芝、张旭草书的笔意,从而形成独树一帜的"蔡体"。由是可知蔡襄书法正是在传承中原传统书法艺术基础上加以创造与发展的。今传的《万安桥记》碑刻,《谢赐御书诗》墨迹,均为书法珍品。蔡襄之后出现的仙游人蔡京与蔡卞兄弟,也是北宋著名书法家,他们并编有《宣和书谱》与《宣和画谱》皆为中国书画史之名著。两人均有书法作品传世。南宋时期,莆田人陈俊卿(1113—1186)与陈文龙(1232—1277)也均为著名书法家,显示宋代书法艺术在莆仙地区一直受到文人的重视,因而名家辈出。

明代闽南著名书法家有泉州晋江张瑞图与漳州黄道周。张瑞图(1573—1644),万历三十五年(1607)科考榜眼。他工书法,与邢侗、董其昌、米万钟并称为"明末四大书家"。天启六年(1626)入阁,受阉党魏忠贤赏识,曾为其撰写生祠碑文,因而受到文士不齿。崇祯元年(1628)被削职为民。其书法独辟蹊径,奇倔狂逸,与黄道周、倪元路风貌相似。时人赞其"奇姿如生龙动蛇,无半点尘气"。

黄道周(1585—1646),漳州漳浦(今东山县)人,天启二年进士,明末曾辅佐隆武帝,为内阁大学士。因出兵抗清兵败被俘,囚于南京,绝食后就义。黄道周楷书宗法钟王,峭厉遒劲,巧拙并施,行草书笔法新奇,超越前人。近人张宗祥在《书学源流论》中论曰:"明之季世,异军特起者,得二人焉:一为黄石斋(黄道周),肆力章草,腕底盖无晋唐,何论宋元;一为张二水(张瑞图),解散北碑以为行草,结体非六朝,用笔之法则师六朝,此皆得天独厚之人。"可谓的评。

2. 绘画

古代文人以琴棋书画为传统教育的内容,因而历代书画往往并称,在上述闽南书法家中,也有多人同时也是著名画家。如蔡襄,不仅工书,且善画。著有研究荔枝栽培技术的《荔枝谱》一书,并有《荔枝图》一卷,行笔清劲。

蔡京、蔡卞兄弟善品鉴字画,人称其"博学有才识,通六书之奥,擅晋唐之绘",为宋徽宗所赏识,传世画作有《环翠图》等。

明代是福建画家辈出的时期。明初朝廷为恢复汉家风尚而崇尚宋代,效仿北宋建立宫廷画院,闽地画家先后二十余人供职宫廷画院中。闽南画家其著名者如莆田的李在(?—1468),工于山水画;吴彬,善画人物、山水、花鸟。可知,自宋至明,莆仙地区一直是书画家辈出之地。

明代文人画家最著名的是明末的张瑞图与黄道周,两人的共同特点均是工书善画,尤其皆以书法之笔法入画,作品风格独特。如张瑞图的《十八罗汉图册》与黄道周的《苍松图》,均显其画作的特色。

清代在闽南异军突起的是清晚期的诏安画派。诏安画派实为画工队伍,因市镇的繁荣与市民阶层的需求而产生。这支画工队伍人数多至数十人,代表人物有谢颖苏、沈瑶池、汪志周、吴天章等,他们的画作具有浓厚的乡土气息。诏安画派还将其画风传至台湾。咸丰七年(1857),谢颖苏曾以福建督抚幕僚身份赴台讲学四年之久，被后人称为台湾文人画之先驱。并培养了像吴尚霑这样享誉台湾的文人画家。诏安画派自清代至今长盛不衰，当代旅台著名画家沈耀初（1907—1990）便是其中一位，他曾获台湾画学会的最高奖"金爵奖"。而今日国内诸多画院、美术学院中，有多位诏安画派传人依然活跃于当今画坛，传承中华国画的传统并不断推陈出新。① 除绘画外，闽南的版画、剪纸、木雕、石雕艺术等也均在历史上由中原传入并经历代发展而形成具闽南特色的工艺美术品类，充分显示闽南艺人的聪明才智与创新精神。

五、闽南建筑风格

从中原来到闽南的移民，有一个共同特点：来到新居住地之后，便尽力营造与故乡相同的生活与居住环境。因此，闽南民居便以其鲜明的中原文化特色而备受世人关注。

福建的传统民居主要有土楼、土堡、红砖、灰砖四种，其中被认为最有特色的是土楼与红砖厝。而这两类民居又突出地产生和保存于闽南地区，体现出鲜明的闽南文化建筑风格。

1. 关于红砖民居

据调查，福建的红砖民居主要分布于莆田、仙游以南的闽南广大沿海县市以及金门、台湾，本地称之为"红砖厝"，不仅红砖砌墙、铺地，而且屋顶上盖的也是红瓦，色彩鲜丽，在中华民居中独树一帜。

和遍布全国的灰砖民居相比，红砖厝是如何体现其建筑中的中华文化特色的呢？有学者曾对山西晋中平遥的古民居与闽南晋江古民居和广州的陈氏书院作比较，认为尽管地分南北，色有红灰之不同，然而这些建筑均有鲜明的中华建筑文化的基本特点，即"均为布局严谨的四合院形式，具有中轴明显，左右对称，主次有序特点的封闭型建筑，在木、砖、石建筑构件上均有着精美花纹图案雕饰"。其不同处则是："平遥古民居墙砖、地砖、瓦盖均为青灰色，屋顶没有两端翘起的燕尾脊，没有红砖、绿瓦、白石建筑构件，不如闽南晋江古民居瑰丽多彩。"而与广州陈氏书院相比，则"陈氏书院屋顶斜面没有凹曲线美感，石雕略逊

---

① 本节参阅卢美松主编《八闽文化综览》第十章《福建书画艺术》，福建人民出版社，2013年5月。

于闽南古民居,而木雕则胜之。闽南古民居还有其突出特点,即于大门门额嵌有镌刻主人姓氏、郡望、堂号的石匾"①。

由北至南的汉族古代传统民居,其规模较为宏大者被称为"皇宫式大厝",即效仿皇宫的建筑,讲求"轴线对称,多层次进深,前后左右有机衔接,均齐配置,这种建筑布局特点至少从秦朝起就沿袭下来。大厝诸房必然左右均齐配置,厅堂、天井、房间必然由走廊连通一体,体现中华民族的对称,连络的审美意识,形成以厅堂为主轴,以天井为中心的建筑格局"②。

从上述情况看,从北到南的汉族民居是一脉相承的,大同而小异。闽南红砖厝曾让许多建筑家赞美不绝,而红砖厝的形成,是闽南人用本地特有的高质量红黏土烧制而成的,砌墙时,墙基采用花岗岩石,砌砖所用的黏合剂是用海里贝壳烧制成白灰沟缝,墙体根据红砖的不同侧面可砌成不同的图案,至于屋脊及墙体、门上多姿多彩的雕塑艺术,更是让人赞叹不已,从而让人感受到闽南人对美的感受与追求。闽南民居中不仅表现在砖料颜色的区别,大门门额上独特的嵌有镌刻主人姓氏、郡望、堂号的石匾,特别醒目地显示闽南人对原乡、对根的追寻与眷念,蕴藏在石匾中的浓浓情思,引发多少代闽南人的追思和感怀!

2. 被列为世界文化遗产名录的福建土楼

福建土楼主要分布于闽南的漳州和闽西的龙岩、永定一带,是福建民居建筑中特殊的一种形式,其中分布于闽西的一般称为客家土楼,分布于闽南的称为闽南土楼。

从闽南沿海到闽西山区,高高低低分布着大大小小形态各异的土楼数千座,确为闽地建筑之大观。据传,冷战时期,福建地处前线,对外严格封锁,国外情报机构只能通过卫星进行摄影,他们面对这些怪异的建筑,煞费心机分析揣测,竟以为是导弹发射基地而惴惴不安。

现存的圆形土楼其最古老的为"齐云楼",在今华安县沙建乡,建于明万历十八年(1590),迄今已有400多年历史。

关于土楼建筑的渊源,一般认为有二:一是中原人南迁时,将原在北方的坞

① 百度网《闽南古民居建筑特色和闽南传统习俗》2011年3月7日。
② 同上。

堡建筑的形态在闽地重现。所谓坞堡，指的是产生于中原汉代的一种土堡建筑。据史载，西汉后期至王莽新朝，社会混乱，盗贼四起，民不安居处，许多富豪之家及巨姓世族为保护举族安全而修建土堡，以御盗贼流寇入侵。这种土堡之大者已类小城，时称为坞。其中往往驻有部曲与家兵，以护卫其安全。东汉时刘秀曾下令摧毁之，但难以禁绝。东汉末董卓就曾"筑坞于郿，高厚七丈，号曰万岁坞"（《后汉书·董卓传》）。西晋末年，"戎狄盗贼并起，当时中原避难之民"中"不能远离本土迁至他乡者，则大抵纠合宗族乡党，屯聚堡坞，据险自守，以避戎狄寇盗之难"①。

　　闽人从西晋末年起迁入的中原移民，坞堡建筑应当也是其历史的记忆沉淀。但也有学者认为，土楼的建筑形式其前身是唐初陈元光开漳建漳时所建城堡，兵营和山寨。因今存闽南土楼，绝大多数是在漳州境内的南靖、华安、平和、诏安、云霄、漳浦、长泰一带。这里正是陈元光开漳时修建过堡、所的地域。但土楼的兴建，与明、清时代闽南的社会状况直接相关。明代沿海的浙江、福建、广东各省均遭受倭寇的侵扰，为了乡民和族人的生命财产的安全，于是闽南人仿古堡的形式筑起了土楼。土楼系采用中国古代的夯土建筑的模式，以生土为主，掺入石灰、细沙、红糖、糯米饭，中间夹以竹片、木条，经反复舂压、夹板夯筑而成，楼墙特别结实。云霄陈岱有座"聚星楼"建于清乾隆44年（1799），该楼三层，直径60米、高16米，共有前堂、后室的99间房。1937年侵华日寇以飞机对其狂轰滥炸，有45间房被炸塌，墙上弹痕累累，但它却依然屹立至今，诉说着当年的往事。

　　闽南土堡兴建时间更早，长泰县山重村的"盂宁堡"（又称上洋楼）它始建于明嘉靖年间（1522—1567），盂宁堡和一般土楼不同在于它是全由花岗岩条石砌成，是一座在抗倭战争中发挥过重要作用的石砌楼。

　　明末清初，闽南是清朝与明郑政权拉锯战的重要战场，在长期战争中，闽南人又修建了数量不少的土楼。这些土楼多根据不同地理条件设计构建，大小、高低、形制均有所不同，因而显得异彩纷呈，美不胜收。

　　闽南土楼规制宏大，一般均能容纳数百人至上千人。其功能主要为抵御外敌入侵，因而均有比较完善的瞭望孔、枪眼等设置，此外，土楼建筑中还应充分考

---

① 　陈寅恪《桃花源记旁证》，载《陈寅恪史学论文选集》，上海古籍出版社1992年，第224页。

虑防盗、防火、防潮、抗震等多方面的功能。

附1 初唐诗风与岭南诗人——兼论《龙湖集》的真伪问题

唐代是诗歌空前繁荣的时代,从初唐至晚唐的三百年间,每个时期都出现数量众多的诗人,用他们的诗篇留下那个时代珍贵的记忆。但是,过去在唐诗研究中,往往只注意一些声名显赫的大家,而忽视了保留作品较少但同样为唐诗繁荣作出重要贡献的其他作家。唐高宗、武后时期,岭南行军总管陈元光及其部将许天正、丁儒等岭南诗人,在平定东南沿海的"蛮獠"叛乱中,于跃马横戈之际,也时有慷慨悲歌,感怀咏志,为我们留下一笔珍贵的遗产。

但是,由于陈元光等人的作品在很长时间内并无专集流传,仅保存在各自家谱中,由此引起对其中一些作品真伪和文学价值问题的争论,本文试图对此谈些个人的看法,以就教于海内学者。

一

在岭南诗人中,陈元光所留下的诗作最多,《龙湖集》中载有五言诗三十六首,七言诗十四首(据漳州市历史研究会1990年3月刊印本);许天正只有诗一首:《和陈元光平潮寇诗》(见《全唐诗》卷四十五);丁儒诗二首:《归闲诗二十韵》、《冬日到泉郡次九龙江与诸公唱和诗》(见《全唐诗外编·全唐诗补逸》卷之十七)。由于陈元光当时所处的地位,决定了他成为这个岭南小诗派的盟主。可是,近来有些文章对《龙湖集》的真伪问题提出一种新看法,认为《龙湖集》"乃后人伪作","是陈氏子孙中无识好事之徒,掇拾讹传或擅自伪造出来的,其旨无非为了增加祖先的光荣。"①这样一来,这些诗篇也就无所谓价值可谈了。由于这一问题对闽南地方史研究关系极大,因此笔者不得不首先对此问题略作辨析,否则进一步的研究也就无从谈起。

应当说明,对于像《龙湖集》这样至今未曾整理出版的别集,进行认真地考察研究是完全必要的,而辨伪、校勘当然是首要的一环。但是,辨伪是一项十分细致而慎重的工作,笔者反复拜读了谢文之后,觉得文章中提出的一些问题,对

---

① 谢重光:《〈龙湖集〉的真伪与陈元光家世生平》,《福建论坛》(文史哲版)1989年第5期。

于进一步深入研究还是有所启发的,然而,另一方面,我们又感到文中所提出的证据远不足以全盘否定《龙湖集》,因此目前便下以"伪作"的结论,未免为时过早。

谢文认为,《龙湖集》中提及的人物、事件、地名、制度等,多悖于唐代史实和唐人习惯,并逐一列举出被认为是有严重悖谬的一些问题。我们认为,所举众多实例,有的确是问题,而有的是否成为问题,却尚需研究。

其一,关于"地名之谬"。作者列举《集》中的《半径庐居语父老》二首诗后的附语,认为附语既然引的是陈元光的墓铭,那么就不应该出现陈元光死后"几十年乃至二百多年后的行政区划名称"(如浙江江山县和福建的浦城县名)。其实,我们仔细读后,觉得这两首诗的按语,显系后人所加,虽在开头提及墓志铭所载的南迁经过,但文字并非照录墓志铭的铭文,而是写附语的人因恐后人不理解这二首诗创作的背景,所以便将墓志铭所提及的内容用自己的语言加以组织和表达。由于我们现在无从查考这个附语作者的时代,因此不便断然下结论是"地名之谬"。谢文中引录了"祯祥谱"所载的历代序言,说"陈氏族谱最早撰于后唐,其后不断有所修订",那么,载入族谱中的这类诗篇附语作者,恐怕最早也应当是后唐时人了。既然浦城在天宝元年(724)已得名,江山也于五代之吴越时已改名,也就是说,后唐以后的人便都知有浦城及江山,写附语的人将已更改的地名写入附语中,这原是很平常的事,不知何谬之有?至于说诗中有"二州诸父老,百里载牲来"之语,谢文认为"是时漳州已建,辖地方数千里,就不应有外州之民百里而来"。其实,魏氏墓葬地之半径,在漳州之南的云霄漳江南岸,与潮州地界相距不远,因此,漳潮二州父老百里载牲而来,是很正常的。谢文认为二州指泉潮二州,不知有何根据,况且百里原也是约数,诗作如此是允许的。

其二,所谓"名物、制度之谬"。谢文中列举了《喜雨次曹泉州》一诗中的"铜虎谨深悬"句,说:"铜虎指用铜制作的虎符,又与唐代制度相悖。"他并对唐代的符契制度作了一番说明,认为"地处南方或东南方的漳州刺史,节将不可能有铜虎符"等等。据笔者愚见,这里并非诗篇中出现了悖谬,而是涉及古代诗词创作中常见的用典问题。在古诗中,诗人们常以典故入诗词,这是一种修辞手段。铜虎符自秦时,便成为节制兵马的符契,信陵君窃虎符以救赵的故事,在我国可以说是妇孺皆知的。因此,后代常以虎符为典入诗,一般读者读到这里也就明白所指为何物。假如诗中不写"铜虎",而是谢文所说的"驵虎""银菟""铜鱼"之类,今天的读者怕都不知指的什么,因此,把这一典故的使用作为证伪的根据,就更毫无道理了。唐人向来喜欢用古代(尤其多采用以汉代唐)的典故代指当代,我们能否说这些唐人作品是伪作?白居易之《长恨歌》,首句便是"汉皇重色思倾国",后面写的却是"杨家有女初长成",我们能说白居易荒唐到连杨贵妃是何朝人也不清楚吗?又能以此证明《长恨歌》乃后人伪作吗?唐太宗李世民有一首著名的《饮马长城窟行》,最后一句是:"荒裔一戎衣,云台凯歌入。"这里云台是汉朝皇帝建立的,用以表彰功臣的地方,但李世民也曾建类似的纪念物,但不叫云台,而称凌烟阁,假如按照谢文的推论这首诗也可判为伪作了。类似情况,唐诗中比比皆是,这本属常识性问题,就不一一举例了。

其三,所谓"犯讳之谬"。谢文列举了《龙湖集》中的一些诗句,认为其中有"虎""渊"、"世""民""旦"等字,明显的犯讳,有大不敬之罪,因此证明《龙湖集》"并非陈元光所作,而是出自后世无识好事之徒之手"。对此,笔者也不敢苟同。

诚然,在封建时代,避讳是普通的常识问题。但避讳是有一定范围的,所谓"诗书不讳"(见杜佑《通典》),这也属常识问题。笔者查阅了和陈元光大致同时代的诗人的一些作品,发现也都存在被谢文视之为"犯讳"的诗句。请看:

宋之问《王子乔》:"白虎摇瑟风吹笙。"
《长安路》:"车马千门旦。"
骆宾王《乐大夫挽词五首》:"一旦先明菌。"
《丹阳刺史挽词》:"一旦向山阿。"

陈子昂《感遇诗三十八首》之三十三:

"世人将见欺……疲痾苦沦世。"
《观金玉篇》:"举世莫如真。"
《春台引》:"星台秀士,月旦诸子。"
张　说《襄阳景空诗题融上人兰若》:

"碧湫龙池满,苍松虎径深。"

《送宋休远之蜀任》:"日月千龄旦。"

这些诗句中,不也赫然有"虎""世""旦"等避讳的字吗? 唐代最著名诗人李白、杜甫诗中,也有许多此类讳字,如李白《蜀道难》"朝避猛虎,夕避长蛇。"《梦游天姥吟留别》:"虎鼓瑟兮鸾回车,仙之人兮列如麻。"杜甫《北征》:"遂令半秦民,残害为异物。"

由此可见,以避讳字作为鉴别诗篇真伪的标准,是不妥当的。

其四,韵律问题。关于用韵与犯讳问题。张耀堂先生在《陈元光籍贯身世考辨及其它》①文中均有说明,由于避讳问题谈得较为简略,故笔者作了部分补充。至于古体诗的用韵,张文已论述较详,本文就不赘述了。其实古体诗与近体诗在韵律、语言形式等方面之区别,也是我国古典诗词发展过程中的常识问题。

综上所述,目前所提出的有关《龙湖集》中作品均系后人伪作的论点,在许多重要方面尚缺乏说服力。

二

但是,这里必须强调的是,我们也不赞成把《龙湖集》中的作品,不加分析地一概看成陈元光的作品。将明显发现的问题视而不见,也是不利于研究的健康发展的。

我们认为,现存于《龙湖集》中的一些诗篇,确实显得良莠不齐,而且也存在若干可疑之处。据笔者推测,可能有如下几种情况:

(一)属后人怀古之作

《龙湖集》开头出现五言诗《题龙湖》五首,实在很难令人相信是陈元光的作品,因为那第五首出现的"未有登临者,天留好使君"句令人不解。"使君",唐人笔记小说中屡见这种称号。但"使君"之好坏,应是后人或旁人的评价,陈元光本人怎么会自称为"好使君"呢? 我们觉得,这五首诗,似为后人缅怀陈元光的事迹而写的怀古之作,而且第一首的末尾也分明有"怀古标遐轨"句,显而易见是后人对龙湖而怀古,自然非陈元光本人所作。同样,《语州县诸公敏续》二首,

―――――――――

①　张耀堂:《陈元光籍贯身世考辨及其它》,《中州学刊》1990 年第 5 期。

也应系此类诗作。那第一首中的"怜厥神童子,寻为壮友生。南方承父镇,北阙列儒名"的写法,显然是诗篇作者根据陈元光十三岁领乡荐第一,入闽后继承父亲的职业这些事迹而写的。但诗篇的内容显然与诗题不合,细读之,犹如一位长辈在教导陈元光如何治理州事,这两首诗的诗题有"敏续"二字,整理者疑为衍字。我们怀疑,这两字或许是本诗作者之名,陈元光是不会自称"神童子"的。还有见于七言诗中的《候夜行师七唱》,谢文中也指出其中一些问题,笔者以为,像这样长篇咏写元光一生事迹的诗作,恐怕也是后人的缅怀诗。

(二)来历不明者

出现于《龙湖集》中的一些诗篇,颇让人纳闷,尤其是像《观雪》,其出处颇为可疑。漳州地处亚热带,温度难以降至零下,怎么会有"圭壁充庭辉,山林变瑶阙"的景观出现呢? 谢文认为是无知无识之徒作伪,问题恐怕不会那么简单,因为作伪者也不至于愚蠢到这种地步。陈元光出生于北方,自然是见过雪的,但他十三岁已离开故乡南下,从诗中的语气看,显然不是他十三岁前的作品。我们觉得出现这种情况,有两种可能,一是属旁人作品误收入《龙湖集》中;二是陈氏后裔的作品。因为史载,陈氏后裔中多人曾至北方任职,他们确有机会目睹雪景,他们的诗也可能被保存于族谱中,包括《和王采访重九见访》诗。大概也属此类。自然,这是一种揣测而已。

从上述两类诗作看,《龙湖集》中的作品来源确较复杂,不可轻易全信其真。造成这种情况的原因,目前尚无从得知,但可以推测的是,由于陈元光的作品在后代一直以手抄的形式保留于族谱中,在辗转传抄时,发生种种误录现象,也就可以理解了。而且陈氏族谱所保存的诗作,大约也不只陈元光一人,还有其后裔的作品。此外,也有后人怀古赞颂之作等,这许多因素混杂在一起,抄来抄去,把别人名字都抄没了,最后便都说成是陈元光的作品了。我们看到古代由其家族保存下来的一些作家的别集,也往往后面附有这些东西,张元干的《芦川归来集》后,便有不少篇幅写的后人评语、赞词等。由此看来,对《龙湖集》中的作品,必须有个认真考察与鉴别的过程,以便分清真伪,努力还其历史的本来面目。

但是,指出《龙湖集》中有部分作品误收的情况,与全盘否定这些作品的说法是有根本区别的。我们认为,《龙湖集》中确有陈元光本人的作品。事实上,我们从其部将许天正和丁儒的存诗中,也可以看出这种说法是不正确的。许天正的存诗虽只有一首,但篇题却明明白白写的是《和陈元光平潮寇诗》,可见先有陈元光作《平潮寇诗》,而后才有许天正的和诗,难道说许氏后裔敢和陈氏后裔串通一气,制作假诗为陈元光脸上贴金吗?显然并非如此,假如有所串通的话,许氏族人就应从《龙湖集》中选出几首来"和",而《平潮寇诗》并不存于《龙湖集》,可知是在历代流传中亡佚了。由此也可证许诗是和陈诗一样,经后人辗转传抄而流传下来的,彼此在传抄过程中并未发生过横向联系。

丁儒的诗作也只有两首,但同样为我们了解当时闽南地区的文学状况提供了材料。虽然如谢文所说,直至万历九年(1581)成书的《闽大记》没有唐代漳州艺文的材料记载,但这并不能说明这时漳州并无艺文。丁儒诗其中一首是《冬日至泉郡次九龙江与诸公唱和诗》。既有"唱"又有"和",在场者又是"诸公",可知当时的闽南地区依然和全国一样,文化阶层在平时,也是喜欢吟诗作赋的。艺文的繁荣,往往和主政者的爱好与提倡具有密切关系,这已是我国古代文学史发展过程中人所共知的事实,许、丁诗作中所透露出来的信息,是否也值得我们思考呢?

谢文还认为,从《闽大记》所载漳州唐代艺文阙如这一情况,可以反证直"至明万历初年,陈氏谱中亦尚无陈元光著书之说"。这个拙论是缺乏必然性的。因为如果这一推论成立的话,包括《白石丁氏古谱》所载录的丁儒诗作也要一概被推论为伪作了。可是谢文显然对《白石丁氏古谱》是很相信的。这样岂不发生自相矛盾的问题吗?实际上,即令在文化和交通工具异常发达的今日,我们的资料收集工作也很难说就很完备了,遗漏差错是常见的事情,我们又怎能替古人打包票,以为那时的人力和物力已达到可以把流传于民间的所有记载都"搜罗无遗"了呢?

这里还必须说明,谢文所提出的陈氏后裔造作伪诗文的说法,也是不合常理的。文中说:

　　陈元光家世武人,本人曾为岭南首领,虽然武功赫赫,但在士族习气仍有深远影响的唐代,仍是不齿于缵(按:应为簪)缨世家而为一般士人们所鄙视的。所以陈元光后人重视业儒,努力提高文化素养,并不惜弄虚作假,编造出来陈元光文武兼资,十三领乡荐第一,著有《玉钤集》和《龙湖集》。①

而在谈及作伪的时间,谢文则认为:

> 看来,明末清初正是好事者伪造陈元光诗、文的活跃时期。在这个时期,托名陈元光的诗作内容和数目尚不固定,但有逐步增加的趋势。
>
> 及至民国初年,仿造陈元光诗文的过程已经完成。作为这一过程的总结,是民初几部陈氏族谱的编成。在这些谱中,陈元光不但著有《玉钤记》(按:"记"应为集之误),还著有《龙湖集》,构成《龙湖集》的诗、赋数量和内容已经基本统一起来……至此,陈元光"文武全才"的形象算是有了具体的依据。②

谢文认为,从明末至民国初年是伪造《龙湖集》的时间,而"特别是清末明初(按:似应为"民初"——民国初年)纂成的若干《陈氏族谱》"则是集伪作之大成者。然而,我们发现,谢文这种解释,存在因果前后矛盾的状况。确实,唐人注重世族门阀观念,既然陈元光是一介武夫,为当时"簪缨世家"所"不齿",而"为一般士人所鄙视",陈氏后裔就应该在唐代即为其造作诗文,塑造形象,这样方才能够改变唐时人的看法,为什么要到明末至民国初年这段时间去造作诗文呢?它对于改变唐人的看法有何帮助呢?况且,稍具历史知识的人应当知道,门阀观念,到唐末已经很淡薄了。至宋以后,已是陈元光地位尊崇时期,他已受封为王,后人还有什么必要用清代编造的诗文去改变唐人的观念呢?谢文所说的明末清初,地位最尊贵的乃是满人八旗,汉人已属异类,此时造作诗文去炫耀,有何实际价值?这样的动机分析,未免太令人费解了。

　　总之,我们认为,判定古籍的真伪,应当持慎重的态度。中国在长达五千年的文明史进程中,创造了丰富灿烂的文化遗产。但由于古代印刷术的不发达和文化的落后,因而书籍印行数量有限,加之历代兵燹、水渍、虫蛀、鼠害以及人为

---

① 谢重光:《〈龙湖集〉的真伪与陈元光家世生平》,《福建论坛》(文史哲版)1989 年第 5 期。
② 谢重光:《〈龙湖集〉的真伪与陈元光家世生平》,《福建论坛》(文史哲版)1989 年第 5 期。

的文字狱等种种原因的破坏和摧残,大量书籍亡佚,能流传下来的只是劫余部分了。这部分内容,又在历代辗转传抄过程中,不可避免地产生讹误乃至后人增删、修补、篡改等方面问题,因此重新将这些古籍加以收集整理,辨伪勘误,都是十分必要的,但在证据不足的情况下,不宜轻易下结论判定为伪作。

三

为了慎重起见,并考虑到目前对《龙湖集》看法分歧较大的情况,我们在对陈元光诗作进行分析时,拟侧重依据被选录在《全唐诗》和《全唐诗外编》中的七首作品。因为这些诗作,已经过古人的鉴别和挑选;也是《龙湖集》中较优秀的篇章,它们大体已能代表陈元光的诗歌艺术水平;这几篇作品风格比较一致,置之初唐诗作中,是不易引起争议的。

我们认为,作为唐初的诗人,和其他同时代的诗人相比,岭南诗人自有其独特的风格和审美情趣。他们的作品,从一个特殊的角度反映了那个时代的时代精神和社会风貌。因而也就有了特殊的意义和价值。

作为闽南地区的早期开拓者,陈元光、许天正和丁儒的诗篇具有丰富的社会内容。闽南地区在唐以前,是未曾充分开发的地方,地处两省交界的特殊地理环境,又是中央政府管理能力比较薄弱的地区。在诗集中,开拓者描写了他们所经历过的残酷斗争的军旅生活,如许天正的《和陈元光平潮寇诗》,陈元光的一部分诗作,也有这方面的描写,他的《落成会咏》二首和《漳州新城秋宴》,描写了漳州初建时的情景。丁儒的《归闲诗》,则是对平定啸乱后和平生活的赞美。这些作品,犹如一组连续有序的画面,把平乱、建设和安定的过程活生生地展示在读者的面前,诗中对各民族间的融合、社会生产力的发展等方面,都有生动的反映。尤其在地方史资料极其缺乏的情况下,这些作品中所反映的丰富的社会生活内容,对我们认识唐初闽南地区的政治、经济、文化等各方面情况,具有珍贵的价值。从这个意义上讲,这些诗作也就具有"诗史"的性质了。

其次,这些作品体现了鲜明的时代特色,充满着奋发向上积极进取的精神。人们盛赞唐诗时,往往特别赞赏其中那"雄浑悲壮"的盛唐气象。几位岭南诗人所处的时代,正是唐代社会从初唐向盛唐发展的转折期。从陈元光的生卒年看,他生活的时代(657—711),大体正与著名诗人陈子昂(661—702)、宋之问(656?—712)、沈佺期(656?—713)、杜审言(646—713)等人同时。这时,唐诗正处于大繁荣的前夕。一方面,被称为"初唐四杰"的卢、骆、王、杨都已先后去世,诗坛上占据领导地位的是宫廷诗人沈宋、上官婉儿等,他们固然对于律诗的成熟作出了重要贡献,然而,由于他们当时正处于庙堂之上,生活面十分狭窄,成天在宫廷中作内容十分贫乏的奉和应制诗,以点缀升平。另一方面,颇感孤单寂寞的陈子昂痛感诗风不振而发出悲歌:"前不见古人,后不见来者,念天地之悠悠,独怆然而涕下!"

岭南诗人当时都是正在战场上浴血奋战的将领,他们自然没有更多的时间去关切诗坛的变革问题。然而,他们却以自己的创作实践,实际参与了这一场诗歌的革新运动。他们的那些内容丰富而又充满蓬勃向上精神的诗作,为当时的诗坛注入了新的生机。翻开这些诗人的作品,作者所反映的一往无前的斗志,给人留下了异常深刻的印象:

> 玉钤森万骑,金鼓肃群雄。扫穴三苗窜,旋师百粤空。(陈元光《平獠宴喜》)
> 抱磴从天上,驱车返岭东。气昂无丑虏,策妙诎群雄。飞絮随风散,余氛向日镕。长戈收百甲,聚骑破千重。(许天正《和陈元光平潮寇诗》)

作为大唐帝国的将领,他们心中想到的是在偏远的边地建功立业,报效国家。雄壮的队伍,"卷舒如祥云,进止若时雨"(陈元光《旋师之什》),一往无前,势不可挡。这种气魄,确实大有"盛唐气象"了。唐人的边塞诗,向来以其高亢激昂的旋律,赢得了后人的称道。岭南和西北边塞固然不同,但在唐初,这里仍是被视为多瘴疬之气的蛮荒边地,常被朝廷作为流徙罪人的处所。北方的移民初到这里时,边作战边开发,屯田耕耘,垦荒种植,其艰辛是可想而知的,他们的生活,实在也和边地的将士们差不多。然而,在他们的诗作里,我们看不到古代诗歌中常见的悲愁离绪,相反,这些作品充满着对新生活的热爱,对幸福的憧憬,格调高昂,催人奋进。这方面丁儒的《归闲诗二十韵》确属不可多得的佳作。

在诗中诗人把对新生活的热爱,对和平安定的喜悦,对民族间融洽与和谐,反映得真实生动。他的另一首《冬日到泉郡次九龙江与诸公唱和诗》,也是反映同样的感情,只不过在诗结尾处想起了故乡:"但思乡国迥,薄暮起心冲。"全诗主要内容是讴歌"正值严冬际,浑如春画中"的闽南美景,那"天涯寒不至,地角气偏融……秋余甘菊艳,岁迫丽春红。麦陇披蓝远,榕庄拔翠雄"的画面,那"减衣游别坞,赤脚走邻童。日出喧鸟鹊,沙晴落雁鸿。池渐含晚照,岭黛彻寒空"的诗情,无处不体现作者的深深爱恋之情。陈元光的《落成会咏二首》《半径寻真》《漳州新城秋宴》《晓发佛潭桥》等诗篇。也有大量诗句描绘出闽南地区独特的美景的,如《漳州新城秋宴》:

　　　　地险行台壮,天清景幕新。鸿飞青嶂杳,鹭点碧波真。风肃天如水,霜高月散银。

　　在"天涯""地角"(丁儒诗有"天涯寒不至,地角气偏融"句)中建功立业,报效国家,是岭南诗人们的共同心愿,丁儒的《归闲诗》写的"功成在炎域",正反映了他们的心声。正是从这一角度,我们完全可以说,岭南诗人的这些作品和唐代的边塞诗有异曲同工之妙。应当特别强调指出,初唐岭南诗人所表现出来的积极进取、敢于开拓的精神,恰恰是中华民族传统文化中最可宝贵的精神。漳、泉、潮地区的居民,在后来的一千多年中,表现出一种大胆开拓、以四海为家的宽阔胸怀,许多人在异国他乡苦心经营,成就了令世人瞩目的事业,作出重大的成就,不也是继承先辈的创业精神所致的吗?

　　最后我们还应当看到,这些诗篇,不仅具有思想价值,同时还有较高的艺术价值。正如前面所谈的丁儒的两首诗作,在初唐诗中也应属上乘之作。这两首诗,虽颇有唐代田园诗的情趣,但其格调和内容,却远高于描写闲适生活为主要内容的同期的其他田园诗,这个估计我们认为是实事求是的。同样,许天正仅存的这首诗,和初唐描写军旅生活的较好诗篇相比,也是毫不逊色的。同丁、许二人相比,陈元光存留的诗作虽多,但个人的风格却反而不够突出,《龙湖集》中保存不少诗作是带有说理的伦理型诗篇,其思想教化意义有余而艺术感染力就有限了,因而有些类似同时期一些朝臣们所写的诗作风格。例如他的那些描写自然风光的诗作时有清新的意境和优美的佳句,但同丁儒的描写自然风光的诗作相比,有的作品气势过之,而语言方面却显出人工雕琢的痕迹来,这也是不容否认的事实。岭南诗人这种作品风格的多样性,是和他们的艺术修养、社会地位等原因分不开的,我们也难以用同一标准进行要求。但是,有一点必须肯定的是:这些诗作显示了作者们都已经摆脱或正在摆脱齐梁诗风的影响,从而成为盛唐之音的前奏曲。

(原载《陈元光国际学术讨论会论文集》,厦门大学出版社,1993 年 11 月)

附2　闽学视野下的楚辞研究与骚体文学创作

一

作为闽学的开山之祖,朱熹一生致力于阐释儒家经典,尤其是继承并发展了二程的理气之学,并以此理论对传世经典进行训释,以构建其理论体系,从而成为集理学之大成的一代鸿儒,其著述多达一百余种。儒学著作之外,他用力最勤且影响最大的是他晚年完成的一部《楚辞集注》。这一现象,自然引起后人的关注。姜亮夫在《楚辞书目五种》中说:"熹一生注儒家经典几遍,更不为他说所乱,独注《楚辞》,似与平生之业相远。"

在《楚辞》研究史上,朱熹的《楚辞集注》享有很高声誉,被认为是具有划时代的作用与集大成的性质,是楚辞学术发展史上的一个新高峰。当然,由于他以儒家的正统观念为圭臬,因而在强调屈原的"忠君爱国"思想同时,又对屈原的为人、辞旨等有所保留。但瑕不掩瑜,他能从文学的角度和作品的实际来评价《楚辞》,使之摆脱汉儒说经的谬误,是《楚辞》研究上的一大贡献。

朱熹注《楚辞》的动机,前人已论及,其中为多数人所共识的是他借注《楚辞》为赵汝愚申冤。赵汝愚原是宋皇室宗亲,曾因拥立宋宁宗有功而位居右丞相,后因受外戚韩侂胄的迫害而贬官,不久暴死于湖南的衡州。赵汝愚和朱熹在许多看法上相近,赵之被贬乃至暴死,使朱熹十分不满,《四库全书总目提要》说:"周密《齐东野语》记绍熙内禅事曰:'赵汝愚永州安置,至衡州而卒,朱熹为之注《离骚》以寄意焉'。"朱熹的这一作法,开了借研究《楚辞》寄寓个人不同政见之先例,也影响了以后多代闽地学者,从而在楚辞研究史上形成具有鲜明地域文化的特色。

朱熹在三个方面对后代闽地学者影响深远:一是其忠君思想。这是由他所提倡的三纲五常之理所决定的，他在《朱子语类》中认为："物物有个分别，如君君、臣臣、父父、子子。""君臣父子，定位不易，事之常也。"尽管朱熹毕生经历坎坷，但忠君之心，始终不改。二是其注重气节的观念。朱熹受其父朱松的影响，从年轻时起便多次上书力言抗金，因而十分强调民族气节，曾提出"华夷之辨高于君臣之分"的主张，他讲"三纲五常"的名分，但并不是盲目地忠君，他从自己的亲身经历中，认识到当时朝政的腐败，指责"今上自朝廷，下至百司庶府，外而州县，其法无一不弊"。他在任焕章阁待制兼侍讲时，曾借为宋宁宗进讲《大学》时，面陈他的改革主张，而且直接提出"正君心"的理论，他说："天下事有大根本，有小根本，正君心是大根本。"(《朱子语类》卷108)他要求皇帝"罢修葺东宫之役""慰斯民饥饿流离之难"，甚至让他"下诏自责，减省舆卫"等。这样的逆耳之言，公然的"批逆鳞"，其后果可知。不久，宋宁宗便免了他的侍讲之职，甚至在朝廷中掀起一场反"道学"的斗争，称朱熹所倡的为"伪学"，其交往之士与弟子均为"逆党"，这便是南宋时期著名的"庆元党祸"。三是强调"致知力行"的知行思想。朱熹认为："知行常相须，如目无足不行，足无目不见。论先后，知为先；论轻重，行为重。"(《朱子语类》卷九)他尤其注重"躬行践履"，并说："只有两件事：理会，践行。"(同上)朱熹主要是从道德的层面来谈论人的道德知识与道德践履的关系，因而他反对口头上讲民族气节，而要求在实践中加以实行和体现。

朱熹的上述思想，对闽地士人影响巨大，从宋至清，是闽地文化的昌盛期，且历代延续不断。《宋史·地理志》已指出，自宋以来，闽人"多向学，喜讲诵，好为文辞。"清代李光地曾不无自豪地说："吾闽僻在天末，然自朱子以来，道学之正为海内宗。"(《榕村集》卷十三《重修蔡虚斋先生祠引》)这个说法并非夸大虚滥之说，下面我们仅从闽地学者楚辞研究及骚体文学创作的状况作一分析，从一个侧面看出闽地学者所受的巨大影响，当然，这也是闽地士风的一个表现。

二

闽地学者之关注楚辞，据可考之资料，当始于北宋的黄伯思。黄伯思(1079—1118)，福建邵武人，元符三年进士，性好古文奇字，博学多才，官秘书郎。他有感于《楚辞》"此书既古，简策迭传，亥豕帝虎，舜午甚多"，因而"以先唐旧本及西都留监博士杨建勚及洛下诸人所藏，及武林、吴郡椠本雠校，始得完善"。写成《校定楚辞》十卷,并附《翼骚》一卷。他在其《序》中说:"自汉以还,文师辞宗,慕其轨躅,摛华竞秀,而识其体要者亦寡。盖屈宋诸骚,皆书楚语,作楚声,纪楚地,名楚物,故可谓之楚辞。若些、只、羌、谇、蹇、纷、侘傺者,楚语也;顿挫悲壮,或韵或否者,楚声也;湘、沅、江、澧、修门,夏首者,楚地也;兰、茝、荃、药、蕙、若、蘋、蘅者,楚物也。他皆率若此,故以此名之。"黄伯思的这段话,十分简括而明晰地概括出"楚辞"的特点,成为了后世人经常引用的至理名言。他的《校定楚辞》十卷,也是一部极有价值的楚辞善本,南宋朱熹作《楚辞集注》时,曾比较过北宋楚辞最重要的三家版本,认为黄伯思的《校定楚辞》十卷与洪兴祖的《楚辞补注》本优于晁补之的《重编楚辞》十六卷。可惜黄本到明代之后失传了。

自朱熹《楚辞集注》出,闽地学者历代皆有从事楚辞研究的,而且其中多部为楚辞学史上影响深远的重要著作。据《楚辞学通典·典籍》载,现存的传世楚辞研究专著,自西汉刘安《楚辞》起,迄清末颜锡名之《屈骚求志》,共列著作112种,然有数种今已不传,实际不足110种。在这一百余种专著中,闽地学者所著者有十三种之多,朱熹之后,宋末元初有谢翱(长溪人)的《楚辞芳草谱》,明代有陈第(连江人)的《屈宋古音义》、郭维贤(晋江人)的《楚辞》、林兆珂(莆田人)的《楚辞述注》、黄文焕(永福人)的《楚辞听直》、何乔远(晋江人)的《释骚》等;至清,有林云铭(侯官人)之《楚辞灯》、李光地(安溪人)之《离骚经九歌解义》、许清奇(漳州人)之《楚辞订注》、龚景瀚(闽中人)之《离骚笺》等。其数量占古代传世楚辞专著之十分之一强。闽地僻居东南一隅,开发时代较迟,能有如此数量众多的楚辞研究专著流传至今,已是极为不易的,而更为重要的是,这些著作,大多都有较高的学术价值。1923年游国恩在《楚辞概论》列举的"楚辞注家"三十家中,闽地学者朱熹、陈第、黄文焕、林云铭、李光地、龚景瀚的六部著作均被介绍,占其总数的五分之一。而1981年姜亮夫在《楚辞今绎讲录》中,列举历代楚辞研究专著十四种,朱熹、黄文焕、林云铭、李光地、龚景瀚的五部著作列入其中,占总数的三分之一强。

闽地学者的这十余部楚辞研究专著,其作者都具有强烈的关注现实的倾向。如前所说,朱熹之注楚辞,饱含了他对当时朝政的密切关注和对国家前途安危的关切之情。南宋遗民谢翱,曾率领军队与文天祥并肩作战,抗击元军,宋亡后坚持民族气节。陈第是著名抗倭名将俞大猷的部属,深受器重,教以兵法,并以军功而任游击将军,把守长城古北口。何乔远在朝期间,同情东林党人,并与之声息相通,是位有强烈正义感的官员。黄文焕则因与黄道周关系密切,当黄道周被陷害,指为伪学时,黄文焕以黄道周的朋党罪名同时被捕下狱。黄道周在明末清初,独负经国济世大任,亲率义军与清军激战,兵败被俘后,不屈而死。清代的李光地与林云铭,均为康熙时人,亲历三藩之乱,不肯屈从据守闽地的耿精忠。李光地逃至深山,聚众抵抗,并派人向朝廷献破闽之策,深受康熙嘉许;林云铭则因不屈服而被囚十八个月之久,耿精忠败亡后才得以解脱。生活年代稍后的龚景瀚长期在西北任地方官,并多次从事军旅生涯,以有才干著称于时。从上述情况可知,闽地的学者无论其身居高位或身陷牢狱,均以国事为重,注重气节,勇于任事,这些闽地学者的士风,应当与朱熹的倡导与身体力行有关。

朱熹之后,闽地学者师徒之间,递相承传,闽学日益昌盛,方勇先生在《南宋遗民诗人群体研究》一书中曾指出:

> 事实上,福建的学子们正是遵循着朱熹所指引的道路前进的。尤其在宋末元初民族矛盾十分尖锐的时候,他们更加重视务实躬行,把坚守民族气节看得高于一切。如元初,"朝廷以东南儒学之士惟福建、庐陵最盛"而屡遣使者往闽中搜访遗逸,但他们大多以气节相标榜,坚决拒绝蒙元的屡屡征聘。①

方勇先生列举当时闽地学者中著名人物有:熊禾、陈普、丘葵、韩信同、黄镇成、赵必晔、刘边等,这些人士,从闽北到闽南均有,如赵必晔为晋江人,丘葵为同安人。闽中各地,各有其代表人物。

前面我们所提到的闽地学人中喜好楚辞及骚体文学创作的,往往都能找到他们和闽学之间密切的关系,有的是在理学的氛围中成长的,如谢翱,其父便是位笃信理学的学者,他从小便深受其父影响。有的学者本人即为一代之理学大师,如朱熹之于宋,黄道周之于明,李光地之于清,其地位均非他人所能替代的。

自宋之后,国家多难,元、明、清及近代,国家、民族每有灾难,均可见闽地士

---

① 方勇:《南宋遗民诗人群体研究》,人民出版社,2000 年 6 月。

人拍案而起,以赴国难,虽以身殉国,而志节不改者,这与朱熹所创之闽学的正面影响不无直接关系。

三

十余部流传至今的闽地学者之楚辞研究专著,呈现出如下明显的特征:

其一,受士风的影响,闽地学者的楚辞研究,其动机显然和一般学者的研究有别,也就是说,他们往往是带着明显的目的来进行研究的。黄文焕的《楚辞听直》即为显例。是书取名"听直",源于屈原《九章·惜诵》,屈原因受谗被疏,内心愤懑,因作《惜诵》,发愤以抒情,希望上天能组成最有权威的法庭来审理这一冤案:"令五帝以折中兮,戒六神与向服。俾山川以备御兮,命咎繇使听直。"咎繇,传说中为舜帝掌管法律的最公正的法官。听直即听讼断狱。他在《自序》中说:

> 朱子因受伪学之斥,始注《离骚》;余因钩党之祸,为镇抚司所罗织,亦坐以平日与黄石斋前辈讲学立伪。下狱经年,始了《骚》注。屈子二千馀年中,得两伪学之洗发,机缘固自奇异。而余抱病狱中,憔悴枯槁,有倍于行吟泽畔者。著书自赆,用等招魂之法。其惧国运之将替,则实与原同痛矣。惟痛同病倍,故于《骚》中探之必求其深入,洗之必求其显出……①

从这段序文中,我们不难体会出作者的内心激愤之情。国运的更替,异代而同悲,实在令人感慨不已! 谢翱因宋危而愤起,国亡而不改气节,他的密友方凤在《谢君翱行状》中说他"慕屈原怀郢都,读《离骚》二十五,托兴《远游》,以'晞发'自命。(谢翱自为诗集取名《晞发集》)。"他作《楚辞芳草谱》,自然不是漫无目的的。陈第以历经百战之身,见朝廷之腐败,名将之沦落,遂辞官返乡,研习古音,作《屈宋古音义》,不独探其古音,且亦为之释义,字里行间,莫不透露其对国事的关切。至林云铭,其任安徽徽州府通判期间开始注《楚辞》,返乡之后,适耿精忠叛,书毁于兵燹。寓居杭州时再注《楚辞》,但却又毁于一场火灾,他依然负有一种使命感,"杜门追记,并补未注诸篇",终于于次年完成全书。他如此孜孜

---

① 黄文焕:《楚辞听直》,明崇祯十六年原刻清顺治十四年补刻本。

不倦地为《楚辞》作注,是引《楚辞》为"异代知音","以抑哀愤"(《楚辞灯·自序》)。由于研究者研习既深,在撰作时又融入个人的深切情感,因而其成果自然非同寻常。

其二,继承朱熹开创的楚辞义理的研究。著名楚辞学家游国恩在《楚辞概论》一书中,曾将历代楚辞研究的状况作一区分,他说:

> 自汉至今,注《楚辞》者不下百余家,然大别可分为四派:一为训诂派,王逸为代表;一为义理派,朱子、王夫之为代表;一为考据派,吴仁杰、蒋骥等可为代表;一为音韵派,陈第、江有诰等可为代表。其中也有以义理而兼考据的,如朱熹、黄文焕等是。①

短短一段话,其所列举的代表人物,便有闽地学者数人,从这里也可见闽地学者在这一领域中的重要贡献。这其中,最明显的特点,我们认为还首推对楚辞义理的阐发。何谓"义理"? 姜亮夫在为黄中模《屈原问题论争史稿》所作的《序》中说:"义理家,是略陈或详说每篇每章乃至每句的大义理论。"这其实是古典文学研究中最重要的一环,即在考证、训诂的基础上,如何更好地理解作品的思想内容,篇章结构,段落大意乃至艺术表现形式等,是文学研究最重要的内容。义理的阐发并非自朱熹开创,自有楚辞研究始,前代学者便开始了对其义理的阐发,《史记·屈原列传》中保存刘安对屈原的评价,司马迁在此传中对屈原及其作品的赞语,刘勰《文心雕龙·辨骚》篇以及有幸流传至今的王逸之《楚辞章句》、洪兴祖的《楚辞补注》等,无不有众多义理阐释的内容,那么,为什么独推朱熹为义理派的代表? 这是因为朱熹的楚辞研究,打破了过去楚辞研究中重训诂考据而对篇章所表露的作者的意旨阐发不足的倾向。在《楚辞集注》中,他在总结前人得失的基础上,注重以整体把握全局,破除以往的重复繁琐与穿凿附会之弊,一改汉人注经之陋习,并自觉地以文学的眼光解说楚辞。因此,如同他的《诗集传》一样,《楚辞集注》不仅被视为楚辞研究史上集大成之作,也被认为是研究思想和方法上的一大解放,具有划时代意义。朱熹之后,闽地学者的研究成

---

① 游国恩:《楚辞概论》,1926 年北新书局本。

果多承传其法。黄文焕之《楚辞听直》,因其特殊遭遇而与朱熹成为异代知音,《楚辞听直》中对屈作的界定,作品的创作时地与篇次的编排,以及破除经学的束缚与影响,还其作品的本来面目等方面均取得较大成就,因而为后人所重视。到了清代,林云铭的《楚辞灯》更是一部以文学观念认识楚辞的重要著作。《楚辞灯》对所收录的楚辞作品逐篇逐句进行诠释,分段疏解,篇末总括全篇,论其主旨,以便于人们对楚辞作品的认识与理解,且注释亦求简要明了,故姜亮夫认为:林云铭"完全以文章次序做基础来搞《楚辞》,因此读别人的注读不懂,读他的《楚辞灯》就可以读懂。他的注文从字顺。……拿文学的眼光看,他的注是好的。"李光地、龚景瀚等人的楚辞研究,也均具上述特色,这里就不多说了。

其三,在传承中求新变,从而展示出各自的特色。闽地学者虽在总体上传承朱子的重义理阐释的特点,然亦不囿于旧说。赵沛霖先生论元代的《诗经》研究时,曾批评元人不敢突破朱熹《诗集传》的框框,只以传承为荣耀,从而出现千篇一律,千人一面,少有创新的状况。[①] 然而,纵观闽地学者的《楚辞》研究,却能在闽学视野下不断创新和发展。我们前面提到从朱熹到黄文焕到林云铭,在对楚辞义理的分析可说是越来越深入,越全面,后继者并不怕对朱熹的看法提出不同见解。如黄文焕在《楚辞听直》中,对朱熹提出的屈原之为人,其志行"或过于中庸而不可以为法"之说提出反驳,极言"夫臣之于忠,只有不及耳,安得过哉!……世固谓原之可以不死,而未知原之必不可不死也。原不死即不忠,别无可以不死之途容其中立也。……知此而原之死必无可宽,原之忠何可诋也。"林云铭之《楚辞灯》,不囿于旧说,尤其对屈原作品创作时地的考证,皆突出前人藩篱,如《九章》,从王逸到朱熹,均将其定为屈原被放逐江南后所作,但林云铭认真考察了当时的历史背景,写成《楚怀襄二王在位事迹考》,并以此为基础,重新判定屈原作品的创作时地,将《九章》中的《惜诵》、《思美人》、《抽思》判定为怀王时期的作品,这一看法,得到今日众多学者的认同。而明人陈第的《屈宋古音义》,更是一部注重于创新之作。该书与《毛诗古音考》同为研究古音的重要著作,尤其对朱熹在《诗集传》与《楚辞集注》中所极力推崇的"叶韵"说进行批评,破除传统的"古无定音"的观点,提出:"时有古今,地有南北,字有更革,音有转移,亦

势所必至。"这一对古音韵规律的揭示,成为我国古音学研究的理论基础。

闽地学者在研究中能够不断地在继承前贤成果的基础上,通过自己的认真学习和思考,广泛而深入地占有大量第一手资料,不断破除旧说,创立新论,从而大大推动了楚辞研究的发展,在楚辞研究史上写下了重要的篇章。闽地学者这种勇于开拓、勇于创新,坚持真理,实事求是的学风和文风,仍然值得我们今日继承和发扬。

四

除了在楚辞研究方面,闽地学者卓有成就外,在继承骚体文学的传统,进行骚体文学创作方面,闽地学者同样取得了重要成就。鉴于笔者视野有限,这里尚难以对此作出全面的论述。然而,我们在此仅举数例,即可见出闽地学者在这方面所取得的重要成就。

笔者在编撰出版的《楚辞学通典》中,曾对历代骚体文学作品进行了一次梳理,其中有部分作品,为闽地学者所作。如北宋时,著名学者蔡襄(仙游人)著有《慈竹赋》,该篇咏物赋在赞叹慈竹的千姿万态的同时,以竹喻人,高扬其既孝且义的品格,托物言志,为咏物赋中的佳品。从传承而言,该赋当是屈原《橘颂》之一脉。北宋还有一位王回,侯官人,写有《责难赋》,是一篇说理的赋作,旨在说明臣子应当劝勉人君走正道,行善事,赋作夹叙夹议,引史证事,层层深入,义正词严,显示宋人以理入赋,以理入诗的特点。

南宋的朱熹不仅研究楚辞,也爱好骚体赋,他在《楚辞集注》的《楚辞后语》中,收录了历代绍骚之作五十二篇,并为部分篇章作序。同时,他也创作了部分骚体赋,《楚辞学通典》中收录朱熹创作的骚体赋三篇:《感春赋》、《招隐操》、《空同赋》。其《感春赋》是一篇自抒情怀的作品,既有对怀才不遇的哀怨和感伤,又有对接续儒家道统的神圣使命感;《招隐操》顾名思义,作者以《楚辞》中淮南小山作《招隐士》为题,推其遗意,作品分前后两部分,通过招者和隐者双方之口,对不同审美趣向下的山中景色进行描绘,文字并不长,但写景却别有风味。《空同赋》则描写其体悟哲理,战胜虚妄的心理状态。三篇赋作取材各不同。此外,晚于朱熹的刘克庄(莆田人)是南宋诗词创作的高手,他曾作《诘猫赋》,这是一篇具有很强现实意义的讽刺赋作,作者有感于朝廷中党争激烈,而谏官诬害良善,为虎作伥的丑恶现实,以猫为喻,不仅不捕鼠除害,反而胡作非为,祸及无辜,此赋当继承东汉赵壹的《刺世疾邪》及唐代柳宗元等的赋作之批判精神,刘克庄今存赋十篇。

这里特别要提到的是南宋遗民谢翱。谢氏是一位具有强烈民族气节的诗人,他不幸而身经战乱,救国无门,宋亡后元人到处追捕他,他不得不窜逃于浙西、赣北一带,归家不得。国破家亡,流离失所的生活,更使他对屈原产生异代知音之感,他除了作有《楚辞群芳谱》外,其诗词创作,更是多有楚音楚调,他将自己所作诗集取名《晞发集》,其名即来自《楚辞·九歌·少司命》:"与女沐兮咸池,晞女发兮阳之阿。"他的诗作中,大量使用楚辞中的典故和意象,以表现其悲愤的心情,故其友人说他"慕屈原怀郢都,读《离骚》二十五,托兴《远游》,以'晞发'自命"。他也创作楚歌作品,在文天祥去世九周年纪念日时,他曾约同友人,登西台(严子陵钓台)悼念,以铁如意击石,并作楚歌以招其魂:

> 魂朝往兮何极? 暮归来兮关塞黑,化为朱鸟兮有味焉食? (载《西台恸哭记》)

在得知谢枋被元军俘后,绝食而死时,谢翱便作《广惜往日》以示怀念,这首诗也同样是以楚歌写成的。他还仿《九歌》创作了反映浙西民间迎神巫风作品的《狄飞庙迎神引》等。谢翱的作品,感情激越,读之令人悲愤之情油然而生。

这里我们特别要提到晚明著名学者,以文章气节高天下的闽南漳浦人黄道周。《楚辞学通典》在历代楚辞作家中,收录黄道周的骚体文学作品最多,共有:《謇骚》(九篇)、《续招魂》(三章)、《续离骚》(两章)、《九绎》(十一章)、《九鳌》(十一章)、《九诉》(九章)、《刘招》、《丛骚》(十五章)、《续〈天问〉》,其中许多章都可独立成篇,因此如以章论篇,则多达六十二篇之多。这些作品,反映生当末世的黄道周对社会黑暗,贤人失路,世态炎凉及人生价值的思考。文如其人,作品均借骚辞言志,感情真切,读之令人鼻酸。姜亮夫在《绍骚偶录》中认为,黄道周的绍骚之作"有真情悃志,非无痛呻吟者比也"。尤其他的《謇骚》九篇,作于其被囚禁的南京尚膳监狱中,离英勇就义仅一月,是时,"悲感杂沓,灵爽倏忽,与三闾大夫为朋,而'高皇'二字,相为上下。其中抑轖懰戾,有古今同慨者。使后人揽观,……不知涕泪之流落焉。"(邵懿辰《题黄忠端公〈謇骚〉后记》,《半严庐遗文》卷二）黄道周创作的骚体文学作品不仅数量多，且篇章体制也超越前人，如《续离骚》两章，洋洋洒洒，长达九千余言。而屈原之《离骚》，不过三百余句，二千余言。因此，黄道周骚体文学作品，已是规制空前，恐怕也是绝后的。

从上述可知，闽地学者从宋代以来，不仅在楚辞研究上成果迭出，各具特色，其骚体文学创作也内容丰富，成就卓著，是值得我们认真学习、研究加以继承的十分珍贵的文化遗产，可惜的是，我们在这一方面的研究实在是很浅陋的，许多重要成果至今未能加以整理，更谈不上深入研究了。本文从闽地学人楚辞研究与骚体文学方面进行的梳理工作，不过是闽地文化的一个侧面，然而其中所体现的历代闽地学人的注重现实，关心国家兴亡大事的爱国情操，实事求是而又创新发展的历程所形成的良好学风文风，尤其值得我们今天认真学习和发扬。

（此文原载《中国楚辞学》）第 19 辑，学苑出版社，2013 年 8 月）

第八章　闽南方言

第一节　方言与地域文化

方言是通行于一定地域的一种语言。汉语方言即是通行于我国某一汉族地域的语言。按照现代汉语的分区,我国汉语有七大方言区、八大方言区之分。闽南方言现被划分在闽方言中,但 20 世纪 60—70 年代之前,闽南方言却是和闽北方言并列的两大方言区。据当时《语言学概论》分类,闽北方言区以福州话为标准,使用人数约占全国总人数的 3%;而闽南方言区以厦门话为标准,使用人数占全国总人口的 5%。而 80 年代后《现代汉语》中却将这两种方言区合并为闽方言区,然而这种划分是否恰当,却大有可议之处。因为确如语言学家所说,在福建的闽方言中,"内部大的差异就有闽东、闽北、闽南三大片,它们之间的差异已经超过湘、赣、客、粤等方言之间的不同"①。

至于有关语言和文化之间的关系,过去并未列入语言研究的讨论议题。语言研究中,大量的是纯语言学的研究,诸如语言和言语之关系,语言有无阶级性等。只是到了 20 世纪 80 年代,随着学术界有关"文化热"的兴起,语言学界也开始思考这个值得关注的课题。而今在各区域文化的讨论中,相关议题已普遍受到重视,诸如地域文化的形成问题,便与方言的形成有着特别密切的关系,因为毫无疑问方言是地域文化的载体。这些年来,在有关客家民系形成的时间上,许多学者都以客家方言形成的过程和基本定型来探讨客家民系的形成过程和形成时间。这是很有道理的,因为只有地域方言的形成,地域文化才有了其赖以存在和发展的载体,因此可以说,方言在地域文化的形成过程中无疑具有标志性的

---

① 李如龙、姚荣松《闽南方言》,福建人民出版社,2008 年 8 月,第 7 页。

意义。当然,方言与地域文化之间具有明显的相互依存的关系:一方面,方言的形成便于地域文化的传播和发展,同时加速地域文化的内聚力和向心力。另一方面,地域文化的形成,也促进方言的定型与发展。这应该是很容易理解的。

方言是一种特殊的文化现象,也是解开地域文化的一把钥匙,它与各地域民众的文化心理紧密相连。我们许多人都读过法国作家阿尔封斯·都德的著名短篇小说《最后一课》,并深为其中所表现出来的对于本民族语言强烈的感情所激动。小说写的是 19 世纪普法战争中,法国在被普鲁士打败之后,普鲁士占领了法国的阿尔萨斯、洛林等地区,并通过占领军要求这些地区的法国人必须停止法语教学而改用德语时,法国民众对于本国语言那种强烈的热爱和对不得不改学德语的不满和发自内心的反抗。小说中写到法语教师韩麦尔先生有这样一段话:

> 法国语言是世界上最美的语言,最明白,最精确;又说,我们必须把它记在心理,永远别忘了它。亡了国当了奴隶的人民,只要牢牢记住他们的语言,就好像拿着一把打开监狱大门的钥匙。

从这里可以看出,作为文学家的都德是如何清楚一种民族语言中所蕴涵的强烈的民族感情。正如英国语言学家帕默尔所说:"语言忠实地反映了一个民族的全部历史、文化,忠实地反映了它的各种游戏和娱乐,各种信仰和偏见。"[①]语言对于民族文化如此,而方言对于地域文化的关系也是一样。

1982 年,我在河南省社会科学院工作。正值改革开放的初期,我们在筹备成立河南省文学学会和语言学会时,国内著名语言学家,厦门大学的黄典诚教授带着他的研究生北上中原,为闽南方言寻根。他在郑州大学作了演讲,也到了我们会上。同时在《河南日报》上发表了一篇文章,题为《寻根母语到中原》,文章结尾还赋诗一首:

> 河洛中原是故山,永嘉之乱入闽南。

---

① 《语言学概论》,商务印书馆,1983 年。

谋生更遍南群岛,击楫全收淡水湾。

莫道蛮人多赞舌,须知母语在乡关。

寻根不是寻常事,唤取台胞祖国还。

黄典诚先生此诗,从闽南方言寻根到河洛中原,并将之称为"乡关",由是而影响了以后有关闽台祖根的"寻根"之旅。此后,不仅闽南人、福州人、闽西的客家人等几乎所有福建人、台湾人包括大批海外华侨(尤以东南亚华侨为多)均参与其中,大家都将中原视为自己的"老家"。这是因方言的寻根而带动各族群文化寻根的一个典型案例。

第二节　闽南方言之形成

探究闽南方言的形成过程,既是为闽南方言寻根,广义上讲也是为现代汉语寻根。

笔者当年考研究生时,发现语言类招生中,许多专业标明"闽南方言、吴方言优先",当时尚觉奇怪。因为汉语的各种方言与普通话差别最大的莫过于闽南话了。昔时读《孟子》的《许行》篇,见孟子骂农家代表人物许行(楚国人),是"南蛮赞舌之人",当时还以为指的就是闽南话,因为今日北方人都说闽南话难懂、难学。记得新中国成立初山东南下干部到闽南地区开展工作,都是要随身带着翻译的。闽南话不仅难懂,还难学。笔者到上海读书不过半年,就学会了上海话。然而,许多北方人到闽南七八年,也还学不好闽南话。究其原因,和闽南语的形成状况有关。也就是说,闽南语形成的时间较早,它和今日的普通话在语音上的差别太大。保存有最多古汉语的成分。如同其他方言的形成一样,移民是方言形成的最重要的原因。今日的各汉语方言区,都是不同历史时期移民的结果。

那么,为什么汉语各方言区主要分布在南方? 这和中国历史上的政治文化因素密不可分。

从上古三代开始,华夏族便是一个以农耕为主的民族,农耕民族需要的是稳定的社会政治环境。然而,中国的北方却一直是游牧民族居住区,游牧民族席地幕天,逐水草而居,流动性极大。因此便不断和农耕的华夏族群争夺资源和生活原料而发生争夺与冲突。《诗经》中的战争诗,许多是描写"猃狁"这个北方游牧民族的战争的,如"靡室靡家,猃狁之故"(《诗经·小雅·东山》)。春秋战国时期,北狄南侵,也是中原的大患。齐桓公的一项功绩,便是带领诸侯国赶走北狄,在废墟中重新建立了卫国。因此孔子感慨说:"微管仲,吾其披发左衽矣!"他赞赏管仲辅佐齐桓公,保存了华夏文化。至于秦汉筑长城与匈奴战争,南北朝时期的"五胡乱华",隋唐时期的突厥、宋代的辽金、西夏、蒙古直至明代的鞑靼,等等。汉族的几千年发展史,同时贯穿着北方民族的入侵史和由此而带来的汉族南迁史。

语言学家一致认识到方言的形成和移民史密不可分。今日汉语各地域方言之所以有不同的发音,是因为不同时期的南下汉族移民所带来的不同时期语音,并在与各地原住民语音混融中逐步形成的。因此,对语言学而言,移民史的研究无疑是十分重要的研究课题。其次,是要对原居住地民众状况有清楚的了解。原住民的语言,无疑会影响到新到移民的语言,在交流的过程中,不可能只是一方的语言起作用,而另一方的语言立即消亡。移民数量的多少,原住民的语言基础,民众的数量,也同样在语言混融中起一定的作用和影响。除非迁入地原来并无居民,那么就只有新来的移民语言的存在了。如北美洲开发时,白种人对原住民采取赶尽杀绝的手段,相互之间不接触,所以只有新移民的语言存在。虽然如此,美国的不同地区也仍然有不同的地域方言的存在,这是因为北美洲的移民数量众多,分别从欧洲的不同国家进入美洲的不同地区,兼之移民的时间也有早有晚,因此不同批次的移民自然而然带入了各自在原居住地的语言。

如同许多语言学者所论,闽南方言的形成具有较长的时间跨度。它和闽南移民史是同步进行的。

一、关于闽南方言的底层语言

古代闽地居住的是闽族(七闽),有人认为是百越的分支,但也只是一种揣测之词。有的学者则认为是楚族的一支。

战国时期,楚灭越,越人从浙江一带的古吴越之地南下,在闽建立了闽越国。闽越国的语言应当是越语。越语和吴语相通,但和北方华夏的"夏言"则不相通,甚至和同为南方的楚语也不相通。这从汉人刘向在《说苑·善说》中记载的一则故事可知:春秋时,楚国君之弟君子晳泛舟于新波之中,有位越族水手拥楫而歌,歌词为:"滥兮抃草滥,予昌桓泽,予昌州州,饯州焉乎秦胥胥,缦予乎昭澶秦逾,渗惿随河湖。"鄂君子晳见这位越族水手唱得那么投入而又动听,便说:"我听不懂越语,你能用楚语翻译一下吗?"于是便召来懂越语的翻译,译文为:

> 今夕何夕兮,搴舟中流!今日何日兮,得与王子同舟。蒙羞被好兮,不訾诟耻。心几烦而不绝兮,得知王子。山有木兮木有枝,心悦君兮君不知。

　　从上述记载中,我们可以清楚地看到,越语和楚语有着巨大的差别。楚语是明白易懂的,属夏言的组成部分,过去许多研究者据《左传》中记载,便主观地认为楚语和夏言之间存在明显的差异,楚语属另一种语言,这种看法是不对的。据《史记·楚世家》记载,楚人是从北方的中原地区迁徙至江汉地区的,并在西周初年立国,那么楚语应属中原的夏言的一种,只是由于楚人南迁时间很长,并在数百年间与中原地区较少联系,兼之在南方又与当地少数民族杂处,语言必然受到这些少数民族(蛮夷族)的影响,因此到春秋时期,楚人北上中原时,所讲的楚语已和北方的夏言有所不同,北方人听不懂,这是可以理解的,这几百年的时间,楚人的语音必然和中原地区有了很大区别,形成了一种方言,所以有了"楚语"与"夏言"的区别。但这不影响楚语仍属夏言的系统。我们读"楚译之"的这首《越人歌》,理解上就没有什么问题,而记录下来的越语,则让人不懂得什么意思。而流传至今的"楚辞",今人阅读时有些费劲,但也不是像《越人歌》那样,完全是另一种语言系统。
　　保存下来的越语另一珍贵材料是保存于《越绝书·吴内传》中的《维甲令》:

> 越王勾践反国六年,皆得士民之众,而欲伐吴,于是乃使之维甲。维甲者,治甲系断。修内矛,赤鸡稽繇者也,越人谓人铩也。方舟航买仪尘者,越人往如江也。治须虑者,越人谓船为须虑。亟怒纷纷者,怒貌也,怒至。士击高文者,跃勇士也。习之于夷,夷,海也;宿之于莱,莱,野也;致之于单,单

者堵也。①

这里讲的是越王勾践兵败于吴,为吴王服役,其后得以返回越国,六年之后,他发布命令,动员越人准备对吴作战,这道命令以其起首之"维甲"二字而被今人称之为《维甲令》。史官在记录这道维甲令时,怕人看不懂,中间夹了华夏语和越语的注,因而令人难解,如其中的"赤鸡稽繇","买仪尘","治须虑"等,皆为越语,"赤鸡稽繇"意为修整戈矛,"买仪尘"为准备到江中航行,"须虑"指船,"士击高文"指战士奋勇争先。《维甲令》中的越语是:

> 维甲。赤鸡稽繇。方舟航,买仪尘,治须虑。亟怒纷纷,士击高文。习之于夷,宿之于莱,致之于单。

如译为今文,则为:

> 结好盔甲,修好戈矛!横行大江,备好战舰。怒火中烧,士卒竞争先。大海去练兵,野外来扎营,攻坚比输赢。

《维甲令》中的越语,自然也是记音的,但其与夏言区别之大,可见一斑。不过,是否越人和中原人就无法交谈呢?显然不是,历史记载中,春秋时期的吴越与中原交往甚多,《左传》中记载有著名的吴公子季札北上观礼的故事。季札(前576—前484),为吴王寿梦的少子,封于延陵,故称为延陵季子。他与孔子为同时代人,且皆深知古代的礼乐制度,与孔子齐名,故当时有"南季北孔"之称。鲁襄公二十九年,季札出使鲁国,"请观于周乐"。于是乐工为之歌唱《诗经》中之十五国风、《雅》、《颂》,并为之舞夏、商、周三代的乐舞。季札边听边看而又边作出简约而中肯的评论,让人们从中看出吴人已具有深厚的中原文化底蕴。当然,《史记》记载中,吴人的祖先太伯和仲雍是周人祖先古公亶父的两个儿子,他们为了把王位让给弟子季历(周文王的父亲)而出走江南,断发文身,从

---

① 乐祖谋《越绝书点校》,上海古籍出版社,1985年。

南人之俗,并建立了吴国,这一记载应当是有根据的。

但太伯和仲雍没有带去多少人,所以他们是被吴人同化了。吴国与越国为邻,相互杂处,语言相通。《吕氏春秋·知化》篇记载有伍子胥与吴王夫差的一段对话,其中就说道:"夫吴之与越也,接土邻境,壤交通属,习俗同,言语通,我得其地能处之,得其民能使之,越于我亦然。"吴在春秋末期为越王勾践所灭(前473)。越王勾践北上争霸之后,得到周王室的封侯,他还将国都迁到山东的琅琊。从越人北上至战国时为楚所灭,前后长达150年。不难想象,这时期越人所代表的南方文化与中原文化必然会进一步得到交融。

从上述情况看,如同一些语言学者指出的,吴越在频繁地与北方交融过程中,至少其上层通晓中原文化,从《维甲令》看,也许已出现双语的现象。因此,如以为越人还是原始野蛮人,便是对历史的无知了。

我们之所以用这些篇幅来叙述吴越的历史,原因就在于从公元前3世纪起,由于楚灭越(前306),越族大举南迁入闽,形成了闽越族,并在西汉时建立闽越国,在长达近两百年的时间内,闽越人是闽地的主人,因此,至今在探讨闽地历史与闽方言时,都不能不追溯到这一个时期。因为许多学者在研究中都认为,今日闽语中保存有吴越语的成分,它也是闽南方言的底层语言。

当然,闽语中除有底层越语外,还有楚语的成分,1982年以来,在福建闽侯的庄边山墓地发掘了九座墓葬,据考古工作者研究认为,该墓葬为战国中后期楚墓,甚至更早,它表明在秦之前,楚国的势力已经进入闽地。这个看法是有道理的。因为《史记》中记载,从楚威王六年(前334),楚军攻越,大败越,杀越王无疆后,"越以此散,诸族子争立,或为王,或为君,滨于江南海上,服朝于楚"。《战国策·秦策》称,楚国灭越之后,"富擅越隶",清人张在解释"越隶"时指出:"楚威王灭越,今浙、闽之地尽属楚,两广亦隶焉。"因此秦之前,楚人的势力已入闽是在情理之中的。其实何止是闽,战国时代整个岭南的两广地区均为楚人势力范围,并通过两广地区向南部的印度支那半岛传播,在印度支那半岛发现的众多战国时代青铜器中,有许多就是楚器,即是"楚文化远播留下的足迹"①《周礼·

---

① 蒋廷瑜《楚国的南界和楚文化对岭南的影响》,《中国考古学会第二次年会论文集》文物出版社,1982年。

职方氏》记载有"四夷,八蛮、七闽之人民",唐代贾公彦注疏谓:"《国语》曰:'闽,芈蛮矣。'"这里引用的是《国语·郑语》所载的史伯之言。"注云:谓上言叔熊避难于濮蛮,随其俗,如蛮人也,故曰蛮……叔熊导濮如蛮,后子从分七种,故谓之七闽也。"因此,"七闽"与楚之关系,确实应当重新思考。① 和百越文化不同,楚文化为中原文化的分支,因此闽文化中的楚文化因素,实际上也可视为中原文化的因素之一,甚至是更古老的源头。黄典诚教授曾用闽南话吟诵《楚辞·离骚》,他认为最为合韵。因此,闽南话里有多少楚语的成分,也是很值得研究的课题。例如今闽南方言中有一些楚语词,如"江潭"的"潭"字,"水濑"的"濑"字,还有"伙"、"颔"、"奶"等等。

闽语中(当然也包括闽南语)具有楚语成分是很自然的事,首先越人和楚人曾有长期杂居的历史,语言虽不同,但互有影响自在情理之中;其次越人臣服于楚期间,也是楚对越影响扩大的时期,这时的楚语对越语居于统治的地位;再次,楚语是逐步同化原越语地区的,大致可分为三个阶段:第一阶段是越灭吴时,楚国实际上是起了重要的作用的,越王勾践的两位主要谋臣范蠡和文种都是楚人,他们离楚去吴,目的都是为了帮助越灭吴。因为当时的吴国大臣伍子胥和太宰嚭(又称伯嚭)也是楚人,可见当时楚文化比吴越文化更先进。勾践灭吴并称霸中原之后,将江淮之间的地送给楚人,应当是带有酬谢的意味在其中,这里后来也就称为东楚。东楚在楚人统治二百多年后才为秦所占领,这二百多年时间,楚人足以使该地区楚化。第二阶段即楚威王、楚怀王灭越时期,越人大举南下,原越地已成楚人的天下,是楚影响在吴越再次扩展的时期。楚国后期,著名的春申君封地便在吴。闽地虽为越人南下聚居区,但臣服于楚,因此自然深受楚文化的影响。第三阶段即所谓三国时期的东吴政权经营闽地时期。经西汉武帝将越人北徙江淮间后,闽地遂虚,至三国吴之经营闽地,此时的吴人也即是原来的楚人了。如果以为此时的吴人仍是先秦吴越时期的吴人,那就错了。西汉后期的扬雄在写其著名的语言学著作《方言》时常将"东楚"语作为一个整体来写,而更具体的还将"荆吴淮泗"作为同一地域。宋郑樵在《六经奥论》曾引扬雄《方言》

---

① 参考欧潭生、卢美松《楚文化入闽的考古证据——闽侯庄边山九座墓葬的再认识》,《中国考古学会第七次年会论文集》,欧潭生《再论先秦闽族与闽文化》,福建社会科学院网·学术研究,2011年5月10日。

曰:"秦晋之'逝',齐之'徂',鲁之'适',均为'往'之义也。齐鲁之'允',宋卫之'洵',荆吴淮泗之'展',均为'信'之义也。如此则《六经》之文字虽不同,音各有异,而义归于一。"可见当时楚语已为东楚人所共同使用。因此,直至魏晋南北朝时期,北方人称南方人为"楚",如《宋书》写刘宋皇室"高祖虽累叶江南,楚音未变","长沙王道岭素无材能,言音甚楚。"写王敦"王大将军少时,旧有田舍名,语音亦楚。"①其实刘宋皇室及王敦都是南迁的北方士族,因他们学习南方方言,而被称为"楚"。而刘勰《文心雕龙》中说:"张华论韵,士衡多楚。"陆机是吴人,而被称为"楚"。三国至隋,已又过三百多年,居于江都的释道骞,还被誉为"善为楚声"以诵读《楚辞》。那么,这一时期由北方不少迁移入闽者,往往先居于吴地而后入闽,虽称其祖籍中原,但能不受楚音影响吗?

就以上情况可知,所谓魏晋南北朝数百年间入闽的首批中原人士,已广被"楚语""楚声"所浸染,是不争的事实。吴、楚在此时往往相提并论。

最后我们还必须提到,即使到唐初和唐末两批北来的中原移民,多声称来自河南固始或其周边地域,这一地域其实在公元前5、6世纪时,已皆为楚地,故其语言也同样不可避免带有楚语的成分。

迄今在闽语的底层语言研究中,重越语成分而较少注重楚语的研究,我以为这种倾向大有改变之必要。

二、中原移民入闽与闽南方言之形成

闽南方言之所以保存大量古代汉语的成分而被称为古代汉语的"活化石",是由于历代中原移民入闽,带来当时的河洛汉音并保存至今的缘故。

我们在第一部分已经比较详细地叙述了历史上的几次较大规模的移民情况,这在闽南文化研究中学者们均无分歧,我们下面将着重讨论这几次不同时期的中原移民所带来的语言对今日闽南语的影响。

西汉武帝年间,闽越王馀善率众谋反朝廷,公元前111年,汉武帝以东越狭多阻,多反复易为患,"诏令徙其民,置之江淮间,闽地遂虚。"关于这次闽越族的北迁达到何种程度,尚有多少留下的闽越族人,过去争论甚大,有的人甚至认为

---

① 《世说新语·豪爽》。

至少尚有数十万人。但是并无文献的依据。相反,笔者曾读到李辉的一篇文章《分子人类学所见历史上闽越族群的消失》,论文通过分子人类学 DNA 材料和计算生物学方法,调查了范围广泛的东亚人群中 Y 染色体 O 型其下三个亚型(01、02、03)的分布情况,厘清了现代的百越人群(现称为"澳泰族群")的分布情况。他认为,现代的百越人群主要分布于东南亚的侗泰族群与马来族群,而在国内,则主要集中在上海和浙江地区。文章认为:

> 通过对现代福建和其他闽语人群的分子人类学研究,结果并没有看到闽越的结构,闽语人群基本都是来源于北方的汉族移民。所以可以确定历史上的闽越族在福建地区基本已经消失。[①]

它廓清了长期以来许多学者仅凭个人印象作出的一些并不准确的估计。皮之不存,毛将焉附。没有了人,所谓越语为闽方言的底层语言的说法也就没有可能了。

关于三批中原移民入闽及相关语言问题,虽然现在习惯上有些说法似乎已成定论,其实仍有许多值得商讨的问题。

一是关于"八王之乱",是否导致大批中原士民入闽的问题。

西晋末年的"八王之乱",是否导致大批中原士民入闽,是值得讨论的。闽地自越人北迁之后,三百年间,长期人口空虚,直至三国时期吴国经营闽地,才设立了郡县,这应当是根据人口增加,才需要设立地方政权的。

首次人口统计发生在西晋太康三年(282),这是西晋灭吴统一中国两年之后的事,据《晋书·地理志》载当时全闽人口 8600 户。(两郡,每郡 4300 户)。而"八王之乱"发生的时间是公元 291 年到 306 年。然而自此之后,整个南朝时期,全闽户数呈下降趋势,如南朝宋时(420—479),全闽只有 5885 户,37524 人(《宋书·州郡志》),也就是说,经过一百五十年,闽地户数反而下降三分之一。因此"八王之乱"有大批中原民众入闽的说法,是值得怀疑的。

---

① 李辉:《分子人类学所见历史上闽越族群的消失》,《广西民族大学学报》哲社版,第 29 卷第 2 期,2007 年 3 月。

应当说,晋代闽中的八千多户居民,是闽越人北迁后在漫长的岁月里陆续入闽的,这一过程一直在继续中,各种族谱资料记载中,闽中各姓也是分不同时期入闽的。而发现的墓葬也表明,两汉时期最少,晋以后陆续增多,泉州、漳州发现的多为南北朝时期墓葬,说明中原移民入闽,先居闽北而后逐渐南下,闽南的开发明显是晚于闽北的,唐之前,绝大多数郡县都设置在闽北就是很好的说明。

那么,在唐之前,闽南是否有独特的方言呢?回答是否定的。从三国至唐前漫长的迁徙过程中,从闽北到闽南,语言应当大致是相通的。

李如龙认为:"经孙吴两晋南朝400年时间,福建地区自闽北至闽东,又从闽东到闽南,基本完成了早期移民的分布格局,并在建安、晋安、南安三郡的基础上发展出后代的闽语三大次方言:闽北、闽东、闽南方言。这些方言流播之初,都跟当时的吴地方言有密切的关系,这便是今在闽语各地吴语底层的直接来源。"[1]这个判断应当是比较准确的。闽地设郡始于三国吴,"吴景帝永安三年(260),以会稽南部为建安郡,领县十。是年析建安之桐乡置建平县,改都尉曰太守,领建安(建瓯)、建平(建阳)、吴兴(浦城)、东平(松溪)、将乐、昭武(邵武)、绥安(泰宁)、南平、侯官、东安(南安)十县,仍治建安"。这十县绝大部分在闽西北,唯侯官在闽东,东安在闽南,可知当时这两地人数并不多。[2]

西晋于280年灭吴,两年之后即太康三年(282)在闽北增晋安郡。其建安郡辖县七,均在闽西北;晋安郡辖县八:原丰(闽县)、新罗、宛平、同安、侯官、罗江、晋安、温麻。多为闽东沿海地区;被认为可能属闽南的为新罗(疑为龙岩)、同安(当年即废)和晋安。郡治为原丰(闽县)。是为闽东中心区之形成。

闽南的设郡,则是二百多年后的南朝梁天监年间(502—519)设立的南安郡,郡治在南安丰州,下辖晋安、龙溪、兰水三县,这是闽南首次成为一个独立的区域。然而到隋开皇九年(589),南安郡即又撤销。嗣圣元年(684)又在原丰州设置武荣州,但不久又废。

闽南之设州所以迟缓,且建郡后又屡建屡废,说明这一带开发较迟,人口数量应当也不会太多。直至隋炀帝大业年间,全闽人口才增至12400户,闽南也不

① 李如龙、姚荣松《闽南方言》,福建人民出版社,2008年8月,第42页。
② 《古今图书集成·职方典》。

会太多。

由此可知,在闽地的闽北、闽东和闽南三个区域之中,闽南开发迟滞,是无可否认的事实。直至唐初泉潮地区发生的"蛮獠啸乱",朝廷派兵南下,这种状况才得以改变。

那么,在唐前数百年间,闽南的语言与中原有何关系,是否如旧说之保存有上古中原语言,却是应当认真探讨的问题。

如前所述,唐前闽地移民是陆续由周边(主要来自北方的江浙、西面的江西)及部分直接由中原南下的民众所组成的,因此我们必须探讨的是这批民众使用的语言状况。

由中原直接入闽的民众,其使用的语言为早期的古汉语,这点应无疑义,问题是那些更多由浙赣入闽者,是讲的何种语言。李如龙、姚荣松先生认为他们使用的是吴语,这是指的三国时期的吴,而非先秦之吴。三国时期,已是秦统一中国四百多年之后,秦虽短暂,但已着手书同文。其后两汉长达四百余年时间,南北方广大地区不断处在语言的融合之中。

西汉末扬雄作《方言》时,已感到国家统一时久,"中原通语"形成,许多先秦各地方言未能保存下来。因为秦汉时期,各种方言都发生了明显变化,其中一部分因被雅化而消亡,采用通语,一部分与其他方言融合,真正保存下来的方言词数量相对减少了。

从魏晋以来,南北长期分裂。三国时期,魏据北方,吴蜀据南方。西晋统一中国不到 10 年,便陷入"八王之乱",从公元 317 年起,晋室南渡,由此而形成近300 年的南北大分裂。语言学家都一致认为这是中国语言变化的最为剧烈的时期,虽然对于发生变化的时间究竟是在西晋还是在南北朝时期,认识上有所不同。但毫无疑义,南北长期分裂,必定形成不同的方言系统。少数民族大量进入中原并长期入主中原,使北半个中国的中原汉语融入大量的少数民族语言的成分(尽管这些少数民族大量被汉化,如北魏孝文帝曾"诏断北语","从正音",即禁止使用原少数民族语言)。

而江南地区,由于大量中原汉人南迁,将北方方言带入南方,于是,洛音遍及江东。其结果,形成南北两大语言系统。① 中原语音又被称为"洛下音",原江南方言称为"吴音"。应当是由于交际的需要吧,南迁的中原人士开始习用"吴音",而江南士人则学洛下语,形成特殊的"洛生咏"。从这里可以看出,这是北方中原语音一次大规模的在江南普及。

从闽地移民情况看,有文献记录西晋太康三年移民已达 8600 户,他们应是两汉至三国年间陆续入闽的,此时正是上古语到中古语的转变期。闽方言(包括闽北、闽东及闽南)中保存许多上古语的成分,应与此时期有关。其后的三百多年间,尽管仍有少量移民入闽,但应融入原有的人群,他们带来的吴语,应当也是已经中原化的南朝语音,对闽地语言的发展没有太大的影响。因此,作为闽方言的底层语言,其实应是中原方言与吴楚方言的混合语,越语应当是少之又少的。台湾学者陈癸淼、卢淑美在其所著《台湾闽南语文指引》的附录《建立书写的秩序》一文中曾经有一段话:

> 吕文又主张台湾的闽南语混有百越语、原住民语及日本语。本来语言是有生命的,所以常因时空的关系而有变化;因而现在已经很难找出哪里的语言才是纯种汉语。但是,汉字是世界上被使用最久的文字,就是因为这个原因,使得使用汉字的族群与非使用汉字的族群融合,其语言不太容易被同化。所以百越语、原住民语及日本语所占台湾闽南语的比例是非常非常低的,较常见的是混有一些原住民语及日语的词汇而已。②

我很赞同陈先生对汉语特点所作的分析,闽语作为保存较多古代汉语成分的一种方言,在与越族交融过程中,主导力量的是越族的华夏化,古代汉语中混有越语词汇是必然的,但把越语说成是闽语的底层语言的说法,似乎值得重新思考。

唐代是闽北方言、闽东方言与闽南方言的重要形成期。这种形成的过程是与唐代对闽地的大开发同步推进的。如果说唐前的闽地方言是与北方移民的陆

---

① 汪启明《魏晋南北朝方言及研究》,《南大语言学》,商务印书馆,2012 年 11 月。
② 陈癸淼、卢淑美《台湾闽南语文指引》,中华语文出版社,2004 年 7 月。

续缓慢入闽相关的话,那么唐代的两次偶然事件却是促使两批中原移民大举入闽,并先后促成了闽南与闽东方言的形成。

唐初陈政、陈元光父子从北方的中原入闽平定"蛮獠啸乱"的事件,虽然由于"正史无人修列传"而导致今人对相关的史事、史实存有诸多争议。但众多族谱资料记载了同一事件的历史,尽管对事件所涉及的史事记载在文字上有所不同,但均提供了可相互比较的珍贵史料,无疑也是可信的。正是这次事件的发生及其结果,给闽南文化与闽南方言的形成奠定了坚实的基础。

跟随着陈政、陈元光父子入闽的将士首批 3700 余人,第二批援兵也应不少于此数,同时随行的还有中原五十八姓民众,因此史学家均认为,此次行动兼具平乱的军事与屯垦开发的移民双重目的,其数应超过万人。这是自汉代以来,由官方组织的中原对福建首次进行的大规模的移民。

语言学者在研究闽方言的分化过程中认为,闽方言是在唐代后期至五代宋时期开始分化的,形成了闽北、闽东与闽南这三大闽语的次方言区,应当是有一定道理的。而学者们大都认为,闽南方言中主要保存了中原河洛地区 7 世纪的唐音,但闽东方言却主要保存中原河洛地区 10 世纪的唐音,因而形成了闽东方言(福州话)和闽南方言不能相互沟通的状况。

闽东方言的形成应溯源于唐朝末年黄巢之乱后从中原入闽的"三王"兄弟,"三王"入闽后,带来的中原话,是 10 世纪的唐音。据载,"三王"入闽时,虽然出发时仅有五千多人,但入闽时人数已发展至"有众数万"(《新五代史·闽世家第八》载:"自南康入临汀,陷漳浦,有众数万。")这支队伍攻入福州城,并成为那里的新主人。此后数十年间,从割据的藩镇进而建立闽国,号令一方,在这一过程中,新来的入闽移民之"河洛音",借助其政治上的统治地位,很快地覆盖了原有的方言底音,从而成为闽东话的主要语音。这就如同今日杭州话一样,北宋末年至南宋初年,由于金人占领了北半个中国,宋皇室及大量北方民众南移入浙,杭州(临安)成为南宋都城,于是中原汴梁音部分覆盖了原有的吴音,从而使今日杭州依然保留了那个时期的中原语音而被称为"半官话区",也即中原语音与吴语之混融音。不过闽东语和杭州话不同,它不是混融音,而主要留存的是 9、10 世纪的中原唐音。

有的学者认为,闽南语也是在唐五代,甚至宋初才形成,理由是"三王"入闽也直接统治了闽南地区,尤其是曾以漳泉作为根据地数年,而后北上攻取福州,不可能不影响到闽南话的形成。这种说法当然有一定的道理,其实何止早期的数年,即便攻下福州后,"三王"并未放弃对闽南的经营,王审邦及其子王延彬等相继管辖泉州数十年,说没有影响是不可能的。问题是闽南话在唐中后期已基本形成并积淀下来,使用的人群自盛唐始已有数十万之众,"三王"入闽时在闽南的短暂停留,不会也不可能对闽南方言产生太大的影响。况且在"三王"治闽数十年间,其核心区是闽东,闽南为其管辖相对薄弱地区,况且一直是具有比较独立的倾向,这自王延彬时已明显地显露出来,其后留从效与陈洪进相继在闽南割据长达近四十年。

有的研究者认为闽方言在唐代既然是中原移民带来的北方中原音,那么应属唐代使用的通语而未形成本地的方言,因此闽方言须待五代十国乃至宋时期才最终形成。这个看法也是值得商榷的。虽然我们大家都认为唐初和唐末两次移民是形成闽南和闽东方言的重要原因,但同样不可忽视的是唐前已有的自汉晋以来陆续入闽的早期移民,他们带来的公元3、4世纪的中原音与吴音,无疑是形成闽方言的底层语言。而这一底层语音,正处于上古与中古语音的转换期。

闽南方言的形成,是由早期中原移民与唐初期中原移民两种语音的混融,从而在唐中后期即已形成并固定下来。至于闽东方言,情况可能更复杂一些,它不仅有早期的中原移民底音,而且还较多地受到吴方言的影响。由于福州在唐代一直是闽地的政治文化中心,有唐三百年,许多中原人士或任职于斯,或迁徙于斯,因此不断地受到较多中原音的影响,至唐末"三王"入闽,主宰了这一地区的社会经济、文化,从而将中原9、10世纪的唐音通过强力手段加以推广,很大程度覆盖了原有的方言音而形成今日之闽东方言。因此,没有理由认为唐代闽语即是当时的通语。

其实,唐人的记载资料表明,唐代闽语已形成了有别于中原地区的闽音。唐诗人顾况曾有一首诗叫《囝》,是许多学者常引用的唐代闽方言资料,顾况在题注中写道:"囝,音蹇。闽俗呼子为囝,父为郎罢。"诗中有"囝生闽方"、"郎罢别囝"、"囝别郎罢"等语,"囝""郎罢"的称呼,虽越千年之后,至今依然。宋代的重要韵书《集韵》中,已将"闽"列为一个方言区域,并引用了这两条闽方言的例词。曾经有学者认为闽语和吴语有渊源关系,甚至是共同的祖先(如丁邦新与顾存智即持此说),但冯蒸认为,"现代意义上的吴语和闽语已经在唐代各具自己的方言特点,不能认为唐代的吴语和闽语是一区。唐代闽音已具备成为一个独立方音区的基本条件"。他提出,唐代应有六大方言区。① 而闽音区属于东南方音区;吴音区别属江南方音区。

有一个问题需要进行讨论的是,既然唐代的北方入闽的移民大多称其来自中原光州一带("三王"入闽所带人马包括光州与寿州人),为什么两次移民形成的闽南话与福州话差别如此之大,以至于彼此难以沟通呢? 这个问题应当从我国古代汉语的语音史上寻找原因。语言是动态发展的,不论语音、文字、词汇、构词法及句式,都处于不断变动的过程中。汉语文字自从楷书形成后,文字字形迄今没有什么变化,都是方块字。20 世纪的汉字简化,也仅仅是笔画的增减而已,这种字形已延续了二千多年。但语音在语言的诸种因素中是变化最快的部分。虽然在汉语语音学上,将魏晋六朝至唐五代划分为中古音,但这 700 年间的语音又被划分为两个时期,即中古前期与中古后期。中古前期指的是从魏晋至隋、初唐时期,而中唐五代为中古后期。关于中古音发展变化的情况,已有学者经认真比较之后指出:"从数量上看,自中唐开始出现的语音变化项目最多,或者说,从盛唐到中唐之间发生的变化最为大量。"②"战乱常常能影响语音出现重大变化。在中古前后期之间,发生了一场持续时间不长但规模很大,对当时社会的冲击也很大的战乱——'安史之乱',(755—763)……这些都是造成语言加速变化的社会因素。至于中古后期的第一、二期间,也是战乱频频,先是王仙芝、黄巢起义(874—884),此后直至唐朝灭亡,军阀争战不曾中断过。第二期的最初一段(五代)中国北部也一直处于战争状态中,从前面列举资料看,五代到北宋间,语音的变化也不小。"

从上述情况看,在中古音前期和后期这二、三百年间,汉语语音确已发生了很大变化。有的学者还指出,到北宋初期,已为中古音转入近古音做好了准备,有的汉语语音已经和现代语音没有太大差别。还有的学者直接将客家话、粤语、

---

① 冯蒸《〈尔雅者图〉与〈尔雅音释〉注音异同说略》,载董琨、冯蒸《音史新论》,学苑出版社,2005年。

② 麦耘《汉语语音史上"中古时期"内部阶段的划分》,载《国学论坛网·古音今韵》2005 年 8 月 24日。

吴语列为近古语音。明白古代汉语在中古时期的前后变化,我们就不难理解为何保存 7 世纪唐音的闽南语与保存 9、10 世纪唐音的闽东语有如此明显的区别。

在语言的所有相互要素中,语音是变化较快的一个要素,其实不仅几百年会发生大的变化,几十年也会有较大的区别,尤其如今社会之快速发展,人员往来之密切频繁,语音出现较快变化也是必然的。

闽南方言的语音为十五音系统,f、h 不分,无 n、ng 前后鼻音的区划,也无 n、l 的区分,没有卷舌音的 –zh、–ch、–sh。学者研究认为,上古汉语有 19 个声母,而闽南语保存 15 个,同时古多舌音而无舌上音,古无轻唇音。这种语音现象均在闽南语中得到保存,元音声调为 8 声(7 声为主),分别是阴平、阴上、阴去、阴入、阳平、阳上、阳去、阳入。在全国方言中,闽南方言的入声字保存最为完整。

以上是就闽南方言中的语音问题看出的古代河洛音对闽南方言之影响。下面我们简单地对有关词汇、语言的句式和语法方面作些探讨。

闽南话与普通话之间尽管语音相差很大,但总体而言,有着明显的对应关系,这主要是汉语自古至今尽管语音发生很大变化,但字、词、句及句式结构与表达的变化并不是很明显,这也是中国文化自古及今能够一脉相承下来的重要原因之一。

虽然如此,从古代汉语到现代汉语之间也仍然存在许多明显变化,《尚书》中的一些篇章,在古代是明显口语化的,尤其是那些训、诰、誓等。如盘庚迁于殷所作三篇训辞,武王伐纣时在牧野所作的《牧誓》,都是用口语,要让当时人一听就懂的。然而到唐代,韩愈已觉得读起来费力,感慨于"周诰殷盘、诘屈聱牙"。这是因为古人所使用的词语,经过上千年后有的已不再使用了,如"惟家之索","索"字训为"衰败";"昏弃厥迪","迪"训为"用"(见《牧誓》)。字、词义的变化及后代不再使用的生僻字,就成为后人阅读时的拦路虎。《诗经》《楚辞》中的诗篇,虽说离现代略近些,但也仍有诸多类似的问题。

闽南语中保存有众多古代汉字原有的音、义。例如现代汉语做饭的"锅",闽南方言称为"鼎","吃"称为"食",所以《滕王阁序》的"钟鸣鼎食之家","鼎食"全保存下来了。吃饭的筷子,闽南语仍称为古代的"箸",房子称"厝",热水称为"汤",衣服称为"衫",粥称为"糜",走称作"行",也都是古汉语的用法。

闽南语中对亲属的称谓保存的中古音尤为明显,至今"婆婆"称为"大家",

媳妇称为"新妇",漳州人称母亲仍为"阿母",舅母仍称"阿妗"。这类称呼仍保存了魏晋时期的称法。《孔雀东南飞》中"堂上启阿母","新妇初来时","阿母"、"新妇"即为当时的称呼。

据中国社科院语言研究所林连通主编的《泉州市方言志》载,泉州方言中保存着大量古汉语和中古汉语的语音和词汇的特点,他举例说,《诗经》中使用的汉字 1710 个与泉州方言用字相近的有 1622 个,占 94.85%。如《诗经·召南》有"湛湛露斯","湛湛"为湿的意思,闽南语"湿"犹作"湛"。

闽南方言中时间的称呼早晨称"早起"、"早时",中午称为"中昼",下午称"下昼",晚上称"暝昏",半夜称"半暝"。睡觉称为"眠","我睡觉"说"我眠了"。床称"眠床",读书称为"读册",香为"芳",眼睛为"目睛"。寒称为"瀞"。

词语结构中,闽南方言同样传承古代汉语的一些习惯用法,如《诗经》中有许多词语是和现代汉语词汇构成顺序相反的,林华东教授曾举出闽南话的"羔羊、树杞、树桑、树檀"其实是"羊羔、杞树、桑树、檀树";闽南方言中"客人"叫"人客"、"公鸡"叫"鸡公"、母鸡叫"鸡母"。① 而魏晋时期的《世说新语》中许多语言用法,在普通话中已不使用,但在今日闽南方言中依然使用着。如人称代词的"我、汝、伊"是《世说新语》中三种最常用且不受对话场合和其他条件限制的人称代词,至今闽南话中仍在使用。

古汉语中,其句末常使用语气词"未、无",闽南语中也依然如此。如"吃好未?""有吃无?"《汉书·外戚传》:"君知其解未?"朱庆馀《闺意献张水簿》:"画眉深浅入时无?"

闽南方言中有些古代语言留存给人以文绉绉的感觉,如"假设"用"设使",曹操《自明本志令》中就有"设使国家无有孤,不知当几人称帝,几人称王?"闽南方言中还有"好势"(好的意思),"所费"(费用),"古意"(即诚恳招待)等等。此外在句式方面,也保存大量古汉语遗存。由此,我们对闽南方言中的古汉语成分,应当有较深的认识。

当然如前所述,方言也是在不停发展变化的,闽南人是各族群中较早与外国进行贸易的,具有鲜明的海洋性格,且数百年的迁徙海外,以及较多与海外的往

① 林华东《闽台闽南方言中的中华文化情结》。

来,也使得今日闽南方言中有许多外借语词,如人们常提到的肥皂称为"雪文"、咖啡称"哥必",手杖称"洞葛"等,均为东南亚的外来词,同时闽南方言也因闽南人的迁徙海外而影响了东南亚各国的语言,这些问题因不在本课题的范畴,就不多写了。

第九章　闽南民间信仰及其文化渊源

　　民间信仰与宗教文化,是闽南文化的重要组成部分。北方人到闽南,都会被矗立于街市与乡村那一座座装饰华丽的宫庙建筑所吸引,更被酬神的仪式及歌舞的表演与戏曲的演唱所感染。毫无疑问,时至今日,我国南北之间的民风民俗已有明显的差异,北方的庙会,虽然各地都有,但数量十分有限,和闽南、台湾地区难以相提并论。那么,这种南北信仰的差异是怎么形成的? 既然闽南人乃至福建人都声称自己来自北方中原,何以在民间信仰与宗教文化上显示出和今日之中原明显的不同? 这正是本章所要探讨的内容,我想仅仅作平面的叙述显然是不够的,应当给读者一个时空感。

第一节　闽南民间信仰与民俗之文化渊源

　　在闽南民间信仰与民俗文化中,有一个很突出的现象,即信仰的鬼神数量众多,也即通常被称为“淫祀”的问题。那么,这种习俗源自何方? 以往的研究者大都不假思索便说是越族的遗风。但我们在前面已说过,越人在西汉时已被彻底北迁,是不可能有多少遗风留存下来的,真正的源头是南迁的中原民众中所遗留的楚族的遗风。

　　可能有人会问,不是说闽南人都来自中原地区,怎么会和楚有关呢? 这应从历史源头说起。今日不仅闽南人,所有福建人(包括福州人、客家人等),都说自己的祖地在河南固始。可是,对于固始这个地方它的历史情况如何,知道的人可能并不很多。

　　我们一般讲中原文化,其核心区应当是指黄河流域的中游地区,发端于河洛文化,即今黄河与洛水交汇的一片区域,以此为核心,向西扩展至陕西,向北延伸至山西。上古三代的夏、商、周,其国都虽然不断迁徙,如夏都六迁,商都七迁,但都没有离开这一区域。而其周边甘肃一带为西戎,内蒙一带为北狄,山东一带为东夷,长江以南则为南蛮。河南固始其地理位置在湖北、安徽与河南交界的三角地带,已属淮河流域,这里在商代是淮夷文化区。自古至今,受安徽一带淮夷文化影响最大。到春秋战国时期,吴楚间多次在这里交锋。20世纪70年代,这里还发现了吴国最后一位国君夫差的妻子句吴夫人的墓地。后来吴为楚所灭,当然就不再有这种争执了。春秋时期,楚国在尽灭汉阳诸姬姓国后,挥戈北上,直取淮河流域广大地区。今河南信阳一带的古代诸侯国如樊、罗、申、江、黄、息、蒋、蓼均于这一时期为楚所灭,而往北及往东的沈、不羹、叶、陈、蔡、应、六等也在此后接连并于楚,所谓"伤心莫过息夫人"的故事便发生于楚文王时期(前689—675在位)。这时还是春秋早期,楚文王先后灭了息、蔡、黄诸国,并在这些地方建立了郡县,将楚国的势力抵达淮河流域,从而建立了北上中原的桥头堡。特别重要的是,他在这里建立了一支强悍的军队——"申息之师"。这支"申息之师",在楚国历史上曾多次承担重要的军事任务,为其兴盛立下了不朽之功。息国就在固始的北面,与之土地紧密相连,自然很快为楚所灭,如固始的蒋国,在前617年即被楚兼并。楚庄王时(前613—前591年在位)著名楚相孙叔敖的家乡便在这里。此后,直至楚国灭亡(前223年为秦所灭),在长达400多年的时间里,固始一直是楚国的属地,可以说完全受到楚文化的浸润与影响。孙叔敖为官清廉,死后其家无恒产,十分困难,楚王就将固始封给他的后代。直到唐代,固始仍属淮南西道管辖,而不属中原道。

　　楚国的习俗和中原地区不同,楚地崇尚鬼神,流行巫歌,被称为"巫风",楚著名诗人屈原留下的《楚辞》诗篇,被日本学者藤野岩友称为"巫系文学"[①],《楚辞·九歌》是典型描写楚人祭祀内容的作品。东汉王逸在《楚辞章句·九歌序》中说:"《九歌》者,屈原之所作也。昔楚南郢之邑,沅湘之间,其俗信鬼而好祀。其祠,必作乐鼓舞,以乐诸神。屈原放逐,窜伏其域,怀忧苦毒,愁思沸郁,出见俗人祭祀之礼,歌舞之乐,其词鄙俚,因为作《九歌》之曲。上陈事神之敬,下以见

---

① 藤野岩友:《巫系文学》,重庆出版社,2005年3月。

己之冤结,托之以讽谏。"①

《九歌》十一篇,除最后一首《礼魂》是送神曲外,其余十篇分别祭祀了十位神祇:它们是东皇太一、东君、云中君、湘君、湘夫人、大司命、少司命、河伯、山鬼、国殇。这十位神祇中,东皇太一、东君、云中君、大司命、少司命为天神;湘君、湘夫人、河伯、山鬼为地祇;最后配之以国殇,即为国牺牲的将士之魂。符合于天神——地祇——人鬼的祭礼。笔者认为它是楚王室的祭典,②自然是比较正规的祭典。

但是,楚国还盛行"淫祀"之风,也就是超越祭礼的祭祀。大概这种祭祀的音乐很动听,叫"巫音",因此在楚地流行,称为"巫风"。这种"巫风",据《国语·楚语》载,它其实最早是盛行于上古时期:"及少皋之衰也,九黎乱德,民神杂糅,不可方物。夫人作享,家为巫史。"③而且自九黎传至三苗,又传至商朝。《礼记·表记》引孔子的话说:"殷人尊神,率民以事神,先鬼而后礼。"④《商书·伊训》中也记述当时的情况是:"恒舞于宫,酣歌于室,时谓'巫风'。"⑤周取代商之后,在北方,由周公制礼作乐,加以规范,然而在南方,这种"巫风"并未停止,一方面是所谓"南蛮"的九黎三苗,被赶到南方后并未改变它的习俗,依然保存下这种"巫风"盛行的风气。其次,按照郭沫若的考证认为,楚人从北方迁到南方时,把商人原有的淫祀之风也带到南方。三苗的传统和商人的遗风相结合,形成楚国"巫风"的兴盛。"巫风",其实是一种原始的宗教,也可称为巫教。其后,楚在其发展壮大过程中,吞并了吴、越、陈等地,这些地方也是"巫风"盛行地域,所以"巫音"之风靡全楚,就是理所当然的。陈国虽与宋、郑等国相邻,却也是"巫风"兴盛的地方。《诗经·陈风》中首篇《宛丘》,就是描写巫舞的诗篇:

> 子之汤兮,宛丘之上兮。洵有情兮,而无望兮。
> 坎其击鼓,宛丘之下。无冬无夏,值其鹭羽。
> 坎其击鼓,宛丘之道。无冬无夏,值其鹭翿。

① 洪兴祖:《楚辞补注·九歌序》,中华书局 1983 年。
② 汤漳平:《出土文献与〈楚辞·九歌〉》,中国社会科学出版社,2004 年。
③ 《国语·楚语下》,上海古籍出版社,1978 年 3 月,第 562 页。
④ 《十三经注疏·尚书正义》,中华书局,1980 年 10 月,第 163 页。
⑤ 《十三经注疏·周礼正义》,中华书局,1980 年 10 月,第 1642 页。

《陈风》第二篇的《东门之枌》亦是如此，那位在"东门之枌，宛丘之栩"，婆娑其下的"子仲之子"，其实也是位巫风的舞者。《诗集传》引《诗序》云：

> 陈，国名，太皞伏牺氏之墟。……周武王时，帝舜之胄有虞阏父为周陶正。武王赖其利器用，与其神明之后，以其女大姬妻其子。大姬妇人尊贵，好乐巫觋歌舞之事，其民化之。[①]

这是讲陈国也是巫风盛行之所，而陈国就在固始北面。就是说，这一大片地方，风气大致相同。

"巫风"盛行，其结果并不美妙，有的人还把楚国的衰亡同其喜好"巫风"联系在一起。如《吕氏春秋·侈乐篇》载："宋之衰也，作为千钟；齐之衰也，作为大吕；楚之衰也，作为巫音。"[②]千钟、大吕是用青铜制作的大型钟鼓乐器，型制巨大，耗费大量人力物力，所以宋、齐因此而衰。而"巫音"则是祭祀时的乐舞，《吕氏春秋》认为楚人沉缅于此，影响了国家的发展，导致衰败。当然，是否如此，另当别论，但"巫风"在楚漫延，则应是事实。

也许有人会问，从楚国灭亡到中原移民入闽，其间经历了数百年之久，难道社会风气和习俗不会发生变化吗？那么我们不妨看看《汉书·地理志》中的相关记载。

《汉书·地理志》在分别记载了汉代各郡的户口、土地、领县之后，在《汉书·地理志》（下）又分别记载了各地的风土人情，在记陈国时，有这样一段话：

> 陈国，今淮阳之地。陈本太昊之墟，周武王封舜后妫满于陈，是为胡公，妻以元女大姬。妇人尊贵，好祭祀，用史巫，故其俗巫鬼。《陈诗》曰："坎其击鼓，宛丘之下，亡冬亡夏，值其鹭羽。"又曰："东门之枌，宛丘之栩，子仲之子，婆娑其下。"此其风也。[③]

---

① 朱熹：《诗集传》，上海古籍出版社，1980年2月，第81页。
② 《诸子集成·吕氏春秋》，中华书局，1954年12月，第48页。
③ 班固：《汉书》，中华书局，1973年8月，第1653页。

这段话虽与《诗序》陈风前之语略同,而时则已过三百年矣。

又楚地,《汉书·地理志》(下)载:

> 楚有江汉川泽山林之饶,江南地广,或火耕水耨,民食鱼稻,以渔猎山伐为业,果蓏蠃蛤,食物常足,……饮食还给,不忧冻饿,亦亡千金之家。信巫鬼,重淫祀。①

在谈到吴越的民风时,则说:

> 本吴粤与楚接比,数相并兼,故民俗略同。②

班固在写作《地理志》时,既有对历史的回顾,又有对当时状况的叙写,可知至东汉时风气依然如此。《地理志》在众多郡县中,独对陈、楚、吴、越之域书以"信巫鬼,重淫祀"、"其俗巫鬼",可知当时南北异俗已形成,非独今日如此。

作为昔日楚地的固始,其承传的风气也可想而知。

半个多世纪以来随着我国考古事业蓬勃发展,地下出土文物一批批大量涌现,为今日学人提供了第一手数据,得以探知古人生活时代的真实状况。简帛学作为一门新兴学科,已出现在我们当代学人的面前。运用最新出土的简帛文献数据,可以让我们解读许多过去难以破解的问题。我很感兴趣的是这些年来,在出土文献中,有了多批有关楚人祭祀内容的竹简,通过对这些竹简内容的研究,也许我们能更好地知晓今日民间信仰与古代之间的接续关系。

特别有意思的是迄今为止,出土的先秦竹简都是楚简。其中祭祀类竹简最重要的有四批,即湖北江陵望山一号墓简,天星观一号墓简和包山二号墓简,还有河南新蔡葛陵墓简。这四座墓葬基本情况概述如下:

(一)墓葬时间:四座墓葬时间均为战国时代,而且时间集中在公元前361

---

① 班固:《汉书》,中华书局,1973年8月,第1666页。
② 班固:《汉书》,中华书局,1973年8月,第1668页。

年之后,其中最早的是天星观一号墓,入葬时间应晚于公元前 361 年,而在公元前 340 前后,即楚宣王或楚威王时期;望山一号墓主人"可能死于楚威王时期或楚怀王前期";新蔡葛陵楚墓入葬时间为公元前 340 年左右;最晚的包山楚墓为公元前 316 年。集中在不足 50 年时间内。

(二)墓葬地点:湖北三座墓葬,均在楚国故都江陵周围,荆门包山二号墓在江陵北边不远,为楚都的北大门。河南新蔡葛陵墓为古代蔡国所在地,和陈国相邻,过去常以"陈蔡"连称。

(三)墓主人身份:四座墓主人,两位是楚国的封君,两位是大夫级官员。其中江陵天星观一号墓主人邸炀君和新蔡葛陵墓主人平夜君是楚之封君,按照楚国的爵位等级,楚之封君地位相当于楚国上卿,身份等级仅次于楚王而高于大夫,有食邑。江陵望山一号墓主人邵固是楚悼王的曾孙,楚王的侍者,位为大夫。荆门包山楚墓主人邵𧊙是楚昭王后裔,生前是主管楚国司法的左尹,为令尹的重要助手。

(四)上述四批祭祀竹简,其内容记载大体相同,都是墓主人生前让巫职人员为其进行占卜、祭祀的情况的记录,如邸炀君番勒的祭祀竹简,"卜筮的具体内容,大体可分为三类:一类是墓主贞问'侍王'是否顺利;一类是贞问忧患、疾病的吉凶;一类是贞问迁居新室是否'长居之',前途如何,等等。"①其余几座墓的祭祀竹简记载内容也大体相同。

祭祀竹简中尤其引起我们关注的是有关祭祀神祇的记录。

祭祀简所载的祭祀神祇,如同《周礼》所载,可分为天神、地祇、人鬼,形成完整的系列。

(一)天神有:天、太、五差、司命、司禄、司中、司祸、日、月、北宗、岁、公北等 21 种。

(二)地祇数量较多有:社、芒社、后土、地主、山川、丘、大水、二天子、四方神、灶等 44 种。

(三)祖先神及亲属内外鬼神 49 种,如楚之先祖老僮、祝融、鬻熊、熊绎、文王、邵(昭)王等。又恶鬼(主要是殇鬼)中有不辜、兵死、强死者、绝无后者、殇、

①　湖北荆州博物馆:《江陵天星观一号楚墓》,《考古学报》1982 年第 1 期。

私死等 16 种。（另有巫鬼三种,计 19 种）。

从上述材料中,我们清楚地看出,早在先秦时代,在楚地已然形成楚族先民自己祭祀的鬼神系列,这应当是淮河流域民众底层的文化,闽南民间盛行的鬼神信仰,也应与这部分移民的承传有直接关联。

第二节　多神的闽南社会与民间信仰

学术界习惯性地将社会上广大民众对神明的信仰区分为两类:一类为民间信仰,另一类为宗教信仰。民间信仰和宗教信仰其本质并无多大差别,都是对神的敬畏和崇拜。如果说有差别的话,仅在于宗教是具有固定的组织形式,有一套完整的经典理论,有规律地开展宣讲经典和祭祀神明仪式的活动;而民间信仰则是由民众自发产生对各种神祇的信仰行为,并由此而产生相应的活动仪式及制度。民间信仰虽无固定而明确的教典、教理和教义规定,但"民间信仰确实具有一般宗教的内在特征,即信仰某种或某些超自然的力量,但又不同于一般的宗教,它不是以彼岸世界的幸福而是以现实利益为基本诉求","民间信仰是指信仰并崇拜某种或某些超自然力量(以万物有灵为基础,以鬼神信仰为主体),以祈福禳灾等现实利益为基本诉求,自发在民间流传的、非制度化的、非组织化的准宗教。"①因此,有的学者也将民间信仰称为"普化宗教"(李亦园)或"民间宗教"(王铭铭)。②

闽南民间信仰是中华民间信仰中一极具区域性特征的信仰,然而又因闽南人的播迁而发展成为带族群性的共同信仰。它的分布范围大大突破闽南区域的范畴,扩展至台湾、东南亚各国乃至所有闽南人到达的地方,因而成为了带国际性特征的信仰形式。

作为闽南文化的一个部分,闽南民间信仰自然也是融合了上述诸神文化的因素与传承,最后形成今日的闽南民间信仰中的神灵体系。过去学者们在研究这一课题时,大多关注的是原有的土著文化——闽越文化因素与中原文化因素,

---

① 林国平:《关于中国民间信仰几个问题的思考》,《民俗研究》2007 年第一期。
② 李亦园:《文化的图像》下卷,台北元晨文化实业股份公司,1992 年,第 180 页;王铭铭《社会人类学与中国研究》,三联书店,1997 年版。

而对楚文化则关注较少,其实这是有欠缺的,楚文化在闽南文化中的影响不仅有而且相当重要,不明了这点,就难以全面揭示其渊源关系。下面,我们就这三方面的情况略作一番梳理。

一、关于闽南原有的民间信仰

作为福建的一部分,闽南的民间信仰和福建的整体信仰具有相同的一面,即都受到原闽越人信仰的影响。

闽越人有其自己信奉的鬼神系统,这是十分正常的现象。虽然我们没有系统的文字资料,但从零星记载和文物考古中可以有所了解。闽族崇拜自然神,这从遗留下来的石刻中可知。前面我们曾经提到的如闽南的云霄、东山都发现有闽先人关于太阳及月亮、星辰的石刻和保存的祭坛,可知闽族具日、月、星辰崇拜;其次,闽越都是信奉蛇神(图腾)。闽被认为是崇信蛇的族群。据《说文·虫部》二"闽,东南越,蛇种,从虫,门声。"全闽古代山高林密,多蛇类爬行动物,因而崇拜蛇,并以之为图腾。越人断发纹身,善使舟楫,也崇拜蛇。闽南华安就出土古代蛇形石刻图案。福建各地建有许多蛇王庙,这些都是古代闽越族崇蛇习俗的遗存。晋代干宝所作的《搜神记》中有一篇《李寄》,写得就是东越闽中东冶有大蛇,官民畏惧,祭祀蛇神,以少女送蛇吞食,后大蛇为少女李寄所杀。黄振良在《闽南民间信仰》一书中说:"在台湾原住民的排湾族、鲁凯族、泰雅族、布农族人也盛行崇蛇习俗,在他们的日常用具、宗庙、祖先雕像中有蛇的形象。"①台湾原住民也是在史前从西岸闽地越过台湾海峡到台湾去的,由此可见此信仰形成时间之古远。只是西汉武帝时期,闽越人被迁徙至江淮间,所留下者应十分有限,故对后来的闽南人影响应不会很大。

二、由中原南传的民间信仰

当闽越人北上中原之后,中原民众陆续迁移入闽,在闽地开发的过程中,他们也同时带来中原地区的许多民间信仰。郑镛在《闽南民间诸神探寻》一书中

---

① 黄振良:《闽南民间信仰》,河洛文化事业股份有限公司2009年8月,第51页。

认为，"闽南民间寺庙中的主神有近50%来自中原地区"①。

　　中国自上古三代起，便十分注重对鬼神的祭祀，这是因为，"国之大事，在祀与戎"(《左传·成公十三年》)，将祭祀提到与打仗同等重要的地位，今人当然很难理解。但在中国古代，华夏先民"敬天法祖"。"敬天"，就是对天地自然山川的敬畏，因而有了对天地、山川、风雨、雷电之神力的祭祀；"法祖"就是继承和弘扬祖先的事业。古人认为祖先死去而灵魂不朽，死后而为神为帝，依然在关注子孙的事情，因此我们也就看到殷商甲骨文中有大量祭祀商人祖先神的内容；同样，周人在《诗经》的《大雅》《小雅》《周颂》中都保存了大量的祭祀先祖的诗篇。司马迁在《史记·封禅书》中记载了从古舜帝至西汉数千年间历代帝王祭祀的情况：

　　　　《尚书》曰：舜在璇玑玉衡，以齐七政，遂类于上帝，禋于六宗，望山川，遍群神。辑五瑞，择吉日，见四岳诸牧，……

　　　　《周官》曰，冬日至，祀天于南郊，迎长日之至；夏日至，祭地祇。皆用乐舞，而神乃可得而礼也。天子祭天下名山大川，五岳视三公，四渎视诸侯，诸侯祭其疆内名山大川。四渎者，江、河、淮、济也。天子曰明堂、辟雍，诸侯曰泮宫。

　　其后又记载了秦、汉的祭祀神祇及制度。从《封禅书》中可以看出，越到后来，祭祀的神祇种类越多，形成一套完整的天神——地祇——人鬼的祭祀系列。

　　作为中华文化的一个分支，闽南文化中保存了古代中华文化传统中众多正统的祭祀神，主要有如下几个方面：

　　(一)自然神系列

　　自然神系列中，主要有天、地、山川之神的祭祀。

　　1.天神。祭天自古以来是上自帝王，下自平民都十分重视的祭典。帝王祀天于天坛，而民众则是到玉皇大帝的庙宇中祭拜。古代帝王的祭天，如前所引《史记·封禅书》《周官》："冬日至，祀天于南郊，迎长日之至。"但后代对天帝祭

----

① 郑镛：《闽南民间诸神探寻》，河南人民出版社，2009年11月，"绪论"第13页。

祀不仅玉皇,而且有五帝,分治四方四时,这五帝与传统文化中的五行相配,而有金、木、水、火、土之称。这五帝分治四时(春夏秋冬)、五方(东西南北中),配五色,木帝为苍帝,火帝为赤帝,土帝为黄帝,金帝为白帝,水帝为黑帝)。古代帝王于是在不同季节分别祭祀。

但是闽南民间祭祀的天帝,或称为玉皇上帝、玉帝、玉皇,不过最通俗的叫法是"天公"。农历正月初九日,是闽南人祭祀"天公"的日子,称为"天公生"。家家户户,祭祖之礼十分隆重,规格也最高。闽南族群所至之处,必建有祭祖天公的庙宇,称"天公庙",由于道教将天帝称为元始天尊或金阙玉尊,故玉帝庙宇又称"玉尊宫",闽台多有之。

除玉帝外,天神系列之日、月、星辰,在闽南民间也多有祭祀。日神为"太阳星君",男神;月神为"太阴娘娘"。阴历初一为朔日,十五为望日。闽南人过去即使在粮食很缺乏的年代,都要在初一、十五煮干饭,做上几种农家菜,至庙中拜日神和月神,历千年而不衰。尤其对月亮,更是特别亲近,不用说每年的八月十五,那是一年中月亮最明亮的时候,人们便在赏月的同时,用隆重的祭典祭祀月亮,并称之为"月娘",可见其为民众所亲近的程度。日、月、星辰的崇拜,自然是世界上众多民族的共同信仰,而闽南之祭拜日、月,主要是从中原传入的古代河洛习俗。如玄天上帝祭祀即是祭祀北斗星,这除了原中原地区就有星辰祭祀外,闽南人的海洋活动,在没有指南针的古代,夜间常依据星辰的位置来确定方向,北斗星起着其他星辰难以替代的作用,因此玄元上帝的祭祀在闽南十分普遍。漳州南靖县就有玄天上帝庙25座,泉州人还将玄天上帝附会成是泉州人,原是五代时一位张姓的孝子。漳浦旧镇的甘林庙,是祭祀玄天上帝的庙宇,宋代太平兴国二年(977)所建,规模宏大,在台湾有多座分香庙宇。而全台主祀玄元上帝庙宇有400余座,其中松柏岭的受天宫是玄元上帝的进香中心。

奎星,俗称魁星,在闽台也是深受民间尊崇的神。闽南、台湾许多地方都建有魁星阁,供奉魁星爷。魁星为北斗七星的第一星(一说为北斗七星勺部的四颗星),又称文昌星,据说是主宰天下文运的。闽南文风昌炽,家长期盼子女金榜题名,光宗耀祖。因而长期以来,魁星一直为广大民众和读书人所尊奉,古代到科举之期便祭拜者众。至今每到高考,依然有许多学子前去拈香膜拜。此外,如七夕之乞巧,祭拜牛郎织女,自是与中国古老传说相关。风雨雷电,和民众日常生活联系密切,但它一直是属官府祭祀的神祇。过去,各州府都有官方根据各朝国家祭礼而设置专门的祭祀场所。社稷坛是必须设置的,如《大明漳州府志》在《群祀》篇中就载明:

> 宋社稷、风雨师各一坛,初在州城西北,而不及雷师。庆历六年摄守刘通判变移于东城望仙门外,为坛四通,祀社稷、风、雨,而雷师皆在焉。①

官府对风、雨、雷师的祭礼大都与社稷、山川神祭典同时,惟祭品各有不同。这主要是认为"风云雷雨,由地气变化而生,故祭从地"②。官府春秋祭祀,而民众则随时拜祭,不定其时。

作为天神祭祀的还有三官大帝,或称三元大帝、三界公等。三官大帝实为天官紫微大帝、地官清虚大帝、水官洞阴大帝的合称。由于这三位神祇分别掌管天界、地界和水界,故又称"三界公"。其职责也有不同区分,天官紫微大帝主管赐福,地官清虚大帝主赦罪,水官洞阴大帝主解厄。三官大帝系道教神祇,其后成为民间祭祀的神。由于三官大帝所掌管的权力正广泛适应民众需求,因而从北方传入闽南之后,深受民众崇拜。在三官大帝诞辰的三元日,信众云集,载歌载舞以娱神。其中天官大帝赐福,格外受人尊崇。农历正月十五为天官大帝诞辰,七月十五为地官大帝诞辰,十月十五为水官大帝诞辰。三官大帝信仰也是唐宋时期自北方传入闽南的。三官中的天官大帝后来常与禄神、寿星并列,成为福禄寿三星。天官赐福年画在过年时被贴上大门,许多闽南人家里还并排供奉有福禄寿三星的神像。

2. 地祇即土地神。中华民族是农耕立国的民族,土地为万物生长的根本。因此,珍惜土地,崇拜大地的慷慨赐予,是中华民族自古以来的传统。闽南人从中原移民而来,以开垦土地、种植粮食、水果、蔬菜,凡所需求,皆仰靠土地山川,因而自然将这一传统承继下来并加以发扬光大。明清以来,台湾的大开发乃至东南亚国家的早期开发,也是以农业优先,因此,土地崇拜在闽南人的聚居地无

① 《大明漳州府志·群祀》,中华书局,2012年9月。
② 同上,第66页。

处不有。

土地崇拜从一开始就列为国家的祭典,上自国家下至各地逐级官府乃及基层民间社会,有完整的地神祭祀系列与祭典。国家各级政权建立社稷坛。"社"指土地之神,"稷"是农神后稷。后稷为周人的始祖,掌播百谷,死后而为谷神。由此可知,土地和粮食是如此紧密联系在一起。历代帝王都必须祭祀土地,因此要以五色土来建社稷坛,五色土指青、红、白、黑、黄五种颜色的土。青土在东方,代指大海;西边为白土,代指西方沙漠;南边红土,代指南方红土地;北面黑土,代指北方黑土地;中间黄土,是为黄土高原象征。帝王每年的春、秋仲月于此举行大祭。各地各级官员也依照国家规定以时祭祀。最基层的农村组织为里,也立有里社。唐诗有"桑柘影斜春社散,家家扶得醉人归"(王驾《社日》)便是描写仲春社日,民众丰收之后祭社,全村村民共庆的场面。因此,闽南人的土地神应是来源于传统的中原地区。闽南漳、泉府志、县志都分别有关于社稷坛、里社设置和祭祀礼仪的记载。如正德《大明漳州府志》在《坛祀》中载宋代时,初在州城西北设社稷、风、雨、雷师各一坛,其后又移至东城望仙门外。"府社稷坛在城西安丰门外里许。坛土遗为制:东西二丈五尺,南北二丈五尺,高三尺……"①

至于民间,最常见到的是土地公庙。土地公,又称土伯公,是掌管各方土地的神祇,各村各地都有土地公庙,神像为白发白眉白胡子老者,笑容可掬。有的庙中还塑有对偶的土地婆。庙的对联通常写"公公十分公道,婆婆一片婆心"。在闽南,土地公又称福德正神,相传为周武王时的税官,名叫张福德,为人廉正公平,深受民众喜爱,死后百姓为之建庙祭祀,受封为土地,故称福德正神。但此说不见于文献记载,应是后人附会。闽台土地庙众多,田头厝边,小小一个空间,即可作为土地神的祭所。但近来两岸民间信仰日益隆重,而所建庙宇也日趋雄伟壮观,笔者不久前参加台湾宜兰五结乡福德正神国际学术研讨会,见到四结、五结的土地庙都规模十分宏大,远非昔日可比。厦门仙岳山土地公庙,漳州九龙岭土地公庙及晋江祥芝伍堡土地庙等,也皆远近闻名。闽台民众对土地神的祭拜之勤,之广泛,远远超过其他神祇。

城隍也是土地神中的一种,其职责应与土地公类似,都是掌管一方的神祇。

---

① 《大明漳州府志·坛祀》,中华书局,2012 年 9 月。第 630—632 页。

不过土地公无处不在,而城隍则限于城市,是城市的土地神,类似人间的地方官。但城隍神起源晚于土地神,"城隍"二字源于城和护城河。护城河有水时是"池",所以城市古代也称"城池",而护城河无水时称"隍"。"城隍"神即由此而来。古代城市比较少,据说在除夕祭祀八种神中有"水庸","庸"指城,而水庸合起来就是城的祭祀。但城隍神则直到三国时才有庙祭,而且这些城隍神逐渐由各类人物死后去出任"城隍",如唐代诗人王维是漳州平和县的城隍。汉代刘邦的部将周苛为海澄县城隍等等。

城隍为冥间之神,他鉴察所辖城中官民的善恶,奖善惩恶,是非分明。闽南人常说"举头三尺有神明",是讲每个人的所作所为都会被神看到的,因此不可有坏心作坏事。这是寓教化于民间信仰的方式,对于人的品格之塑造,还是有一定作用的。

山神也是地祇的一种。闽台山陵多,因此也多有祭拜山陵的庙宇。因为传统认为,每山都有山神。但是从中原传来的山神祭拜而独盛于闽台的却是东岳大帝和五岳大帝。

东岳泰山,以其平地拔起挺立东海之滨而引世人瞩目。古代帝王祭名山大川,五岳是必祭的名山之神,而东岳为五岳之首。封禅泰山是重大的活动。司马迁的父亲司马谈任汉武帝的太史令,元封元年(前110),武帝东巡泰山,举行"封禅"大典,司马谈因病而未能从行,竟因此抑郁而终。在传说中,东岳神主世人的贵贱生死,也是治鬼的幽冥之都。《古今图书集成·神异典》卷二十三载:"泰山君领神五千九百人,主治死生,百鬼之主帅也。血祀,庙所宗者也。世俗所奉鬼祠邪精之神而死者,皆归泰山受罪考焉。"古代泰山神祭拜,设坛祭祀而已,"五岳总主庙,自拓跋氏始。唐乃各立庙于五岳之麓。东岳(庙)之遍天下,则肇于宋之中叶。"(《集说诠真》)闽南的东岳或五岳神庙,也应是此时从中原传入。今闽南泉州城东仁凤门外凤山南有东岳神宫,又称东岳庙,即为宋绍兴二十二年(1152)所建。漳州龙海榜山、海澄交界处之凤山岳庙,也传为南宋淳熙年间始建,祀五岳大帝;诏安镇东岳庙建于明万历二十一年(1593)。金门县金城镇也有座五岳庙,是由泉州五岳庙分香,而于清末光绪年间所建。

水神也是闽南人常见的民间信仰,山川均与人关系密切。在中华文化中,古代帝王祭山同时也祭水,所谓"江、淮、河、济"这四渎是帝王专门祭祀的对象。

而诸侯则是"祭不过望",即不超越自己管辖的范围,只祭本国的山川,否则就违制了。秦以后,国家统一,水神的祭拜,在民间并无多少限制,因而各地有名目众多的水神祭祀。但比较认同的则有海龙王和水仙神的祭祀。闽南地区实属山海文化之地,既有山也有海,因此龙王庙是必须祭祀的对象。华夏先民认为自己是龙的传人,而佛教与道教又将龙作为掌管世间云雨的神。所以,龙王的民间信仰遍及中华大地。闽南晋江市龙湖镇、泉州城内三教辅、城东东湖福远庙,厦门南普陀西、五通渡旁等处,也均有龙王神庙。

对水神的崇拜。闽南人并不拜河伯,而是拜水仙神。水仙神往往不是一个人,而是一批人,这其中有中华民族最有名的古代治水英雄大禹,有爱国诗人、以身殉国的屈原,忠而冤死的伍子胥,乌江自刎的项羽,诗仙李白,初唐四杰之一的王勃,还有鲁公输子等等。台湾所祀水仙更有夏朝寒浞的儿子"浇"(或作"奡")、伯益、冥等。闽台之水仙神庙,其著名的如漳州芗城顶田霞之禹王庙,泉州四堡之永潮宫、台湾则仅台南便有两座供奉水仙神的神庙:一座在台南市西区神农街的水仙宫,清康熙二十二年(1683)建,至康熙五十七年又由漳泉商家集资改建。祀四位水神:屈原、伍子胥、项羽、过浇;其二为台南市中区永福路二段的大天后宫,主殿除祭祀妈祖外,尚祀有五位水仙尊王,分别是夏禹、屈原、伍子胥和项羽、过浇。上述供奉水仙神,都是来自中原。此外,闽南还有二郎神庙,也是水神。此二郎即四川秦国蜀郡太守李冰父子。

(二)人神系列

自然神中实际已有部分人神,如山川之神中的水仙神,都是历史传说中与"水"有关系的人物:大禹、屈原、伍子胥、王勃、李白、李冰父子等,皆因其与水有关,故成为了水仙,也即水神。但由人而神,成为民众信仰各类神祇,这类神祇的范围较广。先秦时期的人鬼系列,所祀的主要有两类:一类是祖先神,所有曾经对中华民族的繁荣昌盛做过贡献的先人、英雄,都在后代民众的长期纪念之中。而慎终追远、不忘本源,又是中华民族的一个突出的理念。于是,有作为本民族始祖的炎黄二帝,有传泥土造人的女娲,还有开天劈地的盘古,都是后人追祭的祖先。闽南民众也不例外,闽南人都认为自己是来自中原,是炎黄二帝的子孙,因此,炎黄二帝信仰也就随之传入闽南,多地立庙祭祀。如同安新圩的金柄介谷殿、厦门仓里昭惠宫、长泰江都玉珠庵、华安半山石龙宫,龙海角美流传村的清宝殿,均有炎黄二帝的神殿。中华民族中许多族姓均称自己系炎黄子孙。

除炎黄二帝这样的全民族共同信奉的祖先以外,闽南人还群祀"共祖",所谓"共祖",即许多姓氏共同供奉一个先祖。如东晋谢安的祭祀,在闽南地区特别盛行,称为广惠圣王、广惠尊王、显济圣王、广应圣王等。《漳浦县志》载:"谢东山庙,浦乡里在处皆有之,相传陈将军自光州携香火来浦,五十八姓同崇奉焉,故今皆祀于民间。"①这里所谓陈将军即指陈政、陈元光父子。台湾也有 20 多座神"广应圣王"庙,均由漳浦民众随郑成功收复台湾时分香带去的,仅台南即有 7座,高雄有 5 座。

陈元光去世后,中原南迁的 58 姓民众之后裔也将陈元光祀为"共祖"。清代时,东山全岛民众奉关公为共祖,以"关永茂"之名登记入籍清朝,则又是另一特殊"共祖"现象。至于其他各姓对入闽开基祖的共同信仰,则更是无需赘言的。

民间信仰中第二种是对那些生前做过有益于国家或民众的事情的杰出人物的祭祀。前面提到的一些人物,如谢安、陈元光,另如水神中的大禹、屈原、李冰父子等。此外,从中原地区传入的还有关帝,即三国时期刘备的重要将领关羽。他是以讲"义气"、重信用、重气节为世人所称道的。关帝信仰在闽台间十分普遍,是闽台四大民间信仰之一。从中原传入的这类神祇还有张府燕王,即张飞。

敬仰忠心报国的杰出人物而为之立庙祭祀,是闽南民间信仰的一个特色。闽台地区奉祀历代忠臣中的文武官员庙宇数量众多,庙名有忠义庙、双忠庙、三忠公、岳府元帅庙等。据载,南宋绍兴年间,泉州东的凤山便建有忠义庙,"旧祀汉关公羽,唐张公巡,许公远。后复增祀宋岳公飞,文公天祥,陆公秀夫,张公世杰,苏公缄,赵公昂发。"②张巡、许远是唐代"安史之乱"时坚守孤城睢阳长达一年之久,城破后从容就义的英雄。上述历代忠臣的祭祀显然多来自中原。不过,闽南各地的三忠宫、三忠庙供奉的神祇并不相一致,有的供奉张巡、许远、岳飞三人;有的供奉则是南宋的文天祥、陆秀夫、张世杰三人;也有的供奉南宋魏了翁及其子魏国佑、孙魏天忠三代。这些都是为南宋朝廷殉职官员的庙宇。漳州华安

---

① 《漳浦县志》卷二《方域》下,漳浦县政协 2004 年刊印本,第 48 页。
② 道光《晋江县志》卷六十九《寺观志·城外寺观》。

县原有多座奉祀魏氏三公的庙宇,今尚存华安九龙三公宫。而漳浦湖西的三王公庙,为畲汉两族村民共同崇奉南宋末年三位抗元的英雄柳信、叶诚和英勇。

其次,闽南民间信仰中还有从中原传入的一批对社会生活影响密切的神祇。

1. 医神:医神中影响最大的为华佗,东汉末年时人。闽南人称之为华元仙祖,古代著名医学家。如漳州龙文区蓝田镇湘桥村建有华元仙祖庙。除华佗外,闽南祭祀自中原传入的医神还有神农大帝、伏羲、黄帝、扁鹊、董奉、孙思邈、吕祖、药师佛等。平和县高坑便有奉祀孙思邈的庙宇,称孙真人庙。闽南地区因开发时间较晚,多山而又森林茂密,多瘴疠之气,故而易得病,且多时疫,这应该也是民众尤敬奉医神的原因。

2. 各种行业的保护神。中华民族在长期繁衍生息的过程中,产生了与民众日常生活相关的各种生产技术,因而各行各业都将对本行业影响最大且有所创造发明的古代名人奉为神明,成为本行业的保护神。如曾在渭水之滨隐居钓鱼的姜子牙被奉为渔业之神;工艺精湛的古代巧匠鲁班被奉为土水、木石匠及各种手工业的行业神;春秋时期善铸剑的欧冶子为铁匠祖师;福建茶乡奉曾撰写《茶经》的陆羽为茶神;善酿酒的杜康为酒神;黄帝的妃子嫘祖教民养蚕,缫丝织布,是为纺织业的祖师;唐玄宗时的宫廷乐师,"琵琶圣手"雷海青被奉为戏曲业祖师,称田都元帅或田公元帅、田府元帅、相公爷或雷元帅;"文起八代之衰"的中唐文学家韩愈为文昌帝君;造纸、印刷业祖师为蔡伦;发明毛笔的蒙恬为造笔业祖师;造字的仓颉为文字神;唐代诗人兼画家王维为画界祖师爷;烧窑业祖师为女娲娘娘;屠宰业祖师为玄天上帝;糕饼业祖师为诸葛亮;豆腐业祖师为关羽;理发业祖师吕洞宾;算命卜卦的命相业祖师为鬼谷子;美容业祖师为清代戏曲家李渔;染布业祖师为葛洪;鞋匠业祖师为孙膑。最不可思议的是齐桓公时那位名厨、春秋时有名的佞臣易牙,被尊为餐饮业的祖师爷,这是抽掉了人物善恶的内涵,仅就其烹调水平立祀了。这和过浇被奉为水神是同一类,因为过浇在传说中是个恶人,是篡夺羿帝位的坏人寒浞的儿子,他很有力气,能够推着船在陆地大步走。可是过浇和其嫂女岐通奸,被少康所杀。浇被祀为水神,只是因为他有气力,善水性而已。不过,从古人祭祀的习惯而言,这并不违背祭祀的原则。因为古代祭祀时,在人鬼(当然也是人神)方面,既有好人,也有恶人。尤其在配祀"殇"鬼时更是如此。

"殇"鬼,是古人祭祀中十分重视的一个方面。所谓"殇"鬼,即非正常死亡者。非正常死亡的原因多种多样,所以祭祀的殇鬼也就名目众多。但是,过去我们只能在传世文献中见到零星的记载,多数古籍语焉不详。然而这些年我们从出土的楚墓多座竹简中看到了相关记载,极大地丰富了我们的认识。笔者曾以为名目繁多的瘟神厉鬼祭祀是闽台地区所特有,然而从丰富的出土文献资料中,我们看到了它的源头,即源于古代中原乃至楚地的民间祭祀,只是到了闽台一带,其祭祀的内涵更加丰富了,这些问题留待后面再作详细的说明。

以上是我们对源自中原乃至闽越及楚地的民间信仰之传承所作的简单概述。这应是闽南民间信仰的主流。但是,民间信仰是随移民的生活环境的变化而不断丰富发展的,这种丰富发展体现的是闽南民间在新环境中的一种诉求,因此我们所看到的闽南民间信仰之发展,更多地体现在与民众生活更为密切相关的方面。下面将分类简述之。

三、闽南民间形成的神祇信仰

环境的变化,引发祭祀神祇的变化,这在自然山川之神中也有显著的体现。当然,作为掌握民众命运的天神,无论民众迁移到何方,都共有一个天,共有天上的日月星辰,都要关注自身的繁衍和发展,这种共同的心理,使中国人无论走到哪里,都敬仰天地自然神祇。但山川之神是随居住地域的变化而有了新的变化。如同北方中原地区的祭山、祭河习俗一样,闽南人也祭祀自己所生存的土地、山川之神,因此,山神、江神的祭祀,有了新名目的山神、新的河神,自然还有东海的海神。对于以讨海及通商海外谋生的东南沿海民众而言,大海是一片可以进行耕耘并取得收获的地方。因而,不仅有传统的对龙王爷的祭拜,还有对新的海神——妈祖的祭拜。闽台间有号称"四大民间信仰"是共同的,这就是妈祖信仰、关帝信仰、保生大帝信仰和开漳圣王信仰,这四大民间信仰中,除关帝信仰是自中原传来的,其余的则皆为闽地自生的神祇,且均是由人而后成为神的。自然,之所以由人能成为神,也是因其生前有功于民而死后被民众敬奉为神,再受到历朝历代的赐封而爵位愈高,影响愈大。

妈祖本人原姓林,名默,或称默娘,莆田湄州岛人,据传其父林愿为五代时闽王的都巡检,默娘为其第六女,生于宋建隆元年(960),卒于雍熙四年(987)。民间传说林默娘生而灵异,长而慈惠,关注民众疾苦,尤其每当发生海难时她都及时加以救助。民感其德,故于其殁后便为之立庙祭祀,称"林夫人庙"。在宋时,民间已十分崇信妈祖,认为灵异显著,因此"凡贾客入海,必致祷祠下,求杯笈,祈阴护,乃敢行。盖尝有至大洋遇恶风,而遥望百拜乞怜,见神出现于樯杆者。"(宋洪迈《夷坚志》)北宋宣和年间,朝廷派给事中路允迪出使高丽,入海遇暴风,众船皆沉没,惟独路允迪所乘舟有妈祖显灵而得幸免。事后,路允迪奏明朝廷,宋徽宗赐以"顺济"庙额,从而得到官府认可。此后历代屡有封赐,号至天妃、天后、天上圣母等。

莆田长期属泉州管辖,只是到宋代才独立成为兴化军,因而与闽南联系特别紧密。作为海神,妈祖信仰与海上交通贸易联系尤为密切。

闽南人是海洋意识特别浓厚的族群,自唐以来即开始与海外通商,两宋时期尤其得到空前发展,妈祖信仰便在这种历史背景下得到弘扬。据《宋史》载,妈祖的祭祀在宋代已"不独盛于莆、闽,广、江、浙、淮甸皆祠也。"[①]可知,妈祖信仰是随着闽南人对外贸易的开展而兴盛起来的。

妈祖信仰的发源地虽为莆田,但其弘扬及兴盛与闽南的泉州、厦门、漳州关系密切。泉州城南的天后宫、厦门同安南门的天后宫、漳州东山铜陵天后宫等虽均是从湄州妈祖庙分香而来的,但又是众多台湾妈祖庙的分香之祖庙。

开漳圣王信仰是产生年代最早的中原移民自发形成的民间信仰。它兼具有祖先神与开疆拓土英雄崇拜的双重性质。景云二年(711),陈元光在与"蛮獠"首领蓝奉高作战时中埋伏而以身殉职。由于他有启土开疆之功,深受闽南民众的爱戴,因而其战殁之时,"百姓闻之,如丧考妣,相与制服哭之,画像祀之,追思之甚。"(《陈氏家谱》载)次年,朝廷追赠为"豹韬卫镇军大将军兼光禄大史中书左函、临漳侯,谥忠毅文惠。"赐享庙祀。从此,陈元光受到官民的双重祭祀。自唐至清,历代帝王加封达 21 次之多,南宋时已受封为"开漳州主圣王",故后称为"开漳圣王"。且封赠广及其亲属后代与部属将领,其庙宇在唐宋时期已遍及全闽及粤东的潮汕,浙南温州等地。此后,随着闽南人的迁徙而将其香火传至台湾、东南亚各地,信众达数千万。随同开漳圣王而受到立庙祭祀的,不仅有陈元

---

① 《宋史》卷一百零五《礼八·诸祠庙》。

光的亲属,还有他的众多将领,如马仁、李伯瑶、沈世纪、许天正等,形成一组神祇系列,显示出民众对这一信仰的广泛认同。开漳圣王也成为了中原58姓移民的共祖。在众多闽台民间信仰中,开漳圣王信仰显示出其独特的血缘关系,自2006年成立"国际开漳圣王联谊会"以来,已连续在新加坡、台湾、漳州、马来西亚举办了四届联谊会。

和开漳圣王信仰类似的祖先神信仰中还有开闽王信仰。开闽王即是五代时期闽国国王王审知。王审知(862—925),河南固始人,唐末与其兄王潮、王审邽合称"三王"。三王中,王审知执政时间最长,影响最大,深受民众拥戴,因而他去世之后,民众为之立庙,全闽多有闽王庙,闽南也有同安的广利庙与厦门后埔的龙源宫为主祀开闽王王审知的庙宇。

保生大帝是另一位两岸共同信奉的神祇。保生大帝原是北宋民间医生吴夲(一说是"本",因其兄名为根),约生于太平兴国四年(979),死于景祐三年(1036)。家于北宋时漳州龙溪县。他医术十分高明,为民众治疗过许多疑难病症,民众"咸以为神"。民间传说他是最后上山采药时摔死的。由于他生前高尚的医德,所以死后民众纷纷为之建祠祭祀。南宋时,有两位闽南籍名宦将他的事迹上奏朝廷,使之获得朝廷褒奖,于是受祭为医神。这两位闽南人,一是南宋初期的颜师鲁,漳州人;一位是孝宗时期的梁克家,泉州人。南宋时期历朝均多次对吴夲封赠,其影响也不断扩大。于是,"不但是邦(指漳州、泉州)家有其像,而北逮莆阳、长乐、建、剑,南被汀、潮以至二广,举知尊事,盖必有昭晰寰漠之间而不可致诘者矣"。(颜兰《吴真君记》)宋元至明,其影响越来越大,庙宇也越来越多,明代之后,仅厦门一地,便有保生大帝庙34座。闽南人入台垦殖,将保生大帝信仰带至台湾,并成为台湾最有影响的神祇之一。台湾人之所以如此信仰保生大帝,有其特殊的原因。早期的闽南民众赴台垦殖时,台湾亦如漳州初开发时情况相同,山林中多瘴疠之气,在医学不发达的时代,瘟病时常流行,使人们对生存充满危机感,因此他们迫切希望有一种能保障其安全的神明。据调查,除了保生大帝之外,全台民众信仰的医神竟然有数十种之多。当然,毫无例外,这些医神均来自台湾移民的原乡。正如日本学者吉元昭治在其《台湾寺庙研究》中所言:"以台湾为中心的民间信仰之医药神,多半是由其出生地所迁移过来的。换言之,于明末清初之际,从中国本土渡海来台的移民,大都随身携带一尊故乡的守护神;因此台湾各地所供奉的医药神,均与其祖先的出生地有关。由于移民多半来自闽(福建省)、粤(广东省),因而这些神祇主要是来自漳州(福建东南沿海地区)、泉州(即今之晋江县)及潮州(广东省东部的潮安县)等地。"(转引自林国平《闽台民间信仰源流》,人民出版社2013年9月版,第86页)。当然,闽台当地产生的神祇不仅上述几种,这里不过举几例而已。

以上情况可知,闽台民间信仰中新产生的神祇,均因自身生存的需要而创造出来,并成为其社会生活不可分割的部分。闽南人代代相传,至今祭拜的香火仍然兴旺如故,绵延不绝。闽南如此众多的鬼神祭祀,不是让我们大开眼界了吗?下面我想结合出土文献来探讨有关土地神信仰问题,而对信鬼的问题,则留待下一章有关中元鬼节时再来探究。

附　试探闽台福德正神文化之渊源

一

福德正神,俗称土地神或土地公,是闽台地区共有的十分广泛的一种民间信仰。虽然在中国,无论南方或北方,都有许多种类的民间信仰存在,但在神灵的数量和祭祀的范围上,南方尤其是闽南地区和北方还是有很大不同。北方祭祀的神祇,无论其宫庙数量还是神祇的种类,都比南方要少得多。笔者虽是南方人,但曾在上海郊区和河南工作长达四十年,对当地城市乡村也都广有接触,然而这些地方的民间信仰所涉及的神祇、宫庙,寥寥可数。而闽南虽然同样经过多次所谓"破四旧",破除封建迷信等等的政治运动,民间信仰的兴盛依旧不改。街头巷尾,各种名目的宫庙时时出现,吸引着世人的目光。同时,这些宫庙频繁举办的各类娱神活动,也成为闽南地区一道独特的风景线。这种情况,颇能引起北方来的民众好奇。

从闽南到台湾,沿途发现,台湾从北到南,不仅宫庙众多,而且其规模之大与装饰之富丽堂皇,较闽南有过之而无不及。台湾的民间信仰之盛,恰与闽南相同,究其原因,则都认为台湾既多为闽南移民之后裔,因而这种多神信仰的风俗,应当是来自原乡的闽南。考察台湾祭祀的神灵,和闽南共有的四大民间信仰——妈祖、关帝、保生大帝与开漳圣王,除关帝信仰是来源于中原外,其余则皆为产生于闽南的民间神祇。从闽南传入台湾的神祇也正是分为两类：一类是从中原地区传入的神灵，例如天公、玄天上帝、东岳大帝、关帝、赵公元帅等。另一类是产生于闽南本土的神祇，是闽南人在开发过程中，因为客观需要而逐渐形成的信仰，如妈祖为海神，佑护行船人在万顷波涛中保得平安；保生大帝是庇佑民众免除疾病折磨的医神；开漳圣王为安邦守土之神，保护本族群不受外来强寇的侵犯。

那么，福德正神的信仰来源于何处？是本地产生的，还是源自北方中原？如果是源于中原，那么应当南北方祭祀比较一致，但为什么北方少而南方多，这些问题确实值得进一步思考与探究。

按照通常的说法，福德正神是古代西周时期一位名叫张福德的税官，生于武王二年，卒于穆王三年，为官清廉正直，死后民祀之为土地神，或说是周武王时期的一位士大夫的仆人，因呵护其小主人而去世，武王封其为后土。这些传说，应是后人附会成分多。

土地神的起源应当很早，它是中华民族祖先远古时代自然崇拜的产物，不可能晚至西周时期。古代先民在其生存与发展的过程中，经历了严酷的自然环境的考验，同时也感受到大自然给予人的种种恩惠，于是而产生对天、地、日、月、星辰、山川等自然物的崇拜与感恩，由是催生了内容丰富的古代神话，并形成对自然神的崇拜。土地崇拜即为其中的一个重要内容。《礼记·郊特牲》载："地载万物，天垂象，取材于地，取法于天，是以尊天而亲地也。故教民美报焉。"[1]这个解释颇有道理。而为了表示感恩，便有了对神祇的祭祀，古人认为这是十分重要的事情，所谓"国之大事，在祀与戎"[2]，把祭神列为和打仗一样，是国家头等重要的事，这是今人所难以想象的。

对于神祇的祭祀，古人是按照"天神——地祇——人鬼"形成系列，天神和地祇属于自然神，是自然崇拜的产物，由是而有玉皇大帝、日、月、云、雨、雷、电，司命、司祸等等神祇。而地祇则有后土（与皇天相对应的），各山川之神（如五岳、四渎及各名山、大川、大湖之神）。至于人鬼，则有历史上为族群的繁荣昌盛

---

① 《十三经注疏·礼记正义》，中华书局，1980年10月，第1449页。

② 《十三经注疏·春秋左传正义·成公十三年》，中华书局，1980年10月，第1911页。

作出各种贡献的名人、英雄,同时也有失败的英雄,如共工;甚至还有恶人,如"过浇"。在传说中过浇是夏初的一位恶人,为帮寒浞篡位,杀害了夏后相。还曾乱伦,与他的嫂嫂女歧苟合,结果被少康所杀。可是他力大无比,能够"释舟陆行"[1],即把船放在陆地上推着走,所以他死后被民间供奉为水仙神。还有那些不得善终的殇鬼,也往往是在祭祀的行列中,如《楚辞·九歌》中祭祀的人鬼是《国殇》,即死于国事的那些将士,这当然是应当祭祀的。但汉代祭祀天神、地祇之后,要祭祀的人鬼却是秦二世胡亥。因胡亥也是"殇鬼",汉朝怕他出来作祟,影响大汉江山的稳定,因此将他列入祭神的系列。

有记载的地祇祭祀,最早是后土。关于后土的来源,有多种说法,早期记载中多认为后土是共工的儿子。《礼记·祭法》载:"共工氏之霸九州岛也,其子曰后土,能平九州岛,故祀以为社。"[2]《左传》中也:"共工氏有子曰句龙,为后土,后土为社。"[3]《山海经》中的《大荒西经》《大荒北经》《海内经》等均有相同记载。但至今保存历史最早的后土祠——古代位于汾阴(今山西万荣)祭祀的却是女娲。而且从汉代起,历代帝王曾多次前往祭祀。这种情况应当与传统的阴阳观念有关。天为阳、地为阴,《易经》中已作了这样的表述,既然如此,地祇后土以女娲这位能"抟泥土作人"的女神充任,自然最合适不过的了。

《史记·封禅书》引《尚书》:"舜在璇玑玉衡,以齐七政。遂类于上帝,禋于六宗,望山川,遍群神。"[4]可知地祇之祭,自尧舜时代已有。

《史记·封禅书》引《周官》也载:"冬日至,祀天于南郊,迎长日之至;夏日至,祭地祇。皆用乐舞,而神乃可得而礼也。天子祭天下名山大川,五岳视三公,四渎视诸侯,诸侯祭其疆内名山大川。"[5]

上述资料均可说明地祇祭祀之长远。因此,说土地神祭祀起自周代张福德便毫无道理了。

二

闽台之民既为中原移民之后裔,其土地神祭祀,是否源自北方中原?应当说

---

① 朱熹:《楚辞集注·天问》,上海古籍出版社,2001年12月,第61页。
② 《十三经注疏·礼记正义》,中华书局,1980年10月,第1590页。
③ 《十三经注疏·礼记正义·昭公二十九年》,中华书局,1980年10月,第2120页。
④ 司马迁:《史记·封禅书》,中华书局,1973年8月,第1355页。
⑤ 司马迁:《史记·封禅书》,中华书局,1973年8月,第1357页。

既是,又不是。

所谓是,指地祇祭祀确为上古之祭典,有文献可证。所谓不是,是因为如果遵守的是上古祭礼,那就有严格的限制,不是人人都可以随时随地致祭的。随时随地祭拜不列入国家祭典的神祇,被称为"淫祀",即不遵守礼法的祭祀。闽台之民众对土地神的祭拜是不分时候的,只要有问题祈求土地神帮忙解决,就立即可以去庙里祭拜,这种风气,我认为就与楚、吴、越等南方民俗影响有关,但主要是楚。

关于天神和人鬼方面,与本文主题的关系不大,这里着重讨论这些竹简中所载之地祇中有关土地神祭祀的内容,或许可以从中看出与今日闽南土地神祭祀之间的渊源关系。

在上述四座楚墓中出土竹简所载的地祇,共有以下几类:

(一)土地之神

1. 社神

社神祭祀是传统上最古的祭祀,社为土地神,它和后土实为同一祭祀。《汉书·五行志》载:"旧制,二十五家为一社。"楚墓祭祀竹简有大量这方面的祭祀记录。社神有不同等级,最基层为里社。如:

> 与祷社,一全(豣)(包山简210)
>
> 册于东石公、社、北子、禁(望山简115)
>
> 冬柰至? 于社特牛(天星观《楚系》P280)

2. 后(侯)土

皇天后土是相对应的天神和地祇。因此,单谓后土,为土地神之总称。简书中又作侯土、句土。社则有大社和小社的区分。国家设社稷坛,以五色土(青、红、白、黑、黄)为之,以下从诸侯至民间皆有不同。如:

> 赛祷太佩玉一环,侯土、司命、司祸各一小环。(包山简213、237、243)
>
> 举祷太佩玉一环,侯土、司命各一小环。(望山简54、55、56)
>
> 侯土、司命各一牂(包山简237)

侯土、司命各一牂(包山简 243)

侯土、司命、司禐(此字同祸),各一少环(包山简 213)

大、侯土、司命、司禐(此字同祸),大水、二天子、峗山既皆城(包山简 215)

侯土、司命各一少环(望山简 54)

句土、司命各一羖(望山简 55A)

句土、司命(望山简 56)

3. 地主

"地主"亦为土地之神。《国语·越语下》:"皇天后土,四乡地主正之。"可知地主应为范围较小的土地神,与乡社、里社同一等级。如:

厌一豿于地主。(包山简 219)

司命、司祸、地主各一吉环。(天星观 M1 简)

公北、地主各一青牺;司命、司祸各一鹿,举祷,荐之。(新蔡简乙一 15)

地主一牂(葛陵甲二 7)

祷地主一牂,佩玉(葛陵甲三 52)

公社、地主各一青牺(葛陵乙—15)

司命、司祸、地主各一吉环(天星观《楚系》P695)

4. 宫后土、宫地主

应是掌管宫内部土地的地神。如:

赛祷宫侯土一豿。(包山简 214、233)

与祷于宫地主,一豿(包山简 202)

宫地主一豿。(包山简 207)

赛祷宫地主一豿。(望山简 109)

5. 野地主

"野地主"应是相对"宫地主"的土地神,为郊野的土地神。如:

> 荐于野地主一豻(包山简208)

6. 宫室、宫中

当指掌管皇室、宫中土地之神。如:

> 且叙于宫室(包山简211)
> 思攻于宫室(包山简229)

(牺)又壶于宫中(天星观《楚系》)P390

7. 芒社

疑为祭祀句芒之社。如:

> 其社稷,芒社命(葛陵零338、零24)

8. 渐木立

即"斩木立"(李家浩说),古代社神之位,多以木为位。如:

> 又(有)税(祟)见于无后者与渐木立(包山249)

(注:以上竹简数据引自下面几部著作,系号也照原著标示不改动。1. 滕壬生编着《楚系简帛文字编》,湖北教育出版社,2008年10月版。简称《楚系》。2. 河南省文物考古研究所编着《新蔡葛陵楚墓》,大象出版社2003年10月版。3. 包山墓地竹简整理小组《包山楚简》,文物出版社1991年10月出版。4. 湖北省文物考古研究所、北京大学中文系《望山楚墓》,中华书局1995年版。参见安徽大学饶玉哲《楚简所见祭祀制度研究》之硕士学位论文)

（二）山川之神

1. 山川

当泛指山川之神,见于望山 96 号简。

2. 五山

学者多认为指五大名山,见于包山 240 简与葛陵简甲三 134、108、195、零 99 等。

3. 五宝山

山名,地不详,见于葛陵甲二 29。

4. 危山

疑为神话传说中的三危山,见于包山简 214、237、243,葛陵乙三 44、45,乙四 26、零 237 等。

5. 丘

所祭祀丘神,见于天星观《楚系》P32、P548,其余祭祀的丘神还有高丘、下丘 (均见包山 237、241 简),旧丘,见于葛陵零 282。

6. 大水

应为掌管江、河、湖、海众水之神。四座墓葬祭祀简均有此祭祀名号。

7. 大波

波浪之神,见于天星观《楚系》P36

8. 大川有（氻）

应为楚地大江大河之神,见于葛陵甲三 21、23、57、零 198、203、9 等。

9. 江、汉、沮、漳

见于葛陵简甲三 268。

（三）楚地

所祭应为楚国一些地名,有二天子、东城夫人、柯祹、东陵、厩等。

（四）四方神

分别有北方、南方、东方、西方、司土（疑为中央后土）。

（五）五祀

所祭为五祀、室中、门、户、行、道、步、宫行、灶。

以上是我们对这四组祭祀竹简中记载的祭祀神祇所作的概述性介绍,它们并非全部,尚有些是弄不清楚属于何种类型的神祇,当然它们也远非楚人祭祀地祇的全部,还有其他的一些出土文献也有这方面的内容,如上博简(四)之《柬大王泊旱》中就有祭祀"楚邦"、"大夏"等,但我们从上述内容已经可以看出楚人祭祀的广泛性。如果说在江陵周边的三座墓葬距淮河流域的河南固始还比较远的话,那么新蔡葛陵墓葬就在固始西北,同属淮河流域,正如研究者普遍认为的,葛陵简的出土,为研究楚国腹地和东部疆土之间在卜筮、祭祷等礼制风俗方面的异同提供了宝贵的材料。况且,自公元前278年秦国将军白起拔郢,楚顷襄王仓皇逃出郢都,东北保于陈城之后,今河南的东南一带地区直到楚灭亡的数十年间,成为楚国政治、经济、文化中心,其影响之深是可以想见的。

三

闽南民众自中原南迁入闽,其最重要的有三次。首先是西晋八王之乱后,有中原士族南迁,但人数不多,主要到达闽南的地点是晋江一带,当时民间信仰情况不甚可知;第二次比较大规模的中原移民为唐初陈政、陈元光父子从固始带去的府兵3700余人及其后中原58姓移民共约万人。目前有许多闽南民间信仰被认为是那个时期从中原带入的。如谢安的庙,《漳浦县志》卷二《方域》(下)载:"东山庙(谢安),浦乡里屯处皆有之,相传陈将军自光州携香火来浦,五十八姓同崇奉焉,故今皆祀于民间。"①第三次是唐朝末年的"三王入闽",但"三王"入闽后主要活动中心在闽东福州。

闽南人对自然山川之神崇拜,应多数传自中原,如天公崇拜,始于古代太阳神崇拜,郑镛在《闽南民间诸神探寻》中认为:"闽南人对太阳神崇拜应深受楚文化的影响。"②这一看法是有道理的。而玄天上帝,东岳大帝、炎黄二帝、关帝等,都应是从中原传承而来。

土地神作为重要的自然山川之神,其传入闽南虽无明载,但当与中原的祭祀风俗密切相关。在四座楚墓祭祀竹简中,虽都有祭社的记载,但记载最多的恰恰是和固始相邻的新蔡葛陵楚简,其中不仅有许多里社的祭祀记录,还有一些在里社进行相关活动的情况。记录中以"某里人祷于其社",例如:

---

① 漳浦县政协文史资料征集委员会编:《漳浦县志》点校本,2004年,第48页。
② 郑镛:《闽南民间诸神探寻》,河南人民出版社,2009年11月,第29页。

　　椙里人祷于其社■（乙四 88）

　　■里人祷于其社一■（零 88）

　　■里人祷于其社■（零 168）

　　■堵里人祷于其［社］……（零 116）

　　由于简文过于残泐，有些简文只看得出是某里人祭祷的记录，根据上列诸简，可以知道它们应当也是该里之人祷于其社的记录。例如：

　　稀室之里人祷■（乙三 54）

　　杨里人祷■（零 72）

　　大�里人祷■（零 11）

　　中杨里人■（零 30）

　　■里人祷■（零 524）

以下一些残简的内容，则非常明确地反映了他们祷于其社时所用之物牲：

　　■祷于其社（零 511）

　　■祷于雟鄭之社一豭。■（乙四 76）

　　■祷于其社一豭。■（乙三 65）

　　■祷于其社一豭。■（乙三 53）

　　■祷于其社一■（乙二 7）

　　■祷于其社一■（乙四 81）

　　祷于其社■（零 48、512、618

　　于其社一豭■（零 196、531）

　　社一豭■（零 252、486、乙二 16、乙四 74）

　　社一■。（乙二 43）

（以上简文引自杨华《战国秦汉时期的里社与私社》，《天津师范大学学报》

2006 年第 1 期)

这说明该地区的祭社活动确实十分广泛。闽台两地如此广泛的土地信仰，其源自中原淮河流域也就可以理解了。

从上述分析中，我们是否可以得出以下几点结论：

（一）福德文化起源于远古时期中华民族先人的自然崇拜，而不是产生于西周初年。出土的战国时代楚地祭祀竹简虽然有众多祭祀地祇的记录，却没有"福德正神"的记录，说明在当时尚未有"福德正神"之名。"福德"，从字义探讨具有美好的意义，"福"，幸福而美满；而"德者，得也"，人们盼望"土地神"能给自己的生活带来幸福安乐，能够岁岁丰收。因此"福德"代表着民众对幸福生活的一种期盼。

（二）闽台福德文化是闽南移民南迁时从中原固始传承而来的，然固始在春秋战国时期已为楚地，是楚文化东部的核心区。闽台浓烈的"信鬼而好祀"之风，应当是受到楚文化的影响，闽南人自中原迁入闽南（主要是唐代）后，将早期的这种信俗保存到了今天，因此说闽南文化比较完整地保存了古代汉族文化的特色是很有道理的。福德文化的传入和得到弘扬，也根源于此。农耕时代土地和民众生活密不可分，对土地的依赖而产生出的敬畏，使得"土地公"成了民间最不可忽略的神祇。因此在开拓闽南和垦殖台湾时，这一信仰自然得到进一步的传承与弘扬。

（三）楚墓祭祀竹简为我们认识相关的问题提供了可靠的第一手资料，它是最新也是最前沿的研究，希望有更多学者关注这一领域的研究，相信一定能够有更多的发现和收获。

当然，由于年代的久远，史料的不足，有些传承过程的中间环节也不甚明了，因此尚有待于大家作进一步探讨。

（此文原载《寻根》2014 年第 1 期）

第十章　河洛文化与闽南民俗

中华民族在几千年的文明史上,各个民族、各民族中的不同族群各自形成了丰富多彩的风俗文化。所谓风俗,是指人们在长期的劳动生产和社会生活中逐渐积累形成的社会风气和生活习惯。这种社会风气和生活习惯一旦形成,又在一定程度上影响着人们的思想、价值观念以及行为方式。闽南族群在其形成的千百年间,产生了系统的、具有中原文化传承的、又转变成为别具风格特色的民俗文化。这种风俗文化,是闽南文化的重要组成部分,也是认识和了解闽南文化必不可少的一个重要方面。历史上,民俗文化的研究一直是人们感兴趣的课题。东汉末年应劭就作有《风俗通义》,至今依然是我们研究古代风俗的重要文献,而"二十四史"中的《地理志》部分,也有许多各地域风俗的记载。

闽南上古时期至汉,是七闽、百越族的居住地,其时之风俗与华夏颇异。但春秋战国之后,越国兴起,勾践灭吴,北上中原争霸,渐受中原文化影响。战国后期越臣服于楚,秦汉时期,已多与中原交通并受节制,汉代逐渐加深。但自汉武帝迁越人徙之江、淮间,闽地之越文化遂中绝。今日闽南,虽尚有少量越俗遗存,但影响十分有限。

中原民众自两汉魏晋时期陆续入闽,唐宋时期带来的是中原河洛的民风民俗,虽在新居住地因时空的变化而有所改更,但就其核心而言,依然是传承自河洛文化中的礼乐文化。泉州、漳州,向称朱子过化之区,海滨邹鲁,故各种礼俗,遵从《文公家礼》。如《云霄县志》卷四《风土》载:"本邑向隶漳州,民间冠婚表祭,悉照《文公家礼》。"《同安县志》也称,闽南间坊间流行有"《文公家礼》通用一书"。《文公家礼》也就是相传为朱熹所作的有关家庭礼仪的著作,又称《朱子家礼》。

第一节　家居礼俗

中国从先秦时期周公制礼作乐之后,有了一整套礼仪制度,《十三经》中的《周礼》、《礼记》、《仪礼》(合称三《礼》),即是其代表。然而三《礼》是有关"士"的礼节,而不是庶民所用,且其中繁文褥礼过甚,不便民众使用,故出现"汉晋以来士礼废而不讲"的状况,(《明集礼》)"至于唐宋,乃有士庶通礼"。所谓"士庶通礼"的代表,便是北宋时期司马光所著的《司马氏家仪》和在朱熹名下流传的《文公家礼》。《司马氏家仪》和《朱子家礼》均注重继承古代传统的礼仪制度,但又注意与时通变。尤其是《朱子家礼》在礼仪环节上比《司马氏家仪》更为简省,更适合于在民间进行推广。因此,明太祖朱元璋于洪武元年(1368)下诏令在全国范围内推行《朱子家礼》中的婚娶之礼,从而使其影响更大。《朱子家礼》一书包括了通礼、冠礼、昏(婚)礼、丧礼和祭礼等内容,可以说已涵盖了民众生活中常遇到的有关"礼"的内容的大部分。

1. 婚礼

以婚礼为例,古代传统婚礼有三书六礼。所谓三书:一聘书,指订亲之书,这是古代男女缔结婚约的文书,实则如今日的结婚证书,只不过不是政府部门发的。二礼书,为过礼之书,即礼物清单,详列各种礼物种类、数量。三为迎亲书,为迎娶新娘之书。而"六礼"指纳采、问名、纳吉、纳征、请期、亲迎,囊括了从订亲到迎亲的全过程。至于具体的操作,则依然程序较为复杂。《漳州文化丛书·漳州民俗风情》中有关《婚嫁》风俗的内容长达17页。婚姻毕竟是人生大事,所谓"洞房花烛夜,金榜题名时"为人生四喜之一,自然办得隆重热闹,即使在今日,婚礼作过诸多改革,但也免不了有一番认真的筹备和举行的过程。其实,自古及今,数千年来,虽礼有因革,而大体程序依然。最为有趣的是古代的"奠雁礼",也一直为民间所遵从。《仪礼·士昏礼》载:"昏(婚)礼,下达纳采,用雁。"郑玄注:"用雁为贽者,取其顺阴阳往来。"这里"奠雁",指男方在行纳采、问名、纳吉、纳征、请期、亲迎时,都必须由主持者执雁作为前导。古代人认为,雁每年随气候变化而迁徙于南北,飞行有定时,且配偶也固定,如果其中一只死亡,另一只便不再寻找配偶,这是顺乎阴阳、合乎礼义的良禽,用以象征男女双方阴阳和顺,感情忠贞不一。古代雁应当很多,诗文中常有猎雁的记载。但后来大雁越来越难以捕捉到,于是人们便想出通融的办法,改为送礼时用鸡鸭鹅作为替代物,甚或以木刻的雁作为替代。闽南采用的是以鸡鸭鹅作为替代。

闽南妇女婚俗中还有一种特殊的民俗,即穿白内衣的习俗,相传也是与中原移民有关的。民间传说,唐初中原府兵入闽与蛮獠作战,后战乱平息,陈元光提倡中原府兵与当地女子结婚(因府兵中许多没有眷属者)。少数民族女子有的家人曾在与府兵作战中阵亡,因此女方提出在结婚时,内穿白衣,以悼念去世的亲人,外穿吉服拜堂成亲。成婚之后,这套白内衣长期保存,至去世时再穿于尸身,这样就可以到阴间与阵亡亲属相见。这个提议得到陈元光的赞同,这一风俗在漳州多地自唐代流传至今,被许多学者认为其充分体现民族和睦与人文关怀的精神,是相当罕见的。

2. 丧礼

生老病死是人生中的大事,每临大事,也必须有一套礼仪加以处置。传统文化中认为,"大孝,天之经也,地之义也,人之行也。"(《孝经》)"孝"是人最重要的道德规范,因此对父母:"居则致其敬,养则致其乐,病则致其忧,丧则致其哀,祭则致其严",应当"用天之道,分地之利,谨身节用,以养父母"。古代帝王均标榜"以孝治天下",因而有关养亲事亲及丧葬的礼俗、规定得十分详细。

闽南的丧葬礼俗甚为详细具体,由陈支平总主编、石奕龙、余光弘主编的《闽南乡土民俗》一书中,第四章"丧葬礼俗"篇幅很长,分为临终、初终、入殓、大殓、殓后、守灵、发引、安葬与安主、葬后祭典、捡骨葬等十节,长达55页之多,可谓集闽南丧礼之大全。这些葬礼,体现的也是传统的孝亲观念更新。民间有句话说,这些葬礼"是做给活人看的",一话道出葬礼习俗的本质,所谓"做给后人看的",是因为死者长已矣,也不可能知道什么,而后辈以葬礼的形式追悼死者,寄托心中的哀思也是人之常情,而更重要的是体现对长者的"孝",让子孙后人懂得事亲的道理。

中国古代自春秋战国时起,对于丧葬如何处理就已经有不同的声音,儒家主张厚葬死者,主张守孝三年等。而墨家则直接反对这种礼制,提出应当"节用"、"节葬"的主张,认为"厚葬久丧"的习俗只能使国家贫困,民用匮乏而人口减少,社会秩序混乱。墨家的思想代表的是民间生产者的声音。因此,实际上丧葬的礼俗虽有规范的仪式,但各地实行时也并不完全相同。如闽南民间特别重视葬地的风水,以为风水的好坏,会直接影响到后代子孙是否发达,家庭能否兴旺,因此常常为了找到一块风水宝地而长期停尸待葬,将棺木寄放于佛寺、野外或家中,甚至有长达数十年之久的状况。泉州、漳州、厦门均有此种习俗。

朱熹知漳时,专门为改变丧葬陋俗而发出布告,限死者家属必须在人死后一个月内即行安葬,不遵从者杖一百,"官员不得注官,士民不得应举"。当然这种不良习俗也非一时可以改变的,明清时代官府不得不多次放宽限期,但直至清代,蔡世远还对这种风气进行抨击,指出有些闽人"不修人事,专恃吉地以为获福之资,遂有迟至三年而不葬者"。长期停柩不葬,是违背传统的"入土为要"的观念的,当然这种状况也非仅闽南一地存在。

闽南葬俗中有一种"捡骨葬"的风俗,即将原已下葬的死者墓穴挖开,撬开棺木,洗净遗骨,将全身骨架完整无缺地逐一包装,放入"金斗瓮"(或称"金瓮"、"皇金瓮"、"黄金瓮"等)中,而后择吉日另葬他处。关于"捡骨葬"习俗之由来,有诸种说法,其中主要认为源于闽南移民的特殊习俗。闽南移民多为从中原移至南方,古代千里远行,受路途劳顿之苦,且难免有各种疾病发生,因此有的人就往往死于迁徙的途中,于是临时寻找安葬地。待到达新的聚居地安居之后再将死者遗骨捡出,安葬到新的居住区。其次是从祖居地中原南徙时,因确定不再返故乡,便将祖先尸骨捡出,随同搬至新迁居地安葬,以便岁时祭拜。这种情况并不仅在闽南,四川、贵州、广西、广东、湖南、也有此习俗,应当是同一种原因,因历史上有湖广填四川等的史实。

至于此后形成的另一种原因,应与迁徙无关。这就是有的人家因为死者安葬后家庭出现一些不吉利的事情,于是便请风水先生来重新看风水,认为原葬地风水不好,必须另寻风水宝地迁葬,于是就先行"捡骨"装瓮,再择吉日吉地重葬。

闽南葬俗中还有一种"招魂"的风俗。虽然"招魂"风俗全国各地都有,但闽南(包括台湾)似乎特别突出些,比较多看到招那些死于外地的人的魂回归故乡。尤其在过去的年代,由于科学不发达,不能像今日通讯便利,且天气预报能够提前若干天报道台风来临的消息。因此当年无论下海的渔船抑或从事航运的商船,一碰上恶劣的气候,翻船是常常遇到的状况,故民间有"行船走马三分命"

之说。在翻船死人之后,其死者家属便要举行招魂祭,请道士念经,用长长的竹竿做成招魂幡,边跑边喊"×××归来吧!",如竹子尾梢下垂,就说明魂已被招回。因海难而尸骨无存者,招魂时需到出事的海边,事先用草扎成人像,脸画五官,穿上衣裤鞋袜,将草人挂于竹竿顶,并用白布吊白鸡一只引魂,由道士作法事,将亡魂引回这就是魂人。然后,择吉日将魂人装入木板盒中安葬。招魂的仪式,颇令人想起屈原《楚辞·招魂》中的相关描写。

除了上述婚礼和葬礼之外,有关子女生育,成年冠礼,老人寿诞以及日常祭拜等礼仪,也是民间常有的礼仪,限于篇幅,这里就不一一例举了。

第二节　岁时习俗

作为日常生活中另一重要习俗,是有关年节方面的习俗,又称岁时习俗。年节习俗是传统文化中非常重要的一个方面,它往往也是民族或族群社会文化生活的重要内容,是区别于其他民族或族群的重要标志。闽南族群作为汉民族的一个重要分支,除了有与汉民族大体相似的文化习俗,也有其在自身形成发展、演变过程中造成的一些特殊形态与文化内涵,下面我们就这一方面举例简述之。

闽南族群的岁时习俗,总体上与中原河洛地区没有什么差别,也就是说,一年中的主要年节都相同,只是在具体作法上表现其特别之处,也即地方特色了。

闽南人一年当中主要节日有春节、元宵、清明、端午、七夕、普渡、中秋、重阳、冬至、除夕等。

1. 春节

春节是一年当中最重要的节日,年前的送灶神、贴春联、扫尘、守岁等是各地都大致相同的,但北方年夜吃饺子,一据说是不怕冻耳朵,二是饺子做成像古代元宝的形状,称金锭子、银锭子,有发财之意。但闽南无此风俗,只是全家围炉,吃年夜饭,或吃糯米圆子,含全家团圆之意。

从大年初一起,连续半个月或二十天都在过年的气氛中,闽南过去流传歌谣《正月歌》,如漳州:"初一早,初二早,初三睏到饱,初四神落地,初五假开,初六拍囡子尻穿,初七平宵,初八摸,初九天公生,初十地公生,十一十一福,十二人敲壳,十三人点灯,十四人办敬,十五元宵暝,十六倒灯棚,十七人相坐,十八打瞌睡,十九买物配,二十做功课。"这是从初一一直到二十,把春节和元宵连在一起。厦门的版本则为:"初一早,初二巧,初三睡到饱,初四接神,初五过开,初六挹肥(浇肥),初七七元,初八完全,初九天公生,初十地公暝,十一请囝婿,十二返来拜,十三关公生,十四搭灯棚,十五上元暝,十六看大烛,十七倒灯棚,十八无半圆(钱)。"泉州只唱到十六,其靠海边的惠安崇武为:"初一花,初二扭,初三举扫帚,初四神落天,初五吃大顿,初六无账算,初七人生日,初八阎君生,初九天公生,初十地嬷生。十一水头动,十二去挂网,十三捉白虾,十四撕破网,十五烧通金,十六就煞(收)心。"除这三种外,台湾也有许多不同版本。我们可以看出,一是这些版本和风俗虽大致相同,但其中也有差异,是因地域不同和习惯不同形成的。漳州人特别重视农业生产,所谓"初一早,初二早"是因民间传说中如这两天晚起,大水就会冲坏田埂,造成崩田。而惠安崇武海边渔民多,因此从十一起就关注"水头动,去挂网,捉白虾,撕破网"。

有的习俗的形成又有其特殊的原因,如漳州人的"十一十一福"的习惯,闽南其他地区是没有的。据民间传说,起源于唐初陈政入闽时,陈政带领首批府兵先入闽,一度困守九龙山。其后魏妈带领中原58姓增援,行至漳州郊外的檀林(满山檀香树故称檀林),设坛祭天,祈求天神保佑。当晚,果然有天神托梦给陈政教以平蛮的方法,陈政依法取得大胜,和魏妈会师,这一天正是新年正月十一。四周民众纷纷送来猪羊犒军,但唐军不肯扰民,不愿收礼,百姓便以在此祭天的名义杀猪宰羊与唐军共祭天公,陈政却不过民众的善意,便让军士将猪羊肉煮熟,切成块分给前来的民众。许多平时吃不到肉的民众十分感激地说,托唐军的福能够吃到肉,他们便把这肉称为"福肉",于是他们将檀林社旁的小山称为"福山",从此每年正月十一聚集于福山上分福肉,因而形成漳州独特的"吃福"习俗。

闽南人都不喜欢年初三出门,所以要"初三睡到饱"。他们认为初三是赤狗日,"赤狗"为恶神,遇之不吉,所以不如在家"睡到饱"。而且初三这天也是新丧之家祭祀亡灵的日子,只有死者的亲戚会在这一天前来吊慰。

泉州北部邻莆仙一带,还同莆仙一样有初四"做大岁"和贴白春联的习俗。就是说除除夕夜过年外,初四要像除夕夜一样重过一次年。厦、漳的一些地方也有此俗。关于这一特殊风俗则源于明代的倭寇之乱。有明一代沿海地区长期受倭寇之乱,江、浙、闽、广尤甚。嘉靖四十一年(1562),倭寇进犯福建沿海,占领闽北宁德的横屿,福清的牛清与莆田的林墩,以此为据点,大肆烧杀抢掠。该年农历十一月二十九日夜半,兴化城为倭寇攻陷。这是倭寇攻陷的首个府城,进城的倭寇大肆放火抢劫、杀人。在占据府城的两个月内,城内被杀者三万余人,尸臭熏天。次年正月二十五日,倭寇因尸臭难闻,不可居住,方才退出城外撤向平海。兴化城失陷消息传至朝廷,引起上下震动,于是委任俞大猷为总兵,戚继光为副总兵入闽。在歼灭倭寇主力后,莆田民众才得以于当年二月初二返家,收拾被戚家军歼灭的倭寇所践踏的家园,掩埋亲属遗体。二月初三,大事理毕,二月初四才开始相互串门慰问吊祭,补过大年。为庆贺获得新生,兴化人约定此后于每年除夕过小年,正月初四"做大岁",此俗流传至今。而厦门、漳州、同安人年初三做新忌的风俗,据说也与倭寇有关。因为受倭寇之害者,闽南沿海皆难幸免,闽南人在正月前才因军民共同努力赶走了寇患,内地民众及亲戚于年初三前来探视,从而形成这一天做新忌的风俗。

　　此外,泉州、厦门还有一种被称为"乞如愿"的祭礼,据称也是来自中原。晋代汝南人干宝在《搜神记》中有这样的一则故事:

　　　　商人瓯明过春草湖,湖神邀归,问何需? 有一人私语曰,君但求如愿,不必别物。明依言,湖君许之。呼如愿出,一少婢也。至家数月,遂大富。后岁旦,如愿起晏,明挞之,如愿走入畚帚中不见,明家渐贫。

　　因为"如愿"代表能带来好运和财富,所以泉州与厦门人在春节前清扫厅堂时,第二遍要从门口往厅堂清扫,扫完后将垃圾和畚斗、扫帚一起堆放于大门旁的角落,同时对着畚帚垃圾堆入处作一次祭拜,称为"乞如愿",也就是祈求"如愿"能从畚帚中出现,得到好运,而不是让其从畚帚中消失。

　　除春节外,闽南人还有两个节日是特别重视的,一是端午,二是中元。这两个节日,并不是在端午日和中元日才隆重举行,而是整个阴历五月和阴历七月,都沉浸在节日的气氛中。至于为何如此,确实是个值得探讨的话题。

　　2. 端午

　　中国传统民俗中,端午日有多种说法,但是在闽南民间只有屈原一说。包粽子的习惯主要应是在南方稻米地区流行的,因为它需要糯米。笔者在豫东时见民间端午节油炸面叶(也叫麻叶),因为没有糯米。除此之外,辟邪也是民间普遍实行的,清扫房屋,遍洒雄黄酒,门口挂上艾草、榕枝、菖蒲叶等。

闽南民间信仰水仙神,有水仙宫,其中供奉的神祇虽有多人,但一定有屈原。漳州至今仍保存有水仙宫,台湾高雄、台南亦有水仙宫供奉屈原。

在各种端午活动中,以划龙舟最为重要。通常端午节过节在阴历五月初五一天,然而划龙舟却往往是长达一个月之久。笔者见过全国多地的龙舟赛,大抵是在江或湖上,划定一定距离,多艘龙舟同时出发争夺锦标,先抵者获胜。然而在闽南许多农村,如笔者的故乡云霄,龙舟赛另有一种特别的赛法,即一对一的竞赛方式。事先在江面或湖面上相隔数百米外设置两个标竿,两条龙舟分别在这两标竿终点处做好准备,号令响起时,这两条龙舟分别从两侧追向对方,从而形成一个椭圆的运动轨迹。江边是黑压压的人群,锣鼓声、鞭炮声、欢呼呐喊声响成一片,这种一对一的追逐赛,如果双方势均力敌,一场比赛要分出胜负,竟然可以长达半日之久,这是对竞赛者体力、耐力以及舵手能力的大比拼。其激烈程度,外人难以想象。这种一对一的龙舟追逐赛不仅漳州有,据说台湾宜兰也有,因为宜兰人大多是漳州移民的后代,他们把故乡这种特殊习俗也带到台湾。闽南人对端午和龙舟竞赛的痴迷程度确实令人吃惊。这种习俗传承自何处?而且和北方地区的多种解释不同,只承认端午是纪念屈原投江的日子,这种习俗也应当和楚人有关。在湖北,五月间发生的事也总要和端午、龙舟相联系,有一次端午笔者前往武汉参加会议,大雨滂沱,武汉三镇街道成了河道,湖北人说:“好大的龙舟水!”

不过,社会和时代的变化也影响着民间习俗的改变。“文革”之前,村与村、队与队之间,都相约比赛,竟月不歇。“文革”中回老家,赶上端午,问起是否还有龙舟赛?听到的回答是:“领导说现在破四旧,还搞什么龙舟,纪念屈原?那么多牺牲的烈士不纪念,纪念什么屈原?”

改革开放以来,这种观念已不存在,但由于大量年轻人离开农村,留在村中身强力壮年轻人太少了,即使有心搞也力量不足了。因此,今日的闽南之竞龙舟,已不过是一种形式而已,民间那种发自内心的兴奋与热情已难与往日相比,这不能不说是遗憾的事了。

3. 中元

虽然如此,闽南的中元节倒是一如既往的热闹。说起中元的祭鬼,几乎所有的文献记载都要将它推至佛教的盂兰盆和道教的所谓"三元",但佛教是汉代才传入的,而道教则是汉末才最终形成的,那么是否这种习俗是到汉代才形成的,似乎并不该如此。从《周礼》的先秦时代,祭祀鬼神就是一种有固定的日期和仪式的,在祭祀中也必定是天神——地祇——人鬼相互配套,形成一种固定的模式,因此笔者认为,对中元祭鬼的来源,应当做一番重新探讨。

关于地祇的祭祀,我在《试探闽台福德正神文化之渊源》中作了较详细的介绍,天神与本文将探讨的中元节也关系不大,故不多说,在这里着重介绍的是在几座楚墓竹简中记载的人鬼的祭祀状况,让我们从中了解到战国时代楚人与中元节的文化传承相关联的祭祀内容。

在原楚地出土有祭祀竹简的先秦四座楚墓中,载录的"人鬼",共有三类:

其一是祖先神及亲属。

中国自古以来就是一个宗族社会,祖先崇拜较诸其他民族更为隆重,我们只要看看《诗经》中的"三颂"即可明白,其中的内容都是赞颂祖先的丰功伟绩,如《诗大序》所谓"美盛德之形容,以其成功告于神明者也。"而且《颂》诗本身也即是祭祀诗。因此,在人鬼的祭祀中,优先祭祀的是其先祖。我们前面介绍的这四座楚墓主人,都是楚国上层的贵族。不过由于他们身世不同,祭祀祖先也不同。其中,包山简、望山简和葛陵简中,由于三座墓主人均是楚国国君的后代,因此他们祭祀远代的祖先是相同的,这三批简都有祭祀楚族三位远祖的记录,只是或称"楚先"、或称"三楚先"、或直接称其名字:"老僮"、"祝融"、"穴熊"。如:

葛陵甲三 214	就祷三楚先屯一牂……
甲三 105	荐三楚先各
乙三 41	与祷于三楚先名一牂
望山 124	楚先既祷
120	[楚]先老僮、祝……
包山 217	与祷楚先老僮、祝融、鬻熊各一

237		与祷楚先老僮、祝融、鬻熊各两羒
葛陵甲三	188、197	与祷楚先老僮、祝融、鬻熊
甲三	268	是日就祷楚先老童(僮)、祝融……

这里所引的仅是这三批简中相关内容的一小部分,但我们已可看到它们都祭祀楚人的共祖。

在楚族的先公先王祭祀方面,受祭的还有楚武王、楚文王,包山 246 简中还有载明"与祷荆王,自熊丽以就武王",这里共包含了十八代楚君。葛陵简也有"赛祷于荆王,以逾训(顺)至文王"(甲三 5)等。

而邸炀君番勒,虽贵为封君,但并非楚族后裔,他祭祀的先祖为大禧。或以为大禧即"大高",指称番勒的祖先。《淮南子·氾论训》:"世俗言曰:飨大高者而羹为上牲。"高诱注:"大高,祖也。"但天星观中也有祭祀卓公至惠公,或以为即楚悼王、楚惠王,死而称为"公"。从墓主人生活年代推测,楚悼王、楚惠王或为其任职期间的国君。

又葛陵简中还有祭"陈宗"即陈之宗庙鬼神,盖因有血缘关系的鬼神。(陈伟《包山简"秦客陈慎"即陈轸试说》,《古文字研究》第 25 辑,中华书局 2004 年第 39—40 页)

其二是直系祖先,由于直系祖先不同而各自所祭对象各异。如葛陵简主人是楚昭王后裔,所以祭昭王、惠王、文君、文夫人与子西君。包山简也是楚昭王后裔,他祭祀的是从昭王、文坪夜君子良,邵公子春、司马子音到蔡公子家。望山简墓主卓固是楚悼王后裔,他祭祀从柬大王、圣桓王、悼哲王、东宅公到王孙巢等。有学者认为楚人祭祀直系的五代祖先,所以又有关于五世王父王母的记载。葛陵简中有"说于五世"(乙四 27)的记载。

另一组祭祀简,1988 年出土的江陵秦家嘴楚简,墓主为一般士庶人,简年代也与上述四座墓大致同期,中有若干"赛祷于五世王父王母"的记载。从保存有 2700 余字的卜筮简中可以看出一般民众的祭祀状况。

在亲属祭祀方面,除祖先外,还有祭祀"兄弟无后者",如包山简 227 就有"与祷兄弟无后者邵良、邵乘、县𤞚公"。

除以上诸种外,人鬼祭祀中,有几种特别的名目,如葛陵简中有祭祀"荆亡"

和"夏亡"两种亡灵的记录,有学者认为是指墓主人家族中死于楚地和中原之地的亡灵。① 但也有学者认为是分指荆楚人的亡灵和中原华夏人的亡灵。② 如依晏说,则其涵盖面就十分广泛了。此外还有祭"内外鬼神"(葛陵简甲二 40"下内外鬼神旬所"),陈伟认为指与墓主人或为其在职时之国君。

综上所述凡统计祭祀远祖、近祖及有关亲属的名目多达 49 种。

其三是殇鬼的祭祀。殇鬼者,有两种含义,一是未成年而夭者;二是非正常死亡者。《楚辞·九歌》中有《国殇》篇,即是写在战场上死于国事的军人的。楚卜筮是中记载有十余种名目:

1. 不殂,即无辜(罪)而死的冤魂。包山简 217、248,望山简 78,天星观简《楚系》P25 均有记载。

如包山 248　思攻解日月与不殂。

天星观《楚系》P25　思攻解不殂、强死者与祖 竝。

2. 兵死,即死于战事者。如包山 241　思攻解于诅与兵死。

3. 各(格)杀,即械斗而死者。

如天星观《楚系》P1006　食。女殇、各(格)杀。

4. 强死者,即非正常死亡。

如天星观《楚系》P1111　不殂、强死。

(注:以上竹简资料引自下面几部著作,系号也照原著标示不改动。1. 滕壬生编著《楚系简帛文字编》,湖北教育出版社,2008 年 10 月版。简称《楚系》。2. 河南省文物考古研究所编著《新蔡葛陵楚墓》,大象出版社 2003 年 10 月版。3. 包山墓地竹简整理小组《包山楚简》,文物出版社 1991 年 10 月出版。4. 湖北省文物考古研究所、北京大学中文系《望山楚墓》,中华书局 1995 年版。参见安徽大学饶玉哲《楚简所见祭祀制度研究》之硕士学位论文)

除上述外,还有"绝无后者""祖 竝""殇""大殇""女殇""三世之殇""水上""车马下之人""溺人""下之人不臧死""土来""私死"等。总数达到 19 种之多,几乎涵盖了社会生活中的各个方面的不幸而亡者。

① 杨华《新蔡简祭祷礼制杂疏》(四则),《简帛》第 1 辑,上海古籍出版社,2006 年,第 203—209 页。
② 晏昌贵《巫鬼与淫祀——楚简所见方术宗教考》,武汉大学出版社,2010 年,第 168 页。

古人十分重视祭祀,是因为祭祀具有强大的社会功能,如前面我们谈到祖先与亲属祭祀,这是宗族社会中的必然产物,通过祭祀先祖,希望获得祖先神的佑护,以此促进家族和睦,进而形成合力。中国古代传统中所谓"修身齐家治国平天下",即是从自身与家族做起,"齐家"之"家",绝非仅指小家,更重要的是作为家族的大家。楚人对于家族的祭祀,遵从的是当时通行的周礼。

但是,我们特别关注于那些名目众多的殇鬼和强死者。这些亡者,据说其死后会成为厉鬼,由于死得不正常,因而冤魂不散,其鬼常为祟,能使人重病,因此要通过祭祀来化解其冤。但这只是其中的一方面。另一方面,这种对"冤鬼"的祭祀,包括对没有后代的亡魂的祭祷,同时也体现出一种人性的关怀。中国传统文化中,一向有关怀弱势群体的传统,《礼运·大同篇》中载:"大道之行也,天下为公。选贤与能,讲信修睦。故人不独亲其亲,不独子其子;使老有所终,壮有所用,幼有所长,矜、寡、孤、独、废疾者皆有所养,男有分,女有归……是谓大同。"大同的思想应用于社会,推而广之,则体现出一种人文关怀。春秋战国时期,人们的鬼神观已较原始蒙昧时期有很大不同,表现在诸子的一系列论述中。儒家创始者孔子不言怪力乱神,但他依然主张"祭如在,祭神如神在"。① "子入太庙,每事问",既表现他的谦逊,也表示他的恭敬。墨子是主张鬼神存在的,他代表下层民众的思想,《墨子》一书中专门写了《明鬼》篇,他主张"以祭祀上帝鬼神,而求祈福于天"②。他主张要保持祭祀鬼神的礼节。他认为祭祀不过是耗费一点饮食祭礼的费用,即使鬼神不存在,"内者宗族,外者乡里,皆得如具饮食之;虽使鬼神请亡,此犹可以合欢聚众,取亲于乡里"③。这是从祭祀的社会功用与教化方面提出主张的。当然孔子反对淫祀,认为"非其鬼而祀之,谄也"。

我们通过战国楚卜筮祭祀简,能够了解这一时代楚人的祭祀状况,这是很有意义的。其实楚人的重祭祀和巫风盛行,不仅承传自殷,甚至也承传自夏。包山楚简中就有祭祀大禹。包山198号简"思攻解于人禹心",人禹心即大禹,楚人也出自黄帝一脉,与禹为共同祖先。《清华简·楚居》中有关"季连初降于隈山"、"妣疠宾于天"和"巫并该其胁以楚"三则与巫术相关的记载,有学者认为,

---

① 《论语·八佾》。
② 《墨子·天志》。
③ 《墨子·明鬼》。

楚始祖的季连降于隈山,是与天神沟通的活动;"妣疬宾于天"是如同夏禹的儿子启"三嫔于天,得《九辩》与《九歌》以下"的记载;①"巫并该其胁以楚"是讲穴熊的儿子丽季因"溃自胁出",即胁部溃烂,巫用荆条将丽季胁部溃烂处包起来使之复原。可见楚人自开始形成楚族起就与巫术结下了不解之缘,尤其是从妣疬宾天的传说中,更看到楚夏之间的亲族关系,"从民族起源及迁徙角度来说,楚族与夏族为亲戚,同出于黄帝。因此我们推测,楚族与夏族所共有这种'宾于天'的巫术活动,当有其共同来源"②。

在上述讨论中,应当说我们从传世文献与出土文献的结合上,已大致厘清了中国古代巫教的产生、发展与传承的过程。楚国的所谓"淫祀"之风与巫风的兴盛,传承有自,它可以追溯到上古的夏商时代,当然也是早期的河洛文化的内涵之一,只是周代殷之后,周文化有更多的朴实的内涵和随时代变化而产生更多理性的因素,因而在一定程度上(主要是在北方的中原地区)抑制了巫文化的传播(注意:不是完全改变或控制。周人和中原的姬姓国中也仍然保存了相当的巫文化的因素,限于篇幅,从略),而作为与夏商有着特殊亲缘关系的楚人南迁之后,却将这种习俗保存了下来,这也就是后来南北文化出现明显差异的原因之一,但断不可以为楚地的这种习俗仅由南方少数民族影响所致。相反,它的遗传基因明显地来自于中原。

下面我们讨论有关中元节俗的相关问题。

中元节又称鬼节。在中国传统节日中,清明与中元节是最重要的鬼节。但它们有明显的功能区分,清明节主要是祭祀祖先和亲属亡灵的日子,而中元节却以祭祀孤魂野鬼为主要内容和祭祀对象。而论节日的隆重程度,闽台两地的中元节却与北方不同,明显要比清明节热闹得多。气氛也颇不相同,清明节的气氛是凝重而肃穆的,中元节的气氛却是虔诚而热烈的。

中元节的来历,遍查资料,或以为来自佛教,或以为来自道教。

认为中元节来自佛教的,将中元节称为盂兰节。盂兰在印度语中为"倒悬",是受苦的意思。传说释迦十大弟子中有目连,其母生前有罪,死后受饿鬼

---

① 《山海经·大荒经》。
② 刘涛《清华简〈楚居〉中所见巫风考》,《船山学刊》2012年第2期。

之苦,痛苦异常。目连是位孝子,他得到释迦帮助,在 7 月 15 日举办盂兰会,以百味果供养十方神佛,积了功德,使其母也得以免除地狱之苦。其故事见于东汉初由印度传入中国的《佛说盂兰盆经》。

认为中元节起源于道教的,是照道教说法,每年一月十五日称上元,为天官赐福日;七月十五日为中元,为地官赦罪日;十月十五为下元,为水官解厄日。因此在七月十五日这一天普度孤魂野鬼。

佛教寺庙与道教宫观都会在七月十五日这一天举办相应的活动,佛教为纪念目连的孝道,而道教则主要为普度那些从阴间放出来的孤魂野鬼。

我以为,上述的两种说法均各有其道理,但并非其主要来源。因为佛教直到东汉时期才传入中国,而道教也产生于东汉。然而作为中元节的主要内容,所谓普度众生,救渎孤魂野鬼的意蕴,则在中国先秦时期已经客观存在,这从上引的楚墓祭祀竹简记录便可一目了然。因此我以为,道教和佛教的说法皆非中元节的原始内涵。不过相对而言,道教以普度孤魂野鬼为其主要内容,则是和民间的祭祀活动密切相连的,这当然因为道教是中国土生土长的宗教,因此接地气,民间多数民众也均信从这一节日的内涵。

道教起源于民间,杂糅了中国古代的宗教主要是巫教的传统思想和阴阳五行、神仙方术等,它以神秘化之后的老子及道家理论为其教祖和理论基础,从而形成的有重大影响的民族宗教。因此,它并非空穴来风,而是以浓厚的民间传统文化为根基的。有学者对春秋战国时期的"淫祀"现象进行研究,认为淫祀现像是民间信仰的重要组成部分,在我国文化史上具有重要的意义,"甚至影响了方士群体的出现及道教的起源"[1]。虽然作者未对此作更深入的分析,但这种看法却是合理的。毫无疑义道教对中元节的内涵界定,应当是以先秦时期即形成的对鬼神祭拜的民间习俗为依据的,至于早期的祭鬼是否有特定的节日,则限于资料的不足,尚难以遽下结论,姑留待以后再行考之。

台湾学者萧登福认为,佛、道两教同时把七月十五这一天当作是普度亡魂的日子,是佛道二教相互模仿、相互影响的结果,他认为:

---

[1]　王霄云:《战国时期的淫祀研究》,陕西师范大学 2004 年硕士论文。

中元，是指农历七月十五日，道教称之为中元节，原与佛教无关，也与印土风无关。佛教入中土，为了传教，逐渐吸收中土风习与名相，用以融入佛经；有的甚至直接采取中土风习而伪成经，用以招徕信众。佛教的重视中元节，便是如此心态下产生的。而其开始，则肇自西晋竺法护所译的《佛说盂兰盆经》。这本经书，据其内涵来析述，应是竺法护采道教习俗仪轨，所伪造出来的经典。①

笔者十分赞同这一分析，因为佛教讲求六根清净，既出家便连家人也放到了一边。所谓"目连救母"的故事，显然是为了适应儒家文化中讲求孝道而编出来的。

闽南民间中，普遍流传这样的传说，中元这一天，在民间祭祀开始之后，如果你打把黑伞，不出声地躲在伞内就可以看见那些断腿缺胳膊及至无头的野鬼一群群来到供桌旁，尽情品尝丰盛的各种祭品。闽南的中元节俗还特别让我好奇，所谓中元节，并非只是 7 月 15 日这一天，而是 7 月一整月。各村过中元节，并非同一日，而是从农历 7 月 1 日起一直排到 7 月 30 日，也就是说七月的每一天，都有一个村镇在过中元节，过去我一直搞不清楚为何有这样的安排，询问当时的老人，才知道为的是让那些孤魂野鬼在七月的每一天都有机会品尝人间丰富的供品。

闽台地区民众保存的古代文化传统，于中元节习俗亦可见一斑，而节日中所蕴含的人文精神，依然是值得今人珍惜与弘扬的。据笔者所知，闽台民众从中原南下后，无论在闽南开发抑或东渡台湾垦殖过程中，历经千辛万苦，许多民众为此付出生命的代价，因而那些留存下来的幸存者也是以中元节作为隆重祭祀自己乡亲及亲人的日子。他们将孤魂野鬼称为"好兄弟"，以"好兄弟"称孤魂野鬼，实在是闽台民众的创造发明。从古代以淫祀来祭厉鬼，期望他们不作祟的安抚心理，现到将其视之为"好兄弟"，建"万应公"庙以祭之，都显示出闽南人特有的温情和对弱者的关怀，可谓泽及枯骨了。

中元节的习俗，即使以有文字记载的历史，自古至今也已流传 1500 年之久，

---

① 转引自《台湾闽南语的鬼神》。

它融民间祭祀与佛、道二教文化于一体,有着深刻的民族文化的内涵,是中国古老传统文化传承的延续,并为民众所广泛重视,这样的全民共同参与的习俗节日,作为文化遗产理应引起全社会更多的重视,让更多的人理性地看待我们民族传统习俗的价值观,更不应还浅薄地停留在视其为搞封建迷信活动的误区中。笔者以为中元节应作为全民的节日习俗,而不能仅局限于一区一地的习俗。盂兰盆节传至日本,至今成为日本仅次于新年元旦的第二个大节日。而中国作为中元节的产生地,至今还未引起应有的重视,是不能不令人深感遗憾的。

第三节　宗族社会结构下的闽南民风

中国传统社会是一个宗族社会,从周代开始就特别重视宗族的力量。武王伐纣之后,分封诸侯,首先是分封自己的兄弟。文王有子百人,武王便把这些兄弟分封到全国各地,作为拱卫京畿的屏障,以便有危难的时候可以及时声援。有的则出于监视异端的目的,防止殷商旧族的复辟,如管叔、蔡叔分封到原殷都周围,监视殷太子武庚(当然武王没有想到后来三监会和殷人联合起来发动叛乱,即史称的"三监之乱")。由于这样明确的目的,因此自然条件好的并靠近京畿的地方均封给了周姓的诸侯,(即所谓"姬姓国")。其他异姓的功臣,只能分封到边远的地方,即便如吕尚(即姜太公),尊为"尚父",亦只能分到东夷之地,东海之滨的山东一带。楚人的始祖鬻熊,弃殷投周,并"为文王师",但直到周成王之世,才想起要分封"文武勤劳之后嗣",于是封鬻熊的孙子熊绎为楚子,居丹阳。楚人抱怨自己封地自然条件不好,所谓"僻在荆山",没有很好开发的南蛮之地。且土地面积也很少,仅五十里而已。可知周人宗族观念是何等强烈。

闽南人从中原地区入闽,往往是举族迁移,对此,历史资料和族谱中有诸多记载。

从魏晋时期中原民众入闽时,便注重家族的观念,最早的便是记载因西晋末年的八王之乱,中原士族入闽之说,这其中有四族、八族、十二族等多种说法,虽然研究者认为实际自中原直接南来者不多,但这里所提到的族即家族,应当是不错的,其实在晋以前便有入闽人士举族迁徙的记载。从遥远的北方迁徙南来,举族迁徙是好办法,沿途有众多亲属随时相互照应,比起一家一户几个人迁徙的风险小得多。况且从晋代到唐,是家族观念特别看重的时期,所谓豪门望族的说法尤为兴盛。因此中原移民在迁徙过程中,也忘不了要高扬宗族的辉煌和地位。

唐代初年陈政的母亲带着中原 58 姓民众徙闽,也是指的五十八个家族一同迁徙。自然,在此之前还有李氏王族入闽。如漳州市沿海的"五山李姓",据族谱记载开漳祖就是唐高祖李渊第二十一子李元祥,因受封于闽越,便于武德年间自陕西入闽。而陈政、陈元光之后不久的玄宗年间,又有太傅陈邕举族南来入漳,成为今闽人陈氏中的"南院派",也是陈氏繁衍子孙甚广的一支。今闽人中一些大姓的形成,也是与当初南迁时的举族迁徙状况有关。因此,在探讨闽南民间社会时,都不能不提到闽南人喜欢聚族而居的传统习惯,往往某一区域居民,皆为同姓宗亲,人口动则以万计,形成同姓的巨镇,这在北方乡镇中较少见。究其根源,自然与其从中原南来时的举族迁徙有关,而后历经千百年的繁衍播迁,由是而成为同姓巨族。甚至往往一个县中都有几个巨姓大族,如漳州市云霄县的方、张、吴;诏安县的林、沈、许等。难怪清人孟超然曾写道:"余世居闽中,见乡井多聚族而居,数百年不变,其居城市者亦罕轻去其里也。不得已而迁徙,阅百十年子孙犹以为故居,敬其耆长,往来不衰。"①那么,这种特殊的社会结构,对于闽南民风有些什么影响,是值得探讨的。

我们认为,对于闽南人的宗族观念和社会结构与民风关系问题应当作具体分析,尤其要从长达千年的闽南族群形成的历史中进行分析。许多学者提到,唐宋时期的闽南族群,虽也是聚族而居,也有大小姓形成的大小宗族问题,但民风总体是比较好的。两宋时期尤其是闽南人在政治上显身手,在科考场上春风得意的时代,整个社会充满奋发向上的风气,世家大族,竟以培育人才为荣,官宦世家纷纷涌现,例如泉州最著名的是晋江的曾氏家族。曾公亮父曾会曾任刑部郎中、明州知州。曾公亮为北宋重臣,官至吏部尚书、同中书门下平章事、集贤殿大学士,封鲁国公。子曾孝宽,曾被召为礼部尚书。侄曾孝广任杭州知州,曾孝蕴为龙图阁学士。曾孝宽曾孙曾怀,官至参知政事,右丞相,封鲁国公。曾公亮四世从孙曾从龙于庆历年间进士,后历官至参知政事、知枢密院事等职。曾家自曾会以下,先后五六代人皆在宋朝廷任显职。此外,南安的苏氏家族(苏颂为代

---

① 《瓶庵居士文钞》卷3《论习俗示蜀中人士》,嘉庆二十年刊本,第 36 页。

表),晋江的吕惠卿家族、蔡确家族、梁克家家族,漳州的颜师鲁家族等,都是那一个时代的杰出代表,从而被有的学者称为闽南地区出现的"官宦文化"①。漳州在唐宋时期中举的人数及任显宦者不及泉州,但在儒学的传承方面却出现了一些重要的文化名人,其中最有影响的是朱熹最得意的弟子陈淳,此外,宋初著名藏书家吴与,两宋之际与陈东一起上书请诛六贼的高登等。因此,漳州虽因开发晚于泉州而文化发展水平亦不及泉州,但于当时依然是十分引人注目的。漳州人的官宦文化之兴盛应在明代之后,尤其明代中后期,许多漳州学子扬名科场并在政治方面也大有作为。明代江苏的东林党人抨击宦官魏忠贤时,漳州人周起元时为巡抚,仗义执言,甚至为此而献身。而万历间龙溪七才子(张燮、蒋孟育、高克正、林茂桂、王志远、郑怀魁、陈翼飞)组成的"玄云诗社",影响尤甚。至于明宣德年间的长泰的状元林震、万历年间殿试第三名后任东阁大学士的林烃,明末隆武朝拜内阁大学士的黄道周;为台湾郑成功政权建立政体文化制度的陈永华;清代漳浦"两代帝师"的蔡世远、蔡新,"筹台宗匠"蓝鼎元等,显示出漳人厚积薄发的态势。因此明代学史王世懋就曾感叹道:"闽上游诸郡人,皆食山自足,学举子业不求甚工。漳穷海徼,其人以业文为不赀,以舶海为恒产。故文则扬葩吐藻,几埒三吴;武则轻生健斗,无事不令人畏。"②

为了鼓励本族士子认真读书,将来有出头之日,许多家族对读书人都有优待措施,如设有学田,其收入一部分支持学生读书及开设族塾、书院,参加科考时给予资助等。这种状况,形成闽南人好学的风气,"闾阎山海之间,家诗书而户业学,即卑微贫贱之极,亦以子弟知读书为荣。"(乾隆《泉州府志》卷20,《风俗》,上海书店出版社2000年版,第482页。)当然,族人也将能够科举成名的族人作为本族的一项无形资产,借此与外族人比高下,遇到家族中的问题时,则由有声望的学人出面帮助解决。有学者研究,明代泉州著名学者李贽在姚江太守任期结束后之所以没有回家乡,其中一项原因便是他想回避作为族子须回报族人的义务。虽然如此,从总体上说,世家大族鼓励学子认真向学,积极上进的做法,还是积极的,有利于社会风气向好的一面。闽南人之所以称"海滨之鲁",亦与此

---

①　徐晓望:《闽南史研究·儒学与唐宋泉漳的官宦文化》,海风出版社,2004年9月。

②　乾隆《海澄县志》卷15,《风土志》;《中国地方志集成》,上海书店出版社,2000年,第582页。

种风气有相当大的关系。同时,世家大族都有自己的治家格言,所谓传承家风,从主要方面讲,这些世族族规的主要方面还是劝人从善抑恶的。

但是,我们也要看到,世家巨族聚居,如果一些问题处理得不好,也会出现另一方面的问题。明清时代闽南曾经出现械斗之风,且历久不息。甚至闽南人开发台湾过程中,也将此种风气带至台湾,成为台湾开发中的顽疾。

聚众械斗的现象,引起人们对闽南民风的关注。明清之后,在相关地方志记载中,多涉及这一方面内容,甚至于引发社会乃至朝廷的注意。清人德舒在《奏报饬有司秉公审断械斗折》中写道:"闽地环山负海,民俗素称强悍,每因雀角微嫌,动辄聚众械斗,甚至拆屋毁禾,杀伤人命,通省皆然,惟漳泉为尤甚。"(台北故宫博物院编《宫中档乾隆朝奏折》第二辑,台北故宫博物院1982年刊本,第18页)泉州府城中有"东西佛"之械斗,据传源起于康熙时的靖海侯施琅与富翰林家的儿女亲事。富翰林居于泉州西南的奉圣境,是为"西佛",施琅居于泉州东边的三教铺凤池境,称为"东佛",泉州市的三十六铺或依附"东佛",或依附"西佛",形成规模宏大的械斗场面。南安县在嘉庆、同治时期,连续数十年间械斗不断,致"刃其人,火其庐,荒其田园,废其里社者,不可胜数"。① 参与械斗者达数百个之多。惠安、安溪、晋江、同安也皆是械斗频发区。漳州自然更不示弱。光绪《漳州府志》谓:漳民好械斗,"虽细故,多有纠族持械相向者。"②诏安、平和被公认为械斗的重灾区,而云霄县也是如此,民国《云霄县志·地理下·风土》载:"械斗尤以本县为甚,往往一语言之乖,而遽行掳掠;一睚眦之失,而辄事干戈。迨冤连祸结,有延长十数年者,杀伤数十命者。甚至毁祠、灭乡、淫杀妇孺。其衅端仅如毛发,其灾祸竟至弥灭。诸如此类,或间年而再见,或一年而一见。"③

闽南的械斗之风惊动到朝廷,雍正十二年,清廷专门为此颁发上谕:

> 朕闻闽省漳泉地方,民风强悍,好勇斗狠。而族大丁繁之家,往往恃其人力众盛,欺压单寒。偶因雀角小故,动辄纠党械斗,酿成大案。及至官司

① 民国《南安县志》卷9,《风俗志二》,第256页。
② 光绪《漳州府志》卷38《民风》,光绪三年刊本,第8页。
③ 民国《云霄县志·地理下·风土》卷4,成文出版社有限公司,1975年,第99页。

捕治,又复逃匿抗拒,目无国宪。两郡之劣习相同,而所属之平和、南胜一带,尤为著名。此中外所共知者。①

对于闽南经久不息的械斗风气,许多人曾感到困惑不解,但在追根溯源时,又往往认为和早期中原移民形成的团体精神、宗族组织形式等因素相关。其主要理由是:早期中原移民千里迢迢来到闽南开发,面临着自然界的气候、环境、疾病、族群等各种方面的影响,往往经常发生难以预测的灾祸,因此特别需要依靠群体力量来抵御各方面的问题,因此首先想到的是有血缘关系的族人,由家族而宗族,形成团体,加之以族规、家训等等带有约束性的文字契约。年代既久,宗族繁衍生息,而形成人口众多的聚落,于是产生利益的共同体,这是最容易形成的宗族组织。其次,虽非同一祖先,但相同的姓氏,自然认亲,闽南人到台湾垦殖过程中,面对当时的种种困难,为了生存和发展,便形成许多这种以同姓聚结而成的宗族,"凡同姓者皆与,不必其同枝共派",进而"鸠金建祠",巩固宗族之间的关系。再次,一些非同姓者,因出自同一始祖而结成的血缘性的宗族同盟,如洪、江、龚、翁、方、汪形成"六桂传芳"的说法。今新加坡的保赤宫,供奉唐代曾为开漳作出重要贡献的陈政、陈元光父子。但陈氏出于舜帝,舜之后裔流播甚广,保赤宫就联系其中的八姓结成"八姓同宗"的联合体(这"八姓"指陈、虞、姚、胡、田、孙、袁、陆)。但闽南人还有一种特殊的异姓"共祖"的风俗,也是源自中原南迁,据传中原58姓入闽时,奉谢安为共祖。而开漳之后,这些开漳将士后裔又奉陈元光为共祖。这种风气和早期开发荒域所需的与天斗、与地斗、与人斗的客观需求是联系在一起的,这种风气在闽南人中是传承下来了。漳州所属东山县,不管哪家哪户,共有一个祖先,名为"关永茂",据传其实是关帝的代称。因东山岛上有座闻名遐迩的关帝庙。东山明代原是驻军的卫所,岛上人皆为军户,其后改为民户时,登记户主,共议以"关永茂"之名作为全岛的户主,所以家家户户也把关羽作为共同的祖先。从元到清,闽南在异族入主中原,实行野蛮的民族歧视政策时期,是反抗异族统治最为激烈的地区。有清一代自始至终坚持反清复明为主旨的天地会,所有入会者均以万为姓,宣誓有福同享,有难同当,以上都是好的一面。

①　乾隆《泉州府志》卷20,《风俗》,上海书店出版社,2000年,第493页。

　　然而,其不良的一面,便是农村的械斗。福建土楼如今是世界文化遗产,是吸引游人参观的旅游圣地。然而,闽南土楼、城堡的兴建,却有一段辛酸的往事,那就是为了抵御倭寇的侵扰。建筑学专家和地方史工作者曾经对福建土楼的兴起情况作过认真的研究与实地调查,确认土楼建筑是明代兴起的,作用是类似于城堡,具有保护族人,抵御外患的功能。福建土楼先由沿海兴建,而后才向内地发展。因此,客家土楼是受了闽南土楼的影响而兴建起来的,而有的学者还认为,土楼建筑又是受了早期入闽的军人构建的军事营垒的启发而兴建起来的。清人陈盛韶在《问俗录》卷四《诏安县》中说:"其始由倭寇为害,民间自筑藤牌、短刀、尖桃、竹串自固。后缘海寇不靖,听民御侮,官不为禁。至今遂成械斗张本矣。江、林、沈、程、许、徐斗案,死者数十人。张、胡两村斗几百年,田地荒芜,死者难以计数。"而关于土楼、城堡,陈氏在文中作如此描述:

　　　　(诏安)四都之民,筑土为堡,雉堞四门如城制,聚族于斯,其中器械具备。二都无城,广筑围楼,墙高数刃,直上数层,四面留空,可以望远。合族比栉而居,由一门出入,门坚如铁石,器械毕具。一夫疾呼,执械蜂拥。彼众我寡,则急入闭门,乞求别村,积弱为强。①

　　有学者指出,将宗族聚居现象与械斗联系在一起未必合理,郭志超、林瑶棋的《闽南宗族社会》中就认为:

　　　　宗族与械斗固然有联系,但不见得是必然联系。因为华南宗族不唯闽南特盛,皖南宗族势力亦强,为何其处械斗罕闻……设使闽南没有宗族组织,难道就没有械斗或械斗会锐减? 清代早、中期,台湾还处于移民社会阶段,宗族组织尚少,而以漳、泉移民及其后裔为主的分类械斗风起云涌,其势汹汹,令漳、泉原乡的宗族械斗小巫见大巫。看来,将宗族与械斗作必然联系的捆绑,不见得正确。②

---

① ［清］陈盛韶:《问俗录》卷四,《诏安县》书目文献出版社,1983 年,第85 页。
② 郭志超、林瑶棋:《闽南宗族社会》,福建人民出版社,2008 年8 月,第23 页。

我以为这种分析是有一定道理的。闽南人的宗族形成于两宋时期,但前面已经讲过,两宋时期并没有明显的械斗现象,因此一种民风的形成,应当有多方面的原因。不少学者将其归结到生存环境的竞争以及官府力量的薄弱和腐败的盛行,这些都有合理的一面,但我认为还有一点特别重要的是社会环境的变化诱发闽南人的一种不平之气,犹如今日许多人谈到的社会上普遍存在的戾气,因心情不顺而诱发的不平之气,时时会因一些小事找到发泄的契机。这也许是闽南人由儒雅而变得暴戾的社会动因。

应当承认,自从唐代闽南拉开大开发的序幕之后,历经有唐一代,五代时期,两宋时期,闽地和北方各地不同,社会整体还是比较和谐与稳定发展的。因此宋代成了闽南社会的高度发达时期。然而,自元代之后,蒙古人入主中原,闽南就成为社会的最低层。由于元朝统治者将人分四等,作为南宋子民的南人被列为最下一等人,受到非人的待遇,因此对元朝统治的反抗也最为激烈,宋末元初发生在这一带的陈吊眼抗元斗争,人数之多,规模之大,是罕见的,而蒙古人也在此大肆杀人放火。当然,莆田也是重灾区,陈文龙的抗元招致屠城之祸。有元一代,闽南人的反抗可谓此起彼伏,连续不断,民间至今流传有八月十五以送月饼为联络信号,一起动手杀"挞子"(即蒙古人)的故事。

有明一代,虽然恢复了大汉威仪,但明朝廷实行的海禁,使得居住海边的闽南人失去一条生计之路。随即发生的倭寇,又让海边民众频受骚扰,直至月港的开放,才算有了数十年的安定和发展。但满清的入侵,又一次将闽南人推到了抗清的最前线。继隆武帝之后,是郑成功政权与清政府长达数十年的拉锯战,而后清政府实行的"迁界"措施,都使得闽南民众在长达数十年间民不聊生,流离失所。因此,这种连生命都得不到保障的社会环境,和民众期盼安居乐业的起码愿望都难以实现的现实,怎么会不产生强烈的反抗心理和对社会现实不满的暴戾之气?这应当是隐藏闽南民间的发生械斗的深层原因。有清一代,闽南人的抗清斗争始终没有停息,不仅有大陆闽南地区的帮会组织,而且漫延至台湾,台湾清代的多次主要由漳州人发动的抗清起义,无不与此相关。

这里还应当顺便提及与此有关的海外闽南人的一种特殊的"国殇"祭祀仪式。马来西亚学者王琛发先生曾经深入研究过马来亚华人中有一种特殊的节俗——"九皇会",每年九月朔日至初九,东南亚的新马泰三国的华人社会都要隆重庆祝九皇大帝圣诞。"九皇大帝"即北斗九星,北斗九星的祭祀在中国已经逐渐消失,为何在东南亚却反而兴盛起来,并且祭祀场面十分热烈,仪式也非常隆重。参加者都头绑白布,手腕缚黄布,一身唐装素服,茹素斋戒,虔诚地致礼膜拜。这其中,持斋礼斗的仪式,传承自闽南,也流播至台湾。《台湾通史》便记载有:自(九月)朔日起,人多持斋,曰九皇斋,泉籍为尚。然而,并无全身素服的习俗。从研究中发现,这种习俗与海外洪门的帮会活动密切相关。研究海洋史的学者早已注意到,在每次国家发生鼎革之际,都有大批中国人离开故土,迁往海外,宋末及明末尤甚。他们中有的是将领带着士兵,成批地开到海外,寻找一个可以安身之处,继续做着遗民恢复故国,重现汉官威仪的梦想。而东南亚各国,原来就一直是中国的附属国,他们承认历史上的汉族政权,对入主中原的蒙古人、清人并不怎么买账。笔者到韩国访问时,发现韩国在介绍其国家发生的重大事件时,竟然用的是"后崇祯××年",颇感惊异,询问后才知道,朝鲜人一直不承认清朝的正统地位,因此仍使用明朝的纪年法。

　　东南亚地区的闽南等地遗民,借"九皇祭典"其实是遥祭灭亡的明朝。因此,将其标为"国殇"祭典,是一点也不过分的。蕴藏在东南亚华人遗民中的这种反清复明的情绪,正好成了海外帮会势力发展的根基。孙中山在推翻清朝统治过程中,海外华侨从人力、物力上给予的巨大支持,是和之前的这种思想观念及社会基础密不可分的①。

　　和东南亚海外华人"九皇会"类似的则是以闽南为中心,影响至全闽、潮汕乃至江浙的一些特殊节俗。其中最重要的是大年正月初九的天公生和三月十九的太阳公祭。这两个节日其实是清代才出现的。据传,正月初九其实是明思宗崇祯皇帝的生日,而三月十九则为李自成攻入北京,崇祯于煤山(今景山)自缢之日。明郑时代,曾将三月十九定为遥祭崇祯亡灵的日子,清朝统一台湾后,民众依然于是日举行祭典,但托为祭拜太阳公,其实是以天公、太阳公暗喻大明。因此尽管史学家对崇祯的功过是非,有着各种不同的评价,但作为亡国之君,民众的这种悼念,深深铭记的是对故国灭亡的心灵之痛。僻居东南一隅的闽南人

---

① 参看王琛发《国殇:隐藏在马来西亚九皇信仰背后的洪门天地会意识》,发表于"第五届台湾、东南亚文化文学国际学术研讨会:台湾、东南亚文化文学的发展与思考"2008 年 6 月 1 日。

这种深深的故国情结,确实是令人震撼的。

第四节 其他方面中原风俗遗存

闽南人在日常生活中也多方面保存了一些古代中原的风俗。

1. 服饰

闽南人将自己所穿服饰称"唐装"或"汉衣",男子多穿对襟棉麻质料上衣,由布条缀成的布扣子;士绅或读书人穿长衫;农村妇衣上装为大襟布衫,下身穿宽松裤子或裙。城里的女子则多穿旗袍,旗袍实为清代的服饰。研究者认为其实所保留的古代服饰成分主要是男子的长裤和女子的裙子,但也不是唐代,而是明代的式样。[①]

2. 发式

全闽妇女旧时喜盘蛇髻(即将发髻盘成蛇的形状),有人认为是因越人的遗风所致,越人崇拜蛇图腾。但其实这种风俗源于三国魏文帝夫人甄后,据《采兰杂志》载:

> 甄后既入魏宫,宫廷有一绿蛇,每日后梳妆,则盘结一髻形于后前。后异之,因效而为髻,巧夺天工。故后髻每日不同,号为灵蛇髻。宫人拟之,十不得一二也。

灵蛇的启示而产生蛇髻,蛇髻之美而使妇人争效之,闽人自中原迁徙时,也将此种优美的发髻带入,流传至今,显见闽中女子传承古代发型文化而给人以美的感受。

3. 簪花

除发髻外,还有簪花的习俗。所谓簪花,是古代妇女的一种头饰,戴于妇女头上,增强美感。闽南漳泉一带女子喜簪花,漳州一带妇女尤爱插白玉兰,芳香扑鼻。这种习俗,曾引起清人周亮吉的注意,觉得好笑,后来他才发现原来传承

---

① 参阅石奕龙、余光弘主编《闽南乡土民俗》之《服饰》,福建人民出版社,2007 年 10,第 93—94 页。

的是唐代的风俗。周氏在《闽小记》中载：

> 闽素足女多簪全枝兰，烟鬟掩映，众蕊争芳。响屐一鸣，全茎振眉。予
> 常笑谓昔人有肉台盘，此肉花盎也。继在京师，见唐人美人图，亦簪全兰，乃
> 知闽女正堪入画。向者之评，谬矣！[①]

周亮吉所提到的唐人美人图，当指唐人周昉所绘的《簪花仕女图》，现存于辽宁省博物馆。此图中绘有簪花仕女五人和一位执扇女侍者，仕女的前额发髻上均簪有步摇首饰花，数量不等。

4. 木屐

闽南人喜欢穿木屐，日本人也爱穿木屐。有人以为这种习惯是由日本传来，其实不然。木屐自古便是汉人日常所穿的木底鞋。木屐自先秦时期便出现了。据传，晋文公重耳出亡外国时，介子推是他的随从，并立下大功。晋文公复国后，重赏众随从，尚未及介子推。介子推不愿受赏，带着老母一同上了绵山。晋文公多次派人请他出山，但介子推不为所动。晋文公便令人烧山，逼出介子推，但介子推却抱着一棵大树坚决不出山，以致死于火中。晋文公十分后悔，便以这棵树的木材制成木屐，每天穿于脚上，不时悲叹："悲夫，足下！"至汉代，穿木屐更成为一种高尚的时尚。《后汉书·五行志》载："延熹中，京都长者皆着木屐。"木屐特别适宜南方阴雨天穿用，因此几千年一直沿用不衰，且造型也各式各样。笔者自幼穿鞋便是草鞋与木屐，草鞋只是上山砍柴时穿，木屐则长年皆穿。上中学时，晚间上街，三五成群，人皆脚穿木屐，走在水泥街道上，响声一片，此起彼伏，犹如一道风景引人注目，至今回顾粲然。

以上有关日常生活习俗之传承，略举一二而已，由此亦可见闽南人对中原习俗传承之一斑。

---

① ［清］周亮吉：《闽小记》卷二《闽女》，福建人民出版社 1985 年版，第 33 页。

第十一章　闽南文化与客家文化

　　闽南文化与客家文化是中华文化中两支优秀的民系文化。它们是由历代南迁的中原民众进入闽地之后，经过较长时期的融合，逐步形成了具有各自的方言、风俗习惯、信仰乃至族群性格的两种文化形态。并随着其后的人口迁徙，播迁至广东、台湾、海南、东南亚乃至世界各地。在台湾，闽南人与客家人是最大的两个族群。在东南亚各国，闽南话曾是华侨中相互交际的通语。然而，我们在近年来参加内地举办的一些文化研讨会时发现，在内地省份，许多出席会议的代表都区分不清闽南文化与客家文化有何不同，并且我们在代表们提交的一些论文中，发现有将两者混为一谈的，例如以为闽南文化是包含在客家文化里面的，两种文化是一回事；在国内一些重要报刊发表的文章中，也常有张冠李戴的现象，等等。这种情况，在福建，在台湾，都是不可能发生的，但是在内地省份，发生这种情况却很平常，这本不足为怪，因为这两者都是源于河洛文化，甚至连迁出地也有许多是相同的，许多闽南人（其实闽东人也是如此）、客家人都追述其祖先来自河南固始，这就难怪让内地的学者搞不清楚是怎么回事了。为此本文拟对闽南文化与客家文化在形成期、语言风俗习惯、信仰乃至族群性格等方面作认真的比较，以期加深大家的印象。

第一节　闽南文化与客家文化的形成期不同

　　文化是由人所创造的，因此，在谈到闽南文化和客家文化之前，先要讲到闽南人和客家人。

　　狭义的闽南人，指的是居住于福建南部的厦门、漳州、泉州三地这一闽南地域的民众。这一地域是闽南文化的发祥地。而广义的闽南人，则包括广大使用闽南方言,认同闽南风俗习惯,民间信仰,从原闽南地域播迁至我国其他地区乃至海外的闽南人。

客家的概念,《辞海》中这样定义:"汉语广东方言称为'哈卡'(HaKKa),有'客而家焉'或'客户'之意。是汉族的支系。相传西晋末永嘉年间(4世纪初),黄河流域的一部分汉人因战乱南徙渡江,至唐末(9世纪末)以及南宋末(13世纪末)又大批过江南下至赣、闽以及粤东、粤北等地,被称为'客家',以别于当地原来的居民,后遂相沿而成为这部分汉人的通称。以粤东梅县、兴宁、大埔、五华、惠阳等地最为集中。尚有部分分布广西、四川、湖南、台湾、海南部分地区和侨居海外南洋一带。讲客家话。妇女社会地位较高,不缠足,普遍参加劳动生产,不受封建陋习的约束。在聚居区保持自己的生活习俗传统。山歌亦别具风格。"这个词条比较全面介绍客家人的情况,包括了它的形成经过,现聚居地、语言、风俗习惯等。

闽南和客家这两个民系都是在闽地形成的,他们在追述(溯)其祖先时,虽然都将西晋"八王之乱"作为南迁的源头,例如闽人称"八王之乱"后,中原士族衣冠入闽者有八姓,客家人也是这样说。但其实这一次的南迁,对于闽南人和客家人的形成并无多大影响,因为从历史记载的情况和考古发掘资料看,西晋末年到东晋时期虽然确有中原人南迁,但主要适居地是在江浙一带,江西应也有一部分,入闽者则数量有限,也很难说就是什么"衣冠士族"。直到隋代大业年间,闽地只有区区12420户,人口应也只有五六万之多,有的学者将这一时期称为福建的"蛮荒时代"①。可以说,当时并无闽南民系与客家民系产生的条件。

闽南民系的形成是与唐代对闽南的开发密切相关的。

和其余南方各省相比,福建开发最晚。尤其是闽南,又是晚中之晚。只是由于历史的突发事件,使闽南史发生突变,并进而产生了闽南文化。

唐初,由湖南地区南下的武陵蛮经由湖广而进入泉潮地区,并与当地民众发生矛盾,从而形成了所谓的"蛮獠啸乱",造成闽广震动的严重后果。唐王朝便于高宗总章二年(669)派遣左郎将陈政以岭南行军总管事,率领中原府兵3600人及将领123员入闽平乱。之后,又由陈政之母魏妈及陈政之兄陈敷、陈敏率固

---

① 徐晓望主编《闽南史研究》海风出版社2004年9月版。

始援兵 58 姓入闽救援,总数应有万人之众。陈政、陈元光父子前后历时四五十年之久,作战数百次之多,总算基本平定了这次的"啸乱"。这两批入闽中原民众,据统计共有 87 姓之多。

经陈元光上奏朝廷,唐垂拱二年(686)于泉潮间增设一州,即漳州,"以控岭表",在唐东南沿海的薄弱环节上加上有力的一环。陈元光在这里推行民族和睦政策,创办学校,实行教化,并在州郡的四境设立四个行台和 36 个堡所,这些行台和堡所,有的在泉州境内,有的在潮州境内,大大越出漳州范围,他并亲自时时巡视。从而使行"东距泉建,西逾湖广,南接岛屿,北抵虔抚"的方数千里的广阔范围内,几十年间无桴鼓之警。而这一片地区,正是今日闽南文化的核心区。陈元光之所以有这样大的影响力,不仅因为他是漳州刺史,更重要的他是泉潮地区的最高军事长官,他在上奏朝廷的《请建州县表》中即自称"泉潮守戍",这应是他继承其父陈政的"岭南行军总管"的职责所管辖的范围,而漳州刺史不过是兼任的一个地方职守。此后,陈元光之子陈珦,孙陈酆、曾孙陈谟又相继出任漳州刺史,这样,陈氏一家五代人在长达 150 年之久连续治漳,这在唐代地方官中实属罕见。

我们有理由相信正是在陈政、陈元光父子平定"蛮獠啸乱",且子孙五代治理闽南的一百多年间,奠定了闽南文化的基础。因为正是在这一时期,随着社会的安定,经济的发展,中原文化的教化与推广,大大改变了闽南地区的面貌,今日所使用的保存有大量中原古音的闽南方言业已形成,北来的民众也将他们在原居住地的风俗习惯、民间文化(如艺术形式)乃至信仰等都带到了新的移居地来。这些,都构成今日闽南文化特质的最重要的方面。

尤其需要说明的是,在社会安定的前提下,有唐一代,闽南地区的人口迅速增长。据《唐书·地理志》载,到天宝年间(742 - 756),仅泉州、漳州两地,已有 29652 户,178235 人(《新唐书·地理志》卷四十一第 1064 - 1066 页),仅这二州户数已是隋代全闽户数的将近 2.5 倍。到南北宋之交,中原民众又再次大规模南迁,宋王朝统治中心南移,是闽南发展的第三阶段。因而就闽南民系而言,它应当是形成于中晚唐,发展于五代及宋。至于它的播迁,我们且留待后面再说。

闽南人与客家人既然都是从中原地区南迁的,那应当都是"客",然而,闽南人把"客家"称为"客",客家人称闽南人为"福佬",而闽南人自称为"河洛郎"

（河洛人）。这几个称呼中，"福佬"即是与"客"相对的，"福佬"，如果没有理解错的话那就是"福建佬"，当然也就是指原福建人，而"客家"，那就是从外地迁移进来的人。至于闽人自称"河洛郎"，是一种自豪的称呼，即是说，我来自中原地区的河洛，是从京城那边来的。这种称呼的不同，应当有其不同的社会背景。也就是说，客家的形成，应当和闽南有先后的区分。

客家的称呼，使人首先想起的是历史上曾经有的"客户"。唐代在统计居民户口时，是区分客主户的，唐人柳芳在《食货论》中说："人逃役者多浮寄于间里，县收其名，谓之客户。"①可知"客户"原指的是因受不了沉重的赋税徭役而不得不出逃的民众。

关于客家这一民系的形成期，虽有不同的说法，早的可追溯至西晋的"八王之乱"，晚的则认为至明清时期才形成。经过多次讨论，目前比较得到公认的有两说："一是南宋说，此说论者认为，唐末两批中原移民入闽，到达闽赣结合部的福建宁化石壁，因移民数量超过当地民众，形成人口的优势，再加上封闭式的地理、经济文化，客家先民以其优势的力量，在此既稳定而又杂处，相互掺合，相互影响的环境里，经过数百年的孕育，产生了一种新的形态——客家特征，便宣告客家民系的成立。当然，在北宋，客家民系的各种特征不是很丰满、完全的，但到了南宋，公认的客家民系已形成了。"（刘善群：《关于客家民系形成的中心地域探讨》载《石壁之光》第 118 页，厦门大学出版社 1999 年版）。第二种看法认为客家形成于元末明初，其依据是此时客家人已有了生活的共同地域，客家的大本营已在粤东、粤北形成；客家方言已形成；价值取向、风俗习惯乃至民间信仰等趋于一致。从而客家人把自己与非客家人加以区别。② 这两种看法均有其一定的依据，但比较可靠的应为后者。

客家民系的形成应当是有一个比较长的过程，是北方的中原移民在多次迁徙过程中自然融合而成，当然，这一民系形成过程中，也兼融了当地原住民（如原山越及早期居住于该地的其他民众），否则便难以解释目前闽、粤、赣交界的大片地域民众均自称为客家。

---

① 《全唐文》卷三七二。
② 冯秀珍：《客家文化大观》上册，经济日报出版社，2003 年，第 62 页。

从上述闽南民系与客家民系形成的过程中,我们可以归纳出他们之间的相同点:

一、他们都是以北方移民为主体(尤其以中原移民为主体)南迁后形成的民系,因而如果溯其渊源,确实本为一家。

二、正因为他们原迁徙地的相近,使得他们到新居住地以后,都较多地保存了原古代中原地区的语言(包括语音和词汇)、风俗习惯与文化认同。

三、不管闽南民系还是客家民系,他们在形成的过程中,均融入了原居住民的成分,例如客家融入山越畲民等少数民族,而闽南民系则融入了善于在水中生活的百越、疍民等的成分。

下面,将详细地比较闽南民系与客家民系的相异之处:

一是闽南民系与客家民系形成的时间长短不同。如前所述闽南民系是在唐代二百年左右时间基本形成的。而客家民系则经历了一个较长的过程,至少应在五百年以上(从唐末算起到明初)。这是因为初唐中原移民进入闽南,是秉承着唐王朝的旨令,有着坚强的政治后盾,而且在长达一百多年时间内,以陈氏家族为核心的中原移民一直是闽南区域的政治上的统治者,中原文化的这种强势进入,使它具有很大的影响力。而 87 姓中原民众在短时间内聚族南下,又聚居于同一个区域,很自然地保存了他们在原居住地的各种文化因素——民众的价值观念、生活习俗、语言等等。代表当时先进文化的闽南移民,更凭借其政治力量,在这一地域大力推行教化,很快便融合与同化了原住民,从而在较短时间内形成具有鲜明地方特色的闽南民系文化。不仅闽南文化如此,闽东文化形成也类似,唐末王潮、王审知率众南下入闽,在五代时期建立闽国,从而形成今日的闽东文化。

客家人虽也是南迁的中原移民,但多系战乱或灾荒年代从北方来到客居地,他们不具有政治上的号召力与影响力。其迁居时间或先或后,难以在短时间内形成规模效应,兼之许多人地位较低,离开故乡后不得不到新客居地为人耕作或做佣工,原是一批弱势群体,这应当也是客家民系迟迟未能形成的原因。

除了上述形成期的不同外,下面我们来比较一下这两个民系的播迁过程与聚居区的差别。

第二节　播迁过程与聚居区的差别

闽南民系的大本营在唐代已经形成,其区域除了今日的厦漳泉三地外,其北部应包括今日的莆田、仙游地区,这个地区原属泉州管辖,宋代的《仙溪志》记载,陈政戍闽时,家于温陵(今泉州)北的枫亭,后人在其故居建成了两座威惠灵著王庙。① 其南在今潮州、揭阳一带,其范围是"东距泉建,西逾潮广,南接岛屿,北抵虔抚"的"方数千里"的广阔地域,今闽西的龙岩、漳平当时直属漳州,直至清代才从漳州分离出去的,而今日闽西的龙岩所属的西部客家居住的县,原也应属陈元光的军事管辖区,这里较之闽南,人烟更加稀少,自然生活环境也比较恶劣,因而后来成为了客家先民的聚居地。今日在闽南、潮汕这一闽南民系的核心区居住有3000多万人。潮州原归属福建管辖,唐中期以后才归广东管辖。但潮州人向来有"潮州福建祖"之说。从众多族谱记载可知,宋、元、明各代仍有大批闽南人移居潮汕惠一带。

闽南人向海南省外迁是在元朝之后,历经明清二代而人数剧增,目前海南人中多使用闽南话,人数达400余万。

明末清初,闽南人开始大批向台湾移民,至乾嘉时期达到高潮,目前台湾人口中,大多数为闽南人的后裔,总人口约有1800万之多。自宋以来,闽南的泉州港、漳州月港先后成为中国与海外贸易的主要通商口岸,因而闽南人随着贸易的商船,一批批地前往南洋乃至世界各地,目前仅东南亚各国,闽南籍华人便有1200万以上。

此外,还有部分闽南人外迁福建省的其他地区及省外的浙江、江西、四川、江苏、广西、河南等地。

目前,全世界的闽南民系总人口应在8000万左右。② 而客家民系的聚居地集中在闽粤赣交界的地区,即闽西、赣南与粤东北的三江流域(闽西的汀江,赣南的赣江与粤东北的梅江)。

---

① ［宋］黄岩孙:宝祐《仙溪志》卷三,福建人民出版社,1999年,第65页。
② 参阅郭锦桴《闽南人外迁及其方言文化的传播》,《闽台文化交流》2008年第1期。

　　客家的迁徙过程有不同的说法,但一般都认为,闽西的宁化石壁是客家人自中原南迁的中转站,被称为"客家祖地",据说有150多个姓氏的客家人是从这里播迁到海内外的。如同明清时期自山西南迁的人都认为洪洞县的大槐树为其中转站一般。当避乱的人群越过武夷山到达宁化石壁时,他们感觉到了安全地带,可以歇歇脚,喘口气了。于是,他们或留居此地,或过一段时间再继续迁徙,或走向赣南,或奔往粤东北,从而形成了客家人的中心聚居区。

　　和闽南人相比,客家人居住区不仅地域不同,自然条件也大异。闽南人居住区从莆仙往南泉州、漳州、潮州均濒临海洋。闽地又西高而东低,西部多山,土地高低不平且较贫瘠。而东部濒海,各条江河出海口均有或宽或狭的冲积平原,土地也较肥沃。由于闽人是先期到达的中原移民,所以他们优先选择居住于自然条件较为优越的沿海地区,客家人是后期到达的北方移民,只能在人少地广的山区立足,其中的道理,自是显而易见的。

　　但客家人也并不甘于长期僻居山区,他们也在不断寻找更适宜自己生存并发展的空间,因而这一民系也不断在拓展中,不仅在闽粤赣的三江地区形成了范围广阔的聚居区,而且不断向外移民,目前传统的闽南人居住区中,大量是闽客杂处的。同时,客家人也像闽南人一样,向内地省份(如四川、湖南、广西等地),向台湾以及海外移民。客家人移居台湾的人数虽不及闽南人,但也占了今台湾汉人人口的16%。而东南亚各国,也处处可以见到客家人的身影,出现了众多有重要影响的成功人士。关于客家民系的人数,有两个数字,一说为5000万,一说为一亿,不知何者更准确。

第三节　客家人与闽南人之比较

　　不同的生活环境与经历,使同为中原移民后代的客家人与闽南人在价值观念、行为方式、风俗习惯乃至语言等方面也出现明显的变化。

　　因为同为中原移民的缘故,无论闽南人还是客家人,都传承着中原文化的最基本与最传统的核心价值观念。如忠君爱国的观念在这两个民系中都极为重视,也可以说是从孩子出生以后,家中的大人便要以此进行教育。因此,每当国家处于危难的时刻,都可以看到这两个民系的民众挺身而出,进行抗争,宋末元初,明末清初,在闽南一带所进行的抗元、抗清斗争可谓风起云涌,可歌可泣,即使失败后也显示出惊天地、泣鬼神的民族气节,诸如陈吊眼,郑成功、黄道周、刘永福、邱逢甲等等,无不如此。

其次,在文化上以传承中国主流的儒家文化为荣,客家人的生活环境艰苦,地位不高,因而希望其子弟能够通过读书而光宗耀祖,改换门庭。闽南人因僻居海隅边陲,常有被边缘化的担心,因而也格外重视通过教育使子弟成才,宋明以后,其读书走科举之路的风气尤为浓烈。这两个民系原本就认同于中原儒家的伦理观念,至宋,随着理学的兴起,特别是朱熹长期在闽,继承洛(理)学创立闽学,使儒学的观念更加深入民心,莆田、泉州、漳州、潮州等所到之处,均自称受朱子过化之区,而成为“海滨邹鲁”。至于客家,每到一处,都能看到他们在祖庙前矗起的一根根高耸的旗杆,来表彰那些“学而优则仕”从而光宗耀祖的达官显贵、进士举人等。

闽南人与客家人由于都是南迁的移民,且大多是聚族迁徙,整个聚落定居于某处,故而有强烈的宗族观念甚至同乡观念、族群意识。这是由于到新聚居区后的新环境更需要他们发挥群体的力量,共同来战胜陌生的自然环境和不同的生活条件所带来的明显的不适应,共同对付不同族群乃至不同民族可能带来的威胁,因而他们特别注重团体的力量,闽南人尤甚,他们在自己的族谱里都要载入是哪一批入闽的,还要把同期入闽的数十个姓氏均同时记入谱中。而一旦有事,同族人都要共同参加,漳州人讲“输人不输阵”,应当是这种精神的体现,有时不同族、村社之间会发生团体的械斗,也应当与此有关。

但由于生活环境的不同,闽南人与客家人在诸多方面还是表现了明显的差异。

其一是方言的差异。我们完全同意许多学者的观点:方言是族群识别根本的也是最为重要的标志。闽南人讲的是闽南方言,客家人讲的是客家方言。这两种方言虽都是以古代的中原音韵为基础,融合当地土著居民与早期汉族移民的语言而形成的,但因形成时间不同,这两种方言有很大差别,彼此间不能通话。据方言学家研究,闽南方言形成于唐代中期并在唐末五代基本固定下来,此后并无多大变化,因而闽南方言中,保存了比较多的上古音和中古音,闽南方言中有文读音与白读音,其文读音,据认为接近中古《切韵》系统,实际上是中古时期在中国广大地区使用的"通话",即河洛话。闽南方言的形成,主要与唐初陈政、陈元光率中原87姓民众入闽带来的中原通语之"河洛话",兼融原本地民众使用的古吴、楚、百越语而后成为今日的闽南方言。这其中"河洛话"是主导的方面,因而今日的闽南方言被称为古汉语的活化石。

客家方言形成的年代较晚,据方言研究学者的看法,其形成年代当不会早于元代,由于中原地区在唐宋以来,语言发生了变化,因而晚迁徙的客家所带的中原音与唐初迁徙的闽南人的中原音便出现了明显的差异,从语音词汇与普通话的比较中可以发现,客家方言比闽南方言更接近于普通话。广东中山大学古汉语专家李新魁认为,客家方言接近元代周德清的《中原音韵》。(参阅吴松弟《客家南宋源流说》,《复旦学报》哲社版,1995年第五期)而闽方言,不论闽东、闽南、闽北均属于十五音系统,显然其形成期也均早于客家。由于客家所居住的山区原为山越的居住地,因而客家民系在形成过程中,融入了许多山越土著民众,客家方言中也就保留了数量更多的畲族方言、词汇。

不同的生活环境,使闽南人和客家人在族群性格方面也有很大差别。原居内地的中原民众来到闽南后,其自然环境有了很大的变化,浩瀚的大海,敞开胸怀,欢迎这些来自黄土地的远方来客,善农耕的汉民与原熟悉海洋环境的越人的融合,使他们有了征服海洋的技能和智慧,而自唐五代以后的对外贸易,在闽地沿海港口持续地进行(虽其中有高潮期与低潮期之区分,但民间贸易从未中断),使闽南人在一千多年的时间内,融黄色农耕文明与蓝色海洋文明于一体,从而凸显了自己的地域文化特色,被称之为"海上丝绸之路上的马车夫","如同犹太人一样的商业劲敌","东亚海洋文化的代表者"。① 闽南人大量移至新居住地后,也将他们的这种特性带到他们播迁的地区。在闽南族群身上,那种"爱拼才会赢"的精神,正是其族群性格的体现,开拓进取、敢于冒险犯难,使他们具有开拓新局面的勇气,而且一旦到达新的播迁地,他们便把故乡的生活习惯、民间信仰、思维方式与语言一并带去,在新播迁地克隆一个自己熟悉的生活环境,做长期定居的打算。

客家人晚于闽南人南迁,因而较之闽南人只能居住在偏僻荒远的山区,长时

① 徐晓望《闽南史研究·前言》,海风出版社,2004年9月。

间内地位又比较低下,这种环境,养成客家人辛勤耕耘、勤俭持家、淳朴务实的族群性格。相对闽南人而言,客家人在观念上比较保守一些。但是,希望能够通过奋斗、拼搏改变自己地位的观念在某种程度上比闽南人更强。因此,客家这个民系在政坛上、在经济界、文化界均产生了许多著名人物,这是和他们的这种族群文化、族群性格有着密切的关系的。客家人和闽南人一样也都有安土重迁的传统观念,但是他们都具有开拓的精神,(虽然是因为生活所迫)客家民系是继闽南民系之后走出家门的,在台湾,在东南亚,到处也都能见到客家人的身影,其中有许多成功的范例。

尤其值得赞扬的是,闽南人与客家人中的成功人士,都具有强烈的爱国爱乡观念,他们在事业获得成功之后,反哺故国故乡的观念特别强,抗战时期著名侨领陈嘉庚、胡文虎,一位是闽南人,一位是客家人。他们都是爱乡爱国的著名人物。

但是,从民风的角度而言,客家人与闽南人还是有不少差别的。如前所述,客家民风淳朴,生活比较节俭,。因而,即使经济条件比较好,客家人依然穿着简朴。郭丹、张佑周在《客家服饰文化》一书中曾对两个民系的服饰作出比较,书中说:

> 客家人和福佬人在近代以前很长一段时间,都穿着经过改造的汉民族传统服装,男性以唐装衫、大裆裤为主,女性则以大襟衫、大裆裤为主。所不同的是,客家人为适应山地生活环境的需要,衣服都明显地较短、较窄,衣料一般以粗糙的棉、麻织物为主,既经济又耐磨洗,穿后显得朴实利索;而福佬人也为适应平原海风大、日照强的生活环境把衣裤都做得较长较宽。而且,也许是福佬人生活在渔米之乡,生活富足,也许是沿海平原生产条件较好,衣服不容易弄脏磨破,因而福佬人的衣服用料较好,大多以适合炎热气候穿着舒适凉爽的丝绸织物为主,穿后显得富态阔气。①

书中还比较了两个民系妇女的服饰、头饰,比较幼童的打扮与装饰等方面的

---

① 郭丹、张佑周:《客家服饰文化》,福建教育出版社,1995 年 10 月,第 82 页。

差异,描述得颇为精彩。由此可见,两个民系在服饰上的这种差异是因其生活条件的差异在一个比较长时间的相对封闭的环境中形成的。

在民间信仰方面,闽南民系与客家民系也因其处境的不同而有不同的崇拜对象,客家人长期在山区生活,因而他们崇拜山神"三山国王",凡有客家居住区,皆能找到供奉"三山国王"的庙宇。闽南人长期出海或经商,或捕鱼讨海,因而尤其信仰海神"妈祖",全国沿海港口所有妈祖庙,几乎都是闽南商人所建,澳门著名的建筑"妈祖阁",便是16世纪时漳洲商人所建的。

闽南民系和客家民系都有多神崇拜的习俗,他们在从中原南迁时,便将中原地区的民间信仰也一并带过来,除传统的一些节日祭祀外,例如闽南地区有祭祀谢安的庙宇,据说就是陈政、陈元光父子入闽时从中原带过来的。但闽南人和客家人到了新的居住地以后,又增加了许多崇拜的偶像,闽南民系中的开漳圣王崇拜是因为其为境内的保护神,原闽南民系的核心的奠基者,而妈祖信仰和保生大帝信仰则是到宋代以后根据生存的需要重新创造出来的神祇。客家人比闽南人的多神崇拜更加突出,其崇拜的神祇,有的是原住民的神祇,如蛇王崇拜,应是闽越族土著居民所祭拜的神祇,有的是境内的保护神,如三山国王是山神。闽南人所创造的神祇,客家人也加以崇拜,如妈祖,但已不仅仅是作为水神,而是被客家人作为万能的神祇加以崇拜的。①

对于闽南民系与客家民系的这种多神崇拜的原因,魏萼先生在《中华文艺复兴与台湾闽南文明》(台湾文史哲出版社2007年10月版)一书中有精彩的分析,他说:

　　客家人、闽南人、台湾人等三者均重视民间信仰的多神论,由于移民的本质,缺乏安全感,三者均膜拜鬼神和崇拜祖先,但难免有超过迷信的俗套。这些人的地区庙宇林立,其密度之高冠盖全国,尤其是台湾,堪称全球寺庙最多的地区。(第153页)

---

① 谢重光:《多彩多姿的客家神明世界》,载《海峡客家》,中国文史出版社,2006年8月,第335—342页。

以上我们就闽南民系与客家民系在一些主要方面之异同,简略地作了比较,其目的在于让一些对此不太了解的各界朋友有一个比较清晰的概念。

文化本身并无优劣之分,闽南文化与客家文化均是中华文化中优秀的支系文化,它们在各自的形成与发展壮大的过程中,各自形成了适宜本民系生存发展的生产方式、生活习惯与价值观念,是中华民族优秀传统文化的重要组成部分。

尽管闽南民系与客家民系各自有其比较集中的聚居区域,但在相当大的区域和范围内它们又往往是犬牙交错地杂居在一起的,形成你中有我,我中有你的状态,这是相当自然的。随着社会的发展和现代化进程的加速,人口流动也越来越加频繁,这种杂居现象也越来越普遍。可喜的是,闽南人和客家人尽管属两个不同的族群,彼此却相处得十分和睦,龙岩的学者说,居住龙岩的闽南人和客家人其内部都有械斗,但闽南人与客家人这两个族群却从来不发生这种矛盾乃至械斗的状况,这两个族群在广大地域是杂居在一起的,杂居时间久了,也出现客家人认同于福佬文化,而忘了自己是客家,反之亦然。在台湾亦是如此。有些学者因此而提出文化认同是区别不同族群的最重要依据观点。① 这种状况的出现是非常正常的,像早在先秦时期,那时的华夏族与周边少数民族也是经常混合的,因而有"居夷为夷,居夏为夏"的说法。我们当然对这种族群间的和睦相处感到由衷的喜悦,因为毕竟就根底而言,这两个族群也都是华夏儿女,炎黄子孙。

2008年10月笔者参加在河南固始举办的"固始与闽台渊源关系研讨会"上,听到有位学者以《闽客是一家》为题发表的演讲,其中谈到客家民系中,就有"开漳圣王"陈元光的支派子孙因居于客家地区而成为"客家人"。我们以为,在客家民系形成之前,居住在今闽西大片区域的民众中,其实原来就有许多汉族的先民,当然,还有一些原少数民族的后裔。这一地区原来也在陈元光的军事管制范围内,他所设置的行台和堡所,有的就在这一地区,他并派有重兵把守,因此严格说来,他们是早期的闽南人,这部分人中应有大量后来融入客家族群中。至于从族源考察,则"闽客一家"自然更无疑义,闽南人、客家人中的同姓,往往堂号也是一致的。同时,闽客的杂居,也有益于相互吸取对方的长处,提高彼此的素

① 谢重光:《台湾的汀州客、漳州客与福佬客问题》,载福建漳州市客家文化研究联谊会编《海峡客家》,中国文史出版社,2006年,第13—23页。

质。

　　作为中华民族的重要分支,闽南人与客家在中华民族的发展史上曾经以自己的卓越贡献为中华民族的发展史增添光彩的篇章,并以自己创造的闽南文化与客家文化丰富了中华文化的内涵。我们有理由相信,在我们民族走向现代化的进程中,在我国构建和谐社会的新时期,在中华文化的重构和发展中,这两个族群及其所创造的文化,将一如既往地发挥其独特的地位和作用,并作出应有的贡献。

后　记

记得几年前，当河洛文化研究会的领导将这一选题交给我时，我很有信心地接受下来。因为作为闽南人，我觉得自己有责任做好这一课题。况且，我也有其他人所难以具备的条件，那就是从大学毕业就到河南工作，前后长达35年，其中还在豫南生活和工作了十年，并从20世纪的80年代初便开始关注和介入了闽南文化的研究。2002年我调回到闽南师范大学后，校领导又让我多年负责闽台文化研究所的工作，主编《闽台文化交流》杂志，应该说已有了一定的知识积累。更何况在此之前，已有许多学者和相关人士作过大量的研究，并发表了数量可观的成果可供参考。

但是在真正进入课题研究之后，才发现要完成这项任务，并非易事，因为它所涉及的学术领域实在太广。于是，在几年的时间里，我阅读了大量资料，广泛进行调查研究，综合各种意见，经过反复思考，逐步形成我自己的认识。可以毫不夸张地说，这是我从事研究工作以来做得最艰苦的一个课题。如今这一答卷虽已交出，但其中必有不少考虑不周之处，只能期盼海内外学界同仁不吝赐教。

这段时间，我一直在回顾自己从事闽南文化研究的数十年经历，着重思考进行闽南文化研究的方法，其中既有个人的心得，同时也有值得吸取的教训，或许这些方面的思考，能够给后来者提供一些参考。

关于闽南文化研究，近年来已经出版过不少著作、论文集，取得不少成绩，有些人就认为再难以深入，难以出新。但我认为其实不然，就大的方面来讲，目前总体宏观理论建构依然不足，理论迟滞的问题并未真正解决，仍有大量值得我们认真深入研究的问题。比如关于闽南文化的底层文化，一般的观点都认为，闽地原是百越族的居住地,因此百越文化是闽南文化的底层文化。我在这些年的研究中,发现其实楚文化的影响可能远远大于百越文化的影响。近两年来我写的几篇文章都谈了我的观点。为什么说楚文化对闽南文化的影响更大呢? 过去的研究都认为,汉武帝时期,虽然百越族被北迁至江淮间,但总还有许多人留下来,不可能迁徙得那么彻底,有人甚至估计留下的越族应有十万甚或二十万之众。但在2007年学者李辉撰文《分子人类学所见历史上闽越族群的消失》,文中说,通过多年调查研究,“百越族群的研究工作已经开展得非常深入,现代百越族群的遗传结构已经基本厘清。……” “通过对现代福建和其他闽语人群的分子人类学研究,结果并没有看到闽越的结构。闽语人群基本都是来源于北方的汉族移民,所以可以确定历史上的闽越族在福建地区基本已经消失。”显然,汉武帝时期对闽越人的北迁作得十分彻底。如果这个结论不错的话,那么,百越族文化就难以成为今日闽南文化的底层文化了。同时,我们过去都说闽南人族群主要是从中原迁入的,传承的主要是中原河洛文化,也即是周文化,其实这一说法也不够严谨。中原入闽移民多称来自光州固始及其周边地区,这里严格说并非周文化的核心区,它在上古三代为淮夷文化区,春秋战国则长期为楚国的东楚,后期陈郢还是楚国都所在地,具有深厚的楚文化底蕴。研究表明,楚人从中原地区南迁后,承传的是殷商文化,因此闽南人信巫鬼,未必是源于越。楚文化被称为“巫官文化”,是和北方的史官文化明显不同的,屈原的作品,《九歌》《离骚》《招魂》《卜居》等都有浓厚的巫文化成分,所以日本学者滕野岩友将其称为“巫系文学”。而善于用舟楫,也不是越人的专利,《楚辞·九章·涉江》全篇都写的乘船从郢都历经洞庭湖、湘江至湘西,可见楚人也是很会用舟船的,豫南信阳博物馆展出的也有从淮河边考古挖掘出的远古时期的独木舟。当然殷商文化是更早的河洛文化,也是中华文化的组成部分,到周代,楚人在发展过程中也受到周人礼乐文化的熏陶。但依然保持其与北方不同的特性。而闽南方言中,究竟有多少底层越语,我颇感怀疑。先秦时期越语和夏语是完全不同的两种语系,越语保存下来的资料只有《越人歌》和越王勾践发布的《维甲令》,是用语音记录下来的,和华夏语毫不相通,殆同天书,有学者研究认为属于侗台语系,和汉藏语系完全不同。因此,在判断哪些闽南方言中语词是越语语词时,恐怕要特别慎重。

其次,关于研究方法应当有开拓和创新。一是应当广泛阅读各种传世文献和研究成果,详尽占有资料,打通文史哲的界限,才能视野开阔,善于提出问题和发现问题。二是跳出社会科学与自然科学的界限。搞人文科学的学者,也要了解相关的自然科学知识和研究方法。我在前面讲到的用分子人类学来了解百越族群的分布和中原移民的群体基因,就已突破了社会科学的研究范围和方法。在这方面我还有过教训,如1990年在漳州召开陈元光国际学术研讨会时,我提交了一篇文章,是关于《龙湖集》真伪问题的,我认为其中一篇写到雪景的文章不会是陈元光所作的,因为闽南天气这样暖和,怎么会下雪。后来龙岩的郭启熹先生说,龙岩当时也是陈元光开发治理的地区,气候比漳州冷,每年都有一场雪,不能据此认为此诗是其他人的作品。后我又查漳州史志时发现,历史上漳州也确有下雪的记录,"清代顺治十三年(1656)正月,漳浦大雪,高二尺。"厦门大学历史系林汀水先生的《明清福建的严霜大雪及对农林果畜业的危害》中统计出自明景泰三年(1452)至清宣统三年(1911)的459年间,福建凡下大雪至少213次,其中"积雪连旬或浃月不消的大雪凡23地次"。如明景泰三年泉州和漳州府的大雪,"积雪连旬,穷阴弥月",农业大受损失,朝廷下旨减税十分之五。广东气象部门研究表明,公元6、7世纪广东地区处于历史上的气候寒冷期,珠江流域生长着温带的树木,这样看来,以今日闽南气候温和为由否定一千多年前的咏雪诗,是以今律古,仅以此为根据来判定真伪就容易产生误判。气象学属于自然科学的范畴,缺少这方面知识就可能在判断时发生错误。

　　三是应当对流传至今的古代书籍、资料认真阅读,不要轻易指为伪作。古代的书籍流传至今极少,百不存一,因此能够流传下来的,一定有其重要的价值。对疑古思潮要作分析,不能轻易盲从。一些学者不认真研究我国古代典籍特殊的传播方式,仅凭传世文献来证伪,使得"三代以上几无可读之书",这个教训应当记取。对于正典、野史、方志、族谱等资料等,都要认真研究分析,现在还提出作口传史的整理,因此作一个结论,应当在充分占有资料的基础上认真思考、分析研究。古人不会出来为自己辩护,在证伪时应当提倡法律上目前主张的"无罪推定",而不是过去实行的"有罪认定"。

　　四是关注出土文献的资料。王国维在20世纪20年代提出的"二重证据法",就是要将考古发掘出土的文物和文献资料与传世的文献相互比较进行研究,后来饶宗颐先生在此基础上提出"三重证据法",这些年又有人提出"四重证据法",即增加域外文献作为比较和参照。新加坡学者柯先生曾提到史学研究的"三重证据法",即传世文献资料、田野调查资料与口传史资料相结合,这些均无矛盾,都是我们在搞文化研究时必须重视的,例如有许多出土的历代碑刻、墓志铭等,对于闽南文化研究的意义是不可估量的。笔者近见一篇文章《福建"买地契"习俗考略——以考古材料为中心》,全文便全部引用自唐到清代墓葬出土的"买地契"文本,分析和研究闽地的古代民间信仰与民俗的形成等。

以上是本人在本书撰写过程中的一点体会,在此和大家交流。不妥之处,请批评。

本书撰写中阅读、吸收和引用众多前贤和当今学者的研究成果,在此谨表衷心感谢!

汤漳平

2014 年 5 月 12 日